Gleichstellungsquote im Aufsichtsrat der Aktiengesellschaft

Göttinger Schriften zum Wirtschaftsrecht

Herausgegeben von Olaf Deinert, Torsten Körber, Rüdiger Krause, Gerald Spindler und Andreas Wiebe

Band 2

PETER LANG
Frankfurt am Main · Berlin · Bern · Bruxelles · New York · Oxford · Wien

Kathrin Brandt

Gleichstellungsquote im Aufsichtsrat der Aktiengesellschaft

PETER LANG
Internationaler Verlag der Wissenschaften

Bibliografische Information der Deutschen Nationalbibliothek
Die Deutsche Nationalbibliothek verzeichnet diese Publikation in der Deutschen Nationalbibliografie; detaillierte bibliografische Daten sind im Internet über http://dnb.d-nb.de abrufbar.

Zugl.: Göttingen, Univ., Diss., 2012

Umschlaggestaltung:
© Olaf Gloeckler, Atelier Platen, Friedberg

D 7
ISSN 2192-2438
ISBN 978-3-631-63363-2

www.peterlang.de

Meinen lieben Eltern in großer Dankbarkeit

Vorwort

Die vorliegende Arbeit beschäftigt sich mit dem hochaktuellen und politisch brisanten Thema einer Gleichstellungquote in privaten Unternehmen. Untersucht wird dabei die rechtliche Umsetzungsmöglichkeit einer Quote per Gesetz.

Die Dissertation wurde im Wintersemester 2011/2012 von der Juristischen Fakultät der *Georg- August- Universität zu Göttingen* als Dissertation angenommen und befindet sich auf dem Stand vom September 2011.

Mein tief empfundener Dank gilt meinem hochgeschätzten Doktorvater, Herrn *Dipl. Oec. Prof. Dr. Gerald Spindler*, der mich stets inspiriert, gefordert und gefördert hat. *Prof. Spindler* war sowohl in fachlicher als auch in menschlicher Hinsicht ein wunderbarer Doktorvater und es erfüllt mich mit Stolz an seinem Lehrstuhl zunächst als studentische Hilfskraft und sodann als wissenschaftliche Mitarbeiterin und Promovendin „groß" geworden zu sein. Ebenfalls gilt mein besonderer Dank *Prof. Dr. Thomas Mann* für die wissenschaftliche und persönliche Begleitung meines Themas und die zügige Erstellung des Zweitgutachtens. Auch möchte ich meiner lieben Freundin und „guten Seele" des Lehrstuhls Frau *Ingrid Rosine Floerke* für ihre stetige Unterstützung und die unzähligen aufmunternden Gespräche danken. Repräsentativ für viele und namentlich nicht möglich zu erwähnende geschätzte Kollegen möchte ich *Alexandra Heliosch* und *Julius Raapke* für die gemeinsame Promotionszeit und die gegenseitige Unterstützung auf diesem Weg danken.

Während meiner Promotionszeit kam mir zudem das große Privileg zu Teil an Sitzungen der Länderarbeitsgruppe zur Frage der Förderungen von Frauen in der privaten Wirtschaft unter der Leitung des Bayrischen Justizministeriums teilnehmen und mitwirken zu können. Diese Möglichkeit ist insbesondere Frau *Dr. Schmidt* sowie Herrn *Dr. Huttenlocher* zu verdanken, die sich stets um meine Einbindung in das Projekt bemüht haben. Auch hierfür ein großes Dankeschön.

Finanziell gefördert wurde die Arbeit durch ein Stipendium der Universität Göttingen, speziell zugeschnitten auf wissenschaftliche Mitarbeiter mit Kindern. In einer Zeit in denen der Spagat zwischen Familiengründung und wissenschaftlichem Werdegang immer schwieriger zu bewältigen scheint, ist diese großzügige Förderung ein viel zu selten gesehener vorbildlicher Ansatz.

Letztlich gilt mein außerordentlicher Dank meinen lieben Eltern *Marion* und *Reinhard Brandt*. Ohne ihren unantastbaren Zuspruch, die liebevolle Betreuung von *Julius* und ihre stetige Unterstützung wäre dieser Drahtseilakt niemals zu schaffen gewesen. Für die abschließende Korrektur der Arbeit gilt vor allem meinem Vater großer Dank und ein großes Kompliment für seine Geduld. Meinem Lebenspartner, Vater unseres gemeinsamen Sohnes, sowie geschätzten Kollegen Herrn *Maximilian Rosenberg* mit dem ich die Höhen und Tiefen von nunmehr drei juristischen Staatsexamen und einer Promotion durchlebt habe, danke ich im besonderen Maße für seine Liebe.

Göttingen März 2012 Kathrin Brandt

Inhaltsverzeichnis

1. Teil: Einleitung und Gang der Untersuchung

A. Einleitung

„***Mit den Lehman Sisters wäre das so nicht passiert***[1]"; so der plakative Slogan in der Fachöffentlichkeit, welcher den Ruf nach mehr weiblichen Führungskräften – nicht zuletzt im Zuge der Finanzkrise – widerspiegelt. Die Forderung nach mehr Frauen in Vorständen und Aufsichtsräten ist jedoch keinesfalls neu[2] und wiederholt sich jährlich je nach politischer Brisanz und Brauchbarkeit. Die Rechtstatsächlichkeit spricht indes eine andere Sprache. So ergibt sich beispielsweise aus den Wochenberichten des *Deutschen Instituts für Wirtschaftsforschung Berlin* (*DIW*), dass nur jedes zehnte der 200 größten Wirtschaftsunternehmen einen Frauenanteil von mindestens 20% im Aufsichtsrat vorweisen kann; mehr als 35% sind in keinem Unternehmen vertreten.[3] In einer weiteren Studie kommt das *Institut für Unternehmensführung in Karlsruhe (IBU Karlsruhe)* zu dem Ergebnis, dass in Deutschland im Jahr 2008 nur 307 der 3758 Aufsichtsratsmitglieder – also weniger als 10% der Frauen – ein Aufsichtsratsmandat ausübten.[4] Dieser verschwindend geringe Prozentsatz kommt darüber hinaus fast ausschließlich über § 4 Absatz 4 Drittelbeteiligungsgesetz (DrittelbG)[5] zu Stande, welcher statuiert, dass unter den von den Arbeitnehmern zu entsendenden Aufsichtsratsmitgliedern Frauen und Männer entsprechend ihrem zahlenmäßigen Verhältnis im Unternehmen vertreten sein sollen (*Repräsentationsprinzip*). Zwar lediglich als „Soll-Vorschrift" ausgestaltet, führt diese Regelung in der Praxis dazu, dass 80% aller weiblichen Aufsichtsratsmitglieder Arbeitnehmer-

---

1 So der Ausspruch von *Mary Iskenderian*, Präsidentin der Women's World Bank zitiert nach *Amann*, Lehman Sisters hätte uns die Krise erspart, Spiegel-Online v. 11.5.2009; abrufbar unter: http://www.spiegel.de/wirtschaft/0,1518,623712,00.html (zuletzt abgerufen am 19.9.2011).

2 Bereits 2001 *Pfarr*, Ein Gesetz zur Gleichstellung der Geschlechter in der Privatwirtschaft.

3 *Holst*, DIW 4/2010, 3, 4.

4 *Karlsruhe Institute of Technology* (*KIT*) Projektbericht v. 14.4.2010, Frauen in Führungspositionen-Status Quo in der Deutschen Wirtschaft, S.3; abrufbar unter: http://www.ibu.uni-karlsruhe.de/rd_download/100414_Zusammenfassung_Projektergebnisse.pdf (zuletzt abgerufen am 19.9.2011).

5 Gesetz über die Drittelbeteiligung der Arbeitnehmer im Aufsichtsrat v. 18.5.2004, BGBl. I, S.974; zuletzt geändert durch Art. 10 des Gesetzes zur Umsetzung der Aktionärsrechterichtlinie v. 30.6.2009, BGBl. I, S.2479.

vertreterinnen sind.[6] Eine ähnliche Regelung findet sich auch in § 6 Absatz 2 Satz 2 des Gesetzes über die Beteiligung der Arbeitnehmervertreter in einer Europäischen Gesellschaft (SEBG)[7], sofern die gesetzliche Mitbestimmung gilt. „*Mitbestimmung erhöht die Frauenquote*", titelte unter anderem auch das *Handelsblatt* und verwies seinerseits auf eine weitere Studie der Unternehmensberatung *Towers Perrin.*[8] Vor dieser Faktenlage wird deutlich, dass lediglich die Arbeitnehmervertreterinnen in den Aufsichtsräten dafür sorgen, dass Deutschland im europäischen Vergleich noch durchschnittlich abschneidet und nicht etwa wie Spanien und Italien das Ende der Statistik bildet.[9]

In den Reihen der Vorstände sieht es nicht anders aus: Gerade einmal 2,5% weibliche Vorstände bewegen sich „*on the Top*" der deutschen Unternehmen.[10] Diese im Emanzipationszeitalter auf den ersten Blick erstaunlichen Zahlen[11] bestärken die Befürworter in ihrer Forderung nach einer gesetzlich festzulegenden „Frauenquote". Ausdrückliche Unterstützung erhalten Sie dabei durch verschiedene ökonomische Studien, in denen nachgewiesen wurde, dass der Verzicht auf weibliche Kompetenz bei gezielter Positionierung eines Unternehmens wirtschaftlich nachteilig sei[12]: Denn das Vertrauen von Anlegern und Kunden zu Unternehmen, in denen Frauen Führungspositionen belegen, sei in der Regel wesentlich höher. Der *Phönix Report* 2011[13], der auf einer Analyse von 358 euro-

---

6 *Frost/Linainmaa*, AG 2007, 601, 602.

7 Gesetz über die Beteiligung der Arbeitnehmer in einer Europäischen Gesellschaft (SE- Beteiligungsgesetz- SEBG) v. 22.12.2004, BGBl. I, S.3675.

8 *Fockenbrock*, Mitbestimmung erhöht die Frauenquote, Handelsblatt v. 23.6.2005; abrufbar unter: http://www.handelsblatt.com/unternehmen/strategie/mitbestimmung-erhoeht-diefrauenquote;916956;0 (zuletzt abgerufen am 19.9.2011) ebenso auch *Mielke*, Mitbestimmung 10/2005, S.32, 33; abrufbar unter: http://www.boeckler.de/pdf/v_2006_03_30_mielke3_f5.pdf (zuletzt abgerufen am 19.9.2011).

9 *Strüwing*, AG Report 2008, R.214: In Spanien sollen mit Hilfe des Gleichberechtigungsgesetzes bis 2015 mindestens 40% der Board-Mitglieder weiblich sein. Bis dahin können Unternehmen freiwillig mehr Frauen in das Board berufen.

10 *Die Welt*, Deutsche Telekom führt Frauenquote ein, Meldung v. 15.3.2010; abrufbar unter: http://www.welt.de/wirtschaft/article6778755/Deutsche-Telekom-fuehrt-Frauenquote-ein.html (zuletzt abgerufen am 19.9.2011).

11 Zur rechtstatsächlichen Wirklichkeit siehe die späteren Ausführungen unter 2.TeilA.I.

12 Studie der Unternehmensberatung *McKinsey*, Woman Matter 2007; abrufbar unter: http://www.mckinsey.com/locations/swiss/news_publications/pdf/women_matter_english.pdf (zuletzt abgerufen am 19.9.2011).

13 *Phönix Report* 2011 - Eine evidenzbasierte Analyse europäischer Unternehmen auf dem Weg zu High Performance - 1. Teil, Studie der Unternehmensberatung *Accenture Management Consulting* und der *Justus-Liebig-Universität* Gießen; abrufbar unter: https://microsite.accenture.com/Wachstum/Documents/downloads/Accenture_Phoenix%20Report_Part%201.pdf (zuletzt abgerufen am 19.9.2011); vergleiche auch den Bericht von *Hagemeier/Holst/Eden*, Vive la différennce!, accenture-Magazin Outlook 6/2010; abrufbar unter: http://www.accenture.com/Site

päischen Firmen verschiedener Branchen basiert, statuiert die geschlechterausgeglichene Diversität des *Managements* als einen von fünf Faktoren, der nachweislich für mehr Wachstum, Profitabilität und Kapitalmarkterfolg sorgt. Auch aus volkswirtschaftlicher Perspektive wird die mangelhafte Inanspruchnahme weiblicher Potentiale vermehrt kritisiert. Insbesondere aufgrund der demographischen Entwicklung und des drohenden Fach- und Führungskräftemangels müssten alle verfügbaren Personalressourcen nutzbar gemacht werden.[14]

Dennoch führt das vielfach als „gläserne Decke" bezeichnete Phänomen dazu, dass hochqualifizierte Frauen beim Aufstieg innerhalb der Unternehmen auf der Ebene des mittleren *Managements* verbleiben und somit auch als potentielle Vorstands- und Aufsichtsratsmitglieder nicht zur Disposition stehen.[15] Die gesetzliche Festlegung einer Quote wäre nach Ansicht der Befürworter somit auch dazu geeignet, dieser Diskriminierung entgegenzuwirken. Bereits seit Jahren wird ein derartiges rechtliches Vorhaben diskutiert, vielfach bezugnehmend auf unsere europäischen Nachbarn, die Deutschland an diesem Punkt bereits einen Schritt voraus sind. So hat Norwegen als erstes europäisches Land eine gesetzliche „Frauenquote" dahingehend beschlossen, dass mindestens 40% der Sitze in Aufsichtsräten börsennotierter Gesellschaften mit Frauen zu besetzen sind.[16] Auch Frankreich hat ein Stufenmodell verabschiedet, nach welchem bis zum Jahre 2016 mindestens 40% der Mitglieder in Verwaltungs- und Aufsichtsräten börsennotierter Gesellschaften Frauen sein müssen.[17] Sollte die Umsetzung unberücksichtigt bleiben, drohen Sanktionen bis hin zum Verlust der Börsennotierung.[18]

Auch in Deutschland hat der mangelnde Anteil weiblicher Führungsmitglieder die politischen Parteien mittlerweile dazu veranlasst, Handlungsbedarf einzuräumen. So stellte die Fraktion *BÜNDNIS 90/DIE GRÜNEN* bereits im Jahre 2007 einen Antrag auf die Verankerung einer gesetzlichen „Frauenquote" im Aktiengesetz.[19] Hiernach sollen alle Aufsichtsräte börsennotierter Gesellschaften mit einem Frauenanteil von mindestens 40% zu besetzen sein, anderenfalls dro-

---

CollectionDocuments/PDF/Accenture_Outlook_Vive_la_difference_Talent_management.pdf (zuletzt abgerufen am 19.9.2011).

14 *IBM Global Business Services*, Die wandlungsfähige Belegschaft - Entschlüsselung ihrer DNA: IBM Global Human Capital Study 2008; abrufbar unter: http://www-05.ibm.com/de/press room/downloads/human-capital-study-2008.pdf (zuletzt abgerufen am 19.9.2011).

15 *Franke/Merx*, AuR 2007, 235, 236.

16 *Frost/Linnainmaa*, AG 2007, 601, 603 ff.; *Holst*, DIW 4/2010, 3, 9; *Schladebach/Stefanopoulou*, BB 2010, 1042, 1043.

17 Im Januar 2010 wurde ein entsprechendes Gesetz verabschiedet: Siehe hierzu die Notiz in Der Aufsichtsrat 2010, 28.

18 *Schladebach/Stefanopoulou*, DB 2010, 1042,1043.

19 Antrag der Bundestagsfraktion *Bündnis 90/Die Grünen* v. 9.5.2007, BT-Drucks. 16/5279.

hen Sanktionen. In einem aktuell gestellten Antrag hält die *Grünenfraktion* an dieser Argumentation fest.[20] Der Rechtsausschuss des Deutschen Bundestages lehnte diesen Antrag jedoch mit den Stimmen von *CDU/CSU* und *FDP* ab, während sich *SPD* und *Die Linke* ihrer Stimmen enthielten.[21] Aktuell wird zudem der Gesetzesentwurf des Landes Nordrhein-Westfalen diskutiert, der ebenfalls bis zum 1. Januar 2022 eine 40%ige „Frauenquote" für die Aufsichtsräte vorsieht.[22] In der diesjährigen Frühjahrstagung der Justizminister in Halle sprach sich sodann auch die Mehrheit der Länder in den Beschlussfassungen für eine gesetzlich verpflichtende „Frauenquote" aus.[23] Wer sich indes tatsächlich hinter die gesetzliche Regelung stellen wird, bleibt abzuwarten.

Auch auf europäischer Ebene gab die zuständige Kommissarin *Reding* wiederholt bekannt, Brüssel werde vor der Einführung einer verbindlichen Quote nicht zurückschrecken, sofern sich bis zum Jahre 2012 keine entscheidende Veränderung in Deutschland und den anderen europäischen Ländern eingestellt habe.[24] Mit solchen Verlautbarungen übt Brüssel auch auf die deutsche Unternehmenskultur keinen unerheblichen Druck aus.

Derweil sprach sich die Bundesjustizministerin *Leutheusser-Schnarrenberger* (*FDP*) klar gegen eine gesetzliche Regelung aus.[25] Sie setzt vielmehr auf einen „Mentalitätswandel" in der Wirtschaft und auf „Selbstregulierung".[26] Damit

---

20 Antrag der Bundestagsfraktion *Bündnis 90/Die Grünen* v. 24.2.2010, BT-Drucks. 17/797; in diese Richtung gehend auch das Regierungsprogramm der *SPD* zur Bundestagswahl 2009, S.14; abrufbar unter: http://alt.spd.de/de/pdf/parteiprogramme/Regierungsprogramm_2009_KF.pdf (zuletzt abgerufen am 19.9.2011).

21 Beschlussempfehlung und Bericht des Rechtsausschusses v. 29.3.2010, BT-Drucks. 17/1274.

22 Gesetzesantrag des Landes Nordrhein-Westfalen v. 11.2.2011, BR-Drucks. 87/11, S.19.

23 TOP I.7. der Beschlüsse der 82. Konferenz der Justizministerinnen und Justizminister am 18. und 19.5.2011 in Halle (Saale); abrufbar unter: http://www.justiz.nrw.de/JM/justizpolitik/ jumiko/ beschluesse/2011/fruehjahrskonferenz11/I_7.pdf (zuletzt abgerufen am 19.9.2011).

24 Berichterstattung in *Die Welt* v. 17.9.2010, EU- Kommissarin droht Firmen mit Frauenquote; abrufbar unter: http://www.welt.de/wirtschaft/article9682421/EU-Kommissarin-droht-Firmen-mit-Frauenquote.html (zuletzt abgerufen am 19.9.2011).

25 Rede der Bundesministerin der Justiz *Leutheusser-Schnarrenberger* bei der 9. Kodex-Konferenz der Regierungskommission *Deutscher Corporate Governance Kodex* in Berlin v. 16.6.2010; abrufbar unter: http://www.bmj.de/SharedDocs/Reden/DE/2010/20100616_Potenziale _besser_nutzen_Aufsichtsraete_muessen_professioneller_und_weiblicher_werden. html;jses sio nid=A66D6A5B3AE56D1ECB5C484DE58DB3E5.1_cid155?nn=1477162 (zuletzt abgerufen am 19.9.2011).

26 Rede der Bundesministerin der Justiz *Leutheusser-Schnarrenberger* bei der 9. Kodex-Konferenz der Regierungskommission *Deutscher Corporate Governance Kodex* in Berlin v. 16.6.2010; abrufbar unter: http://www.bmj.de/SharedDocs/Reden/DE/2010/20100616_Poten ziale_besser_nutzen_Aufsichtsraete_muessen_professioneller_und_weiblicher_werden. html;jse ssionid=A66D6A5B3AE56D1ECB5C484DE58DB3E5.1_cid155?nn=1477162 (zuletzt abgerufen am 19.9.2011).

spielt die Ministerin auf den geänderten Deutschen *Corporate Governance Kodex* an, nach dessen neuer Fassung Frauen in Vorständen und Aufsichtsräten angemessen zu berücksichtigen sind.[27] Die Äußerungen von Bundeskanzlerin *Merkel* gehen in eine ähnliche Richtung. Ebenso wie ihre Justizministerin lehnt sie eine gesetzlich zwingende Quote stringent ab und setzt auf freiwillige Fortschritte der Wirtschaftsunternehmen.[28] Erst wenn diese Selbstaktivierung versage, solle erneut über weitere Schritte nachgedacht werden. Vorbild in diesem Zusammenhang ist die *Deutsche Telekom,* die als erster großer börsennotierter Konzern freiwillig eine „Frauenquote" eingeführt hat. Bis Ende 2015 sollen dort 30% der oberen und mittleren Führungspositionen im Konzern mit Frauen besetzt sein.[29] Der schwäbische Autobauer *Daimler* hat sich ebenfalls als langfristiges Ziel gesetzt, bis 2020 den Frauenanteil in allen oberen Führungsebenen auf 20% zu steigern.[30] Die Mehrheit der deutschen Unternehmen lehnt eine gesetzliche Quote deutlich ab: *Eine Frauenquote greife zu kurz, da es auf dem Arbeitsmarkt vielmehr auch um die Integration und Beschäftigung von Personen mit Migrationshintergrund oder auch Perspektiven für ältere Arbeitnehmer gehe*, so beispielsweise der *Beiersdorf*-Unternehmenssprecher *Esper.*[31] Auch die Stellungnahme des *Bundesverbandes der Deutschen Industrie e.V.* und des *Deutschen Industrie- und Handelskammertages e.V.* zum Gesetzesantrag des Landes Nordrhein- Westfalen lehnt den Antrag und damit die Quote als verfassungs- und europarechtswidrig sowie für die Wirtschaft als nicht tragbar ab.[32]

Vorübergehender Schlusspunkt der Debatte ist die am 30.3.2011 von den DAX-30 Unternehmen gezeichnete gemeinsame Erklärung, in der sich die Unternehmen gegenüber der Bundesregierung zu einer Intensivierung ihrer An-

---

27 Siehe hierzu Ziffer 4.1.5 des DCGK in der neuen Fassung v. 26.5.2010: *Der Vorstand soll bei der Besetzung von Führungsfunktionen im Unternehmen auf Vielfalt (Diversity) achten und dabei insbesondere eine angemessene Berücksichtigung von Frauen anstreben.*

28 Merkel gegen Frauenquote per Gesetz, Tagesschau v. 25.5.2011; abrufbar unter: http://www.tagesschau.de/inland/frauenquote128.html (zuletzt abgerufen am 19.9.2011).

29 So die offizielle Mitteilung des *Deutschen Telekom* Unternehmens v. 15.3.2010; abrufbar unter: http://www.telekom.com/dtag/cms/content/dt/de/829454 (zuletzt abgerufen am 19.9.2011).

30 So der interaktive Nachhaltigkeitsbericht 2009 des *Daimler* Konzerns hinsichtlich der zukünftigen anstehenden Handlungsfelder und Ziele; abrufbar unter: http://nachhaltigkeit2009.daimler.com/reports/daimler/annual/2009/nb/German/6050/handlungsfelder-und-ziele.html (zuletzt abgerufen am 19.9.2011).

31 Mitteilung in *Die Welt*, Hamburger Firmen lehnen Frauenquote ab, v. 22.6.2010; abrufbar unter: http://www.welt.de/die-welt/wirtschaft/article8136784/Hamburger-Firmen-lehnen-Frauenquote-ab.html (zuletzt abgerufen am 19.9.2011).

32 *Bundesverband der Deutschen Industrie e.V.* zusammen mit dem *Deutsche Industrie- und Handelskammertag e.V.* v. 24.3.2011, Stellungnahme zum Gesetzesantrag des Landes Nordrhein-Westfalen, BR-Drucks. 87/11.

strengungen zur Erhöhung des Frauenanteils in Führungspositionen verpflichten.[33] Doch bereits am selben Tag ließen politische Befürworter der gesetzlichen Quote verlauten, dass sie sich mit diesem allgemeinen Auftrag nicht zufrieden geben werden.[34]

Fernab aller streitenden Stimmen, der kritischen Bewertung rechtstatsächlicher Unterrepräsentanz weiblicher Führungskräfte und der emotional, teilweise polemisch geführten Politikdebatte stellt sich die Frage nach der rechtlichen Zulässigkeit der Behebung dieses Problems durch eine gesetzliche Regelung in Form einer Quote. Der Antwort nach einer rechtlichen Umsetzungsmöglichkeit *de lege ferenda* widmet sich die vorliegende rechtswissenschaftliche Untersuchung.

Sie bewegt sich im Wesentlichen zwischen zwei Rechtsgebieten: Dem Gesellschaftsrecht und dem Verfassungsrecht. Denn die oft als probates Allheilmittel geforderte Quotenregelung wirft rechtlich unbeantwortete Fragen auf – wie beispielsweise die nach der verfassungs- sowie europarechtlichen Zulässigkeit einer solchen Gesetzesänderung. Immerhin handelt es sich um private Wirtschaftsunternehmen und dahinterstehende private Wirtschaftssubjekte, in deren Rechte durch eine derartige Reglementierung eingegriffen werden würde. Eine unverbindliche, freiwillige Selbstverpflichtung fruchtet indes, wie die letzten Jahre und Zahlen zeigen, nur bedingt. Zudem steht auf der anderen Waagschale Art. 3 Absatz 2 Satz 2 des Grundgesetzes (GG), Ausdruck der deutschen Verfassung, wonach der Staat dazu verpflichtet ist, die tatsächliche Durchsetzung der Gleichberechtigung von Frauen und Männern zu erreichen und auf die Beseitigung von bestehenden Nachteilen hinzuwirken. Verletzt die Bundesrepublik unter Umständen ihre „Schutzpflichten", wenn sie trotz der deutlich hervorstechenden Unterrepräsentanz der Frauen in Führungspositionen immer noch auf „*soft law*" setzt und nicht gesetzlich tätig wird, um eine „Frauenquote" im Aktiengesetz zu verankern? Oder kann und darf der Gesetzgeber nicht soweit gehen und wäre eine nur freiwillig verpflichtende Regelung die bessere Wahl? Existieren daneben weitere Optionen *de lege lata*, die gleichermaßen dazu geeignet sind, auf die Steigerung des Frauenanteils in Führungsebenen Einfluss zu nehmen?

Ziel der Arbeit ist es, die vielfach begehrte Gesetzesänderung auf die rechtliche Zulässigkeit im Hinblick auf die Aktiengesellschaft zu überprüfen. In diesem

33 Frauen in Führungspositionen – Gemeinsame Erklärung der DAX 30-Unternehmen v. 30.3.2011; abrufbar unter: http://arbeitgeber.de/www/arbeitgeber.nsf/res/DAX30.pdf/$file/DAX30.pdf (zuletzt abgerufen am 19.9.2011).

34 *Moritz* in *Fokus Online* v. 4.5.2011, Von der Leyen: Die Brüsseler List mit der Frauenquote; abrufbar unter: http://www.Fokus.de/politik/ausland/von-der-leyen-die-bruesseler-list-mit-der-frauen quote_aid_624121.html (zuletzt abgerufen am 19.9.2011).

Zusammenhang wurde der Verfasserin die Möglichkeit zuteil, an den Arbeitsgruppensitzungen der Länder unter Führung des Bayrischen Staatsministeriums zur Untersuchung der Rechtmäßigkeit einer gesetzlichen Regelung mitzuwirken.[35] Durch den gemeinsamen Erarbeitungsprozess sind naturgemäß Gedankengänge des Abschlussberichts und dieser Arbeit deckungsgleich, sodass dieser im Weiteren nur in Einzelfällen gesondert zitiert wird.

B. Gang der Untersuchung

Schwerpunkt der wissenschaftlichen Auseinandersetzung bildet die Frage nach der rechtlichen Umsetzungsmöglichkeit einer Frauenförderung in Form einer gesetzlichen Quotenregelung. Hierbei wird der Zulässigkeit im Bereich des Aufsichtsratsgremiums nachgegangen, während eine Übertragung der gewonnenen Ergebnisse auf eine Gleichstellungsquote im *Management* lediglich angedeutet wird (3.TeilG). Da die börsennotierte Aktiengesellschaft von Beginn der Diskussion an im Fokus der öffentlichen und politischen Diskussion steht, wird die Arbeit alle Zulässigkeitsanforderungen an dieser Rechtsform messen. Dies ist auch insofern konsequent, als die Aktiengesellschaft zwingend einen Aufsichtsrat zu bilden hat, § 95 AktG. Inwiefern auch weitere Rechtsformen von dem Anwendungsbereich der Quote umfasst werden können, wird anschließend im Rahmen des Anwendungsbereichs einer möglichen Regelung dargelegt (3.TeilF).

Weiterhin ist die Untersuchung dahingehend aufzuspalten, dass zwischen der nicht mitbestimmten (3.TeilA) und der mitbestimmten Aktiengesellschaft (3.TeilD) nach den jeweiligen Mitbestimmungsstatuten unterschieden werden muss, da die Wahl des Aufsichtsrats, das Wahlorgan und die Zusammensetzung des Gremiums in beiden Fällen divergieren. Je nachdem sind dann auch unterschiedliche beziehungsweise weitere Rechtspositionen betroffen. Daher wird sich zunächst allein der nichtmitbestimmten Aktiengesellschaft und hier im Wesentlichen den verfassungsrechtlichen Rechten der juristischen Person selbst (3.TeilB.II), der Aktionäre (3.TeilB.IV) und der Gegenkandidaten (3.TeilB.V) gewidmet, während im späteren Verlauf die Zusammensetzung nach den jeweiligen Mitbestimmungsstatuten erläutert (3.TeilD) und die in diesem Bereich betroffenen Rechtspositionen untersucht werden (3.TeilD.IV).

35 Siehe entsprechend der Vermerk in Fn.1 des Abschlussberichts der Länderarbeitsgruppe 2011, Teilhabe von Frauen in Führungs- und Kontrollgremien der Wirtschaft; abrufbar unter: http://www.justiz.bayern.de/imperia/md/content/stmj_internet/ministerium/ministerium/gesetzgebung/teilhabe_frauen_fuehrungs_und_kontrollgremien_1_.pdf (zuletzt abgerufen am 19.9.2011).

Die Arbeit beginnt mit einer Einordnung der rechtlichen Thematik. Hier wird zunächst die rechtstatsächliche Situation des Frauenanteils im Bereich des Aufsichtsrats sowie des Vorstands vorgestellt (2.TeilA.I) und auf mögliche Ursachen der Unterrepräsentanz (2.TeilA.II) eingegangen. Anschließend werden die nationalen und internationalen politischen Reformvorhaben in diesem Bereich vorgestellt. Im Zuge dessen werden die beiden aktuellen Gesetzesentwürfe zu einer Gleichstellungsquote im Aufsichtsrat (2.TeilA.III.1) und die Regelungen anderer Länder erläutert. Die Ausführungen beschränken sich dabei auf Norwegen als „Vorreiter" (2.TeilA.III.2.a)aa)) sowie Spanien (2.TeilA.III.2.a)bb)) und Frankreich (2.TeilA.III.2.a)cc)) als europäische Nachbarn und Handelspartner. Sodann wird der Blick erneut auf die nationale Ebene gelenkt und die bereits existierenden Gleichstellungsgesetze mit entsprechenden Quotenregelungen im öffentlichrechtlichen Bereich vorgestellt (2.TeilB.III). Diesen Ausführungen sind mögliche Quotierungskonzeptionen vorgeschaltet (2.TeilB.II), um die in Landes- und Bundesgesetzen installierten Quoten, im Besonderen auch das Quotierungskonzept einer möglichen Gleichstellungsquote im Aufsichtsrat, einordnen und bewerten zu können.

Nach Auswertung des *Status Quo* folgt im dritten Teil der Schwerpunkt der wissenschaftlichen Arbeit. Im ersten Schritt wird der Untersuchungsgegenstand festgelegt (2.TeilA). Dabei wird eine Gleichstellungsquote im Aufsichtsrat der Aktiengesellschaft zunächst allein im Bereich der Anteilseignervertreter auf ihre rechtliche Zulässigkeit hin untersucht. Die verfassungsrechtliche Prüfung beginnt dabei mit der Vereinbarkeit einer gesetzlichen Quote mit der unternehmerischen Freiheit der Gesellschaft aus Art. 12 Absatz 1 GG und gliedert sich in die klassischen verfassungsrechtlichen Prüfungspunkte des Schutzbereichs, des Eingriffs (3.TeilB.II.1) und der verfassungsrechtlichen Rechtfertigung (3.TeilB.II.2). Letztere zerfällt in den formellen sowie materiellen Rechtfertigungsbereich. Es werden die Legitimität der staatlichen Maßnahme (3.TeilB.II.2.b)aa)), die Geeignetheit eines solchen Gesetzes (3.TeilB.II.2.b)bb)) sowie die Erforderlichkeit (3.TeilB.II.2.b)cc)) geprüft. Bei der Frage nach der Erforderlichkeit der staatlichen Maßnahme gilt es, die zur Verfügung stehenden gegebenenfalls milderen Optionen *de lege lata* vorzustellen und auf ihre Effektivität im Vergleich mit einer gesetzlichen Gleichstellungsquote zu überprüfen. Im Rahmen der Angemessenheit sind die widerstreitenden Positionen, hier Art. 12 Absatz 1 GG der juristischen Person und der verfassungsrechtliche Gleichstellungsauftrag aus Art. 3 Absatz 2 Satz 2 GG in Abwägung zu bringen (3.TeilB.II.2.b)dd)). Als Abwägungshilfe kann auf die abstrakte Wertigkeit der widerstreitenden Positionen (3.TeilB.II.2.b)dd)(2)) sowie auf die konkrete Eingriffsschwere (3.TeilB.II.2.b)dd)(3)) abgestellt werden. Letztere richtet sich nach der konkreten Ausgestaltung einer möglichen Gleichstellungsquote (3.TeilB.II.2.b)dd)(3)(b)).

Auch zusätzlich zu installierende Begleitmaßnahmen, die für eine sachgerechte und zumutbare Umsetzung durch die Gesellschaften notwendig sind, werden in diesem Zusammenhang angesprochen.

Der Prüfung eines Eingriffs durch die gesetzlich verpflichtende Gleichstellungsquote in die unternehmerische Freiheit der Gesellschaft schließt sich die Untersuchung eines „Eingriffs" in das Anteilseigentum der Aktionäre aus Art. 14 Absatz 1 GG an (3.TeilB.IV). Nach der Bestimmung des Schutzbereiches (3.TeilB.IV.1) und eines potentiellen „Eingriffes" in das Grundrecht durch eine entsprechende Regelung konzentriert sich die Prüfung auf die Frage nach der Angemessenheit der Quote im Hinblick auf die mitgliedschaftlichen Rechte der Anteilseigner (3.TeilB.IV.2.b)). Thematisiert werden an dieser Stelle vor allem die Übertragbarkeit des wegweisenden Bundesverfassungsgerichtsurteils zum Mitbestimmungsrecht der Arbeitnehmer im Aufsichtsrat (3.TeilB.IV.2.b)bb)(3)) und eine daraus resultierende Schwere des Eingriffs in das Mitgliedschaftsrecht durch eine Gleichstellungsquote. Auch mit den Entscheidungen des Bundesgerichtshofs zur Eingriffswirkung bestimmter Strukturmaßnahmen auf das Mitgliedschaftsrecht der Aktionäre und einer möglichen Wertung für die Intensität der in Frage stehenden Quote muss sich auseinandergesetzt werden (3.TeilB.IV.2.b)bb)(4)). Schließlich sind auch potentielle Sanktionen und Rechtsfolgen, die bei Nichtbeachtung der Regelung implementiert werden könnten, auf ihre Verhältnismäßigkeit im Hinblick auf die Anteilseignerrechte zu prüfen (3.TeilB.IV.2.b)cc)).

Als wesentlich betroffenes Grundrecht im Zusammenhang mit der verfassungsrechtlichen Würdigung wird die Rechtfertigung eines Eingriffes in das Diskriminierungsverbot aus Art. 3 Absatz 3 GG der männlichen Gegenbewerber durch die Gleichstellungsquote untersucht (3.TeilB.V). Als Gleichheitsrecht verfolgt dieses Grundrecht im Gegensatz zu den vorangestellten Freiheitsrechten eine abweichende Prüfungsstruktur. So ist zunächst eine Ungleichbehandlung anhand der „pönalisierten" Merkmale durch die gesetzliche Regelung festzustellen (3.TeilB.V.2), und im Anschluss daran nach Rechtfertigungsmöglichkeiten einer Diskriminierung zu suchen (3.TeilB.V.3). Dabei ist vorab die Frage zu klären, inwiefern die absoluten Differenzierungsverbote des Art. 3 Absatz 3 GG überhaupt einer Einschränkungsmöglichkeit zugänglich sind und inwieweit diese sodann auf dem verfassungsrechtlichen Gleichstellungsauftrag Art. 3 Absatz 2 Satz 2 GG basieren können (3.TeilB.V.3.a)). Sodann erfolgt eine Abwägung der Positionen, gemäß den bereits für Quotenregelungen im Bereich des öffentlichrechtlichen Rechtsverhältnisses statuierten Voraussetzungen (3.TeilB.V.3.b)). Die Frage nach der Übertragbarkeit der von der Lehre und Rechtsprechung des Europäischen Gerichtshofs aufgestellten Zulässigkeitskriterien auf die Gleichstellungsquote im Aufsichtsrat steht hier im Mittelpunkt (3.TeilB.V.3.b)cc)).

Anschließend wird zu den weiteren, gegebenenfalls widerstreitenden Positionen wie Art. 9 Absatz 1 GG der Aktiengesellschaft (3.TeilB.VI.2), Art. 12 Absatz 1 GG der Gegenkandidaten (3.TeilB.VI.3) sowie der aktiven und passiven Wahlrechtsgleichheit der Mitbewerber und Aktionäre Stellung genommen (3.TeilB.VI.4 und 3.TeilB.VI.5). Auch die sonstigen einzuhaltenden Verfassungsprinzipien werden in die Prüfung einbezogen (3.TeilB.VII). Vor der verfassungsrechtlichen Gesamtwürdigung (3.TeilC) wird noch die Sonderkonstellation des Entsendungsrechts (3.TeilB.VIII.1) sowie die Frage, wie mit Ersatzmitgliedern (3.TeilB.VIII.2) zu verfahren ist, behandelt.

Nach Abschluss der Rechtmäßigkeitsuntersuchung für die nichtmitbestimmte Aktiengesellschaft konzentriert sich die Arbeit im weiteren Prüfungsschritt auf die Untersuchung der Quotierung des Teilgremiums der Arbeitnehmervertreter (3.TeilD). Hierbei wird zunächst die Zusammensetzung und Wahl des Aufsichtsrats nach dem jeweiligen Mitbestimmungsstatut vorgestellt. Es ist zwischen dem Aufsichtsrat nach dem Mitbestimmungsgesetz (3.TeilD.I), dem Montanmitbestimmungsgesetz sowie dem Montanmitbestimmungsergänzungsgesetz (3.TeilD.III) sowie dem Drittelbeteiligungsgesetz (3.TeilD.II) zu unterscheiden. Durch eine Gleichstellungsquote im Bereich des Teilgremiums der Arbeitnehmervertreter könnte vor allem die aktive (3.TeilD.IV.3) und passive (3.TeilD.IV.2) Wahlrechtsgleichheit der Wahlberechtigten und Bewerber sowie das Recht der Gewerkschaften aus Art. 9 Absatz 3 GG betroffen sein (3.TeilD.IV.4). Die Rechtmäßigkeitserwägungen sind vor allem mit dem Bundesarbeitsgerichtsurteil zur Einführung einer Geschlechterquote bei Betriebsratswahlen verknüpft (3.TeilD.IV.2.a) sowie 3.TeilD.IV.2.b)).

Da sich jedes nationale Gesetz aufgrund der Eingliederung Deutschlands in die Europäische Union und des damit einhergehenden Anwendungsvorrangs des Europarechts auch an diesem messen lassen muss, wird im Anschluss an die nationalrechtliche Beurteilung der Quote auch deren Vereinbarkeit mit dem Europarecht geprüft (3.TeilE). Hierbei werden die einschlägigen Normen der Grundrechtecharta (3.TeilE.I), die Europäischen Grundfreiheiten (3.TeilE.II), sekundärrechtlich die Gleichbehandlungsrichtlinie (3.TeilE.III) und schließlich auch die Rechtsprechung des Europäischen Gerichtshofs (3.TeilE.III) ausgewertet.

Anschließend wird die Frage nach dem Anwendungsbereich einer möglichen Gleichstellungsquote beantwortet (3.TeilF). Die Arbeit widmet sich an dieser Stelle den Fragen, ob weitere Rechtsformen, wie die *Societas Europaea* (3.TeilF.II.3), Familiengesellschaften (3.TeilF.II.4) oder sogenannte Öffentliche Unternehmen (3.TeilF.II.5) der Quotierung unterliegen sollten.

Die Arbeit schließt im dritten Teil mit der Frage nach der Übertragbarkeit der gewonnenen Ergebnisse auf den Bereich des *Managements* (3.TeilG).

Der vierte und letzte Teil der Arbeit bündelt in einer Schlussbetrachtung die wichtigsten Untersuchungsergebnisse (4.Teil).

2. Teil: Einordnung der rechtlichen Thematik

Zwingend vorgeschriebener Frauenförderung wird nach wie vor – insbesondere in männerdominierten Wirtschaftskreisen – äußerst ablehnend begegnet. In diesem Zusammenhang wird immer wieder betont, dass Quotenregelungen zur Behebung eines Ungleichgewichts ungeeignet seien, da sie nicht nur neue Diskriminierungen hervorrufen, sondern zukünftig manifestieren. „Quotenfrau", so lautet die negativ besetzte Bezeichnung für Frauen, die nach Auffassung der Kritiker allein aufgrund bestehender gesetzlicher Vorgaben und nicht etwa aufgrund ihrer besonders hervorzuhebenden Kompetenz oder optimalen Eignungsvoraussetzungen eingestellt oder in ein Gremium gewählt werden.[36] Auch Frauen empfinden eine „Frauenquote" und einhergehende Jobbesetzung oftmals als erniedrigendes „Bettelresultat".[37] Dabei beginnt das Problem bereits mit der Bezeichnung. Allein dem Begriff „Frauenquote" wohnt eine diskriminierende und allein Frauen vorbehaltene Bevorzugung inne. Daher soll aus sachlichen Gesichtspunkten im Nachgang nicht von „Frauenquoten", sondern Gleichstellungsquoten oder Geschlechterquoten gesprochen werden; denn es geht im Kern um Parität, Gleichstellung und Geschlechtergerechtigkeit und nicht allein um die Förderung von Frauen gegenüber Männern. Die Situation ist in weiblich dominierten Berufszweigen durchaus auch *vice versa* denkbar, beispielsweise bei der Situation von männlichen Bewerbern in Betreuungsverhältnissen wie Kindergarten und Altenpflege.

Nachfolgend werden die für die Untersuchung erforderlichen Grundlagen dargestellt. Um die rechtliche Situation einer Gleichstellungsquote *de lege ferenda* zu erörtern und Lösungsansätze *de lege lata* anbieten zu können, bedarf es zunächst der Einordnung der Problemstellung in die Ausgangslage. Bei der Frage einer tatsächlichen Quotenausgestaltung werden die vorgestellten Quotierungskonzeptionen und existierenden landesrechtlichen Regelungen als Orientierung und gegebenenfalls richtungsweisend zu berücksichtigen sein.

---

36 *Peltzer*, NZG 2011, 281, 283: „*Wer qua Quotenzwang als Quotenfrau in ein Gremium eintritt hat schon einen schlechten Start.*".

37 So repräsentativ für viele *Evelyn Finger* in *Die Zeit* v. 2.9.2010, Quote des Anstoßes - Für die gesetzliche Frauenförderung gibt es gute Gründe, dagegen auch. Zwei Meinungen aus der ZEIT-Redaktion; abrufbar unter: http://www.zeit.de/2010/36/C-Contra-Frauenquote (zuletzt abgerufen am 19.9.2011).

A. Rechtstatsächliche Wirklichkeit, Erklärungsmodelle und politische Reformvorhaben

I. Rechtstatsächliche Wirklichkeit

Bereits seit Jahren ist die weibliche Unterrepräsentanz in Führungspositionen Gegenstand öffentlicher Debatten und wissenschaftlicher Forschung. Dabei wird Frauen nach mehreren ökonomischen Studien ein deutlich positiver Einfluss auf die Unternehmensführung zugesprochen. So stellt die *Organisation for Economic Cooperation and Development* (*OECD*)[38] in ihrem Forschungsbericht *Gender and Sustainable Development* 2008 fest, dass weibliche Manager durch ihren Weitblick in Entscheidungsfindungen, ihre interkollegiale Zusammenarbeit und deutliches Verhandlungsgeschick überzeugen.[39] Auch eine von der Unternehmensberatung *Mc Kinsey* in Auftrag gegebene Studie ergab, dass ein großer Anteil von Frauen in Führungspositionen einen positiven Einfluss auf den finanziellen Erfolg eines Unternehmens hat.[40] Insbesondere wurde nachgewiesen, dass das Vertrauen von Anlegern und Kunden zu Unternehmen, in denen Frauen im *Management* vertreten sind, höher ist.[41] Zudem stehen Frauen nach einer aktuellen Studie der *United Nations* für Effizienz und Erfolg. So konnte nachgewiesen werden, dass Unternehmen in Amerika mit Frauen im Führungsgremium (*Board*) eine 53% höhere Eigenkapital- und eine 42% höhere Umsatzrendite aufweisen.[42] Soziologische und ökonomische Theorien weisen schon länger auf positive ökonomische und soziale Effekte durch das bewusste Nutzen weiblicher

---

38 1961 als Nachfolgeorganisation der Organisation für europäische Zusammenarbeit (*OEEC*) gegründete, internationale Organisation für wirtschaftliche Zusammenarbeit und Entwicklung mit 32 Mitgliedstaaten, die sich der Demokratie und Marktwirtschaft verpflichtet fühlen. Sitz und Verwaltungszentrale der Organisation ist in Paris.

39 *OECD*, Gender and Sustainable Development: Maximising the economic, social and environmental role of women, 2008, S. 31; abrufbar unter: http://www.oecd.org/dataoecd/58/1/408815 38. pdf (zuletzt abgerufen am 19.9.2011).

40 Studie der Unternehmensberatung *Mc Kinsey*, Woman Matter, 2007; abrufbar unter: http:// www.mckinsey.com/locations/swiss/news_publications/pdf/women_matter_english.pdf (zuletzt abgerufen am 19.9.2011).

41 Studie der Unternehmensberatung *Mc Kinsey*, Woman Matter, 2007; abrufbar unter: http:// www.mckinsey.com/locations/swiss/news_publications/pdf/women_matter_english.pdf (zuletzt abgerufen am 19.9.2011).

42 *United Nations Department of Economic and Social Affairs*, World Survey on the Role of Women in Development 2009, S. 23; abrufbar unter: http://www.un.org/womenwatch/daw/ public/ WorldSurvey2009.pdf (zuletzt abgerufen am 19.9.2011).

Potentiale auf der Makroebene hin.[43] Frauen im Hinblick auf Führungspositionen außer Acht zu lassen, ist folglich nicht allein aus Gleichstellungsgesichtspunkten, sondern bereits aus ökonomischer Sicht bedenklich. Dennoch werden die nachfolgenden Ausführungen zeigen, dass die Top-Positionen in der deutschen Privatwirtschaft nach wie vor die bestehende Chancenungleichheit von Frauen und Männern auf dem Arbeitsmarkt widerspiegeln; obgleich drei Viertel der Frauen in Deutschland heute eine Erwerbstätigkeit ausüben, sind die Vorstände und Aufsichtsratsgremien der großen Unternehmen auch im Jahre 2011 fast ausschließlich mit Männern besetzt. Nach einer im Februar 2011 erstellten Studie der *Hans-Böckler-Stiftung*, die die 160 in den ersten deutschen Börsenindizes (Dax-30, M-Dax, S-Dax, TEc-Dax) gelisteten Unternehmen untersucht hat, besteht eine Frauenbeteiligung von insgesamt 3,1%, wobei in den Dax-30 als dem höchsten deutschen Börsensegment lediglich 2,2% der Vorstandspositionen mit Frauen besetzt sind.[44] Dabei stagniert der Anteil von Frauen in Top-Positionen seit Jahren auf einem verschwindend geringen Niveau.[45] Im Bereich des Finanzmarktsektors sowie der Versicherungsbranche zeigt sich ein ähnliches Bild, wenngleich Frauen hier die Mehrzahl der Beschäftigten stellen.[46] Hier liegt der Frauenanteil in den Vorständen der Banken und Sparkassen bei 2,6% und in der Versicherungsbranche bei 2,8%.

Diese Zahlen spiegeln keineswegs wider, dass Frauen weit mehr als die Hälfte der Beschäftigten in dieser Branche stellen. Von insgesamt im Jahre 2009 festgestellten 418 Vorstandsposten bei den 100 größten Banken und Sparkassen sind

---

43 *Berger/Ridgeway/Zelditch*, Sociological Theory 2002, 157 ff.; *Phelps*, The American economic review 1972, 659 ff.

44 *Weckes*, Geschlechterverteilung in Vorständen und Aufsichtsräten in den 160 börsennotierten Unternehmen (Dax-30, M-Dax, S-Dax, Tec-Dax) zum 31.1.2011, S.3; abrufbar unter: http://www.boeckler.de/pdf/mbf_gender_2011.pdf (zuletzt abgerufen am 19.9.2011).

45 Studie des *Deutschen Instituts für Wirtschaftsforschung*, *Holst/Wiemer*, Zur Unterrepräsentanz von Frauen in Spitzengremien der Wirtschaft Ursachen und Handlungsansätze, 2010, S.3; abrufbar unter: http://www.diw.de/documents/publikationen/73/diw_01.c.356535.de/dp1001.pdf (zuletzt abgerufen am 19.9.2011).

46 Studie des *Deutschen Instituts für Wirtschaftsforschung*, *Holst/Wiemer*, Zur Unterrepräsentanz von Frauen in Spitzengremien der Wirtschaft Ursachen und Handlungsansätze, 2010, S.3; abrufbar unter: http://www.diw.de/documents/publikationen/73/diw_01.c.356535.de/dp1001.pdf (zuletzt abgerufen am 19.9.2011).

lediglich 11 mit Frauen besetzt.[47] Im Bereich der 160 börsennotierten Unternehmen hält im Jahre 2011 lediglich eine Frau den Vorstandsvorsitz.[48]

Überdurchschnittliche Frauenanteile auf allen Ebenen sind lediglich auf den sonstigen Dienstleistungsbereichen zu beobachten.[49] Hier sind sogar 40% der ersten Führungsebene mit Frauen besetzt. Verantwortlich für diese hohen Werte sind sicherlich die Wirtschaftszweige Erziehung, Lehre, Kosmetik und Gastronomie.[50] Ebenso finden sich Frauen zu immerhin 27% in Leitungspositionen im Sektor Handel und Reparatur.[51] Diese Anteile weiblicher Führungskräfte in den genannten Sektoren können jedoch nicht darüber hinwegtäuschen, dass auch hier Frauen keinesfalls anteilig ihrer Beschäftigung vertreten sind. Zudem sinkt der Frauenanteil im Rahmen von Führungspositionen rapide mit zunehmender Betriebsgröße.[52] Während in kleineren Betrieben etwa jede vierte Spitzenposition mit einer Frau besetzt ist, beträgt der Frauenanteil auf der Führungsebene in Großbetrieben ab circa 500 Arbeitnehmern lediglich 9%.[53] Damit sind Frauen in Führungsetagen kleinerer Betriebe zwar besser vertreten, die Führungspositionen in kleinen Unternehmen sind jedoch arbeitsmarkttechnisch unsicherer, bieten weniger berufliche Weiterentwicklung und haben weniger hohe Anforderungen, sodass sich die Führungsebene in kleinen Betrieben qualitativ von derjenigen in großen Betrieben unterscheidet.[54]

Bei der Zusammensetzung der Aufsichtsräte stellt sich die Lage auch nicht besser dar. Nach einer aktuellen Studie des *Deutschen Wirtschaftsinstituts Berlin* 2010 hat nur jedes zehnte der 200 größten Wirtschaftsunternehmen, die über-

---

47 Studie des *Deutschen Instituts für Wirtschaftsforschung, Holst/Wiemer*, Zur Unterrepräsentanz von Frauen in Spitzengremien der Wirtschaft Ursachen und Handlungsansätze, 2010, S.3; abrufbar unter: http://www.diw.de/documents/publikationen/73/diw_01.c.356535.de/dp1001.pdf (zuletzt abgerufen am 19.9.2011).

48 *Ines Kolmsee* bei SKW Stahl- Metallurgie, *Weckes*, Geschlechterverteilung in Vorständen und Aufsichtsräten in den 160 börsennotierten Unternehmen (Dax-30, M-Dax, S-Dax, Tec-Dax) zum 31.1.2011, S. 1; abrufbar unter: http://www.boeckler.de/pdf/mbf_gender_2011.pdf (zuletzt abgerufen am 19.9.2011).

49 Bericht der der Bundesagentur für Arbeit unterstehenden Forschungseinrichtung *Instituts für Arbeitsmarkt-und Berufsforschung, Kohaut/Möller*, IAB-Kurzbericht 6/2010, S.3.

50 Bericht des *Instituts für Arbeitsmarkt-und Berufsforschung, Kohaut/Möller*, IAB-Kurzbericht 6/2010, S.3.

51 Bericht des *Instituts für Arbeitsmarkt-und Berufsforschung, Kohaut/Möller*, IAB-Kurzbericht 6/2010, S.3 Tabelle 2 (Frauen in Führungspositionen nach Branchen).

52 Bericht des *Instituts für Arbeitsmarkt-und Berufsforschung, Kohaut/Möller*, IAB-Kurzbericht 6/2010, S.2 Tabelle 1 (Frauen in Führungspositionen nach Betriebsgröße).

53 Bericht des *Instituts für Arbeitsmarkt-und Berufsforschung, Kohaut/Möller*, IAB-Kurzbericht 6/2010, S.2 Tabelle 1 (Frauen in Führungspositionen nach Betriebsgröße).

54 Bericht des *Instituts für Arbeitsmarkt-und Berufsforschung, Kohaut/Möller*, IAB-Kurzbericht 6/2010, S.2 Tabelle 1 (Frauen in Führungspositionen nach Betriebsgröße).

haupt Angaben zur Zusammensetzung des Aufsichtsrats gemacht haben, einen Frauenanteil von 20% im Aufsichtsrat. Zu mehr als 35% sind Frauen in keinem Unternehmen vertreten.[55] In einer weiteren Studie kommt das *IBU Karlsruhe*[56] zu dem Ergebnis, dass im Jahre 2008 nur 307 der 3758 Aufsichtsratsmitglieder Frauen waren.[57] Das sind gerade einmal 8,2%. Auch die Studie der *Frankfurt School of Finance & Management* stützt diese Zahlen.[58] Hiernach ist der Frauenanteil in deutschen Aufsichtsräten weit unterproportional[59]; die Aufsichtsräte der 160 DAX[60]-notierten Großunternehmen sind lediglich mit knapp 10% Frauen besetzt.[61] Diesen Prozentsatz bestätigt auch die Studie der *Hans-Böckler-Stiftung* 2011.[62] Laut Erhebungen des *Deutschen Wirtschaftsinstituts Berlin* sind 16,8% aller Aufsichtsratsposten bei Banken und Sparkassen im Untersuchungszeitraum mit Frauen besetzt gewesen, in der Versicherungsbranche betrug der Anteil

---

55 *Holst*, DIW Wochenbericht 4/2010, 3, 4; *Schladebach/Stefanopoulou*, BB 2010, 1042.

56 *Institut für Unternehmensführung* der Universität Karlsruhe.

57 Karlsruhe *Institute of Technology* (*KIT*) Projektbericht v. 14.4.2010, Frauen in Führungspositionen- Status Quo in der Deutschen Wirtschaft, S.3; abrufbar unter: http://www.ibu.uni-karlsruhe.de/rd_download/100414_Zusammenfassung_Projektergebnisse.pdf (zuletzt abgerufen am 19.9.2011).

58 Die Untersuchungen von *Rudolph*, Frauen in Aufsichtsräten- Befund Ursachen und Konsequenzen des unterproportionalen Anteils der Frauen in deutschen Aufsichtsräten und mögliche Veränderungsoptionen, *Frankfurt School of Finance&Management* 2009, S.8 stellt darüber hinaus fest, dass die Neubesetzung einer Aufsichtsratsposition zugunsten eines männlichen Kandidaten bei über 40% liegt, während die Chance der Frau die Position zu bekommen gerade einmal 10% beträgt; die Studie ist abrufbar unter: http://www.frankfurt-school.de/content/de/frauen_in_aufsichtsraeten/dmsFS/0/file1/Frauen-in-Aufsichtsraeten.pdf (zuletzt abgerufen am 19.9.2011).

59 Siehe hierzu die Zahlen bei *Rudolph*, Frauen in Aufsichtsräten- Befund Ursachen und Konsequenzen des unterproportionalen Anteils der Frauen in deutschen Aufsichtsräten und mögliche Veränderungsoptionen, *Frankfurt School of Finance&Management* 2009, S.26; abrufbar unter: http://www.frankfurt-school.de/content/de/frauen_in_aufsichtsraeten/dmsFS/0/file1/Frauen-in-Aufsichtsraeten.pdf (zuletzt abgerufen am 19.9.2011).

60 Deutscher Aktienindex; Performance-und Kursindex der von der Arbeitsgemeinschaft der *Deutschen Wertpapierbörsen*, der *Frankfurter Wertpapierbörse* und der *Börsen Zeitung* entwickelt und am 1.7.1988 eingeführt worden ist.

61 *Rudolph*, Frauen in Aufsichtsräten- Befund Ursachen und Konsequenzen des unterproportionalen Anteils der Frauen in deutschen Aufsichtsräten und mögliche Veränderungsoptionen, *Frankfurt School of Finance&Management* 2009, S.26; abrufbar unter: http://www.frankfurt-school.de/content/de/frauen_in_aufsichtsraeten/dmsFS/0/file1/Frauen-in-Aufsichtsraeten.pdf (zuletzt abgerufen am 19.9.2011).

62 *Weckes*, Geschlechterverteilung in Vorständen und Aufsichtsräten in den 160 börsennotierten Unternehmen (Dax-30, M-Dax, S-Dax, Tec-Dax) zum 31.1.2011, S.3; abrufbar unter: http://www.boeckler.de/pdf/mbf_gender_2011.pdf (zuletzt abgerufen am 19.9.2011).

12,4%.[63] Dabei konnte eine Erhöhung des Frauenanteils in Aufsichtsratsgremien gegenüber den Vorjahren weder bei den Unternehmen der Privatwirtschaft noch im Finanzsektor festgestellt werden.[64] Zudem liegt der Grund für den – im Vergleich zu den Vorständen – höheren Frauenanteil in Aufsichtsräten an den in Deutschland geltenden Mitbestimmungsregeln, namentlich an § 4 Absatz 4 DrittelbG.[65] Hiernach sollen die in den Aufsichtsrat gewählten Arbeitnehmervertreter möglichst paritätisch, anteilig dem im Unternehmen vertretenen Geschlecht repräsentiert sein. Allerdings unterfallen dem Mitbestimmungsgesetz lediglich Unternehmen, in denen in der Regel mehr als 500 Arbeitnehmer beschäftigt sind, § 1 Absatz 1 DrittelbG. Dennoch gelangen rund zwei Drittel der Frauen auf diese Weise zu ihrem Mandat im Aufsichtsrat.[66] Trotz „Soll-Ausgestaltung" der Vorschrift erhöht diese mitbestimmungsrechtliche Regelung somit deutlich die „Frauenquote" in diesen Aufsichtsräten. In Unternehmen ohne Arbeitnehmervertreter im Aufsichtsrat sind lediglich 2,6% der Aufsichtsratsmitglieder weiblich, während ihr Anteil in mitbestimmten Aufsichtsräten mit 11,7% deutlich höher liegt. In der Privatwirtschaft entsendet damit die Arbeitnehmerseite circa 80% der Frauen.[67]

Dieses Ergebnis wird auch durch die aktuellste Studie der *Hans-Böckler-Stiftung* 2011, die die 160 börsennotierten Unternehmen untersucht hat, gestützt. Hiernach entsendet die Arbeitnehmerseite über 70% der Vertreterinnen in das

---

63 *Holst/Wiemer*, Zur Unterrepräsentanz von Frauen in Spitzengremien der Wirtschaft Ursachen und Handlungsansätze, 2010, S.4; abrufbar unter: http://www.diw.de/documents/publikationen/73/diw_01.c.356535.de/dp1001.pdf (zuletzt abgerufen am 19.9.2011).

64 *Holst/Wiemer*, Zur Unterrepräsentanz von Frauen in Spitzengremien der Wirtschaft Ursachen und Handlungsansätze, 2010, S.4; abrufbar unter: http://www.diw.de/documents/publikationen/73/diw_01.c.356535.de/dp1001.pdf (zuletzt abgerufen am 19.9.2011).

65 *Rudolph*, Frauen in Aufsichtsräten- Befund Ursachen und Konsequenzen des unterproportionalen Anteils der Frauen in deutschen Aufsichtsräten und mögliche Veränderungsoptionen, *Frankfurt School of Finance&Management* 2009, S.26; abrufbar unter: http://www.frankfurt-school.de/content/de/frauen_in_aufsichtsraeten/dmsFS/0/file1/Frauen-in-Aufsichtsraeten.pdf (zuletzt abgerufen am 19.9.2011); *Frost/Linainmaa*, AG 2007, 601, 602, so auch *Fockenbrock* in *Handelsblatt* v. 23.6.2005, Mitbestimmung erhöht die Frauenquote; abrufbar unter: http://www.handelsblatt.com/unternehmen/strategie/mitbestimmung-erhoeht-diefrauenquote;916956;0 (zuletzt abgerufen am 19.9.2011) ebenso auch *Mielke*, Mitbestimmung 10/2005, S.32, 33; abrufbar unter: http://www.boeckler.de/pdf/v_2006_03_30_mielke3_f5.pdf (zuletzt abgerufen am 19.9.2011).

66 Erhebungen des *Deutschen Instituts für Wirtschaftsforschung*, *Holst/Wiemer*, Zur Unterrepräsentanz von Frauen in Spitzengremien der Wirtschaft Ursachen und Handlungsansätze, 2010, S.4; abrufbar unter: http://www.diw.de/documents/publikationen/73/diw_01.c.356535.de/dp 1001. pdf (zuletzt abgerufen am 19.9.2011).

67 *Hans Böckler Stiftung*, Frauen in Führungspositionen: Je höher, desto seltener, Böckler Impuls 7/2009; abrufbar unter: http://www.boeckler.de/pdf/impuls_2009_07_4.pdf (zuletzt abgerufen am 19.9.2011); in diesem Sinne auch *Wieland*, NJW 2010, 2408, 2409.

Gremium.[68] Aus dem aktuellen *Women-on-Board* Index – bereitgestellt durch den Verein *Frauen in die Aufsichtsräte e.V.* –,der sämtliche Vorstands- und Aufsichtsratsbesetzungen der 160 im Dax- 30, M-Dax, Tec- Dax sowie S-Dax notierten Unternehmen wiedergibt, ergibt sich, dass in 46% der bis zum Jahre 2011 untersuchten Unternehmen weder im Vorstand noch im Aufsichtsrat eine Frau vorhanden ist.[69]

Recherchiert man im Rahmen der ländereigenen, sogenannten Öffentlichen Unternehmen,[70] so ergibt sich auch bei der Besetzung von Aufsichtsratspositionen städteeigener oder anteilig in der öffentlichen Hand befindlicher Gesellschaften weiterhin massiver Handlungsbedarf.[71] Exemplarisch seien hier das Land Hamburg und das Saarland herausgegriffen. So stagniert der Frauenanteil im Rahmen von Aufsichtsratspositionen der Stadt Hamburg nach einem Senatsbericht vom Jahre 2005 bis zum Jahre 2007 konstant bei 19%; von 293 dem Senat zur Verfügung stehenden Plätzen sind lediglich 55 Positionen von Frauen besetzt.[72] Zahlreiche Öffentliche Unternehmen der Stadt Hamburg weisen überhaupt keinen Frauenanteil in ihren Gremien auf.[73] Auch der Bericht des saarländischen Landtages weist im Rahmen der Öffentlichen Unternehmen massive Mängel bezüglich der weiblichen Aufsichtsratsbesetzung auf. So findet sich in etlichen Unternehmen keine einzige Frau unter den entsandten kommunalen Vertretern.[74]

68 *Weckes*, Geschlechterverteilung in Vorständen und Aufsichtsräten in den 160 börsennotierten Unternehmen (Dax-30, M-Dax, S-Dax, Tec-Dax) zum 31.1.2011, S.1; abrufbar unter: http://www.boeckler.de/pdf/mbf_gender_2011.pdf (zuletzt abgerufen am 19.9.2011).

69 *Frauen in die Aufsichtsräte e.V.* (*FidAR*), Women on Board Index I Aufsichtsrat und Vorstand; abrufbar unter: http://www.fidar.de/Index-Aufsichtsrat-Vorstand.116.0.html (zuletzt abgerufen am 19.9.2011).

70 Zur genauen Begriffsbestimmung siehe die Ausführungen unter 3.TeilF.II.5.

71 Insofern kann auf die ausführliche Darstellung zu der Situation aller Länder auf den Abschlussbericht der Länderarbeitsgruppe 2011, Teilhabe von Frauen in Führungs- und Kontrollgremien der Wirtschaft, S.236 ff.; abrufbar unter: http://www.justiz.bayern.de/ imperia/md/content/stmj_internet/ministerium/ministerium/gesetzgebung/teilhabe_frauen_fuehrungs_und_kontrollgremien_1_.pdf (zuletzt abgerufen am 19.9.2011), verwiesen werden.

72 Diese Zahlen gehen zurück auf die Antwort des Hamburger Senats v. 10.2.2009 auf eine schriftliche Anfrage zweier Abgeordneter zur Gremienbesetzung und Geschlechtergerechtigkeit v.3.2.2009, zu entnehmen aus LT-Drucks. 19/2144, S.1.

73 Siehe die tabellarische Auflistung des Senats des Landes Hamburg nach einer schriftlichen Anfrage zweiter *SPD*-Abgeordneten v. 10.2.2009, LT-Drucks. 19/2144, S.7 ff.

74 Siehe die detaillierte Auflistung des saarländischen Landtages als Antwort zu der Anfrage betreffend der Repräsentanz von Frauen in öffentlichen Gremien v. 1.6.2010, LT Drucks. 14/194 (14/13), S.10 ff.: *SHS Strukturholding Saar GmbH* (5 Entsendungsberechtigt davon 5 Männer), *Congress Zentrum Saar GmbH* (4 Entsendungsberechtigt davon 4 Männer), *Flughafen Saarbrücken GmbH* (3 Entsendungsberechtigte davon 3 Männer).

Trotz der deutlichen Empfehlung zahlreicher ökonomischer Studien hinsichtlich der geschlechterausgeglichenen Besetzung von Führungsteams besteht weiterhin eine massive Unterrepräsentanz von Frauen in Spitzengremien großer Wirtschaftsunternehmen. Die Vorstandspositionen sind mit einigen verschwindend geringen Ausnahmen *a priori* fest in „Männerhand". Auch die Besetzung des Aufsichtsrats vor allem mit weiblichen Anteilseignervertretern ist mehr als defizitär. Darüber hinaus sind auch im Bereich der sogenannten Öffentlichen Unternehmen die Aufsichtsratsgremien zum Teil ausschließlich mit männlichen Kandidaten besetzt. Trotz einiger positiver Beispiele hat sich dabei die Situation für die Frauen in Deutschland insgesamt in den letzten Jahren kaum verändert.

Interessant in diesem Zusammenhang ist auch der internationale Vergleich. Betrachtet man die europaweite Verteilung von Aufsichtsratspositionen, variiert der Anteil von Frauen in *Boards*, Vorständen und Aufsichtsräten in den einzelnen Ländern erheblich[75]. Zwischen knapp 1% weiblicher Besetzung in Portugal und 44% in Norwegen bewegt sich das Spektrum. Deutschland liegt mit 8% gerade einmal im Mittelfeld.[76] Allerdings darf nicht übersehen werden, dass die Führungsstrukturen in Europa unterschiedlich ausgestaltet sind. Oftmals existiert lediglich ein monistisches *Board*, das Vorstands- und Aufsichtsratsaufgaben in einem gemeinsamen Gremium vorsieht. Auffällig ist jedenfalls der große Abstand Deutschlands zu den führenden skandinavischen Ländern.

II. Erklärungsmodelle der Unterrepräsentanz

Die Gründe für die anhaltend starke weibliche Unterrepräsentanz sowohl auf *Management*-Ebene als auch in dem Kontrollgremium sind vielfältig, oftmals nicht transparent und daher schwierig nachzuweisen. Die Erklärungsmodelle in diesem Bereich sind so verschieden wie zahlreich. Im Rahmen dieser Untersuchung können daher mögliche Ursachenzusammenhänge und Erklärungsmodelle lediglich angerissen werden.

---

75 *Rudolph*, Frauen in Aufsichtsräten- Befund Ursachen und Konsequenzen des unterproportionalen Anteils der Frauen in deutschen Aufsichtsräten und mögliche Veränderungsoptionen, *Frankfurt School of Finance&Management* 2009, S.5; abrufbar unter: http://www.frankfurt-school.de/content/de/frauen_in_aufsichtsraeten/dmsFS/0/file1/Frauen-in-Aufsichtsraeten.pdf (zuletzt abgerufen am 19.9.2011).

76 Siehe die Tabelle bei *Rudolph*, Frauen in Aufsichtsräten- Befund Ursachen und Konsequenzen des unterproportionalen Anteils der Frauen in deutschen Aufsichtsräten und mögliche Veränderungsoptionen, *Frankfurt School of Finance&Management* 2009, S.5; abrufbar unter: http://www.frankfurt-school.de/content/de/frauen_in_aufsichtsraeten/dmsFS/0/file1/Frauen-in-Aufsichtsraeten.pdf (zuletzt abgerufen am 19.9.2011).

Oftmals wird in der Öffentlichkeit der Mangel an weiblichen Führungskräften mit einem generellen Mangel an hochqualifizierten und karriereorientierten Frauen erklärt.[77] Dieses angeprangerte Defizit bezüglich hinreichend kompetentem weiblichen Personal wird sodann damit zu erklären versucht, dass Frauen im Bereich der Unternehmensführung nach wie vor „*Newcomer*“ seien und sich infolgedessen in einer Art „*Pipeline*“ tummelten.[78] Verfolgt man jedoch die Zahlen der Studienabsolventinnen, kann der vorangestellte Erklärungsversuch nicht überzeugen. So erging auf Anfrage des *Deutschen Instituts für Wirtschaftsforschung* (DIW) an das *Statistische Bundesamt* die Auskunft, dass der Anteil der Studienabsolventinnen im Bereich Wirtschaftswissenschaften im Jahre 1975 noch bei 11,6%, im Jahre 1995 jedoch bereits bei 38,9% und im Jahr 2008 schließlich bei fast 50% lag. Insgesamt stellen Frauen im Jahr 2010 über 50% aller Hochschulabsolventen.[79] Diesem Anstieg entspricht jedoch keinesfalls die nur marginale Repräsentanz der Frauen in Spitzenpositionen der Wirtschaft. Folglich existieren Faktoren, die einem Aufstieg der mittlerweile in einer hohen Anzahl vertretenen qualifizierten Frauen entgegenstehen. Dies bestätigen auch die oben angeführten Zahlen des *Instituts für Arbeitsmarkt- und Berufsforschung* (*IAB*), wonach die Anteile von Frauen in Führungspositionen bei wachsender Betriebsgröße abnehmen.[80] Danach liegt in der Gruppe der größten Unternehmen mit über 500 Mitarbeitern der Prozentsatz der Frauen auf der ersten Führungsebene lediglich bei 9%, während bei Kleinstbetrieben 27% vertreten sind.[81] Dieser Effekt führt darüber hinaus dazu, dass kein hinreichend gedeckter *Pool* an Frauen

---

77 So exemplarisch für Viele, die Antwort der Bundesfamilienministerin *Kristina Schröder* in einem Interview mit dem Handelsblatt: „*Hier ärgert mich die Unehrlichkeit der Diskussion. Viele Frauen sind nicht so karriereorientiert und wollen sich einen 60-80-Stunden Mörderjob in einem Vorstand nicht antun.*“, siehe hierzu *Gillmann* im *Handelsblatt* v.14.6.2010, Frauenquote von 20% ist machbar; abrufbar unter: http://www.handelsblatt.com/politik/deutschland/exklusiv-interview-frauenquote-von-20-prozent-ist-machbar;2600358;0 (zuletzt abgerufen am 19.9.2011).

78 *Holst/Wiemer*, Zur Unterrepräsentanz von Frauen in Spitzengremien der Wirtschaft Ursachen und Handlungsansätze, 2010, S.4, 5; abrufbar unter: http://www.diw.de/documents/publikationen/73/diw_01.c.356535.de/dp1001.pdf (zuletzt abgerufen am 19.9.2011).

79 Erhebungen des *Deutschen Instituts für Wirtschaftsforschung* Berlin in Zusammenarbeit mit dem *Statistischen Bundesamt* hierzu *Holst/Busch*, Führungskräfte Monitor 2010, S.13; abrufbar unter: http://www.diw.de/documents/publikationen/73/diw_01.c.358490.de/diwkompakt_2010-056.pdf (zuletzt abgerufen am 19.9.2011).

80 Bericht des *Instituts für Arbeitsmarkt-und Berufsforschung*, *Kohaut/Möller*, IAB-Kurzbericht 6/2010, S.2 Tabelle 1 (Frauen in Führungspositionen nach Betriebsgröße).

81 Bericht des *Instituts für Arbeitsmarkt-und Berufsforschung*, *Kohaut/Möller*, IAB-Kurzbericht 6/2010, S.2 Tabelle 1 (Frauen in Führungspositionen nach Betriebsgröße).

aus dem oberen *Management* für Aufsichtsratspositionen zur Verfügung steht, für die gewisse Vorstandserfahrung durchaus erwünscht ist.[82]

Es stellt sich daher die Frage, warum Frauen so selten in die oberen Hierarchieebenen von Unternehmen vordringen und sich einer vielfach als solche bezeichneten „gläsernen Decke“ gegenüber sehen. Dabei lassen sich aus der Vielzahl der in der Literatur diskutierten Erklärungsversuche im Wesentlichen zwei verschiedene Ansätze herauskristallisieren[83]: Der Fokus liegt hierbei zum einen auf Verhaltens- und Persönlichkeitsunterschieden zwischen Frauen und Männern, zum anderen werden strukturelle und ideologische Barrieren als Erklärungsversuch herangezogen.[84]

1. Verhaltens- und Persönlichkeitsunterschiede

Die Erklärungsansätze, welche auf die Besonderheiten im Rahmen von Persönlichkeit, Fähigkeit und Verhaltensmustern von Frauen hinweisen, werden in der einschlägigen Fachliteratur als „differenztheoretischer Ansatz“ bezeichnet.[85] Hierbei wird auf die Differenz von Frauen und Männern im Rahmen ihres Aggressionsverhaltens sowie ihres Arbeits-, Kommunikations-, und Führungsstils abgestellt.[86] Einstellung sowie Rollenverhalten – unter anderem die Beobachtung, dass Frauen weniger aggressiv auftreten, weniger selbstaktiv die Vermarktung der eigenen Person betreiben und stärker als Männer Konkurrenz- und Wettbewerbssituationen sowie Gehaltsverhandlungen aus dem Weg gehen und stattdessen auf einen gemeinschaftlichen, nichthierarchischen Kommunikations-

82 *Holst/Wiemer*, Zur Unterrepräsentanz von Frauen in Spitzengremien der Wirtschaft Ursachen und Handlungsansätze, 2010, S.5; abrufbar unter: http://www.diw.de/documents/publikationen/73/diw_01.c.356535.de/dp1001.pdf (zuletzt abgerufen am 19.9.2011).

83 *Holst/Wiemer*, Zur Unterrepräsentanz von Frauen in Spitzengremien der Wirtschaft Ursachen und Handlungsansätze, 2010, S.6; abrufbar unter: http://www.diw.de/documents/publikationen/73/diw_01.c.356535.de/dp1001.pdf (zuletzt abgerufen am 19.9.2011).

84 *Holst/Wiemer*, Zur Unterrepräsentanz von Frauen in Spitzengremien der Wirtschaft Ursachen und Handlungsansätze, 2010, S.6; abrufbar unter: http://www.diw.de/documents/publikationen/73/ diw_01.c.356535.de/dp1001.pdf (zuletzt abgerufen am 19.9.2011).

85 *Knapp* in Krell, Chancengleichheit durch Personalpolitik, S.164 f.; *Price*, Industrial and Labor Relations Review 2008 (Vol.61), 320 ff.; *Babcock/Laschever*, Women don't ask: Negotiation and Gender Divide, S.27 ff. ; *Rudolph*, Frauen in Aufsichtsräten- Befund Ursachen und Konsequenzen des unterproportionalen Anteils der Frauen in deutschen Aufsichtsräten und mögliche Veränderungsoptionen, *Frankfurt School of Finance&Management* 2009, S.8; abrufbar unter: http://www.frankfurt-school.de/content/de/frauen_in_aufsichtsraeten/dmsFS/0/file1/Frauen-in-Aufsichtsraeten.pdf (zuletzt abgerufen am 19.9.2011).

86 *Stephenson*, Ivey Business Journal September/October 2004, 1, 3, 4; abrufbar unter: http://wwwold.iveybusinessjournal.com/view_article.asp?intArticle_ID=517 (zuletzt abgerufen am 19.9. 2011).

und Führungsstil setzen – wirken sich im innerbetrieblichen Aufstieg als massiver Wettbewerbsnachteil aus.[87] Verschiedene Befragungen von Führungskräften ergaben, dass insbesondere als stereotypisch „männlich" aufgefasste Eigenschaften wie Entscheidungsstärke, Dominanz, Durchsetzungsvermögen und Risikobereitschaft als relevant für die Ausübung einer oberen Führungsposition angesehen werden.[88] Hinzu kommt, dass Arbeitgeber oftmals interkollegiale Fairness, Zurückhaltung und Sozialverhalten beim Wettstreit um eine Führungsposition mit mangelnder Motivation verwechseln; schließlich basieren Erwartungshaltungen oftmals auf dem Prinzip der *Selbstähnlichkeit*, sodass bei der Rekrutierung höherer Positionen *Habitus in dubio* entscheidender sein kann als Qualifikation.[89] Dieser Ausleseansatz mündet in einen „Teufelskreis": Dadurch, dass die Wirtschaftseliten fest in männlicher Hand sind, geraten die Frauen mangels Ähnlichkeit im Verhaltensmuster *scilicet* mangels Aggressivität beim Kampf um Positionen erneut ins Hintertreffen.[90] Zu diesem Ergebnis kommt auch eine Studie der Unternehmensberatung *Odgers Berndtson,* die hierzu im Jahre 2009 Frauen in deutschen Chefetagen von Großunternehmen befragten.[91] Das am häufigsten von den Frauen selbst angegebene Karrierehemmnis waren die gegenüber weiblichen Führungskräften bestehenden Vorurteile.[92]

Darüber hinaus wird Frauen in höheren Positionen im Gegensatz zu ihren männlichen Kollegen ein sehr schmaler Grad an respektiertem Führungsstil anerkannt.[93] Einerseits werden von ihnen als Führungsperson stereotypische

---

87 *Rudolph*, Frauen in Aufsichtsräten- Befund Ursachen und Konsequenzen des unterproportionalen Anteils der Frauen in deutschen Aufsichtsräten und mögliche Veränderungsoptionen, *Frankfurt School of Finance&Management* 2009, S.8; abrufbar unter: http://www.frankfurt-school.de/content/de/frauen_in_aufsichtsraeten/dmsFS/0/file1/Frauen-in-Aufsichtsraeten.pdf (zuletzt abgerufen am 19.9.2011).

88 *Krell* in Krell, Chancengleichheit durch Personalpolitik, S.319, 321.

89 So im Hinblick auf den Zugang zu Führungspositionen in der deutschen Wirtschaft auch die Ausführungen von *Hartman/Kopp*, KZfSS 2001, 436 ff.

90 *Oakley*, Journal of Business Ethics 2000, 321, 324 spricht in diesem Zusammenhang vom „old boys network".

91 Studie im Auftrag von *Odgers Berndtson*, *Stahl/Mühling*, Deutschlands-Chefinnen – wie es Frauen an die Unternehmensspitze schaffen, 2010; abrufbar unter: http://www.odgersberndtson.de/fileadmin/uploads/germany/Documents/100322OBG_Frauenstudie_d.pdf (zuletzt abgerufen am 19.9.2011).

92 Studie im Auftrag von *Odgers Berndtson*, *Stahl/Mühling*, Deutschlands-Chefinnen – wie es Frauen an die Unternehmensspitze schaffen, 2010, S.15; abrufbar unter: http://www. odgersberndtson.de/fileadmin/uploads/germany/Documents/100322OBG_Frauenstudie_d.pdf (zuletzt abgerufen am 19.9.2011).

93 *Holst/Wiemer*, Zur Unterrepräsentanz von Frauen in Spitzengremien der Wirtschaft Ursachen und Handlungsansätze, 2010, S.10; abrufbar unter: http://www.diw.de/documents/publikationen/73/diw_01.c.356535.de/dp1001.pdf (zuletzt abgerufen am 19.9.2011).

„männliche" Eigenschaften wie Durchsetzungsvermögen und eine gewisse Aggressivität erwartet, andererseits werden Frauen bei zu viel „*Alpha-Tier-Gebärden*" als nicht authentisch empfunden.[94] Agieren Frauen in Führungspositionen hingegen stereotypisch „weiblich" – also eher zurückhalten und sozial –, gelten sie schnell als inkompetent.[95] Diese Inkongruenz führt dazu, dass Frauen größere Schwierigkeiten haben, in Führungspositionen zu gelangen und in diesen als erfolgreich wahrgenommen zu werden, was wiederum in einer Entmutigung mündet, höhere Posten überhaupt anzustreben.[96]

Erst in letzter Zeit – insbesondere auch im Zuge der Finanzkrise[97] – wird der als typisch „weiblich" empfundene Führungsstil, der sich unter anderem durch Kommunikation, reale Selbsteinschätzung, interkollegiale Partizipation und Sozialkompetenz auszeichnen soll, durchaus positiv bewertet.[98]

2. Strukturelle Barrieren

Mangelnde weibliche Repräsentanz in den oberen Führungsetagen kann darüber hinaus auch auf sogenannte strukturelle Barrieren zurückzuführen sein. Als Hindernis lassen sich insbesondere der sogenannte *Pyramiden*-Effekt, die Doppelbelastung von Familie und Beruf sowie die mangelnde Transparenz bei Besetzung von Führungspositionen herauskristallisieren.[99]

---

94 *Oakley*, Journal of Business Ethics 2000, 321, 324: „*Typical double-bind for women in leadership positions is that they must be tough and authoritative (like men) to be taken seriously, but they will be perceived as „bitches" if they act too aggressively*"

95 *Oakley*, Journal of Business Ethics 2000, 321, 325: „(…) *where acting feminine is associated with incompetence, and acting „competent" is associated with the opposite polarity of masculine traits that when adopted by women can only lead to the conclusion that one must be unfeminine to be competent*"

96 *Holst/Wiemer*, Zur Unterrepräsentanz von Frauen in Spitzengremien der Wirtschaft Ursachen und Handlungsansätze, 2010, S.10; abrufbar unter: http://www.diw.de/documents/publikationen/73/diw_01.c.356535.de/dp1001.pdf (zuletzt abgerufen am 19.9.2011).

97 „*Mit den Lehman Sisters wäre das so nicht passiert*", so der Ausspruch von *Mary Iskenderian*, Präsidentin der Women's World Bank zitiert nach *Amann* in *Spiegel-Online* v. 11.5.2009, Lehmen Sisters hätte uns die Krise erspart; abrufbar unter: http://www.spiegel.de/wirtschaft/0,1518,623712,00.html (zuletzt abgerufen am 19.9.2011).

98 *Latzel* in Aretz/Mierke, Aktuelle Themen der Wirtschaftspsychologie, S.68, 83.

99 *Holst/Wiemer*, Zur Unterrepräsentanz von Frauen in Spitzengremien der Wirtschaft Ursachen und Handlungsansätze, 2010, S.7 ff.; abrufbar unter: http://www.diw.de/documents/ publikationen/73/diw_01.c.356535.de/dp1001.pdf (zuletzt abgerufen am 19.9.2011); *Rudolph*, Frauen in Aufsichtsräten- Befund Ursachen und Konsequenzen des unterproportionalen Anteils der Frauen in deutschen Aufsichtsräten und mögliche Veränderungsoptionen, *Frankfurt School of Finance& Management* 2009, S.8, 9; abrufbar unter: http://www.frankfurt-school.de/content/de/frauen_in_aufsichtsraeten/dmsFS/0/file1/Frauen-in-Aufsichtsraeten.pdf (zuletzt abgerufen am 19.9.2011).

Wie bereits aufgezeigt, schwindet der Anteil von Frauen zunehmend mit der Höhe der Führungsetage.[100] Während der Frauenanteil an allen Beschäftigten 44% beträgt, liegt er bei der Betrachtung der Beschäftigten auf der sogenannten zweiten Führungsebene bei 35% (Leitende Angestellte, Prokuristen) und bei der Beschäftigung auf der ersten Führungsebene nur noch bei 25% (Vorstände, Geschäftsführer).[101] Frauen arbeiten häufig in Bereichen wie *Human Ressources* und *Public Relations*, werden also oft in sogenannten Stabspositionen eingesetzt, während man ihr Vorhandensein im operativen Geschäft und in Positionen mit Ergebnisverantwortung vergleichsweise vergeblich sucht.[102] Für den Aufstieg ins *Topmanagement* wird aber regelmäßig gerade diese Linienerfahrung vorausgesetzt, sodass durch den dadurch entstehenden *Pyramideneffekt* prozentual nicht hinreichend erfahrene Frauen für die in Frage stehenden Führungspositionen zur Disposition stehen.[103] Anknüpfungspunkt der Kritik ist die Personalpolitik der Unternehmen: Aufgrund unzureichender Förderung der Frauen werden ihnen nur selten die für *Management*-Positionen relevanten Erfahrungen ermöglicht.[104]

Desweiteren werden Frauen durch die gleichzeitigen Anforderungen von Familie und Beruf in einem größeren Maße dazu gezwungen, Kompromisse einzugehen.[105] Mütter fühlen sich oftmals bereits biologisch in hohem Maße für ein intaktes Familienleben verantwortlich, während den Männern nach wie vor die

---

100 Siehe hierzu auch die Untersuchungen des *Institut für Arbeitsmarkt und Berufsforschung* IAB-Forschungsbericht 4/2009, *Fischer/Dahms/Bechmann/Frei/Leber*, Gleich und doch nicht gleich: Frauenbeschäftigung in deutschen Betrieben Auswertungen des IAB-Betriebspanels 2008, S.12, 13; abrufbar unter: http://doku.iab.de/forschungsbericht/2009/fb0409.pdf (zuletzt abgerufen am 19.9.2011).

101 Siehe hierzu auch die Untersuchungen des *Institut für Arbeitsmarkt und Berufsforschung* IAB-Forschungsbericht 4/2009, *Fischer/Dahms/Bechmann/Frei/Leber*, Gleich und doch nicht gleich: Frauenbeschäftigung in deutschen Betrieben Auswertungen des IAB-Betriebspanels 2008, S.13; abrufbar unter: http://doku.iab.de/forschungsbericht/2009/fb0409.pdf (zuletzt abgerufen am 19.9.2011).

102 *Holst/Wiemer*, Zur Unterrepräsentanz von Frauen in Spitzengremien der Wirtschaft Ursachen und Handlungsansätze, 2010, S.8; abrufbar unter: http://www.diw.de/documents/publikationen/73/diw_01.c.356535.de/dp1001.pdf (zuletzt abgerufen am 19.9.2011).

103 *Rudolph*, Frauen in Aufsichtsräten- Befund Ursachen und Konsequenzen des unterproportionalen Anteils der Frauen in deutschen Aufsichtsräten und mögliche Veränderungsoptionen, *Frankfurt School of Finance&Management* 2009, S.8, 9; abrufbar unter: http://www.frankfurt-school.de/content/de/frauen_in_aufsichtsraeten/dmsFS/0/file1/Frauen-in-Aufsichtsraeten.pdf (zuletzt abgerufen am 19.9.2011).

104 *Holst/Wiemer*, Zur Unterrepräsentanz von Frauen in Spitzengremien der Wirtschaft Ursachen und Handlungsansätze, 2010, S.8; abrufbar unter: http://www.diw.de/documents/publikationen/73/diw_01.c.356535.de/dp1001.pdf (zuletzt abgerufen am 19.9.2011).

105 *Stephenson*, Ivey Business Journal September/October 2004, 1, 4; abrufbar unter: http://wwwold.iveybusinessjournal.com/view_article.asp?intArticle_ID=517 (zuletzt abgerufen am 19.9.2011).

traditionelle Rolle des Versorgers zugeschrieben wird. Eine hinreichende Betreuung und Versorgung im Haushalt befindlicher Kinder lässt sich schwerlich mit der uneingeschränkten zeitlichen Verfügbarkeit, die mit einer Spitzenposition einhergeht, ermöglichen. Auch deshalb sind die Arbeitsplätze im *Top-Management* auf den traditionell männlichen *Manager* zugeschnitten, *„der selbst keine Versorgungsleistung im privaten Raum zu erbringen hat, gleichwohl aber zuverlässig versorgt wird*".[106] Eine störungsfreie Verbindung von Karriere und Familie ist aufgrund der zeitlichen Anforderungen an die Frauen nur schwer zu bewerkstelligen. Zudem demotiviert und frustriert die Erkenntnis, die gleiche Qualität wie der Kollege in eingeschränkter Arbeitszeit abliefern zu müssen. Auch die nach wie vor unzureichende Betreuungssituation insbesondere von Kleinkindern unter 3 Jahren stellt eine weitere Erschwernis für die Karriere der Frau dar.[107] Häufig ist die Frau, die weder durch Familie noch enge Freundschaften hinsichtlich der Betreuung Unterstützung erfährt, auf sich allein gestellt.

Als Ursache kommt schließlich das Problem der mangelnden Transparenz bei der Besetzung von Führungspositionen, insbesondere von Aufsichtsratsposten, in Frage. Generell stehen nur wenig objektive Informationsquellen zur Rekrutierung beziehungsweise dem Auswahlprozess von Führungsmitgliedern zur Verfügung.[108] In einer Befragung von Aufsichtsratsmitgliedern britischer Unternehmen gab die Hälfte der befragten Personen an, durch persönliche Kontakte oder Freundschaften ins Amt befördert worden zu sein.[109] Lediglich 4% hatten sich einem formalisierten Bewerbungsverfahren unterziehen müssen.[110] Damit spielen informelle Netzwerke eine große Rolle, die wiederum auf Freundschaft beziehungsweise guter kollegialer Zusammenarbeit beruhen. Auch hier kommt die be-

---

106 *Müller*, ARBEIT 1999, 137, 153.

107 Dies verdeutlichen die Erhebungen der *Bertelsmann Stiftung* im Rahmen des Ländermonitors Frühkindliche Bildungssysteme 2009. Insgesamt zeigt sich dabei, dass insbesondere in Westdeutschen Ländern ein enormer Ausbaubedarf an Betreuungsangeboten besteht. Die Daten sind abrufbar unter: http://www.laendermonitor.de/grafiken-tabellen/indikator-2-betreuungs plaetze-fuer-unter-dreijaehrige-ausbauentwicklung/indikator/2/indcat/2/indsubcat/0/index.nc.html?no_cache=1 (zuletzt abgerufen am 19.9.2011).

108 *Rudolph*, Frauen in Aufsichtsräten- Befund Ursachen und Konsequenzen des unterproportionalen Anteils der Frauen in deutschen Aufsichtsräten und mögliche Veränderungsoptionen, *Frankfurt School of Finance&Management* 2009, S.8; abrufbar unter: http://www.frankfurt-school.de/content/de/frauen_in_aufsichtsraeten/dmsFS/0/file1/Frauen-in-Aufsichtsraeten.pdf (zuletzt abgerufen am 19.9.2011).

109 Dies ergaben die Befragungen von *Higgs*, Review oft the Role an Effectiveness of Non-Executive Directors, 2003, S.39 (10.5), eine Studie die in der Folge der Skandale (*Enron, Worldcom*) von der britischen Regierung in Auftrag gegeben wurde; die Studie ist abrufbar unter: http://www.berr.gov.uk/files/file23012.pdf (zuletzt abgerufen am 19.9.2011).

110 *Higgs*, Review of the Role and Effectiveness of Non-Executive Directors, 2003, S.39 (10.5); abrufbar unter: http://www.berr.gov.uk/files/file23012.pdf (zuletzt abgerufen am 19.9.2011).

reits angesprochene Präferenz zur *Selbstähnlichkeit* zum Tragen[111], sodass Frauen mangels hinreichend transparenter Auswahlmotive in den fast ausschließlich mit Männern besetzten Netzwerken der Wirtschaftselite als Außenseiterinnen erneut ins Hintertreffen geraten. Untersuchungen zeigten, dass erst ab einer Anzahl von 3 Frauen im Führungsgremium diese Dynamik aufgebrochen wird.[112]

III. Nationale und internationale politische Reformvorhaben

1. Deutschland

Angesichts des unerfreulichen Umstands, dass die tatsächliche Gleichstellung der Geschlechter trotz des im Grundgesetz verankerten Gleichstellungsauftrages (Art. 3 Absatz 2 Satz 2 GG) nach wie vor nicht auf allen Ebenen verwirklicht worden ist, rückt die Frage nach Frauenförderungsmaßnahmen vermehrt in den Mittelpunkt der politischen und rechtlichen Diskussion. Um mehr Frauen die Chance auf eine Führungsposition zu eröffnen, schloss die Bundesregierung bereits 2001 mit den Spitzenverbänden der deutschen Wirtschaft eine *„freiwillige Vereinbarung zur Förderung der Chancengleichheit von Frauen und Männern in der Privatwirtschaft"*.[113] Ziel der freiwilligen Vereinbarung war, insbesondere mit betrieblichen Fördermaßnahmen sowohl Ausbildungsperspektiven und berufliche Chancen von Frauen als auch die Vereinbarkeit von Familie und Beruf nachhaltig zu verbessern. Allerdings ist der Erfolg dieses *Gentlemen Agreements*, wie in der rechtstatsächlichen Auswertung aufgezeigt, allenfalls mäßig. In der aktuellen öffentlichen Diskussion stehen daher vermehrt diverse politische Forderungen nach gesetzlichen Gleichstellungsquoten in der Privatwirtschaft. So stellte die Fraktion *BÜNDNIS 90/DIE GRÜNEN* bereits im Jahre 2007 einen Antrag auf die Verankerung einer gesetzlichen „Frauenquote" im Aktiengesetz.[114] Hiernach sollten alle Aufsichtsräte börsennotierter Gesellschaften mit einem Frauenanteil von mindestens 40% zu besetzen sein. In einem Anfang 2010

111 Siehe hierzu die Ausführungen bei *Hartman/Kopp*, KZfSS 2001, 436 ff.

112 *Kramer/Konrad/Erkut*, Organizational Dynamics 2008 (Vol.37), 145, 154: *„Three or more women in the boardroom seem to result in a definite shift in the quality of women's experiences"*.

113 Die Vereinbarung zwischen der Bundesregierung und den Spitzenverbänden der deutschen Wirtschaft ist abgedruckt bei *Pfarr*, Ein Gesetz zur Gleichstellung der Geschlechter in der Privatwirtschaft, S. 145ff.

114 Antrag der Bundestagsfraktion *Bündnis 90/Die Grünen* v. 9.5.2007, BT-Drucks. 16/5279.

gestellten Gesetzesantrag hielt die *Grünenfraktion* an diesem Vorhaben fest.[115] Der Rechtsausschuss des Deutschen Bundestages lehnte den Antrag indes mit den Stimmen von *CDU/CSU* und *FDP* ab, während sich *SPD* und *Die Linke* ihrer Stimme enthielten.[116]

Die Bundesregierung und mithin Bundeskanzlerin *Merkel* setzen vielmehr auf eine freiwillige Umsetzung der Förderung. So unterzeichneten die Dax-30 Unternehmen am 30. März 2011 gemeinsam mit der Bundesregierung erneut eine Absichtserklärung, in der sie sich zur *„Intensivierung der Erhöhung ihrer Anstrengungen zur Erhöhung des Frauenanteils in Führungspositionen"* verpflichten.[117] Noch am selben Tag ließen politische Befürworter einer gesetzlichen Quote verlauten, dass sie sich mit diesem allgemeinen und letztlich unverbindlichen Auftrag nicht zufrieden geben werden.[118] So beschloss die Mehrheit der Länder im Rahmen der Justizministerkonferenz im Mai 2011 bei ihren Sitzungen in Halle, sich hinter einen von Nordrhein-Westfalen erarbeiteten Gesetzesentwurf zu stellen. Dieser sieht bis zum Jahre 2022 eine Beteiligungsquote von 40% Frauen im Gremium des Aufsichtsrats für börsennotierte Unternehmen vor.[119] Dieser Gesetzesentwurf soll nunmehr der Bundesregierung vorgelegt werden. Auch die *Grünenfraktion* ließ sich von der Ablehnung im Rechtsausschuss nicht entmutigen und reichte bereits im Oktober 2010 einen erneuten Gesetzesentwurf im Bundestag ein, der die geschlechtergerechte Besetzung der Aufsichtsratspositionen verlangt.[120]

Nachfolgend sollen zunächst die beiden im Umlauf befindlichen Gesetzesinitiativen vorgestellt werden. Im Verlauf der weiteren Untersuchung wird auf Schwachpunkte, Regelungslücken sowie auch vorzugswürdige Ansätze einzugehen sein.

---

115 Antrag der Bundestagsfraktion *Bündnis 90/Die Grünen* v. 24.2.2010, BT-Drucks. 17/797; siehe in diese Richtung gehend auch das Regierungsprogramm der *SPD* zur Bundestagswahl 2009, S.14; abrufbar unter: http://alt.spd.de/de/pdf/parteiprogramme/Regierungsprogramm_2009_KF.pdf (zuletzt abgerufen am 19.9.2011).

116 Beschlussempfehlung und Bericht des Rechtsausschusses v. 29.3.2010, BT-Drucks. 17/1274.

117 Frauen in Führungspositionen – Gemeinsame Erklärung der DAX 30-Unternehmen v. 30.3.2011; abrufbar unter: http://arbeitgeber.de/www/arbeitgeber.nsf/res/DAX30.pdf/$file/DAX30.pdf (zuletzt abgerufen am 19.9.2011).

118 *Moritz* in *Fokus Online* v. 4.5.2011, Von der Leyen: Die Brüsseler List mit der Frauenquote; abrufbar unter: http://www.Fokus.de/politik/ausland/von-der-leyen-die-bruesseler-list-mit-der-frauenquote_aid_624121.html (zuletzt abgerufen am 19.9.2011); zudem stellte auch die Bundestagsfraktion *Bündnis 90/Die Grünen* am 13.10.2010 einen erneuten, indes deckungsgleichen Gesetzesantrag, BT-Drucks. 17/3296.

119 TOP I.7. Der Beschlüsse der 82. Konferenz der Justizministerinnen und Justizminister am 18. und 19.5.2011 in Halle (Saale); abrufbar unter: http://www.justiz.nrw.de/JM/justizpolitik/jumiko/beschluesse/2011/fruehjahrskonferenz11/I_7.pdf (zuletzt abgerufen am 19.9.2011).

120 Gesetzesantrag *Bündnis 90/Die Grünen* v. 13.10.2010, BT-Drucks. 17/3296.

a) Gesetzesentwurf BÜNDNIS 90/DIE GRÜNEN

Nach der Ablehnung des zweiten Gesetzesantrags im Rechtsausschuss im März 2010 reichte die *Grünenfraktion* bereits im Oktober 2010 einen neuen, im Wesentlichen deckungsgleichen Gesetzesentwurf in den Bundestag ein.[121] Im Zuge dessen erfolgte eine Expertenanhörung im Rechtsausschuss mit dem Ergebnis, dass sich die deutliche Mehrheit der Eingeladenen für die Einführung einer Gleichstellungsquote aussprach.[122] Eine Beschlussempfehlung des Ausschusses liegt indes noch nicht vor. Im Hinblick auf die angesprochene politische Linie der Regierungsparteien wird mit einer baldigen Verabschiedung nicht zu rechnen sein.[123]

Begründet wird das gesetzgeberische Vorhaben vor allem damit, dass die fortdauernde Diskriminierung und Vergeudung kreativer Potentiale letztendlich der Gesamtwirtschaft erheblich schade.[124] Ein höherer Frauenanteil in Führungsetagen bedeute gegenwärtig und in der Zukunft einen realen Wettbewerbsvorteil für die Unternehmen. Darüber hinaus sei der Staat zur Durchsetzung der tatsächlichen Gleichstellung durch Art. 3 Absatz 2 Satz 2 GG vollumfänglich verpflichtet.[125]

Als Lösung wird die Einführung einer gesetzlichen Quotierung des Aufsichtsratsgremiums in Höhe von 40% vorgeschlagen. Kernstück des Vorschlags ist die Ergänzung des § 101 AktG um einen neuen, vierten Absatz, der vorsieht, bei Aufsichtsratsbesetzung der *„geschlechtergerechten Verteilung der Aufsichtsratsmandate Rechnung zu tragen.“*[126] Entsprechend soll bei der Wahl der Aufsichtsratsmitglieder durch die Hauptversammlung eine Besetzung mit mindestens je 40% Frauen und Männern gewährleistet werden, § 101 Absatz 4 Satz 2 AktG-E. Diese Besetzungsregelung soll bei Unternehmen, die entweder börsennotiert sind oder aber der Mitbestimmung unterliegen, erfolgen, § 101 Absatz 4 Satz 2 Nr.1-5 AktG-E.[127] Nicht börsennotierte Unternehmen und kleinere nicht der Mitbestimmung unterliegende Unternehmen sollen vorerst unberücksichtigt bleiben. Dies wird damit begründet, dass gerade von Unternehmen, die allgemein und öffentlich am Markt gehandelt werden beziehungsweise eine bestimm-

---

121 Gesetzesantrag *Bündnis 90/Die Grünen* v. 13.10.2010, BT-Drucks. 17/3296.

122 Rechtsausschuss-Stellungnahme der Sachverständigen zur Anhörung des Gesetzesantrages v. 11.5.2011 zu BT-Drucks-17/3296.

123 So auch *Bachmann*, ZIP 2011, 1131, 1135.

124 Gesetzesantrag *Bündnis 90/Die Grünen* v. 13.10.2010, BT-Drucks. 17/3296, S.1, 6.

125 Gesetzesantrag *Bündnis 90/Die Grünen* v. 13.10.2010, BT-Drucks. 17/3296, S.6.

126 Gesetzesantrag *Bündnis 90/Die Grünen* v. 13.10.2010, BT-Drucks. 17/3296, S.3.

127 Gesetzesantrag *Bündnis 90/Die Grünen* v. 13.10.2010, BT-Drucks. 17/3296, S.3; siehe hierzu die kritischen Erwägungen unter 3.TeilF.I.

te Größe aufweisen, die Beachtung elementarer Regelungen verlangt werden kann.[128] Die der Mitbestimmung unterliegenden Unternehmen zeichnen sich daneben durch ihre Personalstärke, mithin ihre Vorbildfunktion aus, sodass nach dem Gesetzesantrag auch hier – unabhängig von einer möglichen Börsennotierung – eine Quotierung erfolgen soll.[129] In den Aufsichtsrat entsandte Mitglieder sollen dabei auf die Mindestquote anzurechnen sein.[130] Begründet wird dies mit einer potentiellen Umgehungsgefahr bei Nichtmiteinbeziehung und einem einhergehenden Unterlaufen der Zielvorgabe.[131]

Verstoßen die Vorschläge zur Wahl der Aufsichtsratsmitglieder gegen die neue Zusammensetzungsverpflichtung des § 101 Absatz 4 AktG-E beziehungsweise verstößt die Zusammensetzung des Gremiums gegen diese Vorgabe, so ist die Wahl und damit der Hauptversammlungsbeschluss nichtig, § 250 Absatz 1 Nr. 5 AktG-E.[132] Um die Handlungsfähigkeit eines quotenwidrig besetzten Aufsichtsrats in jedem Fall auszuschließen, bestimmt der Gesetzesentwurf die Nichtigkeit aller vom quotenwidrig besetzten Aufsichtsrat gefassten Beschlüsse, was insbesondere bei der Vorstandsbestellung durch den Aufsichtsrat zum Tragen kommen soll, § 84 AktG.[133] Der Gesetzesantrag setzt sich dabei ausdrücklich zum Ziel, notfalls die Handlungsunfähigkeit des Unternehmens herbeizuführen.[134] Auf Antrag kann der Aufsichtsrat durch das zuständige Gericht quotengerecht nachbesetzt werden, § 104 Absatz 3a AktG-E.[135]

Die Verknüpfung der Vorrangregelung an eine etwaige Qualifikation der Bewerber wird mit dem Argument, dass es im eigenen Interesse der Wirtschaft sei, geeignetes Personal auszuwählen, als unnötig befunden.[136] Eine Härtefallklausel ist nicht vorhanden. Die Erreichung der vollen Quote ist bis zum Jahre 2017 vorgesehen, die Erreichung einer Quote von 30% bereits bis zum Jahre 2015.[137]

Der Gesetzesantrag unterscheidet zwischen dem Anteilseignergremium und dem Arbeitnehmergremium. Es soll sich dabei um zwei unabhängige Teilgremien handeln. Auf Kapitalseite soll eine Mindestquote von 40% eingeführt werden, während auf Arbeitnehmerseite weiterhin auf das *Repräsentationsmodell*

---

128 Gesetzesantrag *Bündnis 90/Die Grünen* v. 13.10.2010, BT-Drucks. 17/3296, S.6.

129 Gesetzesantrag *Bündnis 90/Die Grünen* v. 13.10.2010, BT-Drucks. 17/3296, S.6, 7.

130 Siehe hierzu die kritischen Ausführungen unter 3.TeilB.VIII.1.

131 Gesetzesantrag *Bündnis 90/Die Grünen* v. 13.10.2010, BT-Drucks. 17/3296, S.8.

132 Gesetzesantrag *Bündnis 90/Die Grünen* v. 13.10.2010, BT-Drucks. 17/3296, S.3; siehe hierzu die Ausführungen unter 3.TeilB.IV.2.b)cc)(5).

133 Gesetzesantrag *Bündnis 90/Die Grünen* v. 13.10.2010, BT-Drucks. 17/3296, S.7; kritisch hierzu die Ausführungen unter 3.TeilB.IV.2.b)cc)(5).

134 Gesetzesantrag *Bündnis 90/Die Grünen* v. 13.10.2010, BT-Drucks. 17/3296, S.7.

135 Gesetzesantrag *Bündnis 90/Die Grünen* v. 13.10.2010, BT-Drucks. 17/3296, S.8.

136 Gesetzesantrag *Bündnis 90/Die Grünen* v. 13.10.2010, BT-Drucks. 17/3296, S.7.

137 Gesetzesantrag *Bündnis 90/Die Grünen* v. 13.10.2010, BT-Drucks. 17/3296, S.4.

abgestellt werden soll[138], was bedeutet, dass das zahlenmäßige Verhältnis von Männern und Frauen im Unternehmen die Grundlage für die Quote bildet. Die bereits existierende „Soll- Regelung" des § 4 Absatz 4 DrittelbG wird dementsprechend zwingend formuliert und darüber hinaus auch in den anderen Mitbestimmungsstatuten manifestiert.[139]

b) Gesetzesentwurf der Landesregierung Nordrhein-Westfalen

Der Gesetzesantrag des Landes Nordrhein-Westfalen ist deutlich umfangreicher und differenzierter. Der Gesetzesentwurf zur Förderung der Gleichberechtigung von Frauen und Männern in Aufsichtsräten börsennotierter Unternehmen (FöGAbUG)[140] wurde im Mai 2011 dem Bundesrat vorgestellt. Im Rahmen der diesjährigen Justizministerkonferenz stellte sich die Mehrheit der Länder hinter die Initiative.[141] Der Gesetzesantrag begründet die Erforderlichkeit einer entsprechenden Gleichstellungsquote mit dem bedeutsamen Nachteil des Verlusts wichtiger Potentiale, die mit weiblicher Unterrepräsentanz einhergehen. Ferner wird die höhere Arbeitseffektivität geschlechterausgeglichener Gremien betont. Schließlich verweist der Antrag auch auf erfolgreiches Vorgehen anderer Länder wie Norwegen.[142]

Als Lösung im Hinblick auf die ausgeglichene Besetzung der Aufsichtsräte sieht der Entwurf die schrittweise Einführung[143] einer gesetzlichen Mindestquote von Frauen in Höhe von 40% bis zum Jahre 2022 bei börsennotierten Unternehmen vor.[144] Der neu einzufügende § 96a AktG- E lautet:„*Der Aufsichtsrat börsennotierter Aktiengesellschaften, der aus mehr als drei Mitgliedern besteht, setzt sich zu jeweils mindestens 40% aus Angehörigen beider Geschlechter zusammen; im Übrigen setzt er sich aus Angehörigen beider Geschlechter zusammen.*" Die Norm ist „geschlechtsneutral" gefasst und greift ab einer Gremiengröße von 3 Personen. Angesichts der gegenwärtigen Situation handelt es sich

138 Gesetzesantrag *Bündnis 90/Die Grünen* v. 13.10.2010, BT-Drucks. 17/3296, S.7.

139 Gesetzesantrag *Bündnis 90/Die Grünen* v. 13.10.2010, BT-Drucks. 17/3296, S.7; kritisch zu dieser uneinheitlichen Besetzungsregelung die Ausführungen unter 3.TeilB.II.2.b)dd)(3)(b)(bb).

140 Gesetzesantrag des Landes Nordrhein- Westfalen v. 11.2.1011, BR-Drucks. 87/11.

141 TOP I.7. Der Beschlüsse der 82. Konferenz der Justizministerinnen und Justizminister am 18. und 19.5.2011 in Halle (Saale); abrufbar unter: http://www.justiz.nrw.de/JM/justizpolitik/jumiko/beschluesse/2011/fruehjahrskonferenz11/I_7.pdf (zuletzt abgerufen am 19.9.2011).

142 Gesetzesantrag Nordrhein-Westfalen v. 11.2.2011, BR-Drucks. 87/11, S.15 ff.

143 Ab dem Jahr 2017 gilt zunächst eine Quote von 30%.

144 Gesetzesantrag Nordrhein-Westfalen v. 11.2.2011, BR-Drucks. 87/11, S.2.

gleichwohl – jedenfalls faktisch –, um eine gesetzliche „Frauenquote".[145] Diese setzt nach dem neuen § 101 Absatz 1 Satz 1 AktG-E unmittelbar beim Wahlakt an, so dass das Aufsichtsratsmitglied nur dann als gewählt gilt, wenn die Wahl nicht gegen die gesetzliche Regelung verstößt. Begründet wird diese Prämisse damit, dass so von vornherein ein der Quote entsprechender Aufsichtsrat bestellt werden muss und damit frühzeitig Rechtssicherheit für alle Beteiligten gewährleistet wird.[146] Sollte trotz mehrerer Wahlgänge kein quotengerechter Aufsichtsrat zu Stande kommen, sieht der Gesetzesantrag die Ergänzung des Aufsichtsrats mit Hilfe des zuständigen Gerichts durch die bereits existierende Regelung des § 104 AktG vor.[147] Weitere Sanktionen sind nach der Gesetzesbegründung nicht gewollt.[148]

Ein Unterschreiten der Quote ist in Ausnahmefällen zulässig. So bestimmt der neue § 101 Absatz 1 Satz 2 AktG-E:„*Wird durch die Wahl die gesetzliche Mindestanzahl unterschritten, ist eine Person dennoch gewählt, wenn von der Hauptversammlung festgestellt wird, dass für die zu besetzenden Aufsichtsratssitze im Einzelfall eine hinreichende Anzahl von Angehörigen des jeweils anderen Geschlechts, die die in Gesetz und Satzung genannten persönlichen Voraussetzungen erfüllen, trotz der rechtzeitig ergriffenen Maßnahmen zur Förderung und Gewinnung von Führungskräften beider Geschlechter nicht zur Verfügung stand.*"

Die von Nordrhein-Westfalen vorgeschlagene Regelung ist damit als Ergebnisquote mit Härtefallklausel ausgestaltet.[149] Folglich wird allein ein abstrakter Prozentsatz (40%) als Ergebnis vorgegeben, während die konkrete Einzelfallentscheidung keine Rolle spielt. Im Gegensatz zu einer Ausgestaltung als Entscheidungsquote[150] ist nicht in jeder Einzelentscheidung das unterrepräsentierte Geschlecht bis zum Erreichen eines bestimmten Prozentsatzes zu bevorzugen, stattdessen muss das Endergebnis – die nach Abschluss der Wahl endgültige Besetzung des Aufsichtsrats – im Einklang mit der vorgesehenen Quote stehen. Die vorgeschlagene Quote ist dabei qualifikationsunabhängig konzipiert. Eine Bevorzugung kommt nicht nur bei absoluter Gleichqualifikation der Bewerber in

---

145 Dies wird auch aus der Gesetzesbegründung deutlich, die praktisch allein auf die Situation der Frauen abstellt. Immerhin ist dadurch aber gesetzlich sichergestellt, dass auch eine völlige Dominanz von Frauen zukünftig nicht möglich ist.

146 Gesetzesantrag Nordrhein-Westfalen v. 11.2.2011, BR-Drucks. 87/11, S.20.

147 Gesetzesantrag Nordrhein-Westfalen v. 11.2.2011, BR-Drucks. 87/11, S.21.

148 Gesetzesantrag Nordrhein-Westfalen v. 11.2.2011, BR-Drucks. 87/11, S.21.

149 Siehe hierzu die nachfolgenden Ausführungen unter 2.TeilB.II.

150 Hierzu *Pfarr*, Quoten und Grundgesetz, S.206.

Betracht, was im Ergebnis bedeutet, dass möglicherweise auch wesentlich besser qualifizierte Männer unberücksichtigt bleiben können.[151]

Nach § 101 Absatz 1a Satz 2 AktG-E sind zu entsendende Aufsichtsratsmitglieder allein für den Fall, dass sie vor der Wahl entsandt wurden, auf die Quote anzurechnen.[152] Damit soll eine möglichst weitgehende Durchsetzung der Mindestquote erreicht werden. Eine Anrechnung soll dagegen rückwirkend, also wenn die Entsendung nach der Wahl erfolgt, nicht möglich sein, da in diesem Fall bei der Wahl nicht abzusehen wäre, wie viele Angehörige eines Geschlechts jeweils gewählt werden dürfen.[153] Darüber hinaus erhielte der Entsendungsberechtigte ein unangemessenes Druckpotential, da er durch die Entsendung rückwirkend die quotengerechte Zusammensetzung beeinflussen und damit unter Umständen die Wahl bestimmter Aufsichtsratsmitglieder unwirksam werden lassen könnte.[154] Die gesetzliche Mindestquote gilt gemäß § 101 Absatz 3 Satz 4 AktG auch für die Gruppe der Ersatzmitglieder. Im Falle des konkreten Nachrückens eines einzelnen Ersatzmitglieds in den Aufsichtsrat sieht der Gesetzesentwurf allerdings ein Abweichen von der Quote vor.[155] Begründet wird dies damit, dass durch die vielgestaltige Praxis des Aktiengesellschaftsrechts nicht gewährleistet werden kann, dass stets für jedes Aufsichtsratsmitglied ein Ersatzmitglied gleichen Geschlechts bestellt werden kann.[156]

Der Gesetzesentwurf sieht im Gegensatz zum Gesetzesantrag der *Grünenfraktion* eine Mindestquote von 40% sowohl für die Anteilseigner als auch für das Teilgremium der Arbeitnehmervertreter vor.[157] Das in § 4 Absatz 4 DrittelbG manifestierte *Repräsentationsmodell* wird damit abgelöst.[158] Sofern in speziellen Branchen die Erfüllung der Quote mangels hinreichend vorhandener Arbeitnehmerinnen nicht gewährleistet werden kann, greift erneut die vorgesehene Härtefallregelung.[159]

Schließlich wird der Gesetzesentwurf von der ausdrücklichen Verpflichtung großer Kapitalgesellschaften flankiert, zu dem jeweiligen Anteil beider Ge-

---

151 Siehe hierzu die Ausführungen unter 3.TeilB.II.2.b)aa)(2); kritisch im Hinblick auf die Nichtfestlegung entsprechender Mindestqualifikationen daher bereits *Spindler/Brandt*, NZG 2011, 401,404; *Brandt/Thiele*, AG 2011, 580, 586.

152 Gesetzesantrag Nordrhein-Westfalen v. 11.2.2011, BR-Drucks. 87/11, S.37.

153 Gesetzesantrag Nordrhein-Westfalen v. 11.2.2011, BR-Drucks. 87/11, S.37.

154 Gesetzesantrag Nordrhein-Westfalen v. 11.2.2011, BR-Drucks. 87/11, S.15 ff.; zu dieser Differenzierung kritisch die Ausführungen unter 3.TeilB.VIII.1.

155 Gesetzesantrag Nordrhein-Westfalen v. 11.2.2011, BR-Drucks. 87/11, S.33; siehe hierzu die kritischen Erwägungen unter 3.TeilB.VIII.1.

156 Gesetzesantrag Nordrhein-Westfalen v. 11.2.2011, BR-Drucks. 87/11, S.33.

157 Gesetzesantrag Nordrhein-Westfalen v. 11.2.2011, BR-Drucks. 87/11, S.19.

158 Gesetzesantrag Nordrhein-Westfalen v. 11.2.2011, BR-Drucks. 87/11, S.20.

159 Gesetzesantrag Nordrhein-Westfalen v. 11.2.2011, BR-Drucks. 87/11, S.20.

schlechter an der Gesamtzahl Leitender Angestellter sowie Organmitglieder im Rahmen des jährlichen Lageberichts Stellung zu nehmen, § 289 Absatz 3 Satz 2 AktG-E.[160]

2. Entwicklung in Europa

Auf europäischer Ebene wird die Repräsentanz von Frauen in wirtschaftlichen Führungspositionen in letzter Zeit ebenfalls intensiv erörtert. Im Bericht der Europäischen Kommission zum Thema *Gleichstellung von Frauen und Männern 2010* vom 18. Dezember 2009 wird festgestellt, dass die Entwicklung hinsichtlich des Frauenanteils in Führungspositionen der Wirtschaftsunternehmen bisher nicht positiv verlaufen sei. Nur ein Zehntel der Vorstandspositionen europäischer Spitzenunternehmen seien mit Frauen besetzt.[161] Die Verteilung von Führungspositionen auf Männer und Frauen in den einzelnen Ländern Europas variiert dabei erheblich, so das Ergebnis der bereits angeführten Studie der *Frankfurt School of Finance & Management*.[162] Das Spektrum reichte im Jahr 2008 bei der Besetzung von Verwaltungsrats- beziehungsweise Aufsichtsratspositionen von 0,8% weiblicher Besetzung in Portugal bis 44,2% in Norwegen. Deutlich führend sind die skandinavischen Länder (Schweden: 26,9%; Finnland: 25,7%). Deutschland liegt mit unter 10% im Mittelfeld, wobei diese Position nur aufgrund der bereits angesprochenen Mitbestimmungsregelung erreicht wird. Eine Studie der Personalberatung *Egon Zehnder International* aus dem Jahr 2010, die sich mit den Führungsgremien in Europa befasst[163], konstatiert, dass die Frauenbeteiligung in Führungsgremien im europäischen Durchschnitt bei 12,2% liegt, bei den großen deutschen Unternehmen dagegen nur bei 8,7% (2,3% der Vorstandspositionen, 10,9% der Aufsichtsratspositionen). Skandinavische Länder nehmen auch nach dieser Studie die Spitzenpositionen ein. Schweden liegt bei 28,7%, Norwegen

160 Gesetzesantrag Nordrhein-Westfalen v. 11.2.2011, BR-Drucks. 87/11, S.9.

161 Der Bericht der Kommission ist abrufbar unter: http://ec.europa.eu/social/main.jsp?langId=de&catId=89&newsId=660 (zuletzt abgerufen am 19.9.2011).

162 *Rudolph*, Frauen in Aufsichtsräten- Befund Ursachen und Konsequenzen des unterproportionalen Anteils der Frauen in deutschen Aufsichtsräten und mögliche Veränderungsoptionen, *Frankfurt School of Finance&Management* 2009, S.5 ff.; abrufbar unter: http:// www.frankfurt-school.de/content/de/frauen_in_aufsichtsraeten/dmsFS/0/file1/Frauen-in-Aufsichtsraeten.pdf (zuletzt abgerufen am 19.9.2011).

163 Studie des Unternehmens *Egon Zehnder International*, European board diversity analysis 2010 - Is it getting easier to find women on European boards?; abrufbar unter: http://www.egonzehnder.com/global/ourfirm/news/publication/id/17500251 (zuletzt abgerufen am 19.9.2011).

bei 31,9%, die Niederlande kommen auf 14,6%, Frankreich auf 12,4%, Belgien auf 11,6%, Österreich auf 10,8% und Spanien auf 10,3%.[164]

Dabei deutet laut Studie wenig darauf hin, dass sich der Abstand Deutschlands zu den führenden Nationen verkürzen wird. Bei den in den vergangenen zwölf Monaten neu zu besetzenden Positionen seien im europäischen Durchschnitt 20% an Frauen gegangen, in Deutschland dagegen nur 7,8%.[165] Auch der Bericht des *Instituts für Arbeitsmarkt- und Berufsforschung (IAB)* kommt zu dem Ergebnis, dass sich in den letzten vier Jahren in Deutschland keine positive Entwicklung eingestellt habe.[166] Insofern überrascht die Forderung der zuständigen Kommissarin *Reding* nach einer europaweiten gesetzlichen Gleichstellungsquote nicht. Allerdings will sie den Unternehmen noch bis zum Frühjahr 2012 die Schonfrist gewähren, ihre Unternehmensführung dahingehend freiwillig zu überdenken.[167]

a) Gleichstellungsquoten auf Gemeinschaftsebene

In mehreren europäischen Staaten wurden in den letzten Jahren diverse gesetzliche Maßnahmen in Richtung Gleichstellungsquote vorbereitet. In einigen europäischen Staaten hat die Diskussion um eine Gleichstellungsquote in der privaten Wirtschaft bereits zu gesetzlichen Regelungen geführt. Nach einer freiwilligen Vorlaufphase mit umfangreichen Weiterbildungsangeboten und dem Aufbau einer Datenbank mit potentiellen Kandidatinnen hat Norwegen als erstes Land eine gesetzliche „Frauenquote" beschlossen.[168] Danach müssen mindestens 40% der Sitze in Aufsichtsräten börsennotierter Unternehmen von Frauen besetzt sein. Zur Durchsetzung dieser Quote sind Sanktionen bis hin zum Verlust der Börsennotierung vorgesehen.[169] Auch in Frankreich und Spanien existieren bereits Gleich-

---

164 Studie des Unternehmens *Egon Zehnder International*, European board diversity analysis 2010 - Is it getting easier to find women on European boards?,S.7; abrufbar unter: http://www.egon zehnder.com/global/ourfirm/news/publication/id/17500251 (zuletzt abgerufen am 19.9.2011).

165 Studie des Unternehmens *Egon Zehnder International*, European board diversity analysis 2010 - Is it getting easier to find women on European boards?, S.18; abrufbar unter: http://www. egon zehnder.com/global/ourfirm/news/publication/id/17500251 (zuletzt abgerufen am 19.9.2011).

166 Bericht des *Instituts für Arbeitsmarkt- und Berufsforschung*, einer der Bundesagentur für Arbeit unterstehenden Forschungseinrichtung, *Kohaut/Möller*, IAB-Kurzbericht 6/2010.

167 Berichterstattung von *Schiltz* in *Die Welt* v. 17.9.2010, EU-Kommissarin droht Firmen mit Frauenquote; abrufbar unter: http://www.welt.de/wirtschaft/article9682421/EU-Kommissarin-droht-Firmen-mit-Frauenquote.html (zuletzt abgerufen am 19.9.2011).

168 *Frost/Linnainmaa*, AG 2007, 601, 603 ff.; *Schladebach/Stefanopoulou*, BB 2010, 1042, 1043; *Majer*, ZRP 2010, 133, 134.

169 *Raasch*, ZfRV 2009, 216, 218 f.

stellungsregelungen. In den Niederlanden, Belgien und Österreich werden verbindliche Quoten heftig diskutiert.[170] Exemplarisch soll im Folgenden auf Norwegen, als stets deklariertes *role model* sowie auf Spanien und Frankreich als enge europäische Handelspartner eingegangen und ihre wesentlichen Regelungen vorgestellt werden.

aa) Norwegen

Als erstes Land der Welt führte Norwegen eine gesetzlich vorgeschriebene Mindestbeteiligungsquote für beide Geschlechter in den Verwaltungsräten ein. Dazu wurde sowohl das norwegische Gleichstellungsgesetz, als auch das norwegische Unternehmensgesetz geändert.[171] Die Quote bezieht sich auf staatliche, kommunale und private im Handelsregister eingetragene Aktiengesellschaften *Allmennaksjesejskap* (ASA) und ist grundsätzlich unabhängig von der Börsennotierung.[172] Nicht anwendbar ist die Quotenregelung für die große Mehrheit der Unternehmen mit der in der deutschen Rechtsform vergleichbaren Gesellschaft mit beschränkter Haftung, der *Aksjeselskap* (AS).[173] Das norwegische Gesetz entstand unter der damaligen bürgerlichen Regierung auf Initiative des konservativen Wirtschaftsministers *Ansgar Gabrielsen* und fand mangels oppositioneller Gegner von Anfang an breite politische Unterstützung im Parlament.[174] Allerdings folgt das norwegische System einem monistischen Modell der Organisationsverfassung, was bedeutet, dass nur ein von der Hauptversammlung gewähltes Organ zur Unternehmensleitung und Kontrolle gleichermaßen existiert (*Board of Directors*).[175] Am 1. Januar 2004 trat das Quotengesetz mit einer Übergangsregelung bis zum 1. Januar 2006 allein für diejenigen Unternehmen in Kraft, die sich im vollen Staatsbesitz befanden. Den privaten Unternehmen wurde für diese Übergangsphase ein Gesetzesaufschub gewährt, um die Quote von 40% freiwillig umzusetzen.[176] Bis zu diesem Zeitpunkt stieg der Frauenanteil jedoch lediglich auf 17%, wobei hier auch die Frauen in den Staatsunternehmen

---

170 Siehe hierzu die Ausführungen in dem Antrag der Fraktion *Bündnis 90/Die Grünen* v. 24.2. 2010, BT-Drucks. 17/797, S.2.

171 *Frost/Linnainmaa*, AG 2007, 601, 603.

172 *Raasch*, ZfRV 2009, 216, 218.

173 *Frost/Linnainmaa*, AG 2007, 601, 604.

174 *Supp* in *Der Spiegel* v. 9.2.2009, Im Frauenwunderland; abrufbar unter: http://www.spiegel.de/spiegel/print/d-64082625.html (zuletzt abgerufen am 19.9.2011).

175 *Raasch*, ZfRV 2009, 216, 218; *Frost/Linnainmaa*, AG 2007, 601, 604.

176 *Raasch*, ZfRV 2009, 216, 218; *Frost/Linnainmaa*, AG 2007, 601, 604; *Körner*, FS Pfarr 2009, S.218, 221.

einen entscheidenden Anteil hatten.[177] Im Zuge dessen trat das Gesetz auch für die sogenannten *Allgemeinen Aktiengesellschaften* in Privatbesitz am 1.1.2006 in Kraft. Eine entsprechende Übergangsfrist wurde bis zum 1.1.2008 gewährt. Am Ende der Übergangsfrist lag die Quote bereits bei 38%.[178] Vereinzelt war hier das Phänomen des Rechtsformwechsels zu beobachten, da der Anwendungsbereich der Regelung für die *Aksjeselskap* – also die Rechtsform der Gesellschaft mit beschränkter Haftung – nicht gilt.[179] Seit dem 1. Januar 2008 gilt die Gleichstellungsquote nunmehr ohne Einschränkungen. Das zuständige Ministerium für Handel und Industrie kann bei Nichterfüllung Geldbußen verhängen und im Extremfall den Entzug der Börsennotierung sowie die Zwangsliquidation eines Unternehmens bewirken.[180] Das norwegische Gesetz ist dabei geschlechterneutral formuliert und bezweckt – abhängig von den faktischen unternehmerischen Gegebenheiten – die Förderung des jeweils unterrepräsentierten Geschlechts. Die geforderte Mindestbeteiligung ist dabei nach der Größe des Gremiums gestaffelt[181]:

Größe der Verwaltungsräte	**Besetzung**
2 - 3 Mitglieder	Beide Geschlechter müssen vertreten sein
4 - 5 Mitglieder	Beide Geschlechter müssen mit mind. 2 Personen vertreten sein
6 - 8 Mitglieder	Beide Geschlechter müssen mit mind. 3 Personen vertreten sein
9 Mitglieder	Beide Geschlechter müssen mit mind. 4 Personen vertreten sein
Ab 9 Mitglieder	Beide Geschlechter müssen zu mind. 40% vertreten sein

Als sich eine entsprechende gesetzliche Verpflichtung abzeichnete, entwickelte der norwegische Industrieverband das Programm *FEMALE FUTURE*[182], um von Mitgliedsunternehmen benannte weibliche Führungskräfte gezielt für *Board*-Positionen zu fördern. Unterstützt wird er dabei von einer Reihe privater online

177 *Raasch*, ZfRV 2009, 216, 218; *Körner*, FS Pfarr 2009, S.218, 221.

178 *Raasch*, ZfRV 2009, 216, 218.

179 *Strüwing*, AG Report 10/2008, R.214, 216.

180 *Schladebach/Stefanopoulou*, BB 2010, 1042, 1043; *Raasch*, ZfRV 2009, 216, 219.

181 *Frost/Linnainmaa*, AG 2007, 601, 603, 604.

182 Eine Zusammenfassung der Tätigkeit findet sich online unter: http://www.nho.no/files/Female_Future_English_Summary.pdf (zuletzt abgerufen am 19.9.2011).

Datenbanken, die die in Frage stehenden Kandidatinnen auflisten.[183] So können die Unternehmen schnell und einfach auf den verfügbaren weiblichen Bewerberpool zugreifen. Nach einer Studie der *Friedrich-Ebert-Stiftung*[184] werden die gesetzlichen Quotenbestimmungen in der Wirtschaft und auf dem Arbeitsmarkt akzeptiert und als durchaus positiv aufgenommen.[185] Verbandsberichte über Probleme bei der Umsetzung lägen nicht vor. Die neuen Vertreterinnen im Aufsichtsrat seien im Schnitt jünger und besser ausgebildet als ihre männlichen Kollegen. Auch die Studie der *Frankfurt School of Finance & Management* kommt zu der Einschätzung, dass hierdurch keinerlei negative Effekte eingetreten seien.[186]

bb) Spanien

Auch in Spanien sieht die Organisationsverfassung der börsennotierten Aktiengesellschaft nur ein Gremium – den sogenannten Verwaltungsrat – als höchstes Organ der Gesellschaft vor. Diesem Gremium kommt sowohl die Funktion der Unternehmensüberwachung als auch die Entscheidungshoheit zu.[187] Spanien verabschiedete im März 2007 auf Initiative der sozialistischen Regierungsfraktion *PSOE*[188] als erster Mitgliedsstaat der Europäischen Union ein Gesetz zur Gleichstellung der Geschlechter in Politik und Privatwirtschaft, das „*Ley Orgánica 3/2007 para la igualdad efectiva de mujeres y hombres*".[189]

---

183 *Frost/Linnainmaa*, AG 2007, 601, 603, 604.

184 *Storvik/Teigen*, Das norwegische Experiment – eine Frauenquote für Aufsichtsräte, im Auftrag der *Friedrich Ebert Stiftung* Juni 2010; abrufbar unter: http://library.fes.de/pdf-files/id/ipa/07310.pdf (zuletzt abgerufen am 19.9.2011).

185 *Storvik/Teigen*, Das norwegische Experiment – eine Frauenquote für Aufsichtsräte, im Auftrag der Friedrich Ebert Stiftung Juni 2010, S.3; abrufbar unter: http://library.fes.de/pdf-files/id/ipa/07310.pdf (zuletzt abgerufen am 19.9.2011); so auch die Aussagen des Norwegischen Botschafters *Erik Svedman* auf einem Vortrag im Rahmen des *FidAR*-Forums (*Frauen in die Aufsichtsräte e.V.*); abrufbar unter: http://www.fidar.de/ fileadmin/ user_upload/MAIN-dateien/presse/PM_090916_Pressemappe_end.pdf (zuletzt abgerufen am 19.9.2011).

186 *Rudolph*, Frauen in Aufsichtsräten- Befund Ursachen und Konsequenzen des unterproportionalen Anteils der Frauen in deutschen Aufsichtsräten und mögliche Veränderungsoptionen, *Frankfurt School of Finance&Management*2009, S.21; abrufbar unter: http://www.frankfurt-school.de/content/de/frauen_in_aufsichtsraeten/dmsFS/0/file1/Frauen-in-Aufsichtsraeten.pdf (zuletzt abgerufen am 19.9.2011).

187 *Ureba/Dominguez*, FS K. Schmidt 2009, S.1, 3.

188 *Partido Socialista Obrero Espanol* (PSOE) 1979 gegründete, sozialdemokratische Partei Spaniens.

189 Der Gesetzestext ist auf Spanisch abrufbar unter: http://www.ub.edu/genere/docs/llei_organica_igualdad_efectiva.pdf (zuletzt abgerufen am 19.9.2011).

Dieses umfassende Regelungswerk erstreckt sich auf verschiedene gesellschaftliche Bereiche wie etwa auch den Schutz von Schwangeren.[190] Dabei gibt das Gesetz in Art. 75 eine „ausgewogene“ Repräsentanz von Frauen und Männern in den Aufsichtsräten der staatlichen und privaten Kapitalgesellschaften vor.[191] Eine „ausgewogene“ Repräsentanz liegt demnach vor, wenn ein Geschlecht weder mehr als 60% der Mitglieder überschreitet, noch 40% unterschreitet.[192] Von den Bestimmungen ausgenommen sind Gesellschaften, die nicht mehr als 250 Mitarbeiter beschäftigen. Mittelständische Unternehmen können die gesetzlichen Vorgaben indes freiwillig einführen.[193] Der spanische Gesetzgeber gewährt den Gesellschaften dabei eine 8-jährige Übergangsfrist zur Erreichung der Schwellenwerte. Bis zum Jahr 2015 muss der Frauenanteil in den Verwaltungsräten der Unternehmen mindestens 40% betragen.[194] Bis zum Ende der Übergangszeit können die Unternehmen im Rahmen des Spanischen *Corporate Governance Kodex*[195] freiwillig auf eine ausgewogene Verteilung von Männern und Frauen in den Verwaltungsräten hinarbeiten.[196]

---

190 Titulo VII Articulo 70; abrufbar unter: http://www.ub.edu/genere/docs/llei_organica_igualdad_efectiva. pdf (zuletzt abgerufen am 19.9.2011).

191 Titulo VII Articulo 75: Participación de las mujeres en los Consejos de administración de las sociedades mercantiles; abrufbar unter: http://www.ub.edu/genere/docs/llei_organica_igualdad_efectiva.pdf (zuletzt abgerufen am 19.9.2011).

192 Titulo VIII Articulo 78: „*A los efectos de esta Ley, se entenderá por composición equilibrada la presencia de mujeres y hombres de forma que, en el conjunto a que se refiera, las personas de cada sexo no superen el sesenta por ciento ni sean menos del cuarenta por ciento*“; abrufbar unter: http://www.ub.edu/genere/docs/llei_organica_igualdad_efectiva.pdf (zuletzt abgerufen am 19.9.2011).

193 Siehe insofern auch die Ausführungen des Abschlussbericht der Länderarbeitsgruppe 2011, Teilhabe von Frauen in Führungs- und Kontrollgremien der Wirtschaft, S.39; abrufbar unter: http://www.justiz.bayern.de/imperia/md/content/stmj_internet/ministerium/ministerium/gesetz gebung/teilhabe_frauen_fuehrungs_und_kontrollgremien_1_.pdf (zuletzt abgerufen am 19.9. 2011).

194 Abschlussbericht der Länderarbeitsgruppe 2011, Teilhabe von Frauen in Führungs- und Kontrollgremien der Wirtschaft, S.40; abrufbar unter: http://www.justiz.bayern.de/imperia/md/content/stmj_internet/ministerium/ministerium/gesetzgebung/teilhabe_frauen_fuehrungs_und_kontrollgremien_1_.pdf (zuletzt abgerufen am 19.9.2011).

195 El gobierno de las sociedades cotizadas, herausgegeben von der *Comisión Especial para el estudio de un Código Etico de los Consejos de Administración de las Sociedades*.

196 Abschlussbericht der Länderarbeitsgruppe 2011, Teilhabe von Frauen in Führungs- und Kontrollgremien der Wirtschaft, S.40; abrufbar unter: http://www.justiz.bayern.de/imperia/md/content/stmj_internet/ministerium/ministerium/gesetzgebung/teilhabe_frauen_fuehrungs_und_kontrollgremien_1_.pdf (zuletzt abgerufen am 19.9.2011).

Medienberichten zufolge hat sich die Anzahl der Frauen in den Gremien von 2007 bis 2010 bereits verdoppelt.[197] Auch eine österreichische Untersuchung Anfang 2010 stellte fest, dass der Frauenanteil in *Boards* spanischer Unternehmen von 2006 auf 2007 um 150% gestiegen sei.[198]

cc) Frankreich

In Frankreich besteht seit 1966 die Möglichkeit, neben dem – wie in Norwegen und Spanien – traditionell monistischen Verwaltungssystem fakultativ ein mit dem deutschen Recht vergleichbares dualistisches System zu bestimmen.[199] Prinzipien zur guten Unternehmensführung börsennotierter Gesellschaften sind in einem von der Vereinigung der Privatgesellschaften *Association Française des Entreprises Privées* (*AFEP*) und dem französischen Arbeitgeberverband *Mouvement des Entreprises de France* (*MEDEF*) ausgearbeiteten Kodex, dem so genannten *AFEP-MEDEF-Kodex*, geregelt.[200] Gemäß Art. 15. 3 des *AFEP-MEDEF*-Kodexes muss der Verwaltungs- beziehungsweise der Aufsichtsrat ein Gleichgewicht zwischen Männern und Frauen herstellen, sodass nach Art. 6.3 Absatz 2 des *AFEP-MEDEF*-Kodexes jeder Verwaltungs- und Aufsichtsrat einen Frauenanteil von mindestens 40% in einer Frist von sechs Jahren ab Veröffentlichung der Empfehlung oder ab Zulassung der Gesellschaft zum Handel am regulierten Markt, falls jene später erfolgt, erreicht haben und aufrechterhalten soll.[201] Zusätzlich führte der Gesetzgeber am 27. Januar 2011 durch *das Gesetz für die Gleichstellung von Männern und Frauen im Verwaltungs- und Aufsichtsrat und für die berufliche Gleichstellung*[202] eine gesetzlich verbindliche Quote für die Zusammensetzung des Verwaltungs- beziehungsweise Aufsichtsrats ein.[203]

---

197 Bericht v. 17.6.2010 in der Zeitung *Capital*, Frauenquoten und Quotenfrauen, wie das Ausland Frauen fördert; abrufbar unter: http://www.capital.de/karriere/job/:Frauenquoten-und-Quoten frauen--Wie-das-Ausland-Frauen-foerdert/100030932.html?p=3 (zuletzt abgerufen am 19.9.2011).

198 *Naderer/Sauer/Wieser* im Auftrag der Arbeitskammer Wien, Frauen in Geschäftsführung und Aufsichtsrat - Eine Untersuchung in den Top 200 Unternehmen, März 2011, S.3; abrufbar unter: http://www.arbeiterkammer.at/bilder/d142/ATXFrauen2011.pdf (zuletzt abgerufen am 19.9. 2011).

199 Ausführliche Auseinandersetzung bei *Arlt*, Französische Aktiengesellschaft: monistisches und dualistisches System im Spannungsfeld der Corporate Governance, 2006, S.75 ff., 171 ff.

200 *Francois-Poncet/Deilmann/Otte*, NZG 2011, 450.

201 *Francois-Poncet/Deilmann/Otte*, NZG 2011, 450, 451.

202 „*Loi relative à la représentation équilibrée des femmes et des hommes au sein des conseils d'administration et de surveillance et à l'égalité professionelle.*"

203 *Francois-Poncet/Deilmann/Otte*, NZG 2011, 450, 451.

Nachdem Teile des ursprünglichen, von dem französischen Parlament Anfang 2006 verabschiedeten *Gesetzes zur Gleichberechtigung der Geschlechter auf dem Arbeitsmarkt*[204] von dem französischen Verfassungsgerichtshof als unzulässig deklariert und wieder aufgehoben wurde[205], brachte der Fraktionsvorsitzende der Regierungspartei *UMP*[206] erneut einen Gesetzesvorschlag in die Französische Nationalversammlung ein.[207] Eigens hierfür wurde zuvor Art. 1 Absatz 2 der französischen Verfassung um den Passus ergänzt, dass Männern und Frauen gleicher Zugang zu beruflichen und sozialen Ämtern zu verschaffen ist. So konnte die gesetzliche Quote in Einklang mit dem Verfassungsrecht gebracht werden.[208] Demgemäß stimmte die französische Nationalversammlung dem Gesetzesvorhaben in Januar 2010 in erster Lesung zu.[209]

Der Gesetzesentwurf sieht eine verbindliche Geschlechterquote für die Aufsichts- und Verwaltungsräte börsennotierter Unternehmen vor.[210] Die Vorgaben gelten indes nicht für die sogenannte vereinfachte Aktiengesellschaft *sociétépar action simplifiée*.[211] Ferner gelten die Neuregelungen nicht für Vorstände.[212] Der Anteil von Frauen soll in den betroffenen Gremien einem Stufenplan folgend 3 Jahre nach Inkrafttreten des Gesetzes (2010) im Jahre 2013 mindestens 20% betragen.[213] Darüber hinaus müssen die Unternehmen, die bisher keine Frauen in

---

204 Loi n 2006-340 du 23 mars 2006 relative á l'égalité salariale entre les femmes et les hommes (1); aktuelle Version abrufbar unter: http://www.legifrance.gouv.fr/affichTexte.do?cidTexte=JORFTEXT000000816849 (zuletzt abgerufen am 19.9.2011).

205 Entscheidung des französischen Verfassungsgerichtshofs v. 16.3.2006, Décision n 2006-533 DC du 16 mars 2006; abrufbar unter: http://www.conseil-constitutionnel.fr/conseil-constitutionnel/francais/les-decisions/acces-par-date/decisions-depuis-1959/2006/2006-533-dc/decision-n-2006-533-dc-du-16-mars-2006.1005.html (zuletzt abgerufen am 19.9.2011).

206 *Union pour un mouvement populaire* (UMP), Die Union für eine Volksbewegung ist ein französisches Parteienbündis, welches im April 2002 zur Unterstützung der Kandidatur von *Jacques Chirac* gegründet wurde.

207 Proposition de loi relative à la representation équilibrée des femmes et des hommes au sein des conseils d'atministration et de surveillance et à l'égalité professionelle; abrufbar unter: http://www.assemblee-nationale.fr/13/ta/ta0394.asp (zuletzt abgerufen am 19.9.2011).

208 *Francois-Poncet/Deilmann/Otte*, NZG 2011, 450, 452.

209 Loi relative á la représentation équilibrée des femmes et des hommes au sein des conseils d'administration et de surveillance et á l'égalité professionnelle; abrufbar unter: http://www.assemblee-nationale.fr/13/ta/ta0394.asp (zuletzt abgerufen am 19.9.2011).

210 Article 1A (nouveau) (2) „*Il favorise la promotion de l'égalité professionelle entre les femmes et les hommes au sein de l'entreprise*"; abrufbar unter: http://www.assemblee-nationale. fr/13/ta/ta0394.asp (zuletzt abgerufen am 19.9.2011).

211 *Francois-Poncet/Deilmann/Otte*, NZG 2011, 450, 452.

212 *Francois-Poncet/Deilmann/Otte*, NZG 2011, 450, 452.

213 Article 3 (2): *„(...) la proportion des administrateurs ou des membres du conseil de surveillance de chaque sexe ne peut être inférieure à 20% trois ans après la promulgation de la présente loi"*.

ihre Aufsichtsräte berufen haben, innerhalb einer Frist von 6 Monaten nach Inkrafttreten des Gesetzes mindestens eine Frau berufen.[214] Spätestens 2016 muss der Frauenanteil in den Führungsgremien 40% erreicht haben.[215] In den von der Neuregelung erfassten Gesellschaften darf der Abstand zwischen der Anzahl der Verwaltungs- beziehungsweise Aufsichtsratsmitglieder jedes Geschlechts nicht größer als 2 sein. Die Bewerber für die Wahl der Arbeitnehmervertreter der Verwaltungs- und Aufsichtsratsmitglieder müssen so aufgestellt sein, dass die Bewerberliste abwechselnd aus männlichen und weiblichen Kandidaten besteht.[216] Erst im Jahre 2016 sind bei Nichteinhaltung der Verpflichtung entsprechende Sanktionen vorgesehen. Hierbei sollen Nominierungen der Vertreter des überrepräsentierten Geschlechts solange nichtig sein, bis der Gesamtvorschlag im Einklang mit der vom Gesetz geforderten Gleichstellungsquote steht. Die Unwirksamkeit der Bestellung der einzelnen Verwaltungs- beziehungsweise aller Aufsichtsratsmitglieder hat jedoch – anders als im deutschen Aktienrecht – *a priori* keinen Einfluss auf die Wirksamkeit der von dem nicht ordnungsgemäß zusammengesetzten Gremium gefassten Beschlüsse.[217] Jeder und jede Betroffene kann sich an das zuständige Gericht wenden und Behebung der Missstände sowie einhergehende rechtmäßige Gremiumbesetzung verlangen.[218]

b) Initiativen der Europäischen Kommission

Am 21. September 2010 hat die Europäische Kommission eine Fünfjahresstrategie für mehr Chancengleichheit von Frauen und Männern in Europa erarbeitet.[219]

---

214 Article 3 (2): „*Lorsque, dans un délai de six mois à compter de la promulgation de la présente loi, l'un des sexes n'est pas représenté au conseil d'administration ou de surveillance, au moins un représentant de ce sexe doit être nommé dès le premier renouvellement de l'un des mandats d'administrateurs ou de membre du conseil de surveillance intervenant à compter de ladite promulgation*".

215 Article 1 (4) in Verbindung mit Article 3 (1) des Gesetzesentwurfes; abrufbar unter: http://www.assemblee-nationale.fr/13/ta/ta0394.asp (zuletzt abgerufen am 19.9.2011).

216 *Francois-Poncet/Deilmann/Otte*, NZG 2011, 450, 452.

217 *Francois-Poncet/Deilmann/Otte*, NZG 2011, 450, 453.

218 Article 1 (2):„*Les nominations intervenues en violation de l'alinéa précédent sont nulles, à l'exception des nominations d'administrateurs appartenant au sexe sous-représenté au sein du conseil d'administration. Cette nullité n'entraîne pas la nullité des délibérations du conseil. Lorsque le conseil néglige de procéder aux nominations requises ou de convoquer l'assemblée générale des actionnaires pour remédier à l'irrégularité de sa composition, tout intéressé peut demander en justice la désignation d'un mandataire chargé de convoquer l'assemblée à cet effet*".

219 Die Strategie zur Chancengleichheit (Strategie für die Gleichstellung von Frauen und Männern 2010-2015) ist abrufbar unter: http://eur-lex.europa.eu/LexUriServ/LexUriServ.do?uri= CELEX: 52010DC0491:DE:NOT (zuletzt abgerufen am 19.9.2011).

Unter der Leitung der zuständigen Kommissarin *Reding* wurden gezielte Maßnahmen erarbeitet, die insbesondere auf die Stärkung des Frauenanteils in Leitungsgremien der privaten Unternehmen abzielen.[220] So sollen im sogenannten *Grünbuch Corporate Governance*[221] breitere Überlegungen zur *Corporate Governance* börsennotierter Gesellschaften einschließlich der Zusammensetzung der Verwaltungsräte angestellt werden.[222] Die Zielgröße der Europäischen Union ist dabei, bis spätestens zum Jahr 2020 einen Frauenanteil von 40% in Verwaltungsgremien zu erreichen.[223] Falls sich bis Ende 2011 keine wesentlichen Fortschritte abzeichnen, wird ernsthaft über eine gesetzliche Regelung nachgedacht werden.[224] Auf einem speziell zu diesem Thema einberufenen Gipfel in Brüssel im März 2011 drängte die Kommissarin erneut die Geschäftsführer und Vorstandsvorsitzenden börsennotierter Unternehmen, Selbstverpflichtungsinitiativen zu ergreifen[225]: Stelle sich bis Ende 2012 keine deutliche Verbesserung ein, werde eine europaweite gesetzliche Regelung erfolgen.

IV. Resümee

Zahlreiche ökonomische Studien haben sich mit dem Phänomen der erheblichen Unterrepräsentanz von weiblichen Führungskräften in der Privatwirtschaft beschäftigt. Alle Studien weisen mit mehr oder weniger differierenden Statistiken aus, dass die Repräsentanz von Frauen im Bereich des oberen *Managements* ausbleibt, obgleich sich der Erfolg eines Unternehmens mit der Höhe des Anteils

---

220 Strategie für die Gleichstellung von Frauen und Männern 2010-2015, Gleichstellung in Entscheidungsprozessen, S.8 f.; abrufbar unter: http://eur-lex.europa.eu/LexUriServ/LexUriServ.do?uri=COM:2010:0491:FIN:DE:PDF (zuletzt abgerufen am 19.9.2011).

221 *Grünbuch Corporate Governance in Finanzinstituten und Vergütungspolitik*; abrufbar unter: http://ec.europa.eu/internal_market/company/docs/modern/com2010_284_de.pdf (zuletzt abgerufen am 19.9.2011).

222 Strategie für die Gleichstellung von Frauen und Männern 2010-2015, Gleichstellung in Entscheidungsprozessen, S.8 f.; abrufbar unter: http://eur-lex.europa.eu/LexUriServ/LexUriServ.do?uri=COM:2010:0491:FIN:DE:PDF (zuletzt abgerufen am 19.9.2011).

223 Strategie für die Gleichstellung von Frauen und Männern 2010-2015, Gleichstellung in Entscheidungsprozessen, S.8 f.; abrufbar unter: http://eur-lex.europa.eu/LexUriServ/LexUriServ.do?uri=COM:2010:0491:FIN:DE:PDF (zuletzt abgerufen am 19.9.2011).

224 So unter anderem die Nachricht in der *Frankfurter Rundschau* v. 17.9.2010, EU-Kommission droht mit gesetzlichen Frauenquoten; abrufbar unter: http://www.fr-online.de/home/eu-kommis sion-droht-mit-gesetzlichen-frauenquoten/-/1472778/4652902/-/view/asTicker/-/index.html (zuletzt abgerufen am 19.9.2011).

225 Beitrag von *Gammelin* in der *Sueddeutschen Zeitung* v. 5.4.2011, Letzte Frist für den Chef; abrufbar unter: http://www.sueddeutsche.de/karriere/frauenquote-letzte-frist-fuer-den-chef-1.1081 705 (zuletzt abgerufen am 19.9.2011).

weiblicher Führungskräfte erhöht. Danach schneiden Unternehmen, die auf *Diversity* setzen, in allen Beurteilungskriterien besser ab: Sie erwirtschaften regelmäßig mehr Gewinne als der Branchendurchschnitt und genießen höheres Kundenvertrauen. Geringe Frauenrepräsentanz bedeutet darüber hinaus auch aus volkswirtschaftlicher Perspektive eine erhebliche Vergeudung von Humanressourcen. Dennoch zeigt die tatsächliche Situation in Deutschland, dass sich die Führungsposten fest in „Männerhand" befinden. Es stellt sich daher die Frage, warum Frauen so selten in die oberen Hierarchieebenen von Unternehmen vordringen. Aus der Vielzahl der in der Literatur diskutierten Erklärungsversuche lassen sich im Wesentlichen zwei Ansätze erkennen. Einerseits liegt der Fokus bei Verhaltens- und Persönlichkeitsunterschieden zwischen den Geschlechtern. Andererseits werden strukturelle und ideologische Barrieren als Erklärungsversuch herangezogen.[226]

Aufgrund des marginalen Anstiegs des Frauenanteils in Führungsgremien großer Unternehmen im Laufe der letzten Jahre sind die vorgestellten nationalen und europaweiten Gesetzesvorhaben und Gesetze konsequent.

B. Entwicklung, Quotierungskonzeption und nationale Erscheinungsformen der Gleichstellungsquote

Nachfolgenden wird in knapper Form die Historie gesetzlicher Frauenförderung und die Entstehung des verfassungsrechtlichen Gleichstellungsauftrags aus Art. 3 Absatz 2 Satz 2 GG dargestellt. Zudem werden mögliche Quotierungskonzeptionen sowie bereits existierende nationale Gleichstellungsquoten im öffentlich-rechtlichen Bereich vorgestellt.

I. Historischer Kontext

Als sich am 1. September 1948 der Parlamentarische Rat in Bonn konstituierte, waren unter den 65 politischen Persönlichkeiten, die an der Entstehung des Grundgesetzes mitwirken sollten, lediglich 4 Frauen in den Parlamentarischen Rat berufen worden.[227] Wertet man die parlamentarischen Dokumentationsschrif-

226 *Holst/Wiemer*, Zur Unterrepräsentanz von Frauen in Spitzengremien der Wirtschaft Ursachen und Handlungsansätze, 2010, S.6; abrufbar unter: http://www.diw.de/documents/publikationen/73/diw_01.c.356535.de/dp1001.pdf (zuletzt abgerufen am 19.9.2011).

227 *Friederike Nadig* (1897-1970) und *Elisabeth Selbert* (1896-1986) von den *Sozialdemokraten* sowie die *Christdemokratin Helene Weber* (1881-1962) und *Helene Wessel* (1898-1969) vom *Zentrum*.

ten hierzu aus, so ist erkennbar, dass es vor allem dem außerordentlichen Engagement von *Elisabeth Selbert* zu verdanken ist, dass das allgemeine Gleichberechtigungsgebot des Art. 3 Absatz 2 Satz 1 GG in der noch heutigen Fassung verankert worden ist. Sie war das einzige Mitglied des Parlamentarischen Rates, für das die Gleichberechtigung der Geschlechter ein natürliches Menschenrecht verkörperte.[228] Dabei stieß sie mit dem Formulierungsantrag *„Männer und Frauen sind gleichberechtigt"* im Parlamentarischen Rat zunächst auf heftigen Widerstand. Befürchtungen, diese Forderung würde dem *gesamten Familienrecht Grund und Boden entziehen und zu einem heillosen Rechtschaos führen*[229], standen im Raum.[230] Nachdem ihr Antrag mehrmals abgelehnt worden war, aktivierte *Selbert* die Öffentlichkeit mit der Folge, dass sich Frauenverbände, Gewerkschaften, Parteien und Arbeitnehmerinnen massiv für die eindeutige Festschreibung des Passus ohne vieldeutige Auslegungsmöglichkeiten einsetzten.[231] Am 23. Mai 1949 trat das Grundgesetz der Bundesrepublik Deutschland mit dem entsprechenden Wortlaut des Art. 3 Absatz 2 Satz 1 GG in Kraft. Damit war der Grundstein für die rechtliche Gleichstellung von Mann und Frau gelegt. Im Zuge dessen sollten auch alle einfachen Gesetze, die diesem Gleichheitsprinzip entgegenstanden, angepasst werden.[232] Gleichwohl trat erst viele Jahre später – am 1. Juli 1958 – *das Gesetz über die Gleichberechtigung von Mann und Frau auf dem Gebiet des Bürgerlichen Rechts* in Kraft[233], welches das Bürgerliche Gesetzbuch dem verfassungsrechtlichen Grundsatz annäherte. Die berufliche Emanzipation der Frau verlief dennoch äußert mühsam oder die zeitgeistlichen

---

228 *Sacksofsky*, Das Grundrecht auf Gleichberechtigung, S.326, 327.

229 Beispielhaft sei hier die Äußerung von *Dr. Laforet (CSU)* herausgegriffen: *„Würde dieser Wortlaut so ohne Übergangsbestimmungen in das Grundgesetz kommen, so sind nach meiner Ansicht alle Bestimmungen die diesem Gleichheitssatz widersprechen nichtig.*"; Parlamentarische Rat, Verhandlungen des Hauptausschusses, Bonn 1948/49, 17. Sitzung, S.206, 207.

230 Vergleiche hierzu umfänglich die Darlegungen bei *Sacksofsky*, Das Grundrecht auf Gleichberechtigung, S.323 ff.

231 *Selbert* insistierte auf die konkrete Fassung des Wortlauts. So ist dem stenographischen Protokoll der 17. Sitzung des Hauptausschusses v. 3.12.1948 zu entnehmen: *„Ich kann bei dieser Gelegenheit erklären: In meinen kühnsten Träumen habe ich nicht erwartet, dass der Antrag im Grundsatzausschuss abgelehnt werden würde. Es ist eine Selbstverständlichkeit, dass man heute weiter gehen muss als in Weimar und den Frauen die Gleichberechtigung auf allen Gebieten geben muss.*"; Parlamentarische Rat, Verhandlungen des Hauptausschusses, Bonn 1948/49, 17. Sitzung, S.206.

232 Die dem Gesetzgeber nach Art. 117 GG für die Anpassung des „einfachen Rechts" an Art. 3 Absatz 2 GG gesetzte Frist verstrich am 31.3.1953, ohne dass der Gesetzgeber zu diesem Zeitpunkt etwas geändert hätte.

233 Gesetz über die Gleichberechtigung von Mann und Frau auf dem Gebiet des Bürgerlichen Rechts v. 18.6.1957, BGBl. I, S.609.

Worte von *Willy Brandt*[234] aufgreifend, erschien sie vielen Frauen als *„eine einzige große gesellschaftliche Lüge"*.[235] Infolgedessen wurde der Ruf nach Gleichstellungsquoten als konkrete Frauenförderungsmaßnahme zunehmend lauter.

Erstmals auf dem *50. Deutschen Juristentag* 1974 wurde ausgiebig über ein einschlägiges Gutachten von *Löwisch* in der Fachöffentlichkeit diskutiert.[236] Einen ersten Höhepunkt erreichte die rechtspolitische Auseinandersetzung Anfang der 80er Jahre, als die sozialliberale Koalition ein Antidiskriminierungsgesetz auf den Weg bringen wollte.[237] Trotz überwiegend ablehnender Haltung hinsichtlich einer Quotenregelung[238] führte die politische Diskussion jedenfalls zu ersten Richtlinien und vereinzelten Quotenregelungen im öffentlichen Dienst sozialdemokratisch regierter Bundesländer.[239] Besondere Brisanz erlangte der Streit durch eine Vorlage des Oberverwaltungsgerichts Münster an das Bundesverfassungsgericht im Jahre 1990.[240] Es ging um die Frage nach der Verfassungswidrigkeit von § 25 Absatz 5 Satz 2 des Landesbeamtengesetzes von Nordrhein-Westfalen und einhergehender Vereinbarkeit mit Art. 3 Absatz 2 und Absatz 3 des GG. Die beamtenrechtliche Regelung enthielt eine Entscheidungsquote unter Qualifikationsvorbehalt[241] zugunsten von Frauen und war nach Ansicht des Oberverwaltungsgerichts damit verfassungswidrig. Das Gericht führte aus, dass der einzelne Mann nicht dafür einzustehen habe, dass sich, aus welchen Gründen auch immer, weniger Frauen als Männer für die Laufbahn, der er angehört, entschieden hätten und deshalb Frauen unterrepräsentiert seien.[242] Dieser Sichtweise folgte die damals überwiegende Auffassung, die den beiden Absätzen des Art. 3 GG bezogen auf das Merkmal Geschlecht denselben Inhalt zusprach.[243] Das Bundesverfassungsgericht hielt jedoch in seinen nachfolgenden Entscheidungen dagegen und statuierte erstmals in der *Nachtarbeitsverbotsentscheidung*,

234 Bürgerlicher Name *Herbert Ernst Karl Frahm*.

235 *Willy Brandt*, Frauen heute- Jahrhundertthema Gleichberechtigung, S.48.

236 *Löwisch,* Welche rechtlichen Maßnahmen sind vordringlich, um die tatsächliche Gleichstellung der Frauen mit den Männern im Arbeitsleben zu gewährleisten?, Gutachten für den 50. Deutschen Juristentag 1974.

237 *Raasch*, Frauenquote und Männerrechte, S.15.

238 Siehe beispielhaft die Ausführungen des Rechtsgutachtens im Auftrag des Bundesministers des Inneren von *Friauf*, Grundrechtsprobleme bei der Durchführung von Maßnahmen zur Gleichberechtigung: welche anderen Grundrechtsnormen muss der Gesetzgeber berücksichtigen – und gegebenenfalls inwieweit – die das Gebot der Nichtdiskriminierung nach dem Geschlecht Art. 3 Absatz 2 GG für den Bereich des privaten Rechts verbindlich vorschreibt?, S.32 f.

239 *Raasch*, Frauenquote und Männerrechte, S.16 f.

240 OVG Münster Beschl. v. 23.10.1990 - 12 B 2298/90, NVwZ 1991, 501 ff.

241 Zu den einzelnen Quotierungskonzeptionen siehe die Ausführungen unter 2.TeilB.II.

242 OVG Münster Beschl. v. 23.10.1990 - 12 B 2298/90, NVwZ 1991, 501, 503.

243 Zum damaligen Diskussionsstand siehe *Sacksofsky*, Das Grundrecht auf Gleichberechtigung, S.101 ff., 135 f.

dass Art. 3 Absatz 3 GG mit dem absoluten Differenzierungsverbot des Geschlechts in Einzelfällen durch den geschlechterspezifischen Gleichstellungsgehalt aus Absatz 2 des gleichen Artikels zu Gunsten von Frauen eingeschränkt werden könne.[244] Das Verfassungsgericht sprach also entgegen der vorherrschenden Meinung in bestimmten Sachverhalten Art. 3 Absatz 2 GG einen weiteren Regelungsgehalt zu als Art. 3 Absatz 3 GG. Vor diesem Hintergrund zog der Gesetzgeber nach und ergänzte 1994 Art. 3 Absatz 2 GG – nicht zuletzt aufgrund massiven Öffentlichkeitsdrucks zahlreicher Frauenverbände – um den Passus: „*Der Staat fördert die tatsächliche Durchsetzung der Gleichberechtigung von Frauen und Männern und wirkt auf die Beseitigung bestehender Nachteile hin*".[245] Dem Gesetzgeber wurde hiermit der verfassungsrechtliche Gleichstellungsauftrag erteilt und damit die zuvor in der Fachliteratur oftmals als generell unzulässig abgetanen Quotenregelungen[246] auf höchster gesetzlicher Ebene neuer Nährboden gegeben.

II. Quotierungskonzeptionen

Unter einer Quote wird allgemein eine Verteilungsregel verstanden, nach welcher Ämter, Rechte oder Funktionen nicht nach individueller Entscheidungsprärogative, sondern nach einer bestimmten prozentualen Quote vergeben werden.[247] Dieses Verfahren wird herangezogen, da durch die ermessensfreie, unbeeinflusste Verteilung ein unerwünschtes Ungleichgewicht entstanden ist.[248] Die Gleichstellungsquote als Spezialfall der Quotenregelung basiert auf der Zuordnung zu einem – zumeist unterrepräsentierten – Geschlecht.[249] Die Notwendigkeit einer derartigen Vorgehensweise basiert auf der Annahme, dass Frauen als das in der Regel beruflich unterrepräsentierte Geschlecht aufgrund ihrer Geschlechtszugehörigkeit und damit korrespondierenden gesellschaftsbedingten Faktoren in mehrfacher Hinsicht benachteiligt sind.[250] Es handelt sich also um

244 BVerfG Urt. v. 28.1.1992 - 1 BvR 1025/82, NJW 1992, 964 ff.

245 Gesetz zur Änderung des Grundgesetzes v. 27.10.1994, BGBl. I, S.3146.

246 Ablehnend zum Beispiel unter anderem die Auffassung des OVG Münster Beschl. v. 23.10.1990 - 12 B 2298/90, NVwZ 1991, 501 ff.; *Sachs*, NVwZ 1991, 437, 440 ff.; *Kruse*, DÖV 1991, 1002, 1006 ff.; *Stober*, ZBR 1989, 289 ff.

247 Siehe auch *Rademacher*, Diskriminierungsverbot und „Gleichstellungsauftrag", S.198; *Schmitt Glaeser*, DÖV 1982, 381, 385.

248 *Nowak*, Frauenquoten im öffentlichen Dienst, S.19.

249 *Rademacher*, Diskriminierungsverbot und „Gleichstellungsauftrag", S.198.

250 Beispielhaft sei hier nur hervorgehoben, dass potentielle Versorgungspflichten der Frauen für im Haushalt befindliche Kinder einen nicht unerheblichen Risikofaktor für Arbeitgeber darstellen; *Sacksofsky*, Das Grundrecht auf Gleichberechtigung, S.170.

ein Mittel der aktiven Gleichstellungspolitik, das durch gezielte quantitative Vorgaben systematische Umverteilungseffekte zwischen den Geschlechtern erzielen soll.[251]

Im Rahmen von Quotenregelungen sind unterschiedliche Verteilungsschlüssel denkbar. Dabei gestaltet sich die Charakterisierung einer Quote vierdimensional: Sie ist hinsichtlich ihrer Rechtsfolge, ihrer inhaltlichen Ausrichtung, ihrer verfahrensmäßigen Umsetzung sowie ihrer Bezugsgröße zu unterscheiden.

Zunächst sind Quoten nach ihrer Rechtsfolge zu beurteilen. Quoten als freiwillige Orientierungsmaßstäbe stellen lediglich einen numerischen Anhaltspunkt dar, dessen Erreichung selbstbestimmt ist.[252] Insofern wird missverständlich auch von „influenzierenden" oder „wirtschaftlich bindenden" Quoten[253] gesprochen, die jedoch nicht die Fälle einer zwingenden staatlichen Anordnung in Form einer Quote meinen, sondern vielmehr den Einsatz abgestufter Mittel, um ein gewolltes Verhalten herbeizuführen, vornehmlich mit Anreizen und Begünstigungen in Gestalt von Subventionen, Kreditsicherungen oder Steuerermäßigungen.[254] Ein gewünschtes Zahlenverhältnis wird angezielt, ohne jedoch auf eine verpflichtende Quote zurückzugreifen. Trotz des missverständlichen Wortlauts sind wirtschaftlich bindende Quoten gerade nicht rechtlich obligatorisch.[255] Rechtlich bindenden Quoten hingegen wird mit Sanktionen bei Unterschreiten des vorgegebenen Ziels begegnet.[256]

Im Rahmen der inhaltlichen Ausrichtung kann im Wesentlichen zwischen zwei Formen unterschieden werden: Der sogenannten „starren" *scilicet* leistungsunabhängigen und der qualifikationsabhängigen Quote.[257] Bei einer als „starr" bezeichneten Quotenregelung werden weibliche Kandidaten solange bevorzugt behandelt, bis die angestrebte Gleichstellungsquote von X-% in dem entsprechenden Gremium erreicht ist. Männliche Kandidaten erhalten unabhängig von ihrer Qualifikation kein Amt.[258] Bei der qualifikationsabhängigen Entscheidungsquote wird verlangt, dass bei einer Personalentscheidung dann einer Frau gegenüber männlichen Mitbewerbern der Vorrang zu gewähren ist, wenn sie die gleiche Qualifikation aufweist.[259] Im Zuge dessen wird bei gleicher Qualifikation

---

251 *Nowak*, Frauenquoten im öffentlichen Dienst, S.19.

252 *Nowak*, Frauenquoten im öffentlichen Dienst, S.19.

253 *Nowak*, Frauenquoten im öffentlichen Dienst, S.19.

254 *Pfarr*, Quoten und Grundgesetz, S.204.

255 *Pfarr*, Quoten und Grundgesetz, S.204.

256 *Pfarr*, Quoten und Grundgesetz, S.204.

257 Siehe hierzu und zu den vielfachen Erscheinungsformen von Quoten die Ausführungen bei *Pfarr*, Quoten und Grundgesetz, S.202 ff. sowie auch bei *Raasch*, Frauenquoten und Männerrechte, S.107 ff.

258 *Nowak*, Frauenquoten im öffentlichen Dienst, S.20.

259 *Raasch*, Frauenquoten und Männerrechte, S.109; *Pfarr*, Quoten und Grundgesetz, S.206, 207.

so lange eine Frau als Bewerberin vorgezogen, bis ein Frauenanteil von X-% in dem jeweiligen Gremium erreicht ist. Eine weitere Variante ist eine an bestimmte Mindestvoraussetzungen gekoppelte Quote. Hierbei werden Angehörige des noch nicht entsprechend vertretenen Geschlechts bis zum Erreichen der Quote vorrangig vor der anderen Geschlechtsgruppe eingestellt, sofern sie bestimmte Mindestvoraussetzungen für die zu besetzende Stelle erfüllen.[260] Diese Erscheinungsform ist für Frauen insofern vorteilhaft, als die qualifikationsabhängige Entscheidungsquote eine „absolut gleiche" Eignung mit den männlichen Kandidaten verlangt, was von weiblichen Bewerberinnen aufgrund ihres oftmals familienorientierten Werdegangs bereits nicht erfüllt werden kann.[261] Ein weiterer Vorschlag ist die Gewährung von bestimmten *Boni* für weibliche Bewerberinnen, beispielsweise indem besondere „Belastungen" von Frauen in Form von Kinderbetreuung auf der Qualifikationsebene kompensiert werden.[262]

Im Rahmen der verfahrensmäßigen Umsetzung bedarf es der Unterscheidung zwischen Entscheidungs- und Ergebnisquoten. Ergebnisquoten legen ein konkretes Zahlenverhältnis zwischen den Geschlechtern für bestimmte Positionen und Gremien fest, ohne etwas darüber auszusagen, wie dieser Anteil zu realisieren ist.[263] Die Quote ist damit allein ergebnisorientiert. Entscheidungsquoten hingegen geben eine Auswahlregel für den Einzelfall vor, um dadurch im Ergebnis den Anteil der Frauen anzuheben.[264] Verkoppelt ist diese Quote in der Regel mit einer quantitativen Höchstgrenze, bis zu der das Verfahren praktiziert werden soll: Das spezifisch unterrepräsentierte Geschlecht wird somit bis zu X-Prozent vorrangig berücksichtigt.[265]

Letztlich muss die Bezugsgröße der Quote bestimmt werden. Dabei kann beispielsweise auf den Anteil der Frauen im gesamten Arbeitsmarktsektor oder auf den jeweiligen Frauenanteil im Gremium beziehungsweise im Betrieb oder auch auf den Anteil tatsächlich für die konkrete Vergabeentscheidung aktiver Frauen in Gestalt ihres Anteils an Bewerbungen über einen bestimmten Zeitraum hinweg abgestellt werden.[266] Wichtig für die Entscheidung der Bezugsgröße ist insbesondere, dass die quantitative Vorgabe tatsächlich zu realisieren ist. Ansonsten

260 *Pfarr*, Quoten und Grundgesetz, S.207.

261 *Raasch*, Frauenquoten und Männerrechte, S.109 f.

262 Zur Effektivitätsbewertung der einzelnen Ausgestaltungen für die konkrete Frauenförderung siehe die Ausführungen bei *Raasch*, Frauenquote und Männerrechte, S.107 ff.

263 *Raasch*, Frauenquote und Männerrechte, S.107; *Nowak*, Frauenquoten im öffentlichen Dienst, S.20.

264 *Raasch*, Frauenquote und Männerrechte, S.107.

265 *Raasch*, Frauenquote und Männerrechte, S.107.

266 *Raasch*, Frauenquote und Männerrechte, S.112.

wäre eine daraus folgende Sanktionierung aufgrund der bereits anfänglichen Unmöglichkeit für den Betroffenen nicht zumutbar.[267]

III. Status Quo: Bereits existierende nationale Quoten

1. Gesetzliche Regelungen auf Bundesebene

a) Bundesgleichstellungsgesetz (BGleiG)

Im Jahr 2001 erließ der Bundesgesetzgeber das Bundesgleichstellungsgesetz (BGleiG)[268], welches das zuvor maßgebliche Zweite Gleichberechtigungsgesetz des Bundes (2.GleiBG)[269] ersetzte. Dieses weitergehende Regelungswerk enthält Bestimmungen für die Bereiche der Bundesverwaltung und der Gerichte des Bundes, § 3 BGleiG. Darüber hinaus umfasst es auch die Beschäftigten in der unmittelbaren und mittelbaren Bundesverwaltung. Damit gilt das Bundesgleichstellungsgesetz auch für privatrechtlich organisierte Einrichtungen der Bundesverwaltung, nicht jedoch für rein privatwirtschaftliche Unternehmen oder auch gemischt-wirtschaftliche Unternehmen.[270]

Wird ein Unternehmen aus bundeseigener Verwaltung in eine Rechtsform des Privatrechts umgewandelt, ordnet § 3 Absatz 2 BGleiG an, auf die Anwendung der Vorschriften des Gesetzes durch die zuständigen Dienststellen hinzuwirken.

Hervorzuheben ist demzufolge, dass der Geltungsbereich des Gesetzes privatrechtliche Unternehmen nicht erfasst, sondern primär den öffentlich-rechtlichen Bereich regelt. Immerhin umreißt das Bundesgleichstellungsgesetz in § 3 Absatz 1 BGleiG – im Gegensatz zu den überwiegenden Landesgleichstellungs und Gleichberechtigungsgesetzen[271] – auch den Fall der sogenannten „formellen" Privatisierung, also den Fall der Bundesverwaltung in Privatrechtsform, sprich

267 Siehe insofern die Ausführungen bei *Raasch*, Frauenquote und Männerrechte, S.112, 113.

268 Gesetz zur Gleichstellung von Frauen und Männern in der Bundesverwaltung und in den Gerichten des Bundes (Bundesgleichstellungsgesetz) v. 30.11.2001, BGBl. I, S.3234.

269 Gesetz zur Durchsetzung der Gleichberechtigung von Frauen und Männern (Zweites Gleichberechtigungsgesetz - 2. GleiBG) v. 24.6.1994, BGBl. I, S.1406.

270 Unter einem gemischt-wirtschaftlichen Unternehmen wird hier mit der einhelligen Meinung eine Gesellschaft an der sowohl die öffentliche Hand als auch Private beteiligt sind verstanden; siehe hierzu die ausführliche Auseinandersetzung mit der rechtlichen Konturierung *Mann*, Die öffentlich-rechtliche Gesellschaft, S.13 ff.

271 Siehe hierzu die spätere Darstellung unter 2.TeilB.III.2.

die Konstellation, in der der Bund die private Einrichtung weiterhin personell und organisatorisch steuert.[272]

Inhaltlich ist § 8 BGleiG hervorzuheben. Während das Vorgängergesetz in §§ 4 Absatz 1, 7 Absatz 1 2.GleiBG noch das Modell flexibler Ergebnisquoten[273] auf der Grundlage von Frauenförderplänen vorsah, gilt nunmehr eine Entscheidungsquote mit Härtefallklausel, die bei Unterrepräsentanz zur bevorzugten Einstellung und Beförderung von Frauen verpflichtet. Hiernach hat die Dienststelle *„(...)bei der Vergabe von Ausbildungsplätzen, Einstellung, Anstellung und beruflichem Aufstieg bei Vorliegen von gleicher Eignung, Befähigung und fachlicher Leistung (Qualifikation) Frauen in unterrepräsentierten Bereichen bevorzugt zu berücksichtigen, sofern nicht in der Person eines Mitbewerbers liegende Gründe überwiegen.(...).“*

Eine Unterrepräsentanz von Frauen liegt dann vor, wenn der Frauenanteil in den einzelnen Bereichen jeweils unter 50% fällt, § 4 Absatz 6 BGleiG. Um diese Geschlechterparität zu erreichen, kann in dem betreffenden Bereich mittels aufzustellender Gleichstellungspläne gemäß § 11 BGleiG vorgesehen werden, dass alle frei werdenden Stellen mit Frauen zu besetzen sind. Allerdings verfügt die Bewerberin selbst über keinen individuellen Anspruch auf Berücksichtigung. Zudem sieht das Gesetz keinerlei Sanktionsmöglichkeiten vor. Die Nichterfüllung der Zielvorgaben muss lediglich begründet werden.

b) Bundesgremienbesetzungsgesetz (BGremBG)

Von Bedeutung ist zudem das Gesetz über die Berufung und Entsendung von Frauen und Männern in Gremien im Einflussbereich des Bundes, das Bundesgremienbesetzungsgesetz (BGremBG).[274] Hier wird in § 1 BGremBG statuiert, dass der Bund und andere Besetzungsorgane von Gremien darauf hinzuwirken haben, dass eine gleichberechtigte Teilhabe von Frauen und Männern in Gremien geschaffen oder erhalten wird. Unter Gremien sind nach § 2 Absatz 1 BGremBG auch Verwaltungs- und Aufsichtsratsgremien zu verstehen. Sollte demnach eine bundesunmittelbare juristische Person des öffentlichen Rechts berechtigt sein, eine Person als Mitglied für ein Gremium vorzuschlagen, so ist Geschlechterparität zu berücksichtigen, §§ 6, 1 BGremBG. Somit hat der Bund bei Beteiligung

---

272 Bei der „materiellen“ Privatisierung hingegen findet eine Aufgabenverlagerung in den privaten Sektor statt. Die Aufgabe steht nach Ausgliederung nicht mehr dem Verwaltungsträger sondern allein dem Privaten zu; vergleiche hierzu unter anderem *Schliesky*, Öffentliches Wirtschaftsrecht, S.121 f.

273 Zu den einzelnen Quotierungskonzeptionierungen siehe die Ausführungen unter 2.TeilB.II.

274 Gesetz über die Berufung und Entsendung von Frauen und Männern in Gremien im Einflussbereich des Bundes (Bundesgremienbesetzungsgesetz) v. 24.06.1994, BGBl. I, S.1406, 1413.

an Gesellschaften und entsprechenden Entsenderechten in Kontrollgremien darauf hinzuwirken, einen möglicherweise unterrepräsentierten Frauenanteil auszugleichen. Dabei darf allerdings nicht unberücksichtigt bleiben, dass § 1 BGremBG lediglich eine Zielvorstellung und keine konkreten Verpflichtungen formuliert. Auch sieht das Gesetz keinerlei Sanktionen bei Missachtung des Förderungsgebots vor.

2. Landesgleichstellungs-/Gleichberechtigungsgesetze

Quotierungsregelungen für den öffentlichen Dienst und die öffentliche Verwaltung finden sich nicht nur im Bundesgleichstellungs- beziehungsweise Bundesgremienbesetzungsgesetz, sondern auch in zahlreichen Landesgesetzen. Dabei sind die Förderungsmaßnahmen jedoch unterschiedlich ausgestaltet.

a) Einstellung und Beförderung

Die „klassische" Variante der „Frauenquote" in Gestalt einer zwingenden, leistungsbezogenen Bevorzugungsregel bei Einstellung und Beförderung haben die Länder Berlin[275], Bremen[276], Hamburg[277], Mecklenburg-Vorpommern[278], Niedersachsen[279], Nordrhein-Westfalen[280], Rheinland-Pfalz[281], Saarland[282], Sachsen-Anhalt[283] und Schleswig Holstein[284] eingeführt.

---

275 § 8 Absatz 1 und Absatz 2 Berliner Landesgleichstellungsgesetz (LGG) v. 31.12.1990, Berl. GVBl. 1991, S.8.

276 § 4 Absatz 1 und Absatz 2 Gesetz zur Gleichstellung von Frau und Mann im öffentlichen Dienst des Landes Bremen (BremLGG) v. 20.11.1990, Brem. GBl.1990, S.433.

277 §§ 6,7,8 Absatz 2 Gesetz zur Gleichstellung von Frauen und Männern im hamburgischen öffentlichen Dienst (HambGleichstG) v. 19.3.1991, HmbGVBL. 1991, S.75.

278 § 5 Absatz 3 Gesetz zur Gleichstellung von Frau und Mann im öffentlichen Dienst des Landes Mecklenburg-Vorpommern (Gleichstellungsgesetz GlG M-V) in der Fassung v. 27.7.1998, GVOBl. M-V 1998, S.697.

279 § 5 Niedersächsisches Gleichberechtigungsgesetz (NGG) v. 15.6.1994, Nds. GVBl. 1994, S.246.

280 § 7 Absatz 1 und 2 Gesetz zur Gleichstellung von Frauen und Männern für das Land Nordrhein-Westfalen (Landesgleichstellungsgesetz -LGG) v. 9.11.1999, GV NRW 1999, S.590.

281 § 7 Absatz 1 Landesgleichstellungsgesetz Rheinland-Pfalz (LGG Rh-PF) v. 11.7.1995, GVBl. 1995, S.209.

282 § 13 Landesgleichstellungsgesetz des Saarlandes (LGG) v. 24.4.1996, ABl. 1996, S.623.

283 § 4 Absatz 2 Frauenförderungsgesetz des Landes Sachsen-Anhalt (FrFG) in der Fassung v. 27.5.1997, GVBl. LSA 1997, S.516.

284 §§ 4 Absatz 1 und 2, 5 Absatz 1 und 2, 6 Gesetz zur Gleichstellung der Frauen im öffentlichen Dienst (Gleichstellungsgesetz- GStG) v. 13.12.1994, GVOBl. Schl.-H. 1994, S.562.

Als Beispiel sei hier § 5 des Niedersächsischen Gleichberechtigungsgesetzes (NGG) aufgeführt:„*Frauen sind bei Einstellung, Beförderung und Übertragung höherwertiger Tätigkeiten gegenüber männlichen Mitbewerbern mit gleicher Eignung, Befähigung und fachlicher Leistung so lange vorrangig zu berücksichtigen, bis sie in jeder Lohn-, Vergütungs- und Besoldungsgruppe der jeweiligen Dienststelle mindestens zu 50 vom Hundert vertreten sind. (...).Der Vorrang einer Mitbewerberin gegenüber einem männlichen Mitbewerber entfällt, wenn in seiner Person schwerwiegende Gründe vorliegen, hinter denen das in Satz 1 genannte Ziel zurücktreten muss und die durch Gründe in der Person der Frau nicht aufgewogen werden.*“

Dabei ist allen Entscheidungsquoten gemeinsam, dass für Ausnahmesituationen eine „Härtefallklausel“ existiert. In Einzelfällen kann und darf daher von der durch die Quote vorgegebenen Entscheidung abgewichen werden.

Die übrigen 6 Bundesländer entschieden sich für die Implementierung von Ergebnisquoten[285], die ihrerseits – ebenso wie die Entscheidungsquoten in den anderen Ländern – unter dem Vorbehalt des Leistungsprinzips stehen. Diese sind im Gegensatz zu den Entscheidungsquoten, wie Art. 8 Absatz 1 des Bayrischen Gesetzes zur Gleichstellung von Männern und Frauen (BayGlG)[286] beispielhaft zeigt, wie folgt ausgestaltet:„*Unter Wahrung des Vorrangs von Eignung, Befähigung und fachlicher Leistung, der dienst- oder tarifrechtlichen Vorschriften und sonstiger rechtlicher Vorgaben hat die Dienststelle nach Maßgabe der dem Gleichstellungskonzept entsprechenden Personalplanung den Anteil von Frauen in den Bereichen, in denen sie in erheblich geringerer Zahl beschäftigt sind als Männer,*

1. *bei der Besetzung von Beamten-, Richter-, Angestellten- und Arbeiterstellen, auch mit Vorgesetzten- und Leitungsfunktionen sowie von Stellen für die Berufsausbildung,*
2. *bei der Beförderung und Übertragung höher zu bewertender Tätigkeiten, auch mit Vorgesetzten- und Leitungsfunktionen*

zu erhöhen.“

Damit wird festgelegt, dass Frauen mindestens zu einem bestimmten Prozentsatz in einer bestimmten Zeitspanne vorrangig berücksichtigt werden müssen.[287] Die

285 Zu den einzelnen Quotierungskonzeptionen siehe die Ausführungen unter 2.TeilB.II.

286 Bayerisches Gesetz zur Gleichstellung von Frauen und Männern (Bayerisches Gleichstellungsgesetz- BayGlG) v. 24.5.1996, GVBl. 1996, S.186.

287 Siehe hier beispielhaft auch für die anderen Länder§§ 4 Absatz 1, 5 Absatz 2, 9 Absatz 1 Gesetz zur Förderung der beruflichen Chancen für Frauen und der Vereinbarung von Familie und Beruf im öffentlichen Dienst des Landes Baden-Württemberg (FG Ba-Wü) v. 21.12.1995, GBl. 1995, S.890.

konkrete Ausgestaltung der Zielvorgabe wird dabei in den 6 Ländern jeweils den einzelnen Dienststellen überlassen. Diese werden gesetzlich zur Aufstellung von Frauenförderplänen verpflichtet.[288] Dort sind jeweils die Zielvorgabe (zum Beispiel zu 40%) und ein zeitlicher Rahmen festzulegen.

Im Gegensatz zu den erst genannten Ländern wird damit bei den im Gesetz definierten Personalentscheidungen nicht zwingend vorgeschrieben, ob eine Frau einzustellen oder zu befördern ist. Das selbstgesetzte Ziel – beispielsweise eine Quote von 20% – muss lediglich innerhalb eines bestimmten Zeitraums erreicht werden. In Brandenburg und Hessen gilt überdies bis zur Erfüllung der Quote eine besondere Zustimmungspflicht der Frauenplanstelle im Falle der Einstellung und Förderung von Männern.[289]

b) Gremienbesetzung

In den ländereigenen Gleichstellungsgesetzen[290] finden sich im Zuge der föderativen Ausgestaltung unterschiedlich stark ausgeprägte Frauenförderungsmaßnahmen. Dabei fällt auf, dass keines der Länder über ein landeseigenes Gremienbesetzungsgesetz verfügt. Jüngst forderten unter anderem die Sozialdemokraten der Landtagsfraktion im Saarland eine entsprechende Gesetzesänderung und die Einführung eines Landesgremienbesetzungsgesetzes.[291] Diese Forderung übersieht, dass einige Länder entsprechende Zielvorgaben für die Besetzung von Gremien im Rahmen ihrer Gleichberechtigungsgesetze normieren. So heißt es im Niedersächsischen Gleichberechtigungsgesetz (NGG)[292] § 12 Absatz 1 NGG: *„dass Kommissionen, Arbeitsgruppen, Fachkonferenzen, Beiräte sowie vergleichbare Gremien einschließlich Personalauswahlgremien, die durch Beschäftigte beschickt werden, zur Hälfte mit Frauen besetzt werden sollen“.*

---

288 In Bayern werden die Frauenförderpläne als Gleichstellungskonzepte bezeichnet, siehe Art. 4 Absatz 1 BayGlG.

289 § 10 Absatz 4 des Hessischen Gesetzes über die Gleichberechtigung von Frauen und Männern und zum Abbau von Diskriminierungen von Frauen in der öffentlichen Verwaltung (Hessisches Gleichberechtigungsgesetz HGlG) v. 21.12.1993, GVBl. I 1993, S.729 und § 5 Absatz 6 des Gesetzes zur Gleichstellung von Frauen und Männern im öffentlichen Dienst im Land Brandenburg (Landesgleichstellungsgesetz- LGG) v. 4.7.1994, GVBl. I 1994, S.254.

290 Die Gesetze sind teilweise als Landes Gleichberechtigungsgesetze oder auch als Landes Gleichstellungsgesetze bezeichnet.

291 So neben anderen auch die Forderung der Abgeordneten *Ries* stellvertretend für die *SPD* Landtagsfraktion im Rahmen eines Antrages der Landtagsfraktion für eine neue Gleichstellungspolitik im Saarland, 52. Sitzung des saarländischen Landtages v. 2.4.2003, S.2625 f.; abrufbar unter: http://www.landtag-saar.de/dms/Land052.pdf (zuletzt abgerufen am 19.9.2011).

292 Niedersächsisches Gleichberechtigungsgesetz (NGG) v. 15.6.1994, Nds. GVBl. 1994, S.246.

Inwieweit also die Forderung eines „Landesgremienbesetzungsgesetzes“ der weiblichen Unterrepräsentanz über die bereits existierenden Regelungen hinaus Abhilfe zu verschaffen vermag, ist zweifelhaft. Gleichwohl ist zu berücksichtigen, dass es sich bei der Mehrzahl der Gremienbesetzungsregelungen in den Landesgleichstellungsgesetzen lediglich um „Soll-Vorschriften“ handelt und keine konkrete Entscheidungs- beziehungsweise Ergebnisquote vorgegeben wird.[293]

C. Resümee

Sowohl in Europa als auch in Deutschland sind Frauen beim Aufstieg in höhere Positionen der Privatwirtschaft massiv unterrepräsentiert. Diese Benachteiligung findet sich in Deutschland nachgewiesener Weise sowohl im Bereich der Aufsichtsrats- als auch im Bereich der Vorstandsposten. Dabei liegt die Vermutung nahe, dass der Frauenanteil auf Aufsichtsratsebene nur deshalb über dem der Vorstandspositionen liegt, weil sich hier bei mitbestimmten Gesellschaften auf Arbeitnehmerseite die „Soll“- Vorschrift des § 4 Absatz 3 DrittelbG findet, der eine geschlechterparitätische Besetzung des Aufsichtsrats auf Arbeitnehmervertreterseite empfiehlt. Diese Vorgabe zeigt trotz Unverbindlichkeit Wirkung. Auf Anteilseignerseite sind weibliche Aufsichtsräte absolute „Mangelware“. Diese deutliche Unterrepräsentanz hat mehrere potentielle Ursachen, die sowohl im divergierenden Sozialverhalten von Männern und Frauen als auch im nach wie vor traditionellen Rollenverständnis angesiedelt sind. Dabei ist die Idee einer Gleichstellungsquote in der Privatwirtschaft nicht neu. Sie entstammt bereits der Frauenbewegung in den 80er Jahren. Bereits zu dieser Zeit wurde um die Zulässigkeit diverser Gleichstellungsquoten im öffentlichen Dienst heftig gestritten.

Unter einer Quote wird eine Verteilungsregel verstanden, nach welcher Ämter, Rechte oder Funktionen nicht nach individueller Entscheidungsprärogative, sondern nach einer bestimmten prozentualen Quote vergeben werden. Dieses Verfahren wird angewandt, da durch die ermessensfreie, unbeeinflusste Verteilung ein unerwünschtes Ungleichgewicht entstanden ist. Die Gleichstellungsquote als Spezialfall der Quotenregelung basiert auf der Zuordnung zum weiblichen Geschlecht. Die Notwendigkeit dieser Vorgehensweise basiert auf der Annahme, dass Frauen in der Gesellschaft aufgrund ihrer Geschlechtszugehörigkeit und damit korrespondierenden gesellschaftsbedingten Faktoren in mehrerer Hinsicht

293 Siehe beispielhaft § 12 NGG, § 12 HGlG; Art. 21 BayGlG; § 12 Chancengleichheitsgesetz Baden-Württemberg; § 15 LGG Berlin; § 12 Absatz 2 Landesgleichstellungsgesetz Brandenburg; § 10 Gleichstellungsgesetz GlG-M-V.

benachteiligt sind. Es handelt sich somit um ein Mittel der aktiven Gleichstellungspolitik, das durch gezielte quantitative Vorgaben systematische Umverteilungseffekte zwischen den Geschlechtern erzielen soll. Bereits seit den 90er Jahren existieren Quotenregelungen sowohl auf Bundes- als auch auf Landesebene im Bereich des öffentlichen Dienstes. Während der Bund und die Mehrheit der Länder bei der Einstellung und Beförderung von Frauen auf eine konkrete Entscheidungsquote mit Härtefallregelung setzen, findet sich in anderen Ländern als Ausprägung der föderativen Selbstständigkeit eine „weichere" Ergebnisquote mit Zielvorgaben und einem individuellen Zeitrahmen.

Aktuelle politische Gesetzesinitiativen fordern nach dem Vorbild anderer Länder wie Norwegen, Frankreich oder Spanien die Umsetzung einer Gleichstellungsquote im Aktiengesetz. Inwieweit eine solche Regelung *de lege ferenda* in rechtlich zulässigerweise geschaffen werden kann, ist Gegenstand des nachfolgenden Teils.

3. Teil: Rechtliche Würdigung einer Gleichstellungsquote

A. Bestimmung des Untersuchungsgegenstands

Kern der nachfolgenden Untersuchung ist die Ergründung der Frage nach der rechtlichen Zulässigkeit einer verbindlichen Gleichstellungsquote für Aufsichtsratspositionen. Eine Stellungnahme hinsichtlich der Zulässigkeit einer entsprechenden Quote bei Vorstandspositionen folgt im Anschluss.

Die verfassungsrechtliche Prüfung einer potentiellen Quote im Bereich des Aufsichtsratsgremiums ist zweifach limitiert. Zunächst wird allein die Einführung einer solchen Regelung in Bezug auf die Rechtsform der Aktiengesellschaft geprüft. Dies ist insofern konsequent, als diese Rechtsform zur Bildung eines Aufsichtsrats verpflichtet. Sie steht gleichfalls im Zentrum der öffentlichen Forderungen und ist Gegenstand der vorgestellten Gesetzesinitiativen. Am Ende des dritten Teils wird eine Anwendung auf weitere Rechtsformen thematisiert.

Weiterhin wird die Untersuchung der Frage nach einer gesetzlichen Verpflichtung zunächst allein im Bereich der Anteilseignervertreter nachgehen. Für diese Vorgehensweise spricht, dass nicht alle Aktiengesellschaften der Mitbestimmung unterliegen. Der ausschließlich mit Anteilseignervertretern besetzte Aufsichtsrat repräsentiert damit die gesetzliche Grundkonstellation. Erst wenn die Mitbestimmungsstatute greifen, ist der Aufsichtsrat je nach anzuwendendem Gesetz auch durch eine bestimmte Anzahl von Arbeitnehmervertretern zu besetzen. Demzufolge ist das Gesamtgremium in zwei Teilgremien aufzuspalten. Zwar wäre es auf den ersten Blick unkomplizierter, den „Gesamtaufsichtsrat" zur Erfüllung einer entsprechenden Ergebnisquote von beispielsweise 40% Frauenanteil zu verpflichten. Dies würde jedoch weder der bestehenden Situation gerecht werden, da in diesem Fall allein die Arbeitnehmervertreter für einen entsprechenden Frauenanteil sorgen würden, noch wäre die Umsetzung einer solchen Quote rechtstatsächlich denkbar. Die Anteilseigner und Arbeitnehmer bestimmen unabhängig voneinander die jeweiligen Vertreter. Im Falle des „Gesamtquorums" wäre sodann eine interne Abstimmung beider Wahlorgane notwendig, was weitere umfängliche gesetzliche Vorschriften sowie eine neue Systematisierung zur Folge hätte. Die getrennte Betrachtungsweise trägt zudem der im Aktienrecht vorherrschenden Trennung von Kapital- und Arbeitnehmerseite Rechnung.

Darüber hinaus können in beiden Teilgremien jeweils andere Grundrechtspositionen von der Quote betroffen sein.

Die Untersuchung konzentriert sich zunächst auf die verfassungsrechtliche Zulässigkeit einer Gleichstellungsquote auf Seiten des „Teilgremiums“ der Anteilseigner in der Rechtsform der börsennotierten Aktiengesellschaft. Im weiteren Verlauf wird die Implementierung auf Arbeitnehmerseite im jeweiligen Mitbestimmungsstatut geprüft.

B. Verfassungsmäßigkeit einer Quote im Aufsichtsrat der nichtmitbestimmten Aktiengesellschaft

I. Einleitung

Die Grundrechte stellen sich in der Verfassungsgeschichte als rechtliche Vorkehrung des Einzelnen zum Schutz seiner individuellen Freiheit gegenüber staatlichen Eingriffen dar.[294] Sie gehören als Bestandteil der Verfassung zu dem Recht, dass in der Normenhierarchie den höchsten Rang einnimmt und an dem grundsätzlich jede staatliche Intervention zu messen ist.[295] Nach Art. 1 Absatz 3 GG binden die Grundrechte alle drei Staatsgewalten als primäre Adressaten beziehungsweise Grundrechtsverpflichtete. Somit verpflichten die Grundrechte die Gesetzgebung und mithin die gesetzgebenden Organe auf Bundes- als auch auf Landesebene zur Einhaltung ihrer Vorgaben. Grundrechte sind dabei überwiegend als Abwehrrechte ohne individuelle Leistungsansprüche an den Staat zu begreifen.[296] Weiterhin entspricht es heute der herrschenden Meinung[297], dass Grundrechte zwar nicht unmittelbar zwischen Privaten wirken, jedoch eine mittelbare Ausstrahlungswirkung entfalten (mittelbare Drittwirkung) und so bei-

---

294 Nach der von *Jellinek* begründeten Theorie sind sie dem negativen Status also dem „status libertatis“ des Bürgers zuzuordnen, *Jellinek*, System der subjektiven öffentlichen Rechte, S.94; *Schmitt*, Verfassungslehre, S.126 f., 163 ff.; *Müller-Franken* in Schmidt-Bleibtreu/Hofmann/Hopfauf, GG Kommentar, Vorb. vor Art. 1 GG Rn.3; *Michael/Morlok*, Grundrechte, § 3 Rn.20; *Ipsen*, Staatsrecht II Grundrechte, § 2 Rn.53; *Hufen*, Staatsrecht II Grundrechte, § 5 Rn.4.

295 Repräsentativ für die unbestrittene Auffassung der Normhierarchie *Ipsen*, Staatsrecht I Staatsorganisationsrecht, Rn.779 f.

296 *Meyer/Anschütz*, Lehrbuch des Deutschen Staatsrechts, S.953; *Jellinek*, System der subjektiven öffentlichen Rechte, S.94; *Schmitt*, Verfassungslehre, S.126 f., 163 ff.; *Müller-Franken* in Schmidt-Bleibtreu/Hofmann/Hopfauf, GG Kommentar, Vorb. vor Art. 1 GG Rn.3.

297 *Höfling* in Sachs, GG Kommentar, Art. 1 GG Rn.111; *Jarass* in Jarass/Pieroth, GG Kommentar, Art. 1 GG Rn.46; *Starck* in v. Mangoldt/Klein/Starck, GG Kommentar, Art. 1 GG Rn.240; umfassend *Stern*, Staatsrecht Band III/1, S.1511 ff.

spielsweise im Rahmen von einfachgesetzlichen Vorschriften durch Auslegung zum Tragen kommen müssen.[298]

Einwirkungen auf grundrechtliche Schutzgüter sind dabei als klassische und somit unmittelbare „Eingriffe“ in Rechtspositionen, als Einschränkungen, als rechtliche Ausgestaltung und als faktische, eingriffsgleiche Maßnahmen denkbar.[299] Es werden also Handlungen vorgenommen, die die Rechtsphäre der privaten Rechtssubjekte beschneiden und einem Träger der öffentlichen Gewalt zugeordnet werden können. Dabei steht am Anfang jeder verfassungsrechtlichen Würdigung das *„hin- und her wandern des Blickes*[300]*“* zwischen dem tatsächlichen Lebenssachverhalt und den in Frage stehenden Grundrechtstatbeständen. Es sind daher die potentiell betroffenen Rechtspositionen anhand der Auseinandersetzung mit dem jeweiligen Schutzbereich herauszuarbeiten. Dabei wird zunächst Art. 12 Absatz 1 GG der Aktiengesellschaft untersucht, da eine Gleichstellungsquote im Aufsichtsrat die unternehmerische Freiheit der juristischen Person in nicht unerheblicher Weise einschränken könnte.

II. Vereinbarkeit mit Art. 12 Absatz 1 GG der Aktiengesellschaft

1. Schutzbereich und Eingriff

Der Schutzbereich jedes Grundrechts hat Schleusenfunktion.[301] Was nicht umfasst ist, entbehrt verfassungsrechtlichem Schutz und kann durch hoheitliche Eingriffe nicht berührt und damit *a priori* nicht verletzt werden. Erst innerhalb der Grenze des Schutzbereichs gerät staatliches Handeln in den Rechtfertigungszwang. Grundrechtsdogmatisch ist der Schutzbereich daher gleichsam das Eingangstor zum Grundrechtschutz.[302] Innerhalb des Schutzbereichs muss dabei zwischen persönlichem und sachlichem Anwendungsbereich unterschieden werden.

Der in Frage stehende Art. 12 Absatz 1 GG schützt personell zunächst die Berufsfreiheit aller Deutschen beziehungsweise europäischen Staatsbürger, dass

---

298 Siehe nur repräsentativ für viele weitere Urteile BVerfG Urt. v. 7.2.1990 - 1 BvR 26/84, BVerfGE 81, 242 ff.; BVerfG Urt. v. 19.5.1992 - 1 BvR 126/85, BVerfGE 86, 122 ff.; BVerfG Urt. v. 26.5.1993- 1 BvR 208/93, BVerfGE 89, 1 ff.

299 Ausführlich zu den Erscheinungsformen eines Grundrechtseingriffes *Peine* in Merten/Papier, HdB der Grundrechte Bd. III, § 57 Rn.19 ff., 34 ff.

300 *Engisch*, Logische Studien zur Gesetzesanwendung, S.14 f.

301 So *Volkmann*, JZ 2005, 261.

302 *Merten* in Merten/Papier, HdB der Grundrechte Bd. III, § 56 Rn.4.

heißt aller natürlichen Personen.[303] Hiervon umfasst sind im Erwerbsbereich jedoch auch alle inländischen juristischen Personen des Privatrechts.[304] Denn auch sie üben als vollrechtsfähige Rechtssubjekte Gewerbe aus und sind unternehmerisch am Markt tätig. Sinn und innere Berechtigung der Anwendung von Grundrechten auf die juristische Person erklärt das Bundesverfassungsgericht gemeinsam mit Stimmen aus der Lehre mit der Idee des *personalen Substrats*.[305] Es wird auf die hinter der juristischen Person „stehenden", natürlichen Personen, hier die Aktionäre, abgestellt; ein Durchgriff auf die natürlichen Personen ist sinnvoll, da die wirtschaftliche Betätigung der Gesellschaft allein Ausdruck der freien Entfaltung der Gesellschafter ist.[306] Somit bleibt auch die ursprüngliche Zielrichtung des Grundgesetzes, die Ausrichtung auf die individuelle natürliche Person als solche erhalten.[307] Folglich kann sich die Aktiengesellschaft als juristische Person autonom auf Art. 12 Absatz 1 GG berufen.[308]

Der sachliche Schutzbereich des Art. 12 Absatz 1 GG umfasst als besondere Ausprägung des Rechts auf freie Entfaltung der Persönlichkeit, Art. 2 Absatz 1 GG, die freie berufliche Betätigung und gewährleistet dem Einzelnen das Recht, jede Tätigkeit, für die er sich geeignet glaubt, zur Grundlage seiner Lebensführung zu machen.[309] Für die juristische Person ist die Erwerbszwecken dienende, freie, unternehmerische Tätigkeit zu gewährleisten. Die Berufsfreiheit der juristischen Person wird damit im Sinne einer freien Gründung, Organisation, Planung, Entwicklung und einer autonomen Führung des Unternehmens verstanden.[310] Die Gesellschaft beziehungsweise die dahinter stehenden Anteilseigner können damit im Rahmen der bestehenden Gesetze selbst entscheiden, wie sie ihre Gesellschaft organisieren.

---

303 Aufgrund des europäischen, allgemeinen Antidiskriminierungsverbots lässt sich eine Beschränkung auf die nationale Staatsbürgerschaft nicht mehr aufrechterhalten. Siehe hierzu ausführlich *Hofmann* in Schmidt-Bleibtreu/Hofmann/Hopfauf, GG Kommentar, Art. 12 Absatz 1 GG Rn.6.

304 So bereits *Bethge*, AöR 1979, 54; BVerfG Urt. v. 16.3.1971 - 1 BvR 52/66, BVerfGE 30, 292, 312; BVerfG Urt. v. 1.3.1979 - 1 BvR 532/77, BVerfGE 50, 290, 363; *Hofmann* in Schmidt-Bleibtreu/Hofmann/Hopfauf, GG Kommentar, Art. 12 Absatz 1 GG Rn.7.

305 Siehe *Dreier* in Dreier, GG Kommentar, Art. 19 Absatz 3 GG Rn.31 mwN.

306 BVerfG Urt. v. 2.5.1967 - 1 BvR 578/63, BVerfGE 21, 362, 369; BVerfG Urt. v. 31.10.1984 - 1 BvR 35/82, BVerfGE 68, 193, 205 f.; BVerfG Urt. v. 14.4.1987 - 1 BvR 775/84, BVerfGE 75, 192, 196.

307 *Dreier* in Dreier, GG Kommentar, Art. 19 Absatz 3 GG Rn.32.

308 BVerfG Urt. v. 16.3.1971 - 1 BvR 52/66, BVerfGE 30, 292, 312; BVerfG Urt. v. 1. 3. 1979 - 1 BvR 532/77, BVerfGE 50, 290, 363; BVerfG Urt. v. 4.12.1979 - 2 BvR 64/78, BVerfGE 53, 1, 13; BVerfG Urt. v. 7.11.1991 - 1 BvR 1469/86, BVerfGE 85, 97, 104.

309 BVerfG Urt. v. 30.10.1961 - 1 BvR 833/59, BVerfGE 13, 181.

310 BVerfG Urt. v. 1.3.1979 - 1 BvR 532/77, BVerfGE 50, 290, 363.

Eine gesetzliche Vorgabe zur Besetzung des Aufsichtsratsgremiums nach einer Geschlechterquote könnte die Entscheidungsfreiheit der juristischen Person hinsichtlich ihrer Organisationshoheit einengen und damit in ihre unternehmerische Freiheit aus Art. 12 Absatz 1 GG eingreifen. Festzustellen ist weiterhin, ob die beabsichtigte Regelung die vom Grundrechtswortlaut, Art. 12 Absatz 1 Satz 2 GG, unterschiedene Berufswahl oder Berufsausübung einschränken würde. Diese Unterscheidung hat das Bundesverfassungsgericht in seinem wegweisenden *Apothekenurteil* auf drei Stufen erweitert.[311] Es differenziert zwischen Eingriffen in Form von Berufsausübungsregelungen sowie Berufswahlregelungen, wobei bei letzteren wiederum zwischen solchen, die an subjektiven Kriterien und solchen die an objektiven Kriterien anknüpfen, unterschieden wird.[312] Die genaue Festlegung der jeweiligen Stufe ist sodann für die Frage nach der Verhältnismäßigkeit im engeren Sinne – also die Frage nach der Rechtfertigung eines Eingriffes – relevant. Die Berufswahlregelungen in subjektiver oder objektiver Variante und damit Eingriffe in die „zweite" und „dritte" Stufe sind dadurch gekennzeichnet, dass sie die Frage nach dem „ob" des Berufs und damit den Zugang zu einem Beruf betreffen, während Berufsausübungsregelungen – also Eingriffe in die „erste" Stufe – lediglich die Art und Weise der Berufstätigkeit, das heißt die Rahmenbedingungen regeln.[313] Daher qualifiziert das Bundesverfassungsgericht die Berufsausübungsregelung als „leichteste" Variante des Eingriffes in die Berufsfreiheit.

Es stellt sich daher die Frage, in welche der drei Stufen eine Gleichstellungsquote zur Besetzung des Aufsichtsrats eingreifen würde. Die *Responsio* fällt leicht, da niemand ernsthaft behaupten kann, die Gesellschaft könne durch die geschlechterausgeglichene Besetzung des Aufsichtsrats ihren Erwerbszwecken nicht mehr nachgehen. Mehr Frauen im Aufsichtsrat, was die Regelung praktisch bedeutet, führen keinesfalls dazu, dass das Unternehmen durch mangelnde Leistungsfähigkeit in seinem wirtschaftlichen Bestand gefährdet wäre und damit seinem „Beruf" nicht mehr nachgehen könnte.[314] Insofern wird die Unternehmerfreiheit der Gesellschaft im Bereich von Personalentscheidungen lediglich modifiziert. Eine entsprechende gesetzliche Regelung würde sich – jedenfalls im Falle der Besetzung von Aufsichtsratspositionen[315] – als Berufsausübungsregelung

311 BVerfG Urt. v. 11.6.1958 - 1 BvR 596/56, BVerfGE 7, 377, 397.

312 BVerfG Urt. v. 11.6.1958 - 1 BvR 596/56, BVerfGE 7, 377, 397.

313 BVerfG Urt. v. 11.6.1958 - 1 BvR 596/56, BVerfGE 7, 377, 397.

314 Vergleiche hierzu BVerfG Urt. v. 16.3.1971 - 1 BvR 52/66, BVerfGE 30, 292, 314; aktuell OVG Berlin-Brandenburg Urt. v. 2.12.2009 - OVG 11 S 9/09, NVwZ 2010, 328, 329.

315 Zu der Frage der Betroffenheit des Art. 12 Absatz 1 GG der Gesellschaft bei einer möglichen Quotierung der Vorstandspositionen vergleiche die Ausführungen unter 3.TeilG.

darstellen und damit einen Eingriff in die „erste" Stufe der Berufsfreiheit bedeuten.

Nach allem kann sich die Aktiengesellschaft als juristische Person sachlich und auch persönlich auf ihre in Art. 12 Absatz 1 GG geschützte unternehmerische Entscheidungsfreiheit berufen. Durch die Implementierung einer Gleichstellungsquote wäre die Gesellschaft in ihrer Organisationshoheit betroffen. Diese Einschränkung stellt sich nach der Einordnung im Sinne der *Drei-Stufen-Theorie* als Berufsausübungsregelung dar, da die Besetzungsvorgabe die Struktur des Organs lediglich modifiziert. Im Weiteren ist zu eruieren, ob – und wenn ja – diese Beeinträchtigung einer Rechtfertigung zugänglich ist.

2. Verfassungsrechtliche Rechtfertigung

Allein der Umstand, dass verfassungsrechtlich geschützte Interessen durch eine staatliche Maßnahme eingeschränkt werden, führt keinesfalls zu ihrer Verfassungswidrigkeit. Denn dem Staat muss zugebilligt werden, im Spannungsverhältnis zwischen notwendigen staatlichen Maßnahmen zum Schutze verfassungsrechtlich fundierter Rechtsgüter einerseits und subjektiven Freiheitsrechten des Bürgers andererseits zu agieren. Dabei stellt das Grundgesetz an jedes Freiheitsrecht hinsichtlich möglicher Einschränkungen durch staatliche Maßnahmen spezifische Anforderungen. Es wird zwischen Grundrechten mit einfachem, qualifiziertem und solchen ohne Gesetzesvorbehalt differenziert.[316] Demgemäß sind einige Grundrechte bereits durch ein verfassungsgemäßes Gesetz im materiellen Sinne limitierbar – exemplarisch sei hier Art. 2 Absatz 2 Satz 3 GG genannt –, während bei anderen Grundrechten über die verfassungsmäßige Rechtmäßigkeit hinaus weitere qualifizierte Anforderungen gestellt werden. So muss der Gesetzgeber neben der allgemeinen verfassungsrechtlichen Rechtmäßigkeit bei Einschränkung der Meinungsfreiheit darauf achten, dass es sich um ein „allgemeines" Gesetz, also um ein Gesetz, das nicht schlechthin die Meinungsfreiheit als solche einzuschränken gedenkt, handelt.[317] Daneben existieren auch Grundrechte, die auf den ersten Blick vermeintlich „schrankenlos" gewährleistet werden, wie beispielsweise die Kunstfreiheit gemäß Art. 5 Absatz 3 GG. Doch auch dieses Freiheitsrecht ist Beschränkungen zugänglich, allerdings nur wenn Verfassungsgüter kollidieren.[318]

---

316 *Dreier* in Dreier, GG Kommentar, Vorb. Rn.136 ff.

317 Hierzu ausführlich unter anderem *Lücke*, Die „allgemeinen" Gesetze (Art. 5 Absatz 2 GG), S.4 ff.; *Hoppe*, JuS 1991, 734 ff.

318 BVerfG Urt. v.26.5.1970 - 1 BvR 83/69, BVerfGE 28, 243, 261 aus jüngerer Zeit BVerfG Urt. v. 24.9.2003 - 2 BvR 1436/02, BVerfGE 108, 282 ff.; umfänglich *Bamberger*, Verfassungs-

Innerhalb der verfassungsrechtlichen Rechtfertigung ist demnach zunächst die Frage zu stellen, inwiefern überhaupt und, wenn ja, unter welchen Voraussetzungen die staatlichen Gewalten in das in Frage stehende Grundrecht eingreifen können. Sodann müssen im Rahmen der Angemessenheit die Grenzen des Handelns unter Beachtung der Verhältnismäßigkeit bestimmt werden.

Eingriffe in das Grundrecht der Berufsfreiheit unterliegen einem einfachen Gesetzesvorbehalt.[319] Trotz des nicht eindeutigen Wortlauts des Grundrechts bezieht sich die explizit in die Verfassung aufgenommene Einschränkungsmöglichkeit des Art. 12 Absatz 1 Satz 2 GG auf das gesamte Grundrecht und nicht nur auf die Berufsausübung. Das Grundrecht stellt nach herrschender Auffassung ein einheitliches Grundrecht dar.[320] Damit wäre es dem Gesetzgeber grundsätzlich vorbehalten, einen Eingriff in die Berufsfreiheit mit einem formell sowie materiell verfassungsmäßigen Gesetz zu rechtfertigen.

a) Formelle Verfassungsmäßigkeit

Die Verfassungsmäßigkeit einer gesetzlichen Grundlage verlangt, dass auch die Frage nach der formellen Verfassungsmäßigkeit beantwortet wird, also welcher Gesetzgeber für eine mögliche Regelung zuständig wäre und inwiefern das Gesetzgebungsverfahren ordnungsgemäß eingehalten worden ist. Allerdings ist Gegenstand dieser Untersuchung eine fiktive, noch zu erlassende Norm, die lediglich an die bestehenden Gesetzesinitiativen anknüpft. Daher kann die Prüfung des ordnungsgemäßen Gesetzgebungsverfahrens derzeit dahinstehen.

Kurz eingegangen werden soll auf die Frage nach der gesetzgeberischen Kompetenz. Die Gesetzgebungskompetenzen sind in Art. 70 ff. GG geregelt. Nach der Verfassung als Ausdruck des Föderalismus gilt zunächst die Vermutung zu einer Regelungskompetenz durch die Länder, Art. 70 Absatz 1 GG. Wann und inwieweit der Bundesgesetzgeber konkurrierend beziehungsweise ausschließlich zuständig ist, bestimmen die nachfolgenden Artikel. Art. 73 GG bestimmt die ausschließliche Kompetenz des Bundesgesetzgebers, während in Art. 74 GG die konkurrierende Gesetzgebung geregelt ist.

Eine gesetzliche Gleichstellungsquote im Aufsichtsrat müsste durch eine Änderung des Aktiengesetzes erfolgen. Hier ist die konkurrierende Gesetzgebungs-

---

werte als Schranken vorbehaltloser Freiheitsgrundrechte; *Winkler*, Kollisionen verfassungsrechtlicher Schutznormen.

319 BVerfG Urt. v. 24.4.1991 - 1 BvR 1341/90, BVerfGE 84, 133, 148; *Manssen* in v. Mangoldt/Klein/Starck, GG Kommentar, Art. 12 GG Rn.108; *Wieland* in Dreier, GG Kommentar, Art. 12 GG Rn.96.

320 BVerfG Urt. v. 1.7.1980 - 1 BvR 23/75, BVerfGE 54, 224, 234; BVerfG Urt. v. 1.7.1980 - 1 BvR 247/75, BVerfGE 54, 237, 246.

kompetenz des Bundes und der Länder aus Art. 74 Absatz 1 Nr. 11 GG einschlägig. Im Zuge der Föderalismusreform[321] wurden aus der Kompetenz des Art. 74 Absatz 1 Nr. 11 GG die Bereiche des Ladenschlusses, der Gaststätten, der Spielhallen, der Messen, der Ausstellungen und der Märkte ausgenommen und in die ausschließliche Kompetenz der Länder überführt, um die Position der Landesgesetzgeber bei regionalen Bezügen zu stärken. Das Gesellschaftsrecht ist hiervon nicht betroffen. Eine bundesgesetzliche Regelung würde somit der Erforderlichkeitsklausel nach Art. 72 Absatz 2 GG unterliegen. Eine Abweichungskompetenz der Länder nach Art. 72 Absatz 3 GG besteht nicht. Erforderlich wäre eine bundeseinheitliche Regelung dann, wenn sie der im gesamtstaatlichen Interesse stehenden Rechts- und Wirtschaftseinheit dient und für die Herstellung gleicher Lebensverhältnisse notwendig ist.[322] Eine bundesgesetzliche einheitliche Regelung wäre hier zur Wahrung der Rechts- und Wirtschaftseinheit unbedingt erforderlich, da die Kapitalmärkte die Aktiengesellschaft als standardisierte und gleichmäßig ausgestaltete Gesellschaftsform verstehen. Dies gilt umso mehr, als die internationalen Verflechtungen der Gesellschaften und Unternehmensgründungen durch ausländische Rechtsformen deutlich zunehmen.

Demnach wäre der Bundesgesetzgeber nach Art. 74 Nr. 11 GG in Verbindung mit Art. 72 Absatz 2 GG für die Einführung einer Gleichstellungsquote zuständig.[323] Leitendes Ressort wäre das Bundesjustizministerium.

b) Materielle Verfassungsmäßigkeit

Die materielle Verfassungsmäßigkeit einer gesetzlichen Gleichstellungsquote ist anzunehmen, wenn der Gesetzgeber mit dem normativen Eingriff einen legitimen gesetzgeberischen Zweck verfolgt, diese Maßnahme auch tatsächlich geeignet erscheint, den angedachten Zweck zu erfüllen, keine vergleichbar mildere und gleich effektive Option besteht, um das angedachte Ziel zu erreichen, und die Maßnahme als solche auch im engeren Sinne und unter Berücksichtigung aller kollidierenden Positionen angemessen ist. Nach dieser Prüfungsreihenfolge ist zunächst die gesetzliche Legitimation, die hinter der Einführung einer zwingenden Gleichstellungsquote im Aufsichtsrat stehen könnte, zu analysieren.

---

321 Gesetz zur Änderung des Grundgesetzes v. 28.8.2006, BGBl. I, S.2034 ff.; Gesamtdarstellung bei *Ipsen*, NJW 2006, 2801 ff. sowie *Degenhart*, NVwZ 2006, 1209 ff.

322 *Degenhart* in Sachs, GG Kommentar, Art. 72 GG Rn.10 f.

323 Ebenso *Papier/Heidebach*, ZGR 2011, 305, 313.

aa) Legitimität einer gesetzlichen Gleichstellungsquote

(1) Herstellung tatsächlicher Gleichberechtigung

Grundrechte dürfen in einem Rechtsstaat nicht durch beliebiges gesetzgeberisches Vorgehen eingeschränkt werden. Daher beginnt jede Überprüfung staatlichen Vorgehens mit einer Betrachtung des dahinter stehenden Zwecks. Das legitime Ziel staatlichen Vorgehens ist zentrales Element des Übermaßverbots und zugleich Ort für verfassungsrechtliche Aussagen zum Gemeinwohl.[324] Dabei können Grundrechte zu sehr unterschiedlichen Zwecken begrenzt werden. Eingriffe können sowohl den öffentlichen als auch Individualinteressen dienen. Als legitimer Zweck kann jedes im Allgemeinwohl stehende Interesse gewertet werden.[325] Die Bestimmung des staatlichen Ziels ist für die Verhältnismäßigkeit von entscheidender Bedeutung. Denn wenn das staatliche Handeln per se von keinem legitimen Zweck gedeckt ist, ist die Frage nach der Verhältnismäßigkeit obsolet. Das Grundrecht wäre bereits wegen der isolierten Zweckbetrachtung verletzt.[326]

Die Umsetzung einer entsprechenden Quotenregelung im Aktienrecht müsste somit ein legitimes gesetzgeberisches Ziel vor Augen haben.

Frauen sind in Führungspositionen – insbesondere auch in Aufsichtsratspositionen von deutschen Kapitalgesellschaften – seit Jahrzehnten deutlich unterrepräsentiert. Diese Ausgangslage steht erwiesenermaßen fest[327] und hat diverse Ursachen.[328] Daher kommt als staatliches Ziel die tatsächliche Durchsetzung der Gleichberechtigung der Frauen im Sinne des Art. 3 Absatz 2 Satz 2 GG in Betracht.[329] Die rein objektive Legitimität ergibt sich damit bereits aus Art. 3 Absatz 2 Satz 2 GG.[330] Dieser beschränkt sich nicht allein auf die Gewährleistung rechtlicher Gleichheit, sondern erstreckt sich nach seinem Wortlaut:*„der Staat fördert die tatsächliche Durchsetzung der Gleichberechtigung von Frauen und Männern (...)“* auch auf eine Gleichstellung in der rechtstatsächlichen Wirklich-

324 *Müller-Franken* in Schmidt-Bleibtreu/Hofmann/Hopfauf, GG Kommentar, Vorb. Art. 1 GG Rn.43; *Ipsen*, Staatsrecht II Grundrechte, § 3 Rn.185; *Hufen*, Staatsrecht II Grundrechte, § 9 Rn.19.

325 Exemplarisch BVerfG Urt. v. 23.1.1990 - 1 BvL 44/86, BVerfGE 81, 156, 170: „(...) *hinreichende Gründe des Allgemeinwohls*“.

326 *Dreier* in Dreier, GG Kommentar, Vorb. Rn.146;*Michael/Morlok*, Grundrechte § 23 Rn.615.

327 Siehe die Darstellungen unter 2.TeilA.I.

328 Siehe die Darstellungen unter 2.TeilA.II.

329 So unter anderem auch die Begründung bei dem Gesetzesantrag *Bündnis 90/Die Grünen* v. 13.10.2010, BT-Drucks. 17/3296, S.6 sowie Gesetzesantrag Nordrhein-Westfalen v. 11.2.2011, BR-Drucks. 87/11, S.18, 19.

330 Vergleiche BVerfG Urt. v. 18.11.2003 - 1 BvR 302/96, BVerfGE 109, 64, 83; so auch *Wieland*, NJW 2010, 2408, 2409.

keit.[331] Der Staat ist damit berechtigt, Maßnahmen zu ergreifen, die der Herstellung tatsächlicher Chancengleichheit der Geschlechter dienen.[332] Eine aktienrechtliche Quotenregelung müsste also den Zweck verfolgen, eine tatsächliche Gleichberechtigung zwischen Frauen und Männern auf Gremienebene herzustellen. Dass eine solche *de facto* nicht besteht, wird durch die skizzierten Studien[333] belegt und ist keine schlichte Unterstellung.

Allerdings darf sich eine solche Förderung nicht an allen Frauen in der Gesamtbevölkerung ausrichten. Denn es geht um den Ausgleich geschlechtsbedingter Nachteile und nicht darum, einen „bevölkerungsrepräsentativen" Aufsichtsrat zu schaffen. Es geht um die Herstellung der Gleichheit von Ausgangschancen und nicht um die Herstellung von Ergebnisgleichheit.[334] Vielmehr muss das Risiko des Fehlschlagens eigener Bemühungen in Kauf genommen werden, da eine „Chance" immer auch beinhaltet, nicht wahrgenommen zu werden.[335] Besteht eine Ungleichheit trotz gleicher Startbedingungen, so ist deren Aufhebung nicht durch den Chancengleichheitsgedanken legitimiert; hier realisiert sich gerade die Unterschiedlichkeit der Individuen.[336] Die Forderung nach Chancengleichheit von Männern und Frauen in Führungspositionen und damit in Aufsichtsratspositionen meint daher die Herstellung gleicher Startbedingungen beziehungsweise gleicher Entwicklungsmöglichkeiten beider Geschlechter im Unternehmen.[337] Es gilt daher, einen rechtlichen Rahmen zu schaffen, der die tatsächliche Chancengleichheit möglich macht.[338] In diesem Rahmen können Chancengleichheit und Rechtsgleichheit einhergehen. In bestimmten Fällen kann die Chancengleichheit aber auch über die Rechtsgleichheit hinausgehen.[339] Dies kann im Einzelfall erforderlich sein, um tatsächlich existierende Nachteile zu kompensieren. Denn die Rechtsgleichheit ist eine relative Gleichheit und setzt immer eine Relation von einer Sache/Person mit einer anderen Sache/Person anhand einer Vergleichs-

---

331 So bereits ausdrücklich die Auffassung des höchsten Verfassungsgerichts unter anderem in dem bekannten „*Frauennachtarbeitsverbots*- Urteil" BVerfG Urt. v. 28.1.1992 - 1 BvR 1025/82, BVerfGE 85, 191, 207 oder später BVerfG Urt. v. 24.1.1995 - 1 BvL 18/93, BVerfGE 92, 91, 109; BVerfG Urt. v. 18.11.2003 - 1 BvR 302/96, BVerfGE 109, 64, 83.

332 BVerfG Urt. v. 28.1.1992 - 1 BvR 1025/82, BVerfGE 85, 191, 207.

333 Siehe hierzu die Ausführungen unter 2.TeilA.I.

334 In diese Richtung auch *Osterloh* in *Sachs,* GG Kommentar, Art. 3 GG Rn.286 sowie auch *Starck* in *v. Mangoldt/Klein/Starck*, GG Kommentar, Art. 3 GG Rn.310.

335 *Engels*, Chancengleichheit und Bundesstaatsprinzip, S.23 f; *Spindler/Brandt*, NZG 2011, 401, 402.

336 *Engels*, Chancengleichheit und Bundesstaatsprinzip, S.23 f.

337 *Spindler/Brandt*, NZG 2011, 401, 402.

338 *Engels*, Chancengleichheit und Bundesstaatsprinzip, S.23.

339 *Engels*, Chancengleichheit und Bundesstaatsprinzip, S.22, 23.

gruppe voraus.[340] Damit hat die reine Rechtsgleichheit zur Folge, dass eine Gleichbehandlung auch dort erfolgt, wo unterschiedliche tatsächliche Verhältnisse bestehen. Hier kann die reine Rechtsgleichheit zur Folge haben, dass tatsächlich bestehende Ungleichgewichte, soweit keine Gegenmaßnahmen erfolgen, noch verschärft werden. Werden Frauen und Männer auf Führungsebene seit Jahrzehnten unabhängig von den persönlichen Gegebenheiten vollständig rechtlich gleich behandelt, so vermag diese Rechtsgleichheit der Herstellung von tatsächlicher Chancengleichheit gerade keine Abhilfe zu verschaffen. Hat aufgrund tatsächlicher Gegebenheiten nur ein Teil der Geschlechter trotz rechtlicher Gleichstellung die Möglichkeit, von den gegebenen Chancen Gebrauch zu machen, so muss eine Differenzierung vorgenommen werden, die sich an der Herstellung gleicher Ausgangssituationen orientiert.[341]

Die Forderung nach Chancengleichheit in Form von gleichen Startbedingungen ist also durchaus legitimes Ziel staatlicher Regulierung.

(2) Notwendigkeit einer Mindestqualifikation

Darüber hinaus ist fraglich, inwiefern es legitimes staatliches Ziel sein kann und darf, eine gesetzliche Gleichstellungsquote im Aufsichtsrat zu schaffen, ohne die besondere Situation der hohen Verantwortung dieses Gremiums zu berücksichtigen. Eine entsprechende Regelung darf nicht auf den Anteil von Frauen in der Gesamtbevölkerung abstellen.[342] Sie soll stattdessen nur auf die Frauen abzielen, die neben den allgemeinen Voraussetzungen der §§ 100, 105 AktG, auch über weitere hinreichende Qualifikationen für das Aufsichtsratsmandat verfügen.[343]

Eine gesetzliche Quote, die solche Mindestqualifikationen außer Acht lässt, wäre nicht mehr vom Ziel der individuellen Chancengleichheit und der Schaffung von gleichen Startbedingungen gedeckt. Es geht gerade darum den Moment des „Verstreichenlassens“ einer Chance und damit das individuelle Versagen zu belassen. Anwartschaften auf eine entsprechende Führungsposition können nur bei gleichqualifizierten Personen bestehen. Die Einführung einer Gleichstellungsquote, die völlig unabhängig von entsprechenden Qualifikationen ausgestaltet ist, würde das individuelle „Versagensmoment“ von vornherein ausschalten.[344]

Darüber hinaus kann im Hinblick auf volkswirtschaftliche Interessen und die Funktionsfähigkeit des Wirtschaftslebens kaum legitimes Ziel des Gesetzgebers

340 *Engels*, Chancengleichheit und Bundesstaatsprinzip, S.23.

341 Hierzu ausführlich *Engels*, Chancengleichheit und Bundesstaatsprinzip, S.21 ff.

342 *Spindler/Brandt*, NZG 2011, 401, 402.

343 *Spindler/Brandt*, NZG 2011, 401, 402.

344 In diese Richtung auch *Schladebach/Stefanopoulou*, BB 2010, 1042, 1046.

und damit im Interesse des Allgemeinwohls sein, den Frauenanteil in Führungspositionen, bei denen naturgemäß Qualifikationsmerkmale dominieren, unabhängig von der Eignung zu erhöhen. Gerade in großen internationalen Wirtschaftsunternehmen ist die Aufsichtsratstätigkeit komplex und äußerst anspruchsvoll. Zugleich erhöhen sich die Anforderungen an die Mandatsträger aufgrund gesetzlicher Verpflichtungen sowie wachsender wirtschaftlicher Verflechtungen stetig, sodass auch hier die Qualifikationen an die Herausforderungen anzupassen sind. Schließlich hat der Aufsichtsrat für die Entwicklung der Gesellschaft eine maßgebliche Bedeutung. Er muss in der Lage sein, unternehmerisch zu denken, bei risikoorientierten Entscheidungen den Vorstand zu ermuntern, ihm den Rücken zu stärken oder ihm gegebenenfalls abzuraten.[345] Gefragt ist nicht nur ein Kontrolleur, sondern ein kritischer Begleiter und kompetenter Berater.[346] Die große Verantwortung des Aufsichtsrats wird besonders bei der Bestellung von Vorstandsmitgliedern deutlich. Eine personelle Fehlentscheidung kann für ein Unternehmen existentielle Risiken nach sich ziehen.

Die nachfolgenden Ausführungen sollen die notwendige Verknüpfung einer Gleichstellungsquote mit Mindestqualifikationen der Amtsanwärter verdeutlichen.

(a) Bedeutung und Funktion des Aufsichtsrats

Die Verfassung der Aktiengesellschaft wird maßgeblich durch die Verlagerung der Unternehmensführung von Anteilseignern auf den Vorstand sowie durch die funktionelle und personelle Trennung von Leitung und Kontrolle bestimmt (dualistisches System). Die Aktionäre sind von der Geschäftsführung ausgeschlossen und verfügen auch über kein Weisungsrecht gegenüber den Geschäftsführern, § 119 Absatz 2 AktG.[347] Aus dieser Struktur ergibt sich ein Aufsichtsrat mit nicht zu unterschätzenden Kompetenzen. Die zentralen Aufgabenbereiche des Aufsichtsrats sind die Überwachung der Geschäftsführung, § 111 Absatz 1 AktG, die Personalkompetenz, § 84 AktG, sowie in einem begrenzten Umfang die Teilhabe an der Geschäftsführung, § 111 Absatz 4 Satz 2 AktG. Der Aufsichtsrat hat im Rahmen seines Überwachungsstatus die Recht-, Ordnungs- und Zweckmäßigkeit sowie in begrenztem Umfang auch die Wirtschaftlichkeit der Geschäftsführung

345 *Bihr/Blättchen*, BB 2007, 1285 ff.; *Lutter*, DB 2009, 775 ff.

346 *Bihr/Blättchen*, BB 2007, 1285 ff.; *Lutter*, DB 2009, 775 ff.

347 Diese Grundsatzentscheidung des Gesetzgebers ist dann auch der Disposition der Anteilseigner entzogen; gegensätzliche satzungsrechtliche Regelungen würden als nichtig befunden werden, § 23 Absatz 5 AktG.

zu kontrollieren.[348] Überwachungsmaßstab ist das im Einzelnen umstrittene Unternehmensinteresse, das sich aus den Vorgaben von Gesetz und Satzung ergibt.[349] Die regelmäßige Berichterstattungspflicht des Vorstands, § 90 Absatz 1 und 2 AktG, ist Grundlage für eine ordnungsgemäße Überwachung. Die Kontrollpflichten des Aufsichtsrats erstrecken sich nicht auf das operative Tagesgeschäft. Hiermit wäre ein Eingriff in die Geschäftsleitungsbefugnis, § 111 Absatz 1, 4 Satz 1 AktG, verbunden.[350] Vielmehr zielt die Kontrolle auf die mittel- und langfristige Entwicklung der Gesellschaft. Etwas anderes gilt, wenn sich die Lage der Gesellschaft verschlechtert. In diesem Fall intensivieren sich spiegelbildlich die Überwachungspflichten des Aufsichtsrats[351], sodass sich eine Überwachung auch auf einzelne Entscheidungen, die den Fortbestand des Unternehmens tangieren, erstrecken kann. Gerade in der Krise ist der Vorstand unter Umständen geneigt, spekulative Geschäfte vorzunehmen.[352]

Ferner kommt dem Aufsichtsrat die Kompetenz der Bestellung und Abberufung der Geschäftsleitung zu, § 84 Absatz 1 AktG. Diese Aufgabenzuweisung stellt eines der wichtigsten Instrumente der planenden Unternehmenssteuerung dar.[353] Durch die Auswahl einer besonders fähigen Geschäftsleitung wird der

---

348 BGH Urt. v. 25.3.1991 - II ZR 188/89, BGHZ 114, 127, 129; *Hüffer*, AktG Kommentar, § 111 AktG Rn.6; *Lutter/Krieger*, Rechte und Pflichten des Aufsichtsrats, Rn.71; *Mertens* in KölnKomm AktG, § 111 AktG Rn.11; *Habersack* in MünchKomm AktG, § 111 AktG Rn.42; *Drygala* in K. Schmidt/Lutter, AktG Kommentar, § 111 AktG Rn.15 f.; *Vetter* in Marsch-Barner/Schäfer, HdB börsennotierte AG, § 26 Rn.9; *Lutter*, AG 2008, 1, 2; *Säcker/Rehm*, DB 2008, 2814, 2817.

349 In diese Richtung LG Stuttgart Urt. v. 29.10.1999- 4 KfH O 80/98, AG 2000, 237 ff.; näher dazu auch *Spindler* in MünchKomm AktG, § 76 AktG Rn.69 ff., § 93 AktG Rn.46.

350 *Spindler* in Spindler/Stilz, AktG Kommentar, § 111 AktG Rn.61 ff.

351 So die ganz herrschende Meinung siehe exemplarisch OLG Stuttgart Urt. v. 15.3.2006 - 20 U 25/05, BB 2006, 1019, 1021; *Semler*, Leitung und Überwachung der Aktiengesellschaft, Rn.233 f.; *Semler*, AG 1983, 141 f.; *Habersack* in MünchKomm AktG, § 111 Rn.45; *Hopt/Roth* in Großkomm AktG, § 111 AktG Rn.319; *Lutter/Krieger*, Rechte und Pflichten des Aufsichtsrats, Rn.87 ff.; *Bürgers/Israel* in Bürgers/Körber AktG, § 111 AktG Rn.6; *Hüffer*, AktG Kommentar, § 111 AktG Rn.7; *Drygala* in K. Schmidt/Lutter, AktG Kommentar, § 111 AktG Rn.19; *Vetter* in Marsch-Barner/Schäfer, HdB börsennotierte AG, § 26 Rn.14; *Henze*, BB 2000, 209, 214; darüber hinaus *Claussen/Semler*, AG 1984, 20 f.; *Mertens* in KölnKomm AktG, § 111 AktG Rn.20, die grundsätzlich auch für eine Intensivierung in der Krise sind, sich aber gegen eine in der Krise unternehmensführende Überwachung durch den Aufsichtsrat aussprechen.

352 Ist die Gesellschaft überschuldet, ist das Management in der Regel nicht mehr zu risikoneutralem Handeln, sondern vielmehr zu risikoreichen Entscheidungen geneigt. Dieses Phänomen wird als sogenanntes „gambling für resurrection" bezeichnet; näher *Kuhner*, ZGR 2005, 753, 768; *Teichmann*, NJW 2006, 2444, 2447; *Haas*, Reform des gesellschaftsrechtlichen Gläubigerschutzes, Abhandlung im Rahmen der Verhandlungen des 66. Deutschen Juristentages 2006, Gutachten E S.23 f.

353 *Lutter/Krieger*, Rechte und Pflichten des Aufsichtsrats, Rn.983.

Grundstein für eine positive Entwicklung der Gesellschaft gelegt. Erhebliche Fehlentwicklungen, die aus einer „schlecht" besetzten Stelle resultieren, können selten rechtzeitig korrigiert werden, ohne von „Nachwehen" getragen zu sein.[354] So hat der Aufsichtsrat im Zuge seiner Bestellungsfunktion zu berücksichtigen, inwieweit der Anwärter den Anforderungen gerecht zu werden vermag. Allerdings steht den Aufsichtsratsmitgliedern bei der Auswahl ein weiter Beurteilungsspielraum zu.[355] Eine Sorgfaltspflichtverletzung wird erst in Extremsituationen und einer objektiv völlig unvertretbaren Entscheidung anzunehmen sein, etwa wenn feststeht, dass die betreffende Person nicht ansatzweise über die Mindestqualifikationsvoraussetzungen verfügt.[356] Häufig vorkommende politisch motivierte Entscheidungen – wie zum Beispiel die Berufung eines Kommunalpolitikers auf einen Geschäftsführerposten – reichen noch nicht aus, um das Übertreten des Ermessens zu begründen.[357] Stellt sich nachträglich heraus, dass ein Vorstandsmitglied nicht über die erforderliche Befähigung verfügt oder durch dauerhafte Krankheit zu der Geschäftsführung nicht in der Lage ist, so trifft den Aufsichtsrat die Pflicht, die Person entsprechend § 84 Absatz 3 Satz 2 AktG abzuberufen. Eine unzureichend durchdachte Personalentscheidung kann zur Haftung des Aufsichtsrats führen, §§ 116, 93 AktG.

Als drittes wesentliches Element verbleibt dem Aufsichtsrat, an den Entscheidungen der Geschäftsführung mitzuwirken, wenn diese der Zustimmung des Aufsichtsrats bedürfen, § 111 Absatz 4 Satz 2 AktG. Der Zustimmungsvorbehalt stellt die Ausnahme vom Grundsatz dar, dass der Aufsichtsrat an der Geschäftsführung nicht beteiligt ist.[358] Damit besteht eine gewisse Einflussmöglichkeit auf die Geschäftsführung.[359] In Anlehnung an die Empfehlungen des *Deutschen Corporate Governance Kodex* können nur solche Geschäfte von dem Zustimmungsvorbehalt umfasst sein, die eine fundamentale Veränderung der Vermögens,- Finanz- und Ertragslage nach sich ziehen.[360] Abschließend sei als besondere Kompetenz des Aufsichtsrats noch die Vertretung der Gesellschaft gegen-

---

354 *Schön*, Die Haftung kommunaler Aufsichtsratsmitglieder in Aktiengesellschaften und Gesellschaften mit beschränkter Haftung, S.69.

355 Der Aufsichtsrat muss im Rahmen seines unternehmerischen Ermessens frei sein; *Goette*, FS 50 Jahre BGH 2000, S.123, 129; *Hüffer*, AktG Kommentar, § 84 AktG Rn.5.

356 *Lutter/Krieger*, Rechte und Pflichten des Aufsichtsrats, Rn.831; *Notthoff*, NJW 2003, 1350, 1351; *Hoffmann/Preu*, Der Aufsichtsrat: Ein Leitfaden für Aufsichtsräte, Rn.518.

357 Denn die ausgewählte Persönlichkeit müsste ferner gänzlich ungeeignet sein, um den Posten wahrzunehmen, *Schön*, Die Haftung kommunaler Aufsichtsratsmitglieder in Aktiengesellschaften und Gesellschaften mit beschränkter Haftung, S.69, 70.

358 *Hüffer*, AktG Kommentar, § 111 AktG Rn.16.

359 *Habersack*, FS Hüffer 2010, S.259.

360 Siehe hierzu Ziffer 3.3 des DCGK hinsichtlich der Empfehlungen zur Zusammenarbeit von Vorstand und Aufsichtsrat.

über den Vorstandsmitgliedern, § 112 AktG[361], und das Vorschlagsrecht zur Wahl von Aufsichtsratsmitgliedern der Aktionäre genannt, § 134 Absatz 3 AktG.[362]

(b) Anforderungsprofil der Mandatsträger

Das Aufsichtsratsmitglied muss nach § 100 Absatz 1 Satz 1 AktG unbeschränkt geschäftsfähig sein. Dies ist die einzige wesentliche Eignungsvoraussetzung, die für Anteilseignervertreter wie für Arbeitnehmervertreter gleichermaßen gilt.[363] Daneben gibt es eine Reihe von gesetzlichen Hinderungsgründen wie die Höchstzahl von Aufsichtsratsmandaten oder die Inkompatibilität zu der Mitgliedschaft in einem anderen Gremium, § 100 Absatz 2 AktG, § 105 AktG. Hinreichende Qualifikation oder Sachkunde ist für die Übernahme eines Aufsichtsratsmandats keine gesetzlich normierte Voraussetzung.[364] Gleichwohl ist allgemein anerkannt, dass die Übernahme eines Mandats über die gesetzlichen Anforderungen hinaus nicht zu unterschätzende Qualifikationen erfordert.[365] Ein allgemeingültiges Anforderungsprofil an ein Aufsichtsratsmitglied existiert nicht. Vielmehr richten sich die Anforderungen jeweils nach dem Unternehmen insbesondere seinem Gesellschaftszweck sowie seiner Größe und Struktur.

Dabei muss ein ordentlicher und gewissenhafter „Überwacher" die zur Wahrnehmung des Amts erforderlichen Mindestkenntnisse besitzen. Dies sind nach allgemeiner Formel die *„Mindestkenntnisse allgemeiner, wirtschaftlicher organisatorischer und rechtlicher Art, die erforderlich sind, um alle normalerweise anfallenden Geschäftsvorgänge auch ohne fremde Hilfe zu verstehen und sachgerecht beurteilen zu können"*.[366] Die Aufgaben des Aufsichtsrats verlangen von jedem Aufsichtsratsmitglied, dass es die wichtigsten Vorgänge in dem von ihm zu überwachenden Unternehmen kritisch beobachtet und wohlüberlegte Entscheidungen trifft. Es muss stets über die wesentlichen Vorgänge des Unternehmens unterrichtet sein und sich hierfür notfalls autonom um Informationsbe-

361 Siehe hierzu ausführlich die Ausführungen bei *Spindler* in Spindler/Stilz, AktG Kommentar, § 112 AktG Rn.1 ff. sowie unter anderem *Fischer*, ZNotP 2002, 297 ff.; *Leuering*, FS Kollhosser 2004, S.361 ff.; *Nägele/Böhm*, BB 2005, 2197 ff.; *Rupietta*, NZG 2007, 801 ff.; *Schwab*, ZIP 2006, 1478 ff.

362 Vergleiche dazu die nachfolgenden Ausführungen unter 3.TeilB.II.2.b)cc)(6).

363 *Gach*, FS Bauer 2010, S.327.

364 *Gach*, FS Bauer 2010, S.327.

365 Siehe hierzu die Darstellung bei *Gach*, FS Bauer 2010, S.327 ff.

366 So bereits BGH Urt. v.15.11.1982 - II ZR 27/82, BGHZ 85, 293, 295; *Habersack* in MünchKomm AktG, § 116 AktG Rn.16; *Hopt/Roth* in Großkomm AktG, § 116 AktG Rn.11; *Drygala* in K. Schmidt/Lutter, AktG Kommentar, § 116 AktG Rn.3; *Breuer/Fraune* in Heidel, AktG Kommentar, § 116 AktG Rn.2; *Fleck*, GmbHR 1997, 237, 238; *Möllers*, ZIP 1995, 1725, 1726 f.

schaffung bemühen.[367] Dazu gehört auch, die wichtigsten strukturellen Einflussgrößen zu kennen, die das Unternehmen charakterisieren.[368] Zudem sollte sich das Aufsichtsratsmitglied über die unternehmensspezifische aktuelle Rechtslage und relevante Rechtsprechung fortwährend informieren. Bestehen Zweifel über die Rechte und Pflichten sowie den Umfang der mit dem Amt übernommenen Aufgaben, muss sich das Aufsichtsratsmitglied gegebenenfalls auch Rechtsrat einholen.[369] Bereits bei Amtsantritt muss jedes Aufsichtsratsmitglied über entsprechende Mindest- und Fachkenntnisse verfügen, denn jedes Mitglied handelt eigenverantwortlich und unabhängig, mithin weisungsfrei, § 111 Absatz 5 AktG. Dabei steigen die Anforderungen an die Aufsichtsratsmitglieder proportional mit der Größe des Unternehmens: So sind in einem verzweigten multinationalen Konzern höhere Anforderungen an die Pflichten des Aufsichtsratsmitglieds zu stellen als in einer nur regional tätigen Gesellschaft.[370] Ebenso wird in einem am internationalen Kapitalmarkt tätigen Unternehmen mit hoher Risikobereitschaft und großem Investitionsvolumen dem Aufsichtsratsmitglied mehr abverlangt als in Unternehmen mit gefestigten Märkten und einer überschaubaren Marktstellung.[371] Tritt ein Aufsichtsratsmitglied sein Mandat ohne die nötigen Kenntnisse und Fähigkeiten an, trifft ihn ein sogenanntes Übernahmeverschulden.[372]

Sorgfaltsmaßstabs für Aufsichtsratsmitglieder im Rahmen ihrer Tätigkeit ist § 116 Satz 1 AktG, der wiederum auf § 93 Absatz 1 Satz 1 AktG verweist. Die Aufsichtsratsmitglieder werden also zur Einhaltung der gleichen Sorgfalt wie der Vorstand verpflichtet.[373] Spiegelbildlich zu den Amtsverpflichtungen ergibt sich damit ein erhebliches Haftungsrisiko des Mandatsträgers. Anknüpfungspunkt des

367 *Semler*, FS K. Schmidt 2009, S.1489, 1501 f.; *Hopt/Roth* in Großkomm AktG, § 116 AktG Rn.43; *Breuer/Fraune* in Heidel, AktG Kommentar, § 116 AktG Rn.3; *Drygala* in K.Schmidt/Lutter, AktG Kommentar, § 116 AktG Rn.7.

368 Dazu gehören beispielsweise auch die Sichtung des Jahresabschlussberichts inklusive Lagebericht, die Berichte des Vorstandes nach § 90 AktG oder auch interne Hauszeitschriften, sofern vorhanden; *Potthoff/Trescher*, Das Aufsichtsratsmitglied: Ein Handbuch der Aufgaben, Rechte und Pflichten, Rn.111; vergleiche auch *Habersack* in MünchKomm AktG, § 116 AktG Rn.24 f.; *Semler*, FS K. Schmidt 2009, S.1489, 1501.

369 LG Dortmund Urt. v. 1.8.2001 - 20 O 143/93, DB 2001, 2592 mit Anmerkungen *Borges*, EWiR 2002, 463 ff.

370 *Spindler* in Spindler/Stilz, AktG Kommentar, § 116 AktG Rn.16.

371 *Hüffer*, AktG Kommentar, § 116 AktG Rn.3; *Hopt/Roth* in Großkomm AktG, § 116 AktG Rn.51 f.; wohl auch *Fleck*, GmbHR 1997, 237, 238; differenzierend auch *Lutter*, ZHR 1981, 224, 228; *Semler*, FS K. Schmidt 2009, S.1489, 1505.

372 *Spindler* in Spindler/Stilz, AktG Kommentar, § 116 AktG Rn.14.

373 Allerdings unterscheiden sich die Aufgaben und Funktionen des Aufsichtsrats deutlich von denjenigen des Vorstands, daher sind die Pflichten entsprechend anzupassen, *Drygala* in K. Schmidt/Lutter, AktG Kommentar, § 116 AktG Rn.1; *Breuer/Fraune* in Heidel, AktG Kommentar, § 116 AktG Rn.1.

§ 116 AktG ist eine individuelle Pflichtverletzung, die persönlich bei jedem Mandatsträger zu prüfen ist. Eine Haftung des gesetzlichen Organs Aufsichtsrat scheidet mangels Rechtssubjektivität von vornherein aus.[374]

(c) Schlussfolgerung

Hinreichende Eignung und Sachkunde sind für die Übernahme eines Aufsichtsratsmandats keine gesetzliche Voraussetzung. Dennoch legen die Ausführungen nahe, dass es nach den einschlägigen Vorschriften des Aktiengesetzes nicht auf das Geschlecht, sondern auf eine hinreichende Kompetenz bei Besetzung der Stellen ankommen muss, um dem hohen Verantwortungsmaßstab gerecht werden zu können und den Haftungsfallen zu entgehen. Eine, wie von der Fraktion *BÜNDNIS 90/DIE GRÜNEN* geforderte, sogenannte „starre" Ergebnisquote ohne jegliche Mindestqualifikation an die Mandatsträger, begegnet gravierenden Bedenken.[375] Unstreitig ist, dass die Aufsichtsräte für den Bestand und die Entwicklung der Gesellschaft eine hohe Verantwortung tragen. Neben den primären Kontroll- und Aufsichtsaufgaben geht es um die vorausschauende und die Beratung einschließende Begleitung der Entscheidungen der Leitungsorgane. Aufsichtsratsmandate sind aufgrund ihres Prestiges vielfach begehrt und verschaffen regelmäßig Ansehen und Einfluss. Allerdings verbergen sich unter der Oberfläche der oftmals als „Nebenamt" unterschätzten Tätigkeit beträchtliche Haftungsfallen, nicht zuletzt ausgelöst durch ein sich wandelndes Verständnis hin zur zunehmenden Bedeutung und Verantwortlichkeit des Aufsichtsrats. Dem will auch die Gesetzgebung und Rechtsprechung im Zuge der Finanzkrise Rechnung tragen. Eine Auswahl allein aus gleichstellungspolitischer Motivation entspricht nicht dem gesellschaftsrechtlichen Leitbild.[376] Vielmehr kann eine mangelhafte Qualifikation mit einhergehender Funktionsunfähigkeit der notwendigen Kontrollinstanz, wie in den letzten Jahren besonders im Bankenbereich mehr als deutlich geworden ist, katastrophale Folgen nach sich ziehen und nicht selten das „Aus" des Unternehmens bedeuten.

Damit können für eine Gleichstellungsquote jedenfalls nur solche Kandidatinnen zur Disposition stehen, die neben den allgemeinen Anforderungen aus §§ 100, 105 AktG auch den unternehmensspezifischen Anforderungen an ihr Mandat gerecht werden. Die gesellschaftspolitisch durchaus zu unterstützende Forderung nach mehr Frauen in Führungspositionen ist der leistungsorientierten

374 *Drygala* in K. Schmidt/Lutter, AktG Kommentar, § 116 AktG Rn.3.

375 *Spindler/Brandt*, NZG 2011, 401.

376 So auch die Kritik von *Redenius-Hövermann*, ZIP 2010, 661, 665.

Grundkonzeption der Kapitalgesellschaft fremd.[377] Eine gewisse Erfahrung in der Unternehmensführung ist ebenso Bestandteil des Anforderungsprofils wie bestimmte Qualifikationen in der Ausbildung und fachlichen Eignung. Die möglichst hohe und je nach Branche unternehmensspezifische Qualifikation liegt im Eigeninteresse der Aktionäre, die das Unternehmen erfolgreich auf dem Markt positionieren und Gewinne erwirtschaften wollen.

Dies bedeutet im Umkehrschluss jedoch nicht, dass vor der Einführung einer Gleichstellungsquote allgemein festgelegt werden müsste, welcher Anteil von Frauen für die Position in Frage käme. Dem Gesetzgeber ist in diesem Zusammenhang eine Einschätzungsprärogative zuzubilligen. Maßgeblich ist, dass eine Gleichstellungsquote an gewisse Mindestqualifikationen anknüpft und nicht um „jeden Preis" geschlechterausgeglichene Besetzung verlangt. Eine derartige Qualifikation könnte auch mittelbar durch eine entsprechend ausgestaltete Härtefallklausel sichergestellt werden, die bei nicht ausreichend vorhandenen qualifizierten Frauen das Greifen der Quote ausschließt.[378] Die Eignungsvoraussetzungen können, wie gesehen, nicht allgemein gültig definiert werden, da sie vor allem unternehmensabhängig sind. Es existiert schlechthin kein einheitliches Anforderungsprofil an das Aufsichtsratsmandat. Die Festlegung von Mindestqualifikationen dürfte daher für den Gesetzgeber nicht umsetzbar sein. Insofern könnte dafür plädiert werden, den *Deutschen Corporate Governance Kodex* um verbindliche Qualifikationsmerkmale zu erweitern und zu konkretisieren. Darüber hinaus könnten die Unternehmen selbst verbindliche Anforderungsprofile erstellen lassen, anhand derer die Eignung potentieller Kandidaten objektiv gemessen werden kann. In diesem Fall würde der Gesetzgeber eine Quote für das Aufsichtsratsgremium vorgeben und im Zuge dessen auf die Härtefallklausel und das generelle Qualifikationsleitbild des *Deutschen Corporate Governance Kodex* sowie das jeweilige Anforderungsprofil des Unternehmens verweisen. Es kann dabei nicht um die absolut „gleiche" Qualifikation gehen, sondern vielmehr um eine „gleichwertige". Frauen würden sodann als Angehörige des noch nicht entsprechend vertretenen Geschlechts ab Greifen der Quote vorrangig vor der anderen Geschlechtsgruppe eingestellt, sofern sie bestimmte, objektiv nachvollziehbare und für Dritte transparente Mindestvoraussetzungen für die zu besetzende Stelle erfüllen.[379]

---

377 *Redenius-Hövermann*, ZIP 2010, 661, 665; *Schladebach/Stefanopoulou*, BB 2010, 1042, 1045.

378 In diesem Sinne auch der Gesetzesantrag Nordrhein-Westfalen v. 11.2.2011, BR-Drucks. 87/11, S.2; vergleiche hierzu auch die nachfolgenden Ausführungen unter 3.TeilB.II.2.b)dd)(3)(b)(ee).

379 Vergleiche hierzu *Pfarr*, Quoten und Grundgesetz, S.207.

(3) Zwischenergebnis

Bei der Einführung einer gesetzlichen Gleichstellungsquote auf Anteilseignerseite in der Rechtsform der Aktiengesellschaft würde der zuständige Bundesgesetzgeber einen legitimen Zweck *scilicet* die tatsächliche Durchsetzung der Gleichstellung im Sinne des Art. 3 Absatz 2 Satz 2 GG verfolgen. Allerdings darf eine derartige Regulierung nur erfolgen, wenn gleichzeitig eine gewisse Qualifikation der Anwärterinnen gesichert ist. Das Mandat ist mit einer nicht zu unterschätzenden Pflichtenstellung und einhergehendem Haftungsrisiko verbunden. Ein „guter" Aufsichtsrat ist, wie auch die Lehren der Finanzkrise unmissverständlich aufzeigen, für eine effiziente und erfolgreiche Unternehmensführung unerlässlich. Als legitimes gesetzgeberisches Ziel im Einklang mit dem Allgemeinwohlinteresse kommt daher allein eine Gleichstellungsquote in Frage, die eine flexible Mindestqualifikation sicherstellt. Das objektive Mindestprofil eines kompetenten „Überwachers" kann dabei durch eine Erweiterung und Konkretisierung der Vorgaben im *Deutschen Corporate Governance Kodex* sowie durch eigens von den Unternehmen aufgestellte Anforderungsprofile festgelegt werden.

bb) Geeignetheit einer gesetzlichen Gleichstellungsquote

Eine gesetzliche Quotenregelung mit dem angestrebten Ziel müsste auch geeignet[380] sein, die Herstellung der tatsächlichen Gleichstellung auf der Ebene des Aufsichtsratsgremiums zu erreichen. Mitunter wird in diesem Zusammenhang auch von Zwecktauglichkeit gesprochen.[381] Die Gleichstellungsquote müsste also taugliches Instrument sein, um tatsächlich den Frauenanteil in diesem Gremium zu erhöhen. Sofern – wie hier – das Qualifikationsmerkmal Teil der Zielsetzung sein muss, stellt sich eine Quotenbestimmung nur dann als taugliches Mittel dar, wenn sie dazu führt, dass auch entsprechend qualifizierte Frauen dem Gremium angehören. Dem wird in der Fachliteratur entgegen gehalten, dass nicht hinreichend qualifizierte Frauen für diese Positionen existierten, jedenfalls nicht in allen Branchen.[382] Hieraus wird fälschlicherweise auf die Ungeeignetheit einer

---

380 Zum Kriterium der Geeignetheit als Bestandteil des Übermaßverbots siehe bereits die Ausführungen bei *Jellinek*, Gesetz, Gesetzesanwendung und Zweckmäßigkeitserwägungen, S.297 f.; *Lerche*, Übermaß und Verfassungsrecht, S.76 f.

381 *Lerche*, Übermaß und Verfassungsrecht, S.76; vergleiche in diesem Sinne auch die Aussagen zur Geeignetheit bei BVerfG Urt. v. 22.5.1963 - 1 BvR 78/56, BVerfGE 16, 147, 181; BVerfG Urt. v. 9.3.1971 - 2 BvR 326/69, BVerfGE 30, 250, 263; BVerfG Urt. v. 14.7.1999 - 1 BvR 2226/94, BVerfGE 100, 313, 373.

382 So der Einwand von *Redenius-Hövermann*, ZIP 2010, 660, 665; *Schladebach/Stefanopoulou*, BB 2010, 1042, 1046; *Francois-Poncet/Deilmann/Otte*, NZG 2011, 450, 454; *Peltzer*, NZG

Quotenregelung geschlossen.[383] Diesem Einwand ist jedoch mit der konkreten Ausgestaltung der Regelung zu begegnen. Denn bei der Frage nach der Geeignetheit genügt die abstrakte Möglichkeit der Zweckerreichung.[384] Dem Gesetzgeber wird hierbei die verfassungsrechtliche Befugnis zur sachgerechten und vertretbaren Prognose eingeräumt[385], weshalb sich die Prüfung an diesem Punkt darauf zu beschränken hat, ob eine entsprechende Regelung objektiv untauglich und damit schlechthin ungeeignet[386] wäre, das angestrebte Ziel zu erreichen. Das Mittel muss keinesfalls volltauglich sein; es genügt hier bereits eine Förderung beziehungsweise ein *„Schritt in die richtige Richtung“*[387]. Einzelne Mängel – wie beispielsweise die Frage nach dem Vorhandensein hinreichend qualifizierter Frauen in männerdominierten Branchen, der Einwand der Unvereinbarkeit von Familie und Führungsposten aufgrund mangelnder Kinderbetreuung sowie auch der Einwand der potentiellen Ablehnung einer entsprechenden Position aus Angst der Stigmatisierung als bloße „Quotenfrau“ – führen noch nicht zur Ungeeignetheit der Maßnahme.[388]

Erst wenn gesicherte Datensätze eindeutig darauf schließen lassen würden, dass keinesfalls hinreichend Frauen zur Verfügung stehen, um eine entsprechend angezielte Quote auszufüllen, würde die Tauglichkeit durch die Einwendungen in Frage gestellt und von Untauglichkeit gesprochen werden können. Die vorgebrachten Einwände berühren die Legitimität und die objektive Zwecktauglichkeit des Vorhabens daher nicht. Diesen kritischen Überlegungen ist im Rahmen der Angemessenheit zu begegnen. Der Gesetzgeber verfügt über das Recht, auch empirisch unsichere Datensätze seinen Regelungen zu unterwerfen. Das Bundes-

---

2011, 281, 283; *Hirte*, Stellungnahme als Sachverständiger im Rahmen der Anhörung des Gesetzesentwurfs *Bündnis 90/Die Grünen* v. 11.5.2011, S.20; abrufbar unter: http://www.bundestag.de/bundestag/ausschuesse17/a06/anhoerungen/archiv/09_Aufsichtsraete/04_Stellungnahmen/Stellungnahme_Hirte.pdf (zuletzt abgerufen am 19.9.2011).

383 *Redenius-Hövermann*, ZIP 2010, 660, 665.

384 BVerfG Urt. v. 20.6.1984 - 1 BvR 1494/78, BVerfGE 67, 157, 175; *Merten* in HdB der Grundrechte Bd. III, § 68 Rn.65.

385 BVerfG Urt. v. 9.3.1971 - 2 BvR 326/69, BVerfGE 30, 250, 263; *Merten* in HdB der Grundrechte Bd. III, § 68 Rn.65.

386 BVerfG Urt. v. 9.3.1971 - 2 BvR 326/69, BVerfGE 30, 250, 263: *„Das Rechtsstaatsprinzip verbietet belastende Gesetze, die zur Erreichung der Gesetzeszwecke schlechthin untauglich sind. Dem Gesetzgeber steht aber ein weiter Spielraum für die Beurteilung der Zwecktauglichkeit des Gesetzes zu. Eine gesetzliche Maßnahme ist nicht schon deshalb verfassungswidrig, weil sie auf einer Fehlprognose des Gesetzgebers beruht.“*.

387 BVerfG Urt. v. 10.5.1972 - 1 BvR 286/65, BVerfGE 33, 171, 187; BVerfG Urt. v. 20.6.1984 - 1 BvR 1494/78, BVerfGE 67, 157, 173; in diesem Sinne bereits *Gentz*, NJW 1968, 1600, 1603.

388 So aber im Ergebnis *Redenius-Hövermann*, ZIP 2010, 660, 665; *Francois-Poncet/Deilmann/Otte*, NZG 2011, 450, 454.

verfassungsgericht beschränkt ihn insoweit lediglich auf eine Evidenzkontrolle.[389]

Für die Geeignetheit einer entsprechenden Regelung könnte als Paradebeispiel das bereits dargestellte *Norwegische Modell* sprechen. Zwar verfügen norwegische Aktiengesellschaften im Gegensatz zu deutschen über eine einstufige Unternehmensspitze in Form eines *Boards*, dennoch wird die Quote von 40% nach Angaben der Unternehmen mittlerweile bei vielen Verpflichteten sogar überschritten.[390] Auch in den Bereichen, wo die Quote nicht verbindlich angeordnet worden ist – wie bei sogenannten kleinen Aktiengesellschaften im Familienbesitz –, soll der Anteil aufgrund der Vorbildfunktion und der gesamten Unternehmensmodernisierung gestiegen sein.[391] Dabei bewegte sich der Frauenanteil vor Einführung der gesetzlichen Regelung 2003 bei nur 8,5%.[392] Norwegen lag zu dieser Zeit im europäischen Vergleich eher im Mittelfeld.

Im Ergebnis lässt sich festhalten, dass eine verbindliche Quotenregelung geeignet wäre, das gesetzgeberische Ziel zu erreichen.

cc) Erforderlichkeit einer gesetzlichen Gleichstellungsquote

Erforderlich wäre eine entsprechende gesetzliche Quote dann, wenn sie zum einen überhaupt und zum anderen in der gewählten Intensität notwendig wäre.[393] Grundrechte privater Rechtssubjekte dürfen durch staatliche Eingriffe nicht unnötig belastet werden. Eine Beschränkung ist nur dann verfassungsrechtlich zu rechtfertigen, sofern nicht derselbe Erfolg mit einer weniger schweren Maßnahme zu erzielen wäre.[394]

---

389 BVerfG Urt. v. 1.3.1979 - 1 BvR 532/77, BVerfGE 20, 290, 333 f.: *„Ungewißheit über die Auswirkungen eines Gesetzes in einer ungewissen Zukunft kann nicht die Befugnis des Gesetzgebers ausschließen, ein solches Gesetz zu erlassen (...). Im Einzelnen hängt die Einschätzungsprärogative des Gesetzgeber dabei von vielen Faktoren ab, insbesondere von der Eigenart des in Rede stehenden Sachbereichs und der Bedeutung der in Frage stehenden Rechtsgüter.“*.

390 *Raasch*, ZfRV 2009, 216, 218.

391 *Raasch*, ZfRV 2009, 216, 218.

392 *Raasch*, ZfRV 2009, 216, 218.

393 Ganz einhellige Meinung siehe unter anderem und mit weiteren Nachweisen *Merten* in HdB der Grundrechte Bd. III, § 68 Rn.66; *Huster/Rux* in Epping/Hillgruber, GG Kommentar, Art.20 GG Rn.183, *Müller-Franken* in Schmidt-Bleibtreu/Hofmann/Hopfauf, GG Kommentar, Vorb. Art. 1 GG Rn.43; *Starck* in v. Mangoldt/Klein/Starck, GG Kommentar, Art.1 GG Rn.278; repräsentativ BVerfG Urt. v. 16.3.1971 - 1 BvR 52/66, BVerfGE 30, 292, 316 ff. sowie BVerfG Urt. v. 19.7.2000 -1 BvR 539/96, BVerfGE 104, 337, 347.

394 *Merten* in HdB der Grundrechte Bd. III, § 68 Rn.66; *Huster/Rux* in Epping/Hillgruber, GG Kommentar, Art.20 GG Rn.183, *Müller-Franken* in Schmidt-Bleibtreu/Hofmann/Hopfauf, GG Kommentar, Vorb. Art. 1 GG Rn.43; *Starck* in v. Mangoldt/Klein/Starck, GG Kommentar,

Folglich sind Alternativen zu einer gesetzlichen Regelung aufzuzeigen und zu untersuchen. Eine „mildere“ Alternative liegt nicht nur dann vor, wenn diese überhaupt nicht in Grundrechtspositionen eingreifen würde, sondern auch dann, wenn sie grundrechtsschonender, also weniger intensiv in Rechtspositionen eingreifen würde. Ein milderes Mittel kann jedoch nur dann die Erforderlichkeit im Rahmen der verfassungsmäßigen Prüfung widerlegen, wenn die Alternative gleichzeitig genauso effektiv ist.[395] Denn dem handelnden Hoheitsträger – in diesem Fall der Legislative – ist zuzubilligen, dass sie ihren angestrebten Zweck mit zielführenden Instrumentarien durchsetzt. Alternativen, die zwar wesentlich weniger in Grundrechte eingreifen, jedoch die verfolgten Zwecke nicht ebenso wirksam erreichen, können der Frage nach der Erforderlichkeit der staatlichen Maßnahme nicht entgegenstehen. Auch hier obliegt dem Gesetzgeber eine nicht zu unterschätzende Beurteilungsprärogative.[396] Diese Auffassung bringt das Bundesverfassungsgericht nachstehend zum Ausdruck: *„Hinsichtlich des Gesetzeszwecks der Gefahrenabwehr kann allerdings die Erforderlichkeit der angegriffenen Regelung nicht grundsätzlich in Abrede gestellt werden. Dem Gesetzgeber ist (...) auch bei Grundrechtsbeschränkungen der vorliegenden Art ein Beurteilungs- und Prognosespielraum eingeräumt. Ihm steht insbesondere in Bezug auf die Bewertung und die Auswahl der für das beabsichtigte Regelungsvorhaben in Erwägung zu ziehenden Maßnahmen ein weiter Bereich des Ermessens zu, das sich auch auf die Einschätzung der späteren Wirkungen der gesetzlichen Normierung erstreckt. Infolge dieser Einschätzungsprärogative können Maßnahmen, die der Gesetzgeber zum Schutz eines wichtigen Gemeinschaftsguts (...) für erforderlich hält, verfassungsrechtlich nur beanstandet werden, wenn nach den dem Gesetzgeber bekannten Tatsachen und im Hinblick auf die bisher gemachten Erfahrungen feststellbar ist, dass Beschränkungen, die als Alternativen in Betracht kommen, die gleiche Wirksamkeit versprechen und die Betroffenen indessen weniger belasten*“.[397] Eine Abwägung zwischen Zweck und Mittel findet daher erst auf der Ebene der Angemessenheit also bei der Frage nach der Verhältnismäßigkeit im engeren Sinne statt.

Art.1 GG Rn.278; repräsentativ BVerfG Urt. v. 16.3.1971 - 1 BvR 52/66, BVerfGE 30, 292, 316 ff. sowie BVerfG Urt. v. 19.7.2000-1 BvR 539/96, BVerfGE 104, 337, 347.

395 *Grzeszick* in Maunz/Dürig, GG Kommentar, Art. 20 GG Rn.113; *Müller-Franken* in Schmidt-Bleibtreu/Hofmann/Hopfauf, GG Kommentar, Vorb. Art. 1 GG Rn.43; *Huster*/*Rux* in Epping/Hillgruber, GG Kommentar, Art.20 GG Rn.183.

396 Ausführlich und mit weiteren Nachweisen *Cremer*, Freiheitsgrundrechte, S. 303 ff.

397 So genannte *Spielbankenentscheidung* des Bundesverfassungsgerichts BVerfG Urt. v. 19.7.2000 - 1 BvR 539/96, BVerfGE 102, 197, mit Verweis auf BVerfG Urt. v. 18.12.1968 - 1 BvL 5/64, BVerfGE 25, 1, 12, 19 f.; BVerfG Urt. v. 14.10.1975 - 1 BvL 35/70, BVerfGE 40, 196, 223; BVerfG Beschl. v. 1.10.1987 - 2 BvR 1434/86, BVerfGE 77, 84, 106.

Daher werden nachfolgend Optionen *de lege lata* vorgestellt und hinsichtlich ihrer Auswirkung und Effizienz mit der vorgesehenen gesetzlichen Regelung verglichen.

(1) „Zweite" freiwillige Selbstverpflichtung der deutschen Wirtschaft

Bereits im Jahre 2001 beschloss die *rot-grüne* Bundesregierung gemeinsam mit den Spitzenverbänden der deutschen Wirtschaft eine Vereinbarung zur Förderung der Chancengleichheit von Frauen und Männern in der Privatwirtschaft.[398] Diese Art *Gentlemen Agreement* sollte der Verbesserung der Chancengleichheit und der Erhöhung des Frauenanteils auch in Führungspositionen dienen. Vereinbart wurde im Gegenzug, dass keine gesetzlichen Initiativen von der damaligen Bundesregierung ergriffen würden. Dabei wurde unter anderem von der Privatwirtschaft zugesichert, *„geeignete betriebliche Maßnahmen abhängig von der Situation, Branche, Größe und Struktur des Unternehmens zu ergreifen, um den Anteil von Frauen in Führungspositionen, beispielsweise durch verstärkte Einbeziehung von Frauen in Weiterbildungsprogrammen für Führungskräfte oder durch Angebote zu Mentoring oder Shadowing-Programmen oder auch durch Teilzeitangebote, zu erhöhen."*[399]

Auch die nunmehr dritte Bilanz aus 2008 kommt zu dem Ergebnis, dass es durch die „positiven Entwicklungen" der letzten Jahre keiner gesetzlichen Regelung zur Herstellung der Chancengleichheit bedürfe.[400] Die dargelegten Erkenntnisse zur tatsächlichen Repräsentanz von Frauen in Führungspositionen machen deutlich, dass zehn Jahre nach der freiwilligen Selbstverpflichtung keine entscheidende Veränderung eingetreten ist. Lediglich in Einzelfällen haben namenhafte deutsche Unternehmen mit ihrer Personalpolitik für Schlagzeilen gesorgt. So will die *Deutsche Telekom* nach eigenen Angaben den Anteil der Frauen in

398 Vereinbarung zwischen der Bundesregierung und den Spitzenverbänden der deutschen Wirtschaft zur Förderung der Chancengleichheit von Frauen und Männern in der Privatwirtschaft, abgedruckt in *Pfarr*, Ein Gesetz zur Gleichstellung der Geschlechter in der Privatwirtschaft, S.145; die zweite und dritte Bilanz (2006 und 2008) des Abkommens sind abrufbar unter: http://www.bmfsfj.de/bmfsfj/generator/RedaktionBMFSFJ/Broschuerenstelle/Pdf-Anlagen/2.-bilanz-chancengleichheit,property=pdf,bereich=,sprache=de,rwb=true.pdf (zuletzt abgerufen am 19.9.2011) und http://www.bmfsfj.de/bmfsfj/generator/RedaktionBMFSFJ/Broschuerenstelle/Pdf- Anlagen/3.-bilanz-chancengleichheit-europa-im-blick,property=pdf,bereich=,sprache=de,rwb=true.pdf (zuletzt abgerufen am 19.9.2011).

399 *Pfarr*, Ein Gesetz zur Gleichstellung der Geschlechter in der Privatwirtschaft, S.147.

400 Die Bundesregierung, 3. Bilanz Chancengleichheit - Europa im Blick, S.76; abrufbar unter: http://www.bmfsfj.de/bmfsfj/generator/RedaktionBMFSFJ/Broschuerenstelle/Pdf-Anlagen/3.-bilanz-chancengleichheit-europa-im-blick,property=pdf,bereich=,sprache=de,rwb=true.pdf (zuletzt abgerufen am 19.9.2011).

Führungspositionen bis 2015 auf 30% erhöhen[401] und hat in diesem Sinne jüngst zwei Frauen in den Vorstand berufen.[402] Auch der schwäbische Autobauer *Daimler* hat sich bis 2020 das Ziel gesetzt, den Frauenanteil in allen oberen Führungsebenen auf 20% zu steigern.[403] Auch *Siemens* hat die zweite Frau in den Vorstand berufen.[404] Über eintausend weitere Unternehmen – im Übrigen auch solche der öffentlichen Hand, die eine gesetzliche Regelung treffen würde – haben trotz der 2001 eingegangenen Selbstverpflichtung keine Anstrengungen in Richtung Chancengleichheit unternommen. Hier seien beispielhaft für besonders umsatzstarke börsennotierte Gesellschaften die *Bayer AG* (Vorstand[405] = 4 Männer und 0 Frauen/Aufsichtsrat = 19 Männer und 2 Frauen)[406], die *Metro AG* (Vorstand[407] = 4 Männer und 0 Frauen/Aufsichtsrat = 18 Männer und 3 Frauen[408]), die *Thyssen Krupp AG* (Vorstand[409] = 6 Männer und 0 Frauen/Aufsichtsrat[410] = 17 Männer und 3 Frauen), die *Volkswagen AG* (Vorstand = 9 Männer und 0

401 So die offizielle Mitteilung des *Deutschen Telekom* Unternehmens v. 15.4.2010; abrufbar unter: http://www.telekom.com/dtag/cms/content/dt/de/829454 (zuletzt abgerufen am 19.9.2011).

402 Mitteilung unter anderem im *Hamburger Abendblatt* v. 4.7.2011, Telekom beruft zwei Frauen in den Vorstand; abrufbar unter: http://www.abendblatt.de/wirtschaft/article1945808/Telekom-beruft-zwei-Frauen-in-den-Vorstand.html (zuletzt abgerufen am 19.9.2011).

403 So der interaktive Nachhaltigkeitsbericht 2009 des *Daimler* Konzerns hinsichtlich der zukünftigen anstehenden Handlungsfelder und Ziele; abrufbar unter: http://nachhaltigkeit2009.daimler.com/reports/daimler/annual/2009/nb/German/6050/handlungsfelder-und-ziele.html (zuletzt abgerufen am 19.9.2011).

404 Der Vorstand der *Siemens AG* setzt sich nunmehr aus 2 Frauen und 8 Männer zusammen; online einsehbar unter: http://www.siemens.de/ueberuns/daten/struktur/seiten/vorstand.aspx (zuletzt abgerufen am 19.9.2011).

405 Die Zusammensetzung des Vorstands der *Bayer AG* ist online einsehbar unter: http://www.bayer.de/de/vorstand.aspx (zuletzt abgerufen am 19.9.2011).

406 Die Zusammensetzung des Aufsichtsrats der *Bayer AG* ist abrufbar unter: http://www.bayer.de/de/Mitglieder.aspx (zuletzt abgerufen am 19.9.2011).

407 Die Zusammensetzung des Vorstands der *Metro AG* ist online einsehbar unter: http://www.metrogroup.de/internet/site/metrogroup/node/11032/Lde/index.html (zuletzt abgerufen am 19.9.2011).

408 Die Zusammensetzung des Aufsichtsrats der *Metro AG* ist online einsehbar unter: http://www.metrogroup.de/internet/site/metrogroup/node/11076/Lde/index.html (zuletzt abgerufen am 19.9.2011).

409 Die Zusammensetzung des Vorstands der *ThyssenKrupp AG* ist online einsehbar unter: http://www.thyssenkrupp-technologies.com/de/konzern/vorstand.html (zuletzt abgerufen am 19.9.2011).

410 Die Zusammensetzung des Aufsichtsrats der *ThyssenKrupp AG* ist online einsehbar unter: http://www.thyssenkrupp-technologies.com/de/konzern/aufsichtsrat.html (zuletzt abgerufen am 19.9.2011).

Frauen/Aufsichtsrat[411] = 19 Männer und 1 Frau) und schließlich die *Hochtief AG* (Vorstand[412] = 3 Männer und 0 Frauen/Aufsichtsrat[413] = 16 Männer und 0 Frauen) herausgegriffen. Im Rahmen des Aufsichtsrats bewegt sich die „Frauenquote" bei den aufgeführten Unternehmen von 0 bis 5%, wobei hier nicht immer transparent nachvollzogen werden konnte, ob die Frauen der Arbeitnehmer- oder Anteilseignerseite zuzuordnen sind.

Nach allem kann die erste, bereits 2001 von der deutschen Wirtschaft und der damaligen Bundesregierung eingeführte freiwillige Selbstverpflichtung für mehr Chancengleichheit als gescheitert betrachtet werden. Zwar sollte eine gesetzlich zwingende Regelung immer *ultima ratio* und ein freiwilliges Übereinkommen als milderes Mittel bevorzugt werden. Gleichwohl kann das Wiederaufleben einer reinen und inhaltlich im Wesentlichen deckungsgleichen Selbstverpflichtung in der jüngst unterzeichneten Charta der Gleichstellung durch die Privatwirtschaft 2011 bei realistischer Betrachtung nur als neuerlicher, untauglicher Versuch qualifiziert werden.

(2) Ziffer 5.4.1. Absatz 2 Satz 2 des Deutschen Corporate Governance Kodex

Am 26.Februar 2002 verabschiedete die von der Bundesministerin für Justiz eingesetzte Regierungskommission die erste Fassung des *Deutschen Corporate Governance Kodex*.

Die international und national anerkannten Standards werden in dem Kodex festgehalten und schreiben als sogenannte Grundsätze der *Good Corporate Governance* Verhaltensrichtlinien für börsennotierte Unternehmen vor.[414]

Bei den Leitlinien handelt es sich mangels parlamentarischer Rechtsetzung nicht um zwingende gesetzliche Regelungen, sondern um sogenanntes *soft-law*, was dazu führt, dass Verstöße hiergegen nicht sanktioniert werden können.[415] Die Einhaltung der Standards wird vielmehr dadurch kontrolliert, dass die Unternehmen in ihren Berichten öffentlich in einer sogenannten Entsprechenserklärung gemäß § 161 AktG begründen müssen, warum sie eine der Vorgaben nicht

411 Die Zusammensetzung des Vorstands und des Aufsichtsrats der *Volkswagen AG* ist online einsehbar unter: http://www.volkswagenag.com/vwag/vwcorp/content/de/the_group/senior_management.html (zuletzt abgerufen am 19.9.2001).

412 Die Zusammensetzung des Vorstands der *Hochtief AG* ist online einsehbar unter: http://www.hochtief.de/hochtief/68.jhtml (zuletzt abgerufen am 19.9.2011).

413 Die Zusammensetzung des Aufsichtsrats der *Hochtief AG* ist online einsehbar unter: http://www.hochtief.de/hochtief/7149.jhtml (zuletzt abgerufen am 19.9.2011).

414 *V. Werder* in Ringleb/Kremer/Lutter/v. Werder, Deutscher Corporate Governance Kodex Kommentar, Präambel Rn.81 ff.

415 *Ringleb* in Ringleb/Kremer/Lutter/v. Werder, Deutscher Corporate Governance Kodex Kommentar, Vorbemerkung Rn.42, 44.

erfüllt haben.[416] In der Erklärung ist festzuhalten, dass den Empfehlungen aus dem Kodex in seiner aktuell bekanntgemachten Fassung entsprochen wurde und wird oder welche Empfehlungen warum nicht angewandt wurden. Den von § 161 AktG betroffenen Gesellschaften steht es somit frei, sich an die Empfehlungen des Kodex zu halten. Letztendlich ergibt sich daraus, dass zwar eine Entsprechenserklärung abzugeben ist und diese auch richtig und vollständig zu erfolgen hat.[417] Werden Leitlinien innerhalb des Kodex nicht eingehalten, so ergeben sich aus § 161 AktG in Verbindung mit der Ziffer des *Deutschen Corporate Governance Kodex* keine weiteren Sanktionen.[418]

Das Thema *Diversity* und mithin die Frage nach mehr Repräsentanz von Frauen in den Führungsgremien wurde im Bereich des *Deutschen Corporate Governance Kodex* erstmals 2009 thematisiert. So ergänzte die Regierungskommission den Kodex im Mai 2010 in Ziffer 5.4.1. DCGK um folgenden Passus: *„Der Aufsichtsrat soll für seine Zusammensetzung konkrete Ziele benennen, die unter Beachtung der unternehmensspezifischen Situation die internationale Tätigkeit des Unternehmens, potentielle Interessenskonflikte, eine festzulegende Altersgrenze für Aufsichtsratsmitglieder und Vielfalt (Diversity) berücksichtigen. Diese konkreten Ziele sollen insbesondere eine angemessene Beteiligung von Frauen vorsehen“.*

Dem Aufsichtsrat wird damit aufgetragen, konkrete Zielvorgaben für seine geschlechtergerechte Zusammensetzung zu benennen. Eine „Frauenquote“ wurde von der Kommission indes verworfen.[419]

---

416 § 161 AktG Erklärung zum *Corporate Governance Kodex*:

(1) Vorstand und Aufsichtsrat der börsennotierten Gesellschaft erklären jährlich, dass den vom Bundesministerium der Justiz im amtlichen Teil des elektronischen Bundesanzeigers bekannt gemachten Empfehlungen der „Regierungskommission Deutscher Corporate Governance Kodex“ entsprochen wurde und wird oder welche Empfehlungen nicht angewendet wurden oder werden und warum nicht. Gleiches gilt für Vorstand und Aufsichtsrat einer Gesellschaft, die ausschließlich andere Wertpapiere als Aktien zum Handel an einem organisierten Markt im Sinn des § 2 Absatz 5 des Wertpapierhandelsgesetzes ausgegeben hat und deren ausgegebene Aktien auf eigene Veranlassung über ein multilaterales Handelssystem im Sinn des § 2 Absatz 3 Satz 1 Nr. 8 des Wertpapierhandelsgesetzes gehandelt werden.

(2) Die Erklärung ist auf der Internetseite der Gesellschaft dauerhaft öffentlich zugänglich zu machen.

417 § 161 AktG ist damit nur verletzt, wenn eine Erklärung überhaupt nicht oder unrichtig abgegeben worden ist. Siehe hierzu ausführlich die Ausführungen von *Sester* in Spindler/Stilz, AktG Kommentar, § 161 AktG Rn.45 f.

418 *Sester* in Spindler/Stilz, AktG, § 161 AktG Rn.45; *Ringleb* in Ringleb/Kremer/Lutter/v. Werder, Deutscher Corporate Governance Kodex Kommentar, Vorbemerkung Rn.42, 44.

419 *Schubert/Jacobsen*, WM 2011, 726, 727 verweisen insofern auf eine Presseerklärung des Kommissionsvorsitzenden *Klaus Peter Müller*.

Fraglich ist, inwieweit die zu begrüßende Neuerung des *Deutschen Corporate Governance Kodex* eine gleich effektive Alternative zu einer gesetzlich verbindlichen Gleichstellungsquote darstellt. Hiergegen können mehrere Argumente angeführt werden. Der Kodex ist mangels staatlicher Rechtssetzung kein bindendes Recht, sondern vielmehr ein jährlich aktualisiertes, von der Regierungskommission erarbeitetes Regelungswerk. Daher kann der Kodex bereits aus verfassungsrechtlichen Gründen keine unmittelbare Bindungswirkung entfalten. Rechtliche Relevanz kommt ihm lediglich aufgrund der Bezugnahme in § 161 AktG und einhergehender Veröffentlichungspflicht, § 161 Absatz 2 AktG, zu. Leitlinien, von denen abgewichen werden kann und deren Einhaltung nicht sanktionierbar ist, sind aufgrund ihrer Rechtsnatur nicht mit der Verbindlichkeit, die mit einer gesetzlichen Regelung einhergeht, zu vergleichen.

Bereits vor dem Nachtrag in Ziffer 5.4.1 DCGK verwies der Kodex darauf, auf *Diversity* zu achten. Hierunter wurde auch die Verpflichtung zur Beteiligung von mehr weiblichen Kandidaten als Minderheit verstanden.[420] Diese 2009 eingefügte Vorgabe änderte jedoch an der tatsächlichen Situation nichts. In seiner neuesten Fassung fordert der Kodex zwar *expressis verbis* zu einer höheren Frauenbeteiligung auf, dennoch zieht eine Nichtberücksichtigung der Empfehlung lediglich eine zu begründende Abweichungserklärung und Veröffentlichungspflicht nach sich. Allein, wenn die Entsprechenserklärung unvollständig oder unrichtig ist beziehungsweise keine hinreichende Begründung für die Abweichung gegeben wird[421], liegt darin ein Gesetzesverstoß.[422] Die rechtlichen Unverbindlichkeit und fehlende Sanktionsmöglichkeiten sprechen gegen die An-

420 *Kremer* in Ringleb/Kremer/Lutter/v. Werder, Deutscher Corporate Governance Kodex Kommentar, Ziffer 5.4.1. Rn.1025b.

421 Nicht ausreichend ist, wenn eine Begründung nur pauschale Formulierungen enthält oder widersprüchlich ist. Es dürfen aber keine übertriebenen Anforderungen gestellt werden. Hieraus würde nämlich eine faktische Bindung von Vorstand und Aufsichtsrat an den Kodex folgen, die mit der fehlenden Rechtsnormqualität des DCGK und dem vom Gesetz intendierten Recht zum opt-out nicht zu vereinbaren ist. Es haben insofern Redlichkeit und Schlüssigkeit zu genügen. Ausführlich *Sester* in Spindler/Stilz, AktG Kommentar, § 161 AktG Rn.46; *Goslar/v. der Linden*, DB 2009, 1691, 1695 weniger streng *Frhr. v. Falkenhausen/Kocher*, ZIP 2009, 1149, 1150.

422 *Sester* in Spindler/Stilz, AktG Kommentar, § 161 AktG Rn.45 f.; zur Pflichtverletzung bei Nichtabgabe siehe auch OLG München Urt. v. 23.1.2008 - 7 U 3668/07, AG 2008, 386 ff.; LG München I Urt. v. 31.1.2008 - 5 HK O 15082/07, Der Konzern, 2008, 295 ff.; zur Unrichtigkeit und einhergehender Pflichtverletzung siehe BGH Urt. v. 16.2.2009 - II ZR 185/07 (Kirch/Deutsche Bank), BGHZ 180, 9 mit Anmerkung von *Mutter*, DB 2009, 500 ff., 507; Besprechungen bei *Goslar/v. der Linden*, DB 2009, 1691; *Mutter*, ZGR 2009, 788, 794 ff.; *Spindler*, LMK 2009, 283053; *Vetter*, NZG 2009, 561; BGH Urt. v. 21.9.2009 - II ZR 174/08, ZIP 2009, 2051 ff.

nahme eines gleichermaßen effektiven Instrumentariums.[423] Zum Vergleich kann auch hier nach Norwegen geschaut werden. Erst als die Erfüllung der Quote mit Sanktionen einherging, wurden entscheidende Zieletappen erreicht. In der freiwilligen Phase von 2003-2006 stieg die Zahl der Frauen in den Gremien lediglich auf 16%.[424] Ferner ist auf eine Studie des Vereins *Frauen in die Aufsichtsräte e.V.* (*FidAR*) zu verweisen, die erstmals eine Analyse der Entsprechenserklärungen börsennotierter Unternehmen seit der Überarbeitung des Kodex im Mai 2010 auf die angemessene Beteiligung von Frauen vorgenommen hat.[425] Diese stellte fest, dass die Reform des Kodex nur bei einem Teil der Unternehmen eine „gewisse Wirkung" gezeigt habe; der überwiegende Teil der Unternehmen gebe an, den Kodex vollumfänglich zu befolgen, ohne eine einzige Frau im Vorstand oder Aufsichtsrat aufzuweisen.[426]

Gegen die Neuregelung des *Deutschen Corporate Governance Kodex* als potentiell gleich effektive Option spricht auch die Unbestimmtheit des Rechtsbegriffes „angemessen". Eine Angemessenheit bezieht sich immer auf einen bestimmten Zustand im Verhältnis zu einem anderen Zustand bezieht.[427] Der Zustand, an dem die im Rahmen der Zielbenennung festzulegende Anzahl von Frauen im Aufsichtsrat anknüpfen soll, ist im Kodex jedoch nicht determiniert. Da die Angemessenheit einer Quote nicht nachvollziehbar ist, wenn die Bezugsgröße nicht vorhanden ist, muss die maßgebliche Bezugsgröße vom Aufsichtsrat als Teil der Zielbenennung festgelegt werden.[428] Erforderlich wäre deshalb nicht nur die Angabe einer Zielquote, sondern auch eine Begründung, anhand welcher Kriterien diese Quote festgelegt wurde.[429] Diese Prämissen führen wiederum zu der Frage, inwieweit die Festlegung des Aufsichtsrats bezüglich der Quote justi-

423 Zu den Rechtsfolgen bei Verstößen gegen Ziff. 5.4.1 DCGK wie beispielsweise der Anfechtbarkeit des Hauptversammlungsbeschlusses siehe *Schubert/Jacobsen*, WM 2011, 726, 731.

424 So die Angaben aus der Präsentation einer Studie von *Oestreich* in Forum Familienpolitik, Das norwegische Experiment – eine Frauenquote für Aufsichtsräte, S.2; abrufbar unter: http://library.fes.de/pdf-files/do/07552.pdf (zuletzt abgerufen am 19.9.2011; in diesem Sinne auch *Raasch*, ZfRV 2009, 216, 218.

425 Vergleiche die in der Schriftenreihe des Bundesfamilienministeriums aufgeführte Studie des Vereins *Frauen in die Aufsichtsräte e.V.* (*FidAR*), *Kersten*, Aktionärinnen fordern Gleichberechtigung, S.21 ff.; abrufbar unter: http://www.bmfsfj.de/RedaktionBMFSFJ/Broschuerenstelle/Pdf-Anlagen/Aktion_C3_A4rinnen-fordern-Gleichberechtigung,property=pdf,bereich=bmfsfj,sprache=de,rwb=true.pdf (zuletzt abgerufen am 19.9.2011)

426 *Kersten*, Aktionärinnen fordern Gleichberechtigung, S.43; abrufbar unter: http://www.bmfsfj.de/RedaktionBMFSFJ/Broschuerenstelle/Pdf-Anlagen/Aktion_C3_A4rinnen-fordern-Gleichberechtigung,property=pdf,bereich=bmfsfj,sprache=de,rwb=true.pdf (zuletzt abgerufen am 19.9.2011)

427 *Schulz*, BB 2010, 2390, 2391.

428 *Schulz*, BB 2010, 2390, 2391.

429 So zu Recht *Schulz*, BB 2010, 2390, 2391; *Schubert/Jacobsen*, WM 2011, 726, 728 ff.

ziabel ist, und wer nachprüft, inwieweit die Zielvorgabe tatsächlich „angemessen“ erscheint.[430] Es droht eine erhebliche Rechtsunsicherheit, wenn der Aufsichtsrat, der in einer Entsprechenserklärung eine bestimmte Frauenquote festgesetzt und begründet hat, damit rechnen muss, dass der Entlastungsbeschluss mit der Begründung angefochten wird, die vom Aufsichtsrat festgelegte Quote sei unangemessen und die Abweichung von der Empfehlung daher nicht richtig offengelegt.[431] Demzufolge muss dem Aufsichtsrat hinsichtlich der Festsetzung ein Beurteilungsspielraum im Zuge des unternehmerischen Ermessens zugebilligt werden.[432] Damit wird eine, wenn auch offensichtlich zu niedrig angelegte Quote nur in Ausnahmefällen als „unangemessen“ gewertet werden können.[433]

Darüber hinaus gibt es Stimmen in der Wissenschaft, die aus der neuen Regelungen überhaupt keine Verpflichtung zur Aufstellung von Quotenregelungen ableiten[434], sondern lediglich eine Antidiskrimierungspflicht mit der „Neuerung“, dass der Aufsichtsrat bei konkreten Personalentscheidungen den Aspekt der unternehmensweiten Vielfalt mit einfließen lassen muss.[435] Der Aufsichtsrat sei keinesfalls daran gehindert, der fachlichen Qualifikation bestimmter Kandidaten den Vorrang vor einer Erweiterung der Vielfalt zu geben, sondern sei im Hinblick auf das aktienrechtliche Prinzip des Unternehmensinteresses sogar dazu verpflichtet.[436] Diese Ansicht geht *a priori* nicht davon aus, dass die Regelungen 2010 eine weitreichendere Bedeutung als die vorherige Fassung haben. Auch der sogenannte *Roundtable* 2010 des *Berlin Center of Corporate Governance* stützt diese Auffassung und belegt in seinen zehn Thesen guter *Corporate Governance*, dass trotz wünschenswerter Beteiligung von Frauen an Führungspositionen die Wahrung des Unternehmensinteresses absolute und oberste Leitlinie der Unternehmensführung sein muss.[437]

In conclusio stellt die Neuregelung des *Deutschen Corporate Governance Kodex*, zwar ein milderes Mittel zur möglichen Verwirklichung der Chancengleichheit, allerdings kein gleichsam effektives dar. Eine gesetzliche Regelung hätte den nicht zu verkennenden Vorteil, dass ein rechtssicherer Rahmen ge-

---

430 *Schulz*, BB 2010, 2390, 2391.

431 *Schulz*, BB 2010, 2390, 2391.

432 *Kocher/Lönner*, CCZ 2010, 183, 184, 186; *Schulz*, BB 2010, 2390, 2391.

433 *Schulz*, BB 2010, 2390, 2391.

434 *Kocher*, BB 2010, 264, 265; *Sünner*, CCZ 2009, 185, 186; *Kocher/Lönner*, CCZ 2010, 183, 184, 186. *Mense/Rosenhäger*, GWR 2010, 311.

435 In diese Richtung eine Selbstbindung ablehnend *Kocher*; BB 2010, 264, 265; *Sünner*, CCZ 2009, 185, 186; *Kocher/Lönner*, CCZ 2010, 183, 184, 186; *Mense/Rosenhäger*, GWR 2010, 311.

436 *Kocher*, BB 2010, 264, 265; *Kocher/Lönner*, CCZ 2010, 183, 184, 186; in diese Richtung gehen auch die Aussagen von *Peltzer*, NZG 2011, 281, 283.

437 So die Aussagen der Experten in DB 2010, 2786, 2787.

schaffen würde, den alle Unternehmen gleichsam zu respektieren hätten und bei dessen Nichteinhaltung spürbare Sanktionen erfolgen würden.

(3) Die Flexiquote

Bundesfamilienministerin *Schröder* setzt mit der sogenannten *Flexiquote*[438] auf eine Art Mittelweg. Ihr Vorschlag sieht vor – ohne bis dato näher in Gesetzesform konkretisiert worden zu sein[439] –, die Unternehmen per Gesetz zu einer Selbstverpflichtung anzuhalten. Unternehmen ab einer bestimmten Größe sollen im Rahmen eines Stufenplans bis zum Jahre 2013 eigene Ziele hinsichtlich der Erhöhung des Frauenanteils in ihrem Unternehmen festlegen. Beabsichtigt ist die Erhöhung um ein Drittel. Erst wenn diese Ziele nicht eingehalten werden, soll 2013 erneut über gesetzliche Quoten mit Sanktionen nachgedacht werden.

Der Vorschlag der Bundesfamilienministerin stößt auf ähnliche Bedenken wie die Änderung des *Deutschen Corporate Governance Kodex*. Zwar ist das Modell durch gesetzlich manifestierte individuelle Inpflichtnahme der einzelnen Unternehmen konkreter als eine allgemeine Selbstverpflichtung; insbesondere wird den Unternehmen aufgetragen, Konzepte und Zielvorgaben zu entwickeln und zu veröffentlichen. Was passiert aber wenn sich die Unternehmen daran nicht halten? Die Erwartung, die veröffentlichten Zielvorgaben könnten sich zu einer Art „*Ranking*" entwickeln, ist unwahrscheinlich. Die angedachte *Flexiquote* stellt aufgrund der mit höchster Wahrscheinlichkeit eintretenden Erfolglosigkeit keine gleichermaßen effektive Alternative zu einer gesetzlich einheitlichen Quotenregelung dar.

(4) Prädikatsvergabe an Unternehmen

Eine weitere mögliche Option zur Erhöhung des Frauenanteils im Aufsichtsratsgremium könnte die Vergabe von sogenannten „Unternehmensprädikaten" sein. Die Vergabe von Auszeichnungen an Unternehmen, die hervorragende Personalpolitik im Bereich der Gleichstellung betreiben, wird derzeit bereits durch den privaten Verein „*Total-Equality*" Deutschland ausgeführt, der wiederum durch das Bundesministerium für Familie, Senioren, Frauen und Jugend gefördert wird. Der Schwerpunkt liegt dabei auf der Förderung von Frauen in Führungspositio-

---

438 Stellungnahme von Familienministerin *Schröder* im *Handelsblatt* v. 28.1.2011, Ministerin Schröder will Flexiquote einführen; abrufbar unter: http://www.handelsblatt.com/meinung/gast beitraege/frauen-in-fuehrungspositionen-ministerin-schroeder-will-flexiquote-einfuehren; 2741 534 (zuletzt abgerufen am 19.9.2011).

439 Kritisch daher auch *Bachmann*, ZIP 2011, 1131, 1133 sowie bereits *Spindler/Brandt*, NZG 2011, 401, 404.

nen.[440] Neben der Vereinbarkeit von Beruf und Familie geht es um eine chancengerechte Personalbeschaffung und um die Berücksichtigung von Chancengleichheit in den Unternehmensgrundsätzen.[441] Für beispielhaftes Verhalten vergibt der Verein das *Total Equality Prädikat*. Das Prädikat wird bundesweit durch eine Vergabekommission, die sich aus den Bereichen der Wirtschaft und Wissenschaft zusammensetzt, an Organisationen aus Wirtschaft, Wissenschaft und Verwaltung vergeben.[442] In den letzten Jahren hat der Verein bereits 350 Prädikate verliehen. Die Verleihung erfolgt jährlich und gilt jeweils für drei Jahre. Es ermöglicht so den Unternehmen auf dem Markt ihr „familien- und frauenfreundliches Image" nach innen und außen kenntlich zu machen. Zu den aktuellen Prädikatsträgern zählen unter anderem die *Deutsche Bahn AG*, die *Allianz Deutschland AG*, die *Daimler AG, die E.ON AG, die Georg August Universität Göttingen* sowie die *Vattenfall Europe AG*.

Zweifelsohne entfalten derartige Auszeichnungen Anreizwirkungen. Insbesondere qualifizierte Frauen mit familiären Verpflichtungen werden sich von einem Unternehmen mit Gleichstellungsprädikat verstärkt angesprochen fühlen. Allerdings liegt auf der Hand, dass das Nichtvorhandensein einer solchen Auszeichnung keinen bemerkenswerten unternehmerischen „Schaden" nach sich zieht. Hierfür spricht auch, dass der Verein bereits im Jahr 1996 gegründet worden ist.[443] Es handelt sich demnach keinesfalls um eine neue Organisation oder ein neues Konzept. Gleichwohl hat sich in den letzten Jahren in den Führungspositionen keine merkliche Verbesserung eingestellt. Aus diesem Grund ist davon auszugehen, dass eine gezielte Ausweitung und Intensivierung (Verlagerung auf eine staatliche Vergabestelle) einer solchen Auszeichnung sehr wahrscheinlich zu keinen weitreichenden Veränderungen führen würde. Vielmehr ist davon auszugehen, dass die Unternehmen, die an ihrer männlichen Führungsriege festhalten wollen, eine entsprechende Nichtauszeichnung in Kauf nehmen. Somit stellt auch dieses Konzept keine vergleichbar effektive Alternative zu einer gesetzlichen Regelung dar.

---

440 Vergleiche die Ausführungen auf der Startseite des Vereins; abrufbar unter: http://www.total-e-quality.de/ (zuletzt abgerufen am 19.9.2011).

441 So die Beschreibung des Prädikats auf der Homepage des Vereins; abrufbar unter: http://www.total-e-quality.de/ (zuletzt abgerufen am 19.9.2011).

442 Die Jury gliedert sich dabei aus dem Bereich Wissenschaft und Wirtschaft. Das aktuelle Entscheidungsgremium ist online einsehbar unter: http://www.total-e-quality.de/de/praedikat/jury.html (zuletzt abgerufen am 19.9.2011).

443 Vergleiche hierzu die Historie des Vereins; abrufbar unter: http://www.total-e-quality.de/de/verein/historie.html (zuletzt abgerufen am 19.9.2011).

(5) Handelsrechtliche Berichtspflicht

Als weitere Alternative zu einer gesetzlichen Quotenregelung könnte über eine Berichtspflicht der Unternehmen in Bezug auf ihren Frauenanteil in Führungspositionen nachgedacht werden.[444] Eine derartige Veröffentlichungspflicht, die aufzeigt, wie viele Frauen tatsächlich in Führungspositionen des jeweiligen Unternehmens beschäftigt sind, könnte zu einem Rechtfertigungsdruck gegenüber der Öffentlichkeit führen. Als rechtlicher Standort einer derartigen Veröffentlichungspflicht kommt der sogenannte Lagebericht aus § 289 HGB in Betracht, der gemäß § 325 Absatz 1 Satz 3 HGB zum Handelsregister einzureichen ist. Im Lagebericht sind der Geschäftsverlauf einschließlich des Geschäftsergebnisses und die Lage der Kapitalgesellschaft so darzustellen, dass ein den tatsächlichen Verhältnissen entsprechendes Bild vermittelt wird, § 298 Absatz 1 Satz 1 HGB. Dem Lagebericht kommt dabei sowohl eine Rechenschafts- als auch eine Informationsfunktion zu; er soll einen umfassenden Überblick über die derzeitige wirtschaftliche Lage sowie auch über die voraussichtliche Entwicklung des Unternehmens geben.[445] Darüber hinaus soll der Lagebericht den Jahresabschluss, bei dem es insbesondere um die Dokumentation der Vermögens-, Finanz-, und Ertragslage geht, um weitere wichtige Informationen ergänzen. Hier sind auch sozialpolitische oder volkswirtschaftliche Aspekte zu berücksichtigen. Der Lagebericht, zu dessen Anfertigung die Unternehmen nach § 264 AktG verpflichtet sind, verkörpert somit ein über den Jahresabschluss hinausgehendes, eigenständiges Rechnungslegungsinstrument.[446]

Für die Einführung einer Berichtspflicht könnte § 289a HGB[447] vorgesehen werden. Dieser verpflichtet Aktiengesellschaften, eine gesonderte Erklärung zu ihrer Unternehmensführung in ihren Lagebericht aufzunehmen. Nach § 289a Absatz 2 Nr. 3 HGB sind in die Erklärung zur Unternehmensführung *„eine Beschreibung der Arbeitsweise von Vorstand und Aufsichtsrat sowie der Zusammensetzung und Arbeitsweise von deren Ausschüssen"* aufzunehmen. Aufgrund

---

444 In diese Richtung gehend auch *Schmidt* in der vom Bundesministerium für Familie, Senioren, Frauen und Jugend herausgegebenen Schrift, Aktionärinnen fordern Gleichberechtigung, S.60 ff.; abrufbar unter:http://www.bmfsfj.de/RedaktionBMFSFJ/Broschuerenstelle/Pdf-Anlagen/Aktion_C3_A4rinnen-fordern-Gleichberechtigung,property=pdf,bereich=bmfsfj,sprache=de,rwb=true.pdf (zuletzt abgerufen am 19.9.2011) sowie der Gesetzesantrag des Landes Nordrhein-Westfalen v. 11.2.2011, BR-Drucks. 87/11, S.48.

445 *Lange* in MünchKomm HGB, § 289 HGB Rn.2, 4.

446 BGH Urt. v. 15.11.1993 - II ZR 235/92, BGHZ 124, 111 ff.; OLG Köln Urt. v. 24.11.1992 - 22 U 72/92, ZIP 1993, 110, 112; *Merkt* in Baumbach/Hopt, HGB Kommentar, § 289 HGB Rn.1; *Schulze-Osterloh* in Baumbach/Hueck, GmbHG Kommentar, § 42 GmbHG Rn.549.

447 § 289a HGB wurde durch das Gesetz zur Modernisierung des Bilanzrechts (Bilanzmodernisierungsgesetz) v. 25.5.2009, BGBl I, S.1102 in das HGB aufgenommen.

des unmittelbaren Zusammenhangs zur Zusammensetzung des Aufsichtsrats könnte hier in § 289a Absatz 2 Nr. 3 HGB selbst oder in einer neuen Ziffer eine Berichtspflicht zum Anteil der Frauen im Aufsichtsrat normiert werden.[448] Kommt die Geschäftsführung der Verpflichtung zur Aufstellung eines Lageberichts nicht nach, so kann das Gericht auf Antrag ein Zwangsgeld gegen die Mitglieder des Vorstands festsetzen, §§ 335 Satz 1 Nr. 1, 335b HGB. Sind die Angaben unvollständig, so liegt eine Ordnungswidrigkeit vor, die mit einer Geldbuße gegen das vertretungsberechtigte Organ oder den Aufsichtsrat geahndet werden kann, § 334 HGB. Unrichtige oder eine verschleierte Wiedergabe der Verhältnisse im Lagebericht stellen einen Straftatbestand nach § 331 Nr. 1 HGB dar und können mit einer Freiheitsstrafe von bis zu drei Jahren oder mit einer Geldstrafe geahndet werden. Auch bedingt vorsätzliche Falschangaben unterfallen dem Schutzbereich des § 331 HGB.[449]

Eine Berichtspflicht zum Frauenanteil im Aufsichtsrat im Lagebericht des Unternehmens stellt sich aufgrund der einhergehenden ordnungs- beziehungsweise strafrechtlichen Ahndung der nicht oder auch falsch aufgestellten Erklärung im Vergleich zu den bis hierhin vorgestellten Optionen als sanktionsbewährte und damit effektivere Maßnahme dar. Sanktionen erfolgen – ähnlich der Rechtsfolge der Entsprechenserklärung § 161 AktG – jedoch erst dann, wenn der Lagebericht überhaupt nicht oder mit unrichtigen Angaben ausgefertigt wird. Insofern bleibt es den Unternehmen unbenommen, den tatsächlich geringen Anteil der Frauen auf der Führungsebene anzugeben und als Begründung auf einen nicht hinreichend qualifizierten Pool von Bewerberinnen zu verweisen. Ebenso könnte die Berufung einer einzelnen Frau in das Gremium als absolut bahnbrechende Gleichstellungspolitik „verkauft" werden. Das kritische Auge der Öffentlichkeit darf hinsichtlich des Images, insbesondere bei großen und bekannten Unternehmen nicht unterschätzt werden. Dennoch stellt sich die Frage, inwiefern ein schlichter Rechtfertigungsdruck ein gleichgeeignetes Mittel zu einer gesetzlichen Regelung darstellt. Dies erscheint vor dem Hintergrund, dass die Unternehmen bereits nach § 161 AktG in Verbindung mit Ziffer 5.4.1. des *Deutschen Corporate Governance Kodex* zum Frauenanteil im Gremium öffentlich Stellung nehmen müssen, fraglich.

---

448 Kritisch hier die Stellungnahme des *Bundesverband der Deutschen Industrie e.V.* und der *Deutsche Industrie und Handelskammertag e.V.* zum Gesetzesantrag des Landes Nordrhein-Westfalen, S.12 f., die eine Berichtspflicht über Geschlechterverteilung im Lagebericht als systemfremd deklariert; abrufbar unter: http://www.bdi.eu/download_content/RechtUndOeffentlichesAuftragswesen/Gemeinsame_StN_zur_Frauenquote.pdf (zuletzt abgerufen am 19.9. 2011).

449 *Quedenfeld* in MünchKomm HGB, § 331 HGB Rn.72.

Die vorgeschlagene Berichtspflicht kann daher allein als flankierende beziehungsweise vorbereitende Maßnahme zu einer gesetzlichen Gleichstellungsquote in Betracht kommen.[450] Ein milderes vergleichbar effektives Mittel stellt sie nicht dar.

(6) Quotierung der Wahlvorschlagslisten, § 124 Absatz 3 AktG

Die Hauptversammlung wählt die Mitglieder des Aufsichtsrats. Hierzu muss der Aufsichtsrat der Hauptversammlung nach § 124 Absatz 3 Satz 1 AktG Wahlvorschläge unterbreiten.[451] Daneben können Aktionäre auch eigene Vorschläge einreichen.[452] Der *Deutsche Corporate Governance Kodex* empfiehlt in seinen neuen Regelungen, bereits hinsichtlich der Vorschläge darauf zu achten, dass eine *Diversity*-gerechte Zusammensetzung des Gremiums zustande kommt und eine angemessene Beteiligung von Frauen vorgesehen wird, Ziffer 5.4.1 Absatz 2 und Absatz 3 DCGK.[453]

Als Alternative zu einer gesetzlichen Gleichstellungsquote im Gremium könnte nunmehr auch erwogen werden, den aufsichtsrechtlichen Wahlvorschlag im Sinne des § 124 Absatz 3 AktG und einhergehende Wahllisten einer entsprechenden Quotierung zu unterwerfen. Dann wäre der Aufsichtsrat dazu verpflichtet, bis zu einem bestimmten Prozentsatz Frauen als potentielle Mandatsträger vorzuschlagen. Natürlich müssten die in Frage stehenden Kandidatinnen aufgrund der Verpflichtung der sorgsamen Ausübung des Vorschlagsrechts und einer einhergehenden Haftung des Aufsichtsrats nach §§ 93, 116 AktG entsprechend qualifiziert sein. Hier läuft die Argumentation parallel zu den Überlegungen einer Mindestqualifikation im Bereich der gesetzlichen Gleichstellungsquote.[454] Die Quotierung des Wahlvorschlagsrechts hätte den Vorteil, dass die Pra-

---

450 So auch die Erwägung im Gesetzesantrag des Landes Nordrhein-Westfalen v. 11.2.2011, BR-Drucks. 87/11, S.2, 48, der die Verpflichtung großer Kapitalgesellschaften, zu dem jeweiligen Anteil der Geschlechter an der Gesamtzahl leitender Angestellter sowie Organmitglieder im Rahmen des jährlichen Lageberichts als flankierende Maßnahme vorsieht.

451 § 124 Bekanntmachung von Ergänzungsverlangen; Vorschläge zur Beschlussfassung (3) Zu jedem Gegenstand der Tagesordnung, über den die Hauptversammlung beschließen soll, haben der Vorstand und der Aufsichtsrat, zur Wahl von Aufsichtsratsmitgliedern und Prüfern nur der Aufsichtsrat, in der Bekanntmachung Vorschläge zur Beschlußfassung zu machen.

452 Dies ist praktisch jedoch wenig bedeutsam, *Vetter* in Marsch/Barner/Schäfer, HdB börsennotierte AG, § 23 Rn.15.

453 Daher könnten einige Vertreter in der Wissenschaft bereits anhand der neuen Regelungen des Kodex dazu kommen, dass die Wahlvorschlagspflicht und einhergehende Listen in praktischer Umsetzung der neuen Empfehlungen zu quotieren wären. In diese Richtung jedenfalls *Dauner-Lieb*, DB 2010, 45 (Standpunkte).

454 Siehe hierzu die Ausführungen unter 3.TeilB.II.2.b)aa)(2).

xis, *a priori* Männer im unternehmensstrukturellen Umfeld vorzuschlagen, aufgebrochen und auf das Interesse der ausgewogenen Vielfalt hingewirkt werden würde. Zudem würde der Hauptversammlung vor Augen geführt, dass entsprechende weibliche Potentiale verfügbar sind. So könnte der Aufsichtsrat je nach Anzahl der zu bestellenden Mandatsträger dazu verpflichtet werden, entsprechend prozentual Frauen zu benennen.

Gegen die Wahlvorschlagslistenquotierung als Option spricht jedoch, dass die Hauptversammlung allein den Aufsichtsrat bestellt. Sie ist in ihrer Entscheidungsfindung an die Wahlvorschläge des Aufsichtsrats nicht gebunden, § 101 Absatz 1 Satz 2 AktG, und beschließt in der Regel mit einfacher Mehrheit des anwesenden Kapitals, § 133 Absatz 1 AktG. Sie kann daher die von ihr zu bestellenden Vertreter frei und unabhängig von den Wahlvorschlägen des Aufsichtsrats nach § 124 Absatz 3 AktG bestimmen. Damit kann die Hauptversammlung trotz der Wahlvorschläge einen anderen als den vom Aufsichtsrat vorgeschlagenen Kandidaten wählen. Sie kann die Wahlvorschläge auch durch andere ersetzen, wobei nur bei Verlangen einer qualifizierten Minderheit nach § 137 AktG hierüber abgestimmt werden muss.

Bei dem vorgeschlagenen Modell besteht insbesondere dann, wenn einer oder einige wenige Großaktionäre durch ihre Aktien erhebliches Kapital und damit Stimmen an sich binden, die Gefahr, dass die Wahlvorschläge des Aufsichtsrats keine Berücksichtigung finden. Denn es gilt nach § 133 Absatz 1 AktG das Mehrheitswahlrecht, wonach derjenige gewählt ist, der die meisten Stimmen auf sich vereinigt.[455] Das Gesetz verlangt auch nicht, dass alle Aktionäre oder eine Mehrheit der Aktionäre nach Köpfen den Beschluss fassen; die kapitalmäßige Mehrheit genügt. Die erforderliche Stimmenmehrheit ist auch dann erreicht, wenn die Aktien nur von einem Aktionär gehalten werden. Das Aktiengesetz kennt keinen institutionalisierten Minderheitenschutz bei der Aufsichtsratswahl.[456] Ferner erscheint es nicht unwahrscheinlich, dass Wahlabreden unter den Aktionären getroffen werden (sogenannte Konsortial- oder Poolverträge). Diese sind als Ausdruck der Abstimmungsfreiheit zwischen den Aktionären im Gegensatz zu Abreden zwischen Aktionären und der Gesellschaft[457] zulässig.[458] Ein

455 *Spindler/Brandt*, NZG 2011, 401, 404.

456 *Kropff*, Aktiengesetz 1965, S.138; *Hopt/Roth* in Großkomm AktG, § 101 AktG Rn.57; *Hoffmann-Becking* in MünchHdB des Gesellschaftsrechts Bd. IV, § 30 Rn.18; *Hüffer*, AktG Kommentar, § 101 AktG Rn.4; *Habersack* in MünchKomm AktG, § 101 AktG Rn.28; *Spindler* in Spindler/Stilz, AktG Kommentar, § 101 AktG Rn.43.

457 *Hopt/Roth* in Großkomm AktG, § 101 AktG Rn.28; *Habersack* in MünchKomm AktG, § 101 AktG Rn.14; *Drygala* in K. Schmidt/Lutter, AktG Kommentar, § 101 AktG Rn.6.

458 *Kropff*, Aktiengesetz 1965, S.139; *Grundmann* in Großkomm AktG, § 136 AktG Rn.68; *Böttcher/Beinert/Hennerkes*, DB 1971, 1998, 2000; *Lutter/Grunewald*, AG 1989, 109, 111; *Mertens*

solches Vorgehen würde weder gegen das aktienrechtliche Verbot der Abspaltung der Stimmrechtsausübung noch gegen die gesellschaftsrechtliche Treuepflicht verstoßen.[459] Grenzen der Zulässigkeit einer solchen Abrede ergeben sich allein aus § 138 BGB und der gesellschaftsrechtlichen Treuepflicht.[460] Es erscheint daher nicht unwahrscheinlich, dass im Vorfeld konkrete Absprachen über die Vergabe der Aufsichtsratspositionen getroffen werden.[461]

Auch für die Aktionäre besteht die Möglichkeit, gemäß § 127 AktG selbst Wahlvorschläge zu machen. Die jüngere Vergangenheit hat beispielsweise beim Oldenburger Fotokonzern *Cewe Color*[462], bei dem Reiseunternehmen *TUI*[463] oder auch bei *Infineon*[464] gezeigt, dass es zu echten „Kampfabstimmungen" bei ernstzunehmenden Gegenvorschlägen kommen kann. Diese Aktionärsdemokratie hin zu aktivistischen Investoren ist im angelsächsischen Bereich schon länger bekannt und verbreitet.[465]

Die Quotierung des Wahlvorschlagsrechts ist ein denkbares Modell, um den Anteilseignern die Verfügbarkeit von weiblichem Potential zu verdeutlichen. Dieser Weg stellt gegenüber einer Gleichstellungsquote im Aufsichtsrat indes kein gleichermaßen effektives Mittel zur Durchsetzung der tatsächlichen Gleichberechtigung dar.

---

in KölnKomm AktG, § 101 AktG Rn.19; *Hopt/Roth* in Großkomm AktG, § 101 AktG Rn.26; *Schröer* in MünchKomm AktG, § 136 AktG Rn.61; *Habersack* in MünchKomm AktG, § 101 AktG Rn.13; *Drygala* in K. Schmidt/Lutter, AktG Kommentar, § 101 AktG Rn.6; *Bürgers/Israel* in Bürgers/Körber AktG, § 101 AktG Rn.9.

459 *Spindler* in Spindler/Stilz, AktG Kommentar, § 101 AktG Rn.23.

460 *Hopt/Roth* in Großkomm AktG, § 101 AktG Rn.30: Verstoß bei rein eigensüchtigen Bestrebungen zum Schaden des Unternehmens und der Minderheit; *Hüffer*, AktG Kommentar, § 133 AktG Rn.28; *Mertens* in KölnKomm AktG, § 101 AktG Rn.21; *Schröer* in MünchKomm AktG, § 136 AktG Rn.62; *Habersack* in MünchKomm AktG, § 101 AktG Rn.13; *Zöllner*, ZHR 1991, 168, 173 ff., 178; *derselbe* in KölnKomm AktG, § 136 AktG Rn.91; *Drygala* in K. Schmidt/Lutter, AktG Kommentar, § 101 AktG Rn.6.

461 *Spindler/Brandt*, NZG 2011, 401, 404.

462 Amerikanische Investoren verlangten 2007 von dem Unternehmen/Vorstand eine kreditfinanzierte Sonderausschüttung. Um eine solche Auszahlung zu veranlassen sollte der Aufsichtsrat möglichst mit Mitgliedern besetzt werden, die dieses Ziel unterstützen.

463 Der Großaktionär *John Fredriksen* ließ sich selbst bereits zweimal durch einen Gegenvorschlag in der Hauptversammlung als Kandidaten aufstellen und forcierte damit „Kampfabstimmungen".

464 In der Hauptversammlung bei dem Tagesordnungspunkt der Wahl des Aufsichtsratsvorsitzenden schlugen die Großinvestoren einen angesehenen aktiven Topmanager und damit einen ernst zunehmenden Gegenkandidaten vor und stellten ihn zur Abstimmung.

465 Zum nicht unumstrittenen Konzept der Aktionärsdemokratie *Siems*, Convergence in Shareholder Law, S.75ff.

(7) Zwischenergebnis

Erforderlich ist eine gesetzliche Gleichstellungsquote, wenn zur Erreichung des gesetzgeberischen Ziels – der Herstellung der tatsächlichen Gleichberechtigung von Männern und Frauen auf Aufsichtsratsebene – kein milderes Mittel gleicher Effektivität existiert. Im Hinblick auf die Effizienz und Rechtssicherheit, die eine gesetzliche Gleichstellungsquote mit sich bringen würde, bieten die geprüften Optionen keine vergleichbare Alternative. Damit wäre die Implementierung einer gesetzlichen Gleichstellungsquote im Aufsichtsrat der Aktiengesellschaft erforderlich.

dd) Verhältnismäßigkeit im engeren Sinne

Wie in den Ausführungen zum Eingriff in die Berufsfreiheit dargelegt[466], würde es sich bei einer Gleichstellungsquote im Bereich des Anteilseignergremiums der Aktiengesellschaft um eine die Art und Weise der Tätigkeit betreffende Berufsausübungsregelung und damit nach der anerkannten *Drei-Stufen-Theorie* des Bundesverfassungsgerichts[467] um einen Eingriff in die „erste" Stufe der Berufsfreiheit handeln. Dieser unterliegt den geringsten Rechtfertigungsanforderungen und ist bereits zulässig, sofern er auf sachgerechten und vernünftigen Erwägungen des Gemeinwohls beruht und im Hinblick auf den verfolgten Zweck auch im Übrigen dem Grundsatz der Verhältnismäßigkeit entspricht.[468] Gleichwohl bedürfen diese Beschränkungen einer eingehenden Prüfung. Auch die Gestaltung von „Rahmenbedingungen" kann in Einzelfällen gravierend sein. Dies gilt erst recht für dauerhaft wirkende Berufsausübungsregelungen.

(1) Allgemeinwohlzweck

(a) Kompensation für historisches Unrecht?

Eine oftmals gegen Quotenregelungen vorgebrachte Kritik, besteht in dem Vorwurf, hierbei handele es sich nicht um eine am Förderziel der faktischen Gleichberechtigung ausgerichtete zukünftige Maßnahme, sondern in Wahrheit um ein

---

466 3.TeilB.II.1.

467 BVerfG Urt. v. 11.6.1958 – 1 BvR 596/56, BVerfGE 7, 377, 397 (*Apothekenurteil*).

468 BVerfG Urt. v. 27.5.1970 - 2 BvR 117/65, BVerfGE 28, 374 (LS); BVerfG Urt. v. 5.3.1974- 1 BvL 27/72, BVerfGE 37, 18 f.; BVerfG Urt. v. 17.1.1978 - 1 BvL 13/76, BVerfGE 47, 116 ff.; BVerfG Urt. v. 9.8.1995 - 1 BvR 2263/94, BVerfGE 93, 235 ff.

Kompensationsinstrument für historisch erfahrenes Unrecht der Frauen.[469] Danach würden die heute lebenden Männer für vergangenes Unrecht verantwortlich gemacht werden, obgleich die heute lebenden Frauen in vielen Fällen keine individuellen Nachteile erlitten haben.[470] Frauen, die tatsächlich benachteiligt worden sind, würden durch die Regelungen gar nicht mehr erreicht, sodass erneutes „Unrecht" gesetzlich manifestiert werden würde.[471] Überträgt man diese Überlegungen auf die Quoten als Förderungsinstrument, wäre eine derartige Zielsetzung nur schwer als am Allgemeinwohl ausgerichtet zu begreifen, da die Kompensation „unschuldige" Männer benachteiligen würde, ohne im Gegenzug an die benachteiligte „Großmütter-Generation" adressiert zu sein.[472]

(b) Zukunftsgerichtete Wirkung der Regelung

Diese Einwendungen greifen zu kurz. Wie bereits bei der Untersuchung des legitimen Zwecks herausgestellt[473], würde der Gesetzgeber mit einer Gleichstellungsquote das Ziel der zukünftigen tatsächlichen Durchsetzung der Gleichberechtigung von Männern und Frauen in Führungspositionen verfolgen. Der Einführung einer solchen Regelung liegt die Überzeugung zugrunde, dass Benachteiligungen von Frauen im Berufsleben nicht lediglich in der Vergangenheit bestanden haben, sondern nach wie vor bestehen.[474] Dies belegen eindeutig die aufgeführten Statistiken.[475] Dass das Ziel der Gleichstellung von Männern und Frauen legitim ist und dem Allgemeinwohl dient, dürfte außer Frage stehen.[476] Das gesetzgeberische Ziel wäre auch nicht von sachfremden Erwägungen geleitet.

Allerdings müsste die Regelung darüber hinaus in einer Gesamtabwägung zwischen der Schwere des Eingriffs in die Berufsfreiheit und der Bedeutung und Tragweite des gesetzgeberischen Ziels eingeordnet werden, also im engeren Sinne verhältnismäßig sein.

---

469 *Rademacher*, Diskriminierungsverbot und Gleichstellungsauftrag, S.222; OVG Münster Beschl. v. 23.10.1990 - 12 B 2298/90, NVwZ 1991, 501, 502; *Sachs*, NJW 1989, 553, 555; zum Kompensationsgedanken siehe auch *Gitter*, NJW 1982, 1567, 1570 f.

470 *Rademacher*, Diskriminierungsverbot und Gleichstellungsauftrag, S.223; *Sachs*, NVwZ 1991, 437, 442; *Huster*, AöR 1993, 109, 115; *Ebsen*, Jura 1990, 515, 520.

471 *Gitter*, NJW 1982, 1567, 1570; *Stober*, ZBR, 1989, 289, 292; *Rademacher*, Diskriminierungsverbot und Gleichstellungsauftrag, S.223.

472 *Rademacher*, Diskriminierungsverbot und Gleichstellungsauftrag, S.223.

473 3.TeilB.II.2.b)aa)(1).

474 *Rademacher*, Diskriminierungsverbot und Gleichstellungsauftrag, S.224.

475 2.TeilA.I.

476 *Eichenhofer*, FS Pfarr 2010, S.81, 89.

Das Bundesverfassungsgericht führt hierzu aus: *„Je empfindlicher die Berufsausübenden in ihrer Berufsfreiheit beeinträchtigt werden, desto stärker müssen die Interessen des Gemeinwohls sein, denen diese Regelung zu dienen bestimmt ist.“*[477] Die Rechtsprechung verdeutlicht, wie sehr *die Drei-Stufen-Theorie* mit und in der Angemessenheitsprüfung verzahnt ist und letztlich deren Anforderungen konkretisiert. Dabei können die abstrakte Wertigkeit der widerstreitenden Rechtspositionen sowie die Schwere des konkreten Eingriffs in die Berufsfreiheit Anhaltspunkte für die Verhältnismäßigkeit der Gleichstellungsquote im engeren Sinne sein.

(2) Abstrakte Wertigkeit der widerstreitenden Interessen

Die abstrakte Wertigkeit legt die Bedeutung, die die Verfassung den widerstreitenden Positionen losgelöst von dem konkreten Fall zuspricht, fest. Hieraus kann geschlussfolgert werden, inwiefern das eine Interesse das andere Interesse abstrakt generell zu überwiegen vermag und damit eine Art Vorrang genießen könnte. Vorliegend streitet die unternehmerische Freiheit der betroffenen Gesellschaften im Sinne des Art. 12 Absatz 1 GG gegen den verfassungsrechtlich verankerten Gleichstellungsauftrag des Staates aus Art. 3 Absatz 2 Satz 2 GG. Diese Positionen unterscheiden sich unter anderem dadurch, dass es sich bei Art. 12 Absatz 1 GG um ein sogenanntes Freiheitsrecht handelt und Art. 3 Absatz 2 Satz 2 GG den Gleichheitsrechten zuzuordnen ist.[478] Zum anderen ist Art. 12 Absatz 1 GG grundrechtsdogmatisch mit einem „einfachen“ Gesetzesvorbehalt belegt, während Eingriffe in Art. 3 GG grundsätzlich nur aufgrund kollidierenden Verfassungsrechts erfolgen dürfen.[479]

(a) Grundrechtsdogmatisches Rangverhältnis: Freiheit versus Gleichheit?

Die Gemeinsamkeit von Freiheits- und Gleichheitsrechten im Grundgesetz besteht darin, dass beide für den Bürger gleichermaßen durchsetzbare Grundrechte repräsentieren. Das Gleichheitsrecht vermag eine ungerechtfertigte staatliche

477 BVerfG Urt. v. 16.3.1971 - 1 BvR 52/66, BVerfGE 30, 292, 316; siehe auch BVerfG Urt. 26.2.1997 - 1 BvR 1864/94, BVerfGE 95, 193, 214; BVerfG Urt. v. 16.1.2002 - 1 BvR 1236/99, BVerfGE 104, 357, 364.

478 Grundlegend *Lindner*, Theorie der Grundrechtsdogmatik; siehe auch *Epping*, Grundrechte, Kapitel 1 II, Rn.9; *Michael/Morlok*, Grundrechte, § 24 Rn.748 ff.; *Manssen*, Staatsrecht II, § 2 Rn.26.

479 Siehe zu Grundrechtsbeschränkungen aufgrund von Gesetzesvorbehalten *Hermes* in Merten/Papier, HdB der Grundrechte Bd. III, § 63, S.333 ff. sowie *Papier* in Merten/Papier, HdB der Grundrechte Bd. III, § 64, S.365 ff. zu den vorbehaltlos gewährleisteten Grundrechten.

Ungleichbehandlung abzuwehren. Das klassische Freiheitsrecht schützt den Bürger vor hoheitlichen Eingriffen in seine Sphäre, während Gleichheitsrechte darauf abzielen, grundlose Ungleichbehandlungen seitens des Staates zu untersagen. Fraglich ist, inwieweit sich aus der rein formalen grundrechtsdogmatischen Zuordnung von Art. 12 Absatz 1 GG als Freiheitsrecht und Art. 3 Absatz 2 GG als speziellem Gleichheitssatz ein generelles Über-Unterordnungsverhältnis ergibt.

Nach wie vor werden die Positionen „Freiheit" und „Gleichheit" und damit die abstrakte Wertigkeit der Axiome sehr unterschiedlich beurteilt. Häufig findet sich die Ansicht, dass zwischen beiden ein unauflösliches Spannungsverhältnis bestehe[480]: Denn unbeschränkt führe Freiheit stets dazu, dass der Starke immer stärker und der Schwache immer schwächer werde und sonach die Gleichheit zwischen den Menschen preisgebe.[481] Umgekehrt bedeute absolute Gleichheit immer den Verlust der Freiheit, Individualität und Selbstverwirklichung des Einzelnen, sodass dessen individuelle Freiheit bei zu viel Gleichheit letztendlich zerstört werde.[482]

Ebenso wird vertreten, dass beide Postulate miteinander im Einklang stehen müssen, um ein vollwertiges menschenwürdiges Dasein zu ermöglichen.[483] So wird erst in der „gleichen Freiheit" aller das Fundament einer vernünftigen Rechtsordnung gesehen.[484] Bisweilen wird vertreten, Freiheit und Gleichheit gingen ineinander auf. So seien die Forderungen nach Gleichheit und Freiheit identisch, da der Anspruch auf Freiheit jedermann gleichermaßen zustehe und Gleichheit andererseits Freiheit für Alle bedeute.[485]

Als abstrakte Prinzipien sind Freiheit und Gleichheit weder völlig unvereinbar noch austauschbar. Richtig verstanden steht verfassungsrechtliche Gleichheit nicht im Konflikt mit der Freiheit, sondern ist vielmehr ihr Pendant.[486] Umso mehr gilt dies für die verfassungsrechtlich eingeräumten grundrechtlichen Garantien. Daher verbietet es sich, die beiden Axiome gegeneinander auszuspielen beziehungsweise eine generelle Rangordnung zwischen Freiheits- und Gleichheitsrechten festzulegen.[487] Da die Verfassung gleichermaßen Freiheits- und Gleichheitsrechte bereithält und keines dieser Rechte absolut setzt, geht die Annahme

480 *Hesse*, AöR 1951/1952, 167, 202 f.; umfänglich *Pöschl*, Gleichheit vor dem Gesetz, S.547 mwN.

481 *Pöschl*, Gleichheit vor dem Gesetz, S.548.

482 *Schmithals* in Hempfer/Schwan, Grundlagen der politischen Kultur des Westens, S.265, 271:„*Wo alle gleich sind, ist nur einer frei, nämlich der Diktator der alle gleich macht*".

483 *Pöschl*, Gleichheit vor dem Gesetz, S.548 mwN.

484 *Pöschl*, Gleichheit vor dem Gesetz, S.548 mwN.

485 *Hesse*, AöR 1951/1952, 167, 202; *Pöschl*, Gleichheit vor dem Gesetz, S.549.

486 *Pöschl*, Gleichheit vor dem Gesetz, S.558.

487 *Pöschl*, Gleichheit vor dem Gesetz, S.558.

fehl, generell eines der Prinzipien höher zu gewichten. Das Grundgesetz verbürgt Freiheit und Gleichheit mit demselben verfassungsrechtlichen Geltungs- und Bindungsanspruch, Art. 1 Absatz 3 GG. Beide Gewährleistungen sind notwendige Legitimationsgrundlagen staatlicher Gewalt und werden kumulativ garantiert. Wann der Freiheit oder der Gleichheit Vorrang einzuräumen ist, kann daher nicht *prima facie*, sondern nur im konkreten Einzelfall entschieden werden.[488] In diese Richtung tendiert auch das Bundesverfassungsgericht, welches in seinen Entscheidungen der Prüfung von Freiheitsrechten nicht grundsätzlich den Vorrang einräumt, sondern in seiner Prüfung vielmehr das „sachnächste" Grundrecht heranzieht.[489] Damit kann aus der rein formalen dogmatischen Festlegung der Garantien als Freiheits- beziehungsweise Gleichheitsrecht kein Rangverhältnis abgeleitet werden.

(b) Grundrechtsdogmatisches Rangverhältnis durch grundrechtliche Schranken?

Nach welchen Regeln individuelle Freiheit mit der Freiheit anderer oder mit Interessen der Allgemeinheit in einen Ausgleich zu bringen ist, beantwortet das Grundgesetz in erster Linie mit den grundrechtlichen Gesetzesvorbehalten.[490] Gesetzesvorbehalte sind damit die wichtigste Form der Grundrechtsbegrenzung. Die meisten Grundrechtsbestimmungen enthalten einen Zusatz, der Eingriffe oder Beschränkungen nur „durch" oder „aufgrund" eines Gesetzes für zulässig erachtet. Grund für die Unverzichtbarkeit der Gesetzesvorbehalte ist die Erkenntnis, dass Grundrechte niemals als absolut gesetzte Rechte verstanden werden können.[491] Vielmehr erfordert das Zusammenleben in einer Gemeinschaft, dass die Rechte des Einzelnen und die Rechte anderer sowie die Interessen der Allgemeinheit zum Ausgleich gebracht werden müssen.[492] Auch Art. 12 Absatz 1 GG ist nach dem Verfassungstext durch einen schlichten Gesetzesvorbehalt beschränkbar. Hieraus lässt sich ableiten, dass der Verfassungsgesetzgeber im Rahmen der Berufsfreiheit eine Gestaltungsmöglichkeit hinsichtlich der Begrenzung der Freiheit schaffen wollte, ohne an diese Einschränkung weitere, qualifi-

---

488 *Pöschl*, Gleichheit vor dem Gesetz, S.562.

489 Prüfung von Gleichheits- und Freiheitsrechtsverletzung, hier zunächst Prüfung des Gleichheitsrechts: BVerfG Urt. v. 11.2.1992 - 1 BvL 29/87, BVerfGE 85, 238, 247; zum umgekehrten Fall: BVerfG Urt. v. 24.4.1991 - 1 BvR 1341/90, BVerfGE 84, 133, 158; in diesem Sinne siehe auch BVerfG Urt. v. 16.11.1982 - 1 BvL 16/75, BVerfGE 62, 256, 274 ff., 289 sowie BVerfG Urt. v. 26.1.1993 - 1 BvL 38/92, BVerfGE 88, 87,101, 102: Prüfung des Freiheitsrecht aufgrund Verstoß des Gleichheitssatzes entbehrlich.

490 *Hermes* in Merten/Papier, HdB der Grundrechte Bd. III, § 63 Rn.1.

491 *Hermes* in Merten/Papier, HdB der Grundrechte Bd. III, § 63 Rn.9.

492 *Stern*, FS 50 Jahre BVerfG Bd. II 2001, S.1, 9.

zierte Anforderungen zu stellen. Knüpft das Grundgesetz eine Beschränkung an weitere Anforderungen und etabliert einen qualifizierten Gesetzesvorbehalt, so kann hierin im Gegenzug das Bemühen des Verfassungsgesetzgebers erkannt werden, die grundsätzlich eingeräumte Beschränkungsoption zu limitieren.[493] Dieser Systematik folgend dürften Grundrechte, die keine Gesetzesvorbehalte weder einfacher noch qualifizierter Art vorsehen, überhaupt nicht eingeschränkt werden. Dieses Vorgehen würde Freiheitsrechten ohne Gesetzesvorbehalte – wie beispielsweise Art. 5 Absatz 3 GG – einen absoluten Vorrang einräumen, ohne dem Einzelfall gerecht werden zu können. Daher sind auch schrankenlos gewährleistete Grundrechte mit Hilfe von kollidierendem Verfassungsrecht eingrenzbar.[494]

Die in Art. 12 Absatz 1 GG garantierte Berufsausübung *„kann durch Gesetz oder auf Grund eines Gesetzes geregelt werden*“. Da die Grundrechtsposition „lediglich“ einem einfachen Gesetzesvorbehalt unterliegt, misst der Gesetzgeber dem Schutz vor staatlichen Eingriffen in dem Bereich der Berufsfreiheit eine eher untergeordnete Bedeutung zu. Im Gegensatz zu anderen Freiheitsrechten wird die Eingriffsmöglichkeit grundrechtsdogmatisch an keine weiteren Kriterien geknüpft.

Von dem besonderen Gleichheitssatz aus Art. 3 Absatz 2 GG und dem verfassungsrechtlichen Gleichstellungsauftrag kann nur aufgrund von kollidierendem Verfassungsrecht abgewichen werden.[495] Wird in das Gleichbehandlungsgebot der Geschlechter eingegriffen, stellt dies eine Diskriminierung[496] und mithin einen Verstoß gegen das Differenzierungsverbot aus Art. 3 Absatz 3 GG dar. Der spezielle Gleichheitssatz schließt damit die Gestaltungsfreiheit des Gesetzgebers in diesem Bereich zunächst aus.

Damit sind Abweichungen von Art. 3 Absatz 2 GG in Verbindung mit Art. 3 Absatz 3 GG nur im Rahmen kollidierender Verfassungsgüter denkbar, während Art. 12 Absatz 1 GG mit einem einfachen Gesetzesvorbehalt belegt ist. Hieraus kann geschlossen werden, dass die Verfassung dem besonderen Gleichheitssatz ein höherwertigeres Schutzgut und damit abstrakt generell eine bedeutendere Wertigkeit zuspricht als der Berufsfreiheit.

---

493 *Hermes* in Merten/Papier, HdB der Grundrechte Bd. III, § 63 Rn.13 f.

494 Siehe hierzu *Papier* in Merten/Papier, HdB der Grundrechte Bd. III, § 64 Rn.6.

495 *Heun* in Dreier, GG Kommentar, Art. 3 GG Rn.100, 118, 126 mwN.; *Jarass* in Jarass/Pieroth, GG Kommentar, Art. 3 GG Rn.94.

496 Siehe hierzu BVerfG Urt. v. 24.1.1995 - 1 BvL 18/93, BVerfGE 92, 91, 109 (Feuerschutzabgabe).

(c) Rangverhältnis durch besondere Bedeutung des Art. 3 Absatz 2 Satz 2 GG?

Das Grundgesetz und seine Bestimmungen sind Ausdruck einer objektiven Werteordnung.[497] Diesem System sind Spannungslagen zwischen verschiedenen Positionen immanent, deren Auflösung im Wege bestmöglicher Entfaltung aller widerstreitenden Interessen zu erfolgen hat (Prinzip der praktischen Konkordanz). Dabei kann einzelnen Belangen der Verfassung eine übergeordnete Bedeutung zugesprochen werden. Das Bundesverfassungsgericht betont bei den Kommunikationsgrundrechten stets deren *„schlechthin konstituierende Bedeutung für die freiheitlich demokratische Grundordnung“*.[498]

Vor diesem Hintergrund stellt sich die Frage, inwiefern auch dem Förderauftrag aus Art. 3 Absatz 2 Satz 2 GG gegenüber anderen Verfassungsgütern eine ähnlich übergeordnete Bedeutung zukommt. Nicht zuletzt aufgrund der bestehenden Diskrepanz zwischen rechtlichem Ideal und gesellschaftsrechtlicher Wirklichkeit nimmt Art. 3 Absatz 2 Satz 2 GG einen höchst umstrittenen Stellenwert ein.[499] Unabhängig von der konkreten, im Einzelnen umstrittenen dogmatischen Einordnung des Gleichstellungsauftrages[500] erlaubt die Regelung nach ihrem Wortlaut jedenfalls so lange positive Begünstigungen für die unterliegende Gruppe, bis eine faktische Gleichstellung beider Geschlechter erreicht ist.[501] Damit werden zumindest mittelbare Benachteiligungen der jeweils dominierenden Gruppe bewusst in Kauf genommen. Bereits das formale Hervorheben im Wege eines Verfassungsauftrags verdeutlicht die Dringlichkeit der Schaffung der tatsächlichen Gleichberechtigung von Frauen und Männern in der Lebenswirklichkeit und lässt auf eine besondere Bedeutung seitens der Verfassung schließen.[502] Neben dem Aspekt der sozialen Gerechtigkeit geht es auch um die Gewährleistung individueller Persönlichkeitsentfaltung von Frauen im Bereich der Rechtstatsächlichkeit.[503] Der Auftrag an den Gesetzgeber, die Gleichberechtigung von Mann und Frau auch in der Realität durchzusetzen, manifestiert einen relativ ab-

---

497 BVerfG Urt. v. 15.1.1958 - 1 BvR 400/51, BVerfGE 7, 198, 205, 215 *(Lüth- Urteil).*

498 Bereits in den fünfziger Jahren bezeichnete das BVerfG die Meinungsfreiheit als das *„vornehmstes Menschenrecht überhaupt“* BVerfG Urt. v. 15.1.1958, BVerfGE 7, 198, 208; beispielhaft aus jüngerer Zeit BVerfG Urt. v. 24.5.2005 - 1 BvR 1072/01, BVerfGE 113, 63 ff. sowie BVerfG Urt. v. 12.12.2000 - 1 BvR 1762/95, BVerfGE 102, 347 ff.

499 *Heun* in Dreier, GG Kommentar, Art. 3 GG Rn.97.

500 Siehe hierzu die nachfolgenden Ausführungen unter 3.TeilB.V.3.a).

501 *Kannengießer* in Schmidt-Bleibtreu/Hofmann/Hopfauf, GG Kommentar, Art. 3 GG Rn.53, 56; Dies erfordert mitunter zum Beispiel auch, dass Familienleben und Erwerbstätigkeit miteinander abgestimmt werden können BVerfG Urt. v. 10.3.1998 - 1 BvR 178/97, BVerfGE 97, 332, 348 *(gestaffelte Kindergartenbeiträge).*

502 *Schweizer*, Der Gleichberechtigungssatz –neue Form alter Inhalt?, S.103.

503 *Schweizer*, Der Gleichberechtigungssatz –neue Form alter Inhalt?, S.103.

strakten Vorrang.[504] Der Staat ist zur Verfolgung dieses Ziels angehalten. Auch die Entstehungsgeschichte der Norm spricht für ihre gewichtige Bedeutung. So leitete das Bundesverfassungsgericht – entgegen den Stimmen der damaligen Literatur[505] – bereits vor Einfügen des Satzes 2 in Art. 3 Absatz 2 GG aus dem Grundrecht eine weitgehende Schutzpflicht des Staates hinsichtlich der tatsächlichen Durchsetzung der Gleichberechtigung der Geschlechter ab.[506] Dennoch ließ es der Verfassungsgeber dabei nicht bewenden, sondern erweiterte das Grundrecht im Anschluss an diese Entscheidung. Vor diesem Hintergrund stellt sich das späte Einfügen des Satz 2 GG in Art. 3 Absatz 2 GG als Umsetzung der Rechtsprechung dar.

Steht daher das Interesse der Erreichung faktischer Gleichberechtigung einem anderen verfassungsrechtlich geschützten Rechtsgut gegenüber, spricht viel für eine Verdrängung des entgegenstehenden Rechts, nicht in Form eines absoluten Geltungsvorrangs, sondern in Form eines *„Ausnahme-Regel"*-Prinzips.[507] Damit überwiegt grundsätzlich die Umsetzung des verfassungsrechtlichen Gleichstellungsauftrages, es sei denn, gewichtige Gründe stehen dagegen. Die Frage nach der konkreten Schwere und damit auch die Frage nach der Angemessenheit im engeren Sinne bleibt davon unberührt. Gleichwohl sollten entgegenstehende Verfassungsgüter im Kernbereich betroffen sein, um das von der Verfassung ausdrücklich hervorgehobene Ziel der Gleichberechtigung überlagern zu können.

(d) Schlussfolgerung

Mit Einführung einer gesetzlichen Gleichstellungsquote würde der Gesetzgeber einen allgemeinwohlorientierten Zweck *scilicet* die Herstellung der tatsächlichen Gleichberechtigung von Männern und Frauen im Bereich des Aufsichtsratsgremiums verfolgen. Dem Einwand, eine Quotenregelung sei rein vergangenheitsbezogenes Kompensationsinstrument, ist entgegenzutreten. Das Förderinstrument entfaltet eine zukunftsgerichtete Wirkung. Die beiden Verfassungsgüter, die sich im Rahmen der Abwägung gegenüberstehen, sind die unternehmerische Freiheit der Aktiengesellschaft Art. 12 Absatz 1 GG und der verfassungsrechtliche Gleichstellungsauftrag aus Art. 3 Absatz 2 GG.

Die streitenden Interessen wurden zunächst anhand ihrer abstrakten Wertigkeit evaluiert. Dabei kann allein aus der Feststellung, dass es sich bei Art. 12 Absatz 1 GG um ein Freiheitsrecht und bei Art. 3 Absatz 2 GG um eine Gleich-

---

504 *Schweizer*, Der Gleichberechtigungssatz –neue Form, alter Inhalt?, S.104.

505 Siehe hierzu die Ausführungen zum historischen Kontext unter 2.TeilB.I.

506 BVerfG Urt. v. 16.11.1993 - 1 BvR 258/86, BVerfGE 89, 276, 286; im Anschluss an BVerfG Urt. v. 28.1.1992 - 1 BvR 1025/82, BVerfGE 85, 191, 207.

507 *Schweizer*, Der Gleichberechtigungssatz –neue Form, alter Inhalt?, S.104.

heitsrecht handelt, keine Rangfolge abgeleitet werden. Freiheit und Gleichheit schließen sich keinesfalls aus oder stehen in Konkurrenz, sondern in ständiger Wechselwirkung zueinander. Allerdings kann aus dem Umstand, dass die Verfassung in Art. 12 Absatz 1 GG einen einfachen Gesetzesvorbehalt statuiert, während von Art. 3 Absatz 2 GG in Verbindung mit Art. 3 Absatz 3 GG nur anhand kollidierenden Verfassungsrechts abgewichen werden darf, eine höhere abstrakte Wertigkeit des Gleichheitsrechts abgeleitet werden. Darüber hinaus ist dem grundrechtlichen Gebot, die Gleichberechtigung von Mann und Frau in der Wirklichkeit durchzusetzen, eine erhöhte Bedeutung im Sinne eines „relativen" Vorgangs zu anderen Verfassungsgütern einzuräumen.[508] Hieraus folgt kein absoluter Vorrang des Gleichheitsrechts um jeden Preis, sondern lediglich eine Art „Vermutung" für die Position. Kollidiert das Interesse der Erreichung tatsächlicher Gleichberechtigung mit einem anderen verfassungsrechtlich geschützten Rechtsgut, so ist zu prüfen, ob Gründe vorliegen, die eine Verdrängung des Erstgenannten im Einzelfall zur Folge haben. Entgegenstehende Güter müssten im Kernbereich betroffen sein, um das von der Verfassung ausdrücklich hervorgehobene Ziel der Gleichberechtigung der Geschlechter überlagern zu können.

(3) Eingriffsschwere

(a) Eingriff in Kern oder Randbereich der unternehmerischen Freiheit?

In der konkreten Abwägung der Interessen ist zunächst fraglich, inwieweit durch eine Gleichstellungsquote im Aufsichtsrat in den Rand- oder Kernbereich des Grundrechts aus Art. 12 Absatz 1 GG der Aktiengesellschaft eingegriffen werden würde. Eingedenk der vorherigen Ausführungen würde es sich bei der Gleichstellungsquote im Bereich des Aufsichtsratsgremiums um eine Berufsausübungsregelung handeln, da hierdurch nicht die Eigenart der unternehmerischen Tätigkeit, also der Beruf als solcher verändert werden würde. Die Gleichstellungsquote würde lediglich die Mandatseinberufungsentscheidung der Gesellschaft modifizieren. Diese Annahme lässt sich vor allem mit dem Argument führen, dass der Gesetzgeber der Aktiengesellschaft weiterhin autonom die Besetzung der Gremien überlässt und nicht etwa selbst oder gesellschaftsfremde Organe – wie beispielsweise das Gericht – eine Besetzungsregelung vorgeben.[509] Doch auch Eingriffe in Form der Berufsausübungsregelung müssen sich als zumutbare staatliche Maßnahme darstellen. Inwiefern eine Gleichstellungsquote als

508 *Rademacher*, Der Gleichberechtigungssatz – neue Form, alter Inhalt?, S.104.
509 *Wieland*, NJW 2010, 2408, 2409.

angemessen zu bewerten wäre, richtet sich vor allem nach der konkreten Ausgestaltung der Regelung.[510]

(b) Eingriffsschwere nach Ausgestaltung der Quote

Die Frage nach der Verfassungsmäßigkeit einer gesetzlichen Gleichstellungsquote im Aufsichtsrat steht und fällt mit ihrer konkreten Umsetzung. Daher sollen im Folgenden die „Grundpfeiler" einer potentiellen gesetzlichen Ausgestaltung abgesteckt werden. Jeweils an den einzelnen Ausgestaltungskriterien soll sich dann mit den zuvor vorgestellten Gesetzesinitiativen auseinandergesetzt werden.

(aa) Quotierungskonzeption: Ergebnis- oder Entscheidungsquote?

Quoten können eine bestimmte Zielvorgabe normieren und auf Details, wie diese Vorgabe erreicht werden soll, verzichten. Diese Art der Quote wird als Ergebnisquote verstanden.[511] Quoten können aber auch Vorschriften darüber festlegen, wie bei einer konkreten Personalentscheidung zu verfahren ist. Diese Art der Quote wird als Entscheidungsquote verstanden.[512] Für die hier in Frage stehende Gleichstellungsquote im Aufsichtsratsgremium könnte eine Ergebnisquote in der konkreten Ausgestaltung wie folgt aussehen:

„Der Aufsichtsrat setzt sich wie folgt zusammen:

Bei einer Gremienanzahl ab 3 Personen besteht der Aufsichtsrat mindestens aus 33,3% des jeweils unterrepräsentierten Geschlechts."

Eine Entscheidungsquote würde hingegen lauten:

„Bei der Besetzung der Aufsichtsratsmandate durch die Anteilseigner ist bei der konkreten Auswahl der Mandatsträger das jeweils unterrepräsentierte Geschlecht bei jeder Auswahlentscheidung vorrangig zu berücksichtigen, bis mindestens 30% des unterrepräsentierten Geschlechts vertreten sind".

Bereits die komplizierte Formulierung der Entscheidungsquote lässt auf die bessere Geeignetheit einer Ergebnisquote bei der Besetzung von Funktionen und

510 *Spindler/Brandt*, NZG 2011, 401, 405.

511 *Raasch*, Frauenquote und Männerrechte, S.107; *Nowak*, Frauenquoten im öffentlichen Dienst, S.20.

512 *Raasch*, Frauenquote und Männerrechte, S.107.

Ämtern schließen.[513] Diese Quotierungskonzeption birgt nicht nur für den Gesetzgeber in der gesetzesästhetischen Ausgestaltung Vorteile. Auch für die Umsetzung in der Praxis bietet sich eine klar normierte Zielvorgabe an. Sie belässt dem Verpflichteten weitaus mehr Flexibilität, da die Gesellschaft nicht *a priori* jede Entscheidung zu Gunsten einer Frau fällen oder rechtfertigen muss, bis ein bestimmter Prozentsatz erreicht ist. Vielmehr wird allein im Endergebnis ein bestimmter Prozentsatz verlangt. Damit geht auch einher, dass eine solche Quote aufgrund ihrer Flexibilität für die Aktiengesellschaft als „milder" und somit zumutbarer einzustufen ist, als die an der konkreten Auswahlentscheidung ansetzende Entscheidungsquote.

Eine gesetzliche Gleichstellungsquote sollte in Form der Ergebnisquote ausgestaltet werden, um einerseits eine klare Vorgabe zu manifestieren und andererseits den Unternehmen die Art und Weise der Umsetzung selbst zu belassen. Dementsprechend ist auch die Ausgestaltung der Quote als Ergebnisquote in beiden aktuellen Gesetzesinitiativen zu befürworten.[514]

(bb) Zielgröße der Quote: Anknüpfen an das Repräsentationsprinzip?

Die Intensität des Eingriffes in die Organisationshoheit der Aktiengesellschaft bemisst sich ferner nach der zu bestimmenden Quotenhöhe. Die Bundestagsfraktion *DIE LINKE* forderte in diesem Zusammenhang eine Mindestquote für jedes Geschlecht in Höhe von 50%.[515] Diese Forderung nach absoluter Parität wäre gesellschaftlich wünschenswert, indes beim Aufsichtsrat, dem eine stets durch drei teilbare Besetzung gesetzlich vorgeschrieben wird, § 95 AktG, rein rechnerisch nicht umsetzbar und damit anfänglich unmöglich. Zudem schränkt eine derartige Forderung den unternehmerischen Entscheidungsspielraum vollständig ein und ist mithin als unverhältnismäßig abzulehnen.

Eine Drittelparität ist im Hinblick auf die Verhältnismäßigkeit der Regelung im engeren Sinne deutlich besser vertretbar.[516] Eine solche Vorgabe lässt dem Unternehmen genügend Flexibilität bei der Auswahl der Kandidaten. Zudem spricht für diese Zielgröße die „einfache" rechnerische Umsetzbarkeit. Da die Anzahl der Mitglieder stets durch drei teilbar sein muss, ließe sich eine 30%

---

513 Vergleiche in diesem Sinne auch *Pfarr*, Quoten und Grundgesetz, S.222 f.

514 Siehe hierzu die Darstellung der Gesetzesvorhaben unter 2.TeilA.III.1.a) und 2.TeilA.III.1.b).

515 *Gesine Lötzsch* die Parteivorsitzende der Fraktion *DIE LINKE* fordert in einem Statement v. 31.1.2011 eine Quote von 50% für die gesamte Wirtschaft und dort befindliche Führungspositionen; abrufbar unter: http://die-linke.de/nc/die_linke/nachrichten/detail/artikel/eu-und-bundesregierung-muessen-ihre-doppelmoral-gegenueber-den-arabischen-staaten-aufgeben/ (zuletzt abgerufen am 19.9.2011).

516 *Wieland*, NJW 2010, 2408, 2409; in diese Richtung auch *Bachmann*, ZIP 2011, 1131, 1137.

Quote durchweg in allen Gremiengrößen umsetzen. Allerdings ist fraglich, inwiefern Drittelparität im Hinblick auf den verfassungsrechtlichen Gleichstellungsauftrag nicht die Untergrenze darstellen sollte, denn es geht nicht nur darum, das unterrepräsentierte Geschlecht grundsätzlich zu beteiligen, sondern eine spürbare Veränderung in der Zusammensetzung zu erreichen. Eine zu niedrige Quotenhöhe birgt zudem die Gefahr, die weibliche Unterrepräsentanz gesetzlich zu manifestieren.[517] 30% sollte die Untergrenze der Beteiligung darstellen und eine Tendenz zur 40% Beteiligung erfolgen, um dem Ziel des verfassungsrechtlichen Gleichstellungsauftrags gerecht zu werden und eine möglichst „kritische Masse“[518] für jedes Geschlecht bereit zu halten.[519] Studien belegen, dass erst ab einer Anzahl von mindestens 3 Personen das jeweils unterrepräsentierte Geschlecht seine Interessen wirksam wahrnehmen kann.[520] Anknüpfungspunkt der Quote ist das jeweils nach Größe unterschiedlich besetzte Aufsichtsratsgremium, § 95 AktG. Vorzugswürdig ist eine Quotenhöhe von 30 – 40%.

Denkbar – und in dem Gesetzesanliegen der Fraktion *BÜNDNIS 90/DIE GRÜNEN* für den Bereich der Arbeitnehmer so vorgeschlagen[521] – wäre auch eine Koppelung der Quote an das *Repräsentationsprinzip* und mithin an das Verhältnis von Frauen und Männern unter den Anteilseignern. Die Einführung einer solchen Verteilung könnte mit ähnlichen Erwägungen wie zu § 15 Absatz 2 Betriebsverfassungsgesetz (BetrVG) gerechtfertigt werden.[522] Allerdings sprechen gewichtige Gründe gegen eine solche Verknüpfung. Allein im Falle der Namensaktien ist die Identität des Aktionärs bekannt, nicht so bei der handelsüblichen Inhaberaktie.[523] Selbst im Hinblick auf die anstehende „kleine“ Aktienrechtsno-

---

517 So auch *Pfarr*, Quoten und Grundgesetz, S.223.

518 Abschlussbericht der Länderarbeitsgruppe 2011, Teilhabe von Frauen in Führungs- und Kontrollgremien der Wirtschaft, S.191; abrufbar unter: http://www.justiz.baycrn.de/imperia/md/content/stmj_internet/ministerium/ministerium/gesetzgebung/teilhabe_frauen_fuehrungs_und_kontrollgremien_1_.pdf (zuletzt abgerufen am 19.9.2011).

519 Eine Ergebnisquote von 40% für Funktionen und Ämter befürwortend *Pfarr*, Quoten und Grundgesetz, S.223; auch der Gesetzesentwurf des Landes Nordrhein-Westfalen v. 11.2.2011 sieht eine Steigerung auf 40% Beteiligung vor, BR-Drucks. 87/11, S.19.

520 *Kramer/Konrad/Erkut*, Organizational Dynamics 2008 (Vol.37), 145, 154: „*Three or more women in the boardroom seem to result in a definite shift in the quality of women's experiences.*“.

521 Siehe den entsprechenden Gesetzesentwurf v. 13.10.2010, BT-Drucks. 17/3296, S.7; auch die Stellungnahme des Vereins *Frauen in die Aufsichtsräte* (*FiDAR*) in der Rechtsausschusssitzung vom 11.5.2011 befürwortet zwei verschiedene Quotenregelungen, Stellungnahme *Jutta Freifrau von Falkenhausen* für *FidAR* v. 15.11.2011; abrufbar unter: http://www.bundestag.de/bundestag/ausschuesse17/a06/anhoerungen/archiv/09_Aufsichtsraete/05_Wortprotokoll.pdf (zuletzt abgerufen am 19.9.2011).

522 Siehe hierzu die nachfolgenden Ausführungen unter 3.TeilD.IV.2.a) sowie 3.TeilD.IV.2.b).

523 Zur Unterscheidung siehe *Solveen* in Hölters, AktG Kommentar, § 10 AktG, Rn.13 ff.

velle 2011[524] betrifft die generelle Umstellung von Inhaberaktien auf Namensaktien lediglich die nichtbörsennotierten Gesellschaften. Börsennotierte Gesellschaften dürfen nach wie vor Inhaberaktien ausgeben.[525] Insofern ist das Abstellen auf die Aktionärsstruktur bereits ungeeignet. Weiteres Argument ist, dass auch juristische Personen Anteilseigner an einer Gesellschaft sein können. Wie diese dann „geschlechtstechnisch" in der Zusammensetzung der Belegschaft gewertet werden sollten, bleibt ungeklärt. Auch spricht die Aufgabenstellung des Gremiums Aufsichtsrat im Vergleich zu dem Gremium Betriebsrat, bei welchem das *Repräsentationsmodell* eingeführt worden ist, gegen eine solche Verteilungsregelung.[526] Dem Aufsichtsrat obliegt im Gegensatz zum Betriebsrat nicht die Vertretung der Interessen der Belegschaft, sondern schwerpunktmäßig die Kontrolle der Geschäftsführung, § 111 AktG. Zwar hat er im Sinne der Anteilseigner die Zweck- und Wirtschaftlichkeit der Unternehmensführung zu überwachen, dennoch agiert er als objektiver Kontrollcur und nicht wie der Betriebsrat als Interessenvertreter. Das Anknüpfen der Quote an ein *Repräsentationsprinzip* ist daher auszuschließen.

(cc) Gesetzestechnische Umsetzung in Form einer Prozentvorgabe?

Gesetzestechnisch stellt sich die Frage, wie dieses Beteiligungsziel erreicht werden soll. Ist die Festlegung einer gesetzlichen Mindestquote in prozentualer Form sinnvoll oder sollte vielmehr über die Festlegung konkreter Personenzahlen nachgedacht werden? Die beiden aktuellen Gesetzesinitiativen wählen die Form einer prozentualen Zahlenvorgabe in Höhe von 40%.[527] Gegen dieses Vorgehen spricht allerdings, dass eine prozentuale Quote rein rechnerisch nicht in jeder Konstellation vollends umsetzbar ist und daher gegebenenfalls zu Lasten einer Geschlechtergruppe ab- oder aufgerundet werden müsste. Dies ist bereits

---

524 Referentenentwurf des Bundesministeriums der Justiz v. 2.11.2010, Gesetz zur Änderung des Aktiengesetzes; abrufbar unter: http://www.bmj.de/SharedDocs/Downloads/DE/pdfs/RefE_Akienrechtsnovelle% 202011.pdf;jsessionid=50752EF8CC5E32FF5AC369215DB3C69D.1_ cid164?__blob=publicationFile (zuletzt abgerufen am 19.9.2011). Dieser soll nach Stellungnahme der Länder und Verbände dem Kabinett vorgelegt und im Laufe des Jahres 2011 verabschiedet werden; hierzu *Diekmann/Nolting*, NZG 2011, 6 ff.; *Keinath/Drinhausen*, BB 2011, 11 ff.

525 Referentenentwurf Gesetz zur Änderung des Aktiengesetzes v. 2.11.2010, S.1, 8, 10; abrufbar unter: http://www.bmj.de/SharedDocs/Downloads/DE/pdfs/RefE_Aktienrechtsnovelle%202011.pdf;jsessionid=50752EF8CC5E32FF5AC369215DB3C69D.1_cid164?_blob=publication File (zuletzt abgerufen am 19.9.2011).

526 Hierzu *Ubber/Weller*, NZA 2004, 893 ff.; *Brors*, NZA 2004, 472 ff.

527 Gesetzesantrag des Landes Nordrhein-Westfalen v. 11.2.1011, BR-Drucks. 87/11 sowie ebenso Gesetzesentwurf *Bündnis 90/Die Grünen* v. 13.10.2010, BT-Drucks. 17/3296.

aus Rechtssicherheitsaspekten bedenklich. Für den Aufsichtsrat des Anteilseignergremiums kann dies anhand nachstehender Tabelle verdeutlicht werden:

Aufsichtsrat gesamt	Männer	Frauen	
		Anzahl	Quote
3	2	1	33,33..%
	1	2	66,66..%
6	4	2	33,33..%
	3	3	50%
9	6	3	33,33..%
	5	4	44,44..%
12	8	4	33,33..%
	7	5	41,66..%
	6	6	50%
15	11	4	26,66%
	10	5	33,33%
	9	6	40%
	8	7	46,66..%
18	13	5	27,77..%
	12	6	33,33..%
	11	7	38,88..%
	10	8	44,44..%
21	15	6	28,571%
	14	7	33,33..%
	13	8	38,095%
	12	9	42,857%
	11	10	47,619%

Anhand der Tabelle, ergeben sich für die verschiedenen Gremiengrößen mehrere Möglichkeiten der Geschlechterverteilung. Würde der Gesetzgeber als „Endstufe“ eine Mindestquote von 40% fordern, so stellt sich bei einer Gremienanzahl von 18 Personen die Frage, ob 7 Frauen = 38,8% oder vielmehr 8 Frauen = 44,4% vertreten sein müssen. Auch beim Gremium von 21 Personen ergibt sich das Rundungsproblem nämlich, ob 8 Frauen = 38,1% oder 9 Frauen = 42,86% vertreten sein sollten.

Eine andere Variante wäre, eine konkrete Mindestanzahl für jedes Geschlecht festzulegen und sich an den Prozentsätzen von 30 - 40% zu orientieren. Der Gesetzgeber könnte in bestimmten Fällen jeweils nach oben oder unten abweichen. Eine derartige Ausgestaltung könnte wie folgt aussehen:

Der Aufsichtsrat der nicht mitbestimmten Aktiengesellschaft setzt sich wie folgt zusammen:

- *Bei einer Gremienanzahl von 3 Personen besteht der Aufsichtsrat mindestens aus 1 Mitglied des jeweils unterrepräsentierten Geschlechts*
- *Bei einer Gremienanzahl von 6 Personen besteht der Aufsichtsrat mindestens aus 2 Mitgliedern des jeweils unterrepräsentierten Geschlechts*
- *Bei einer Gremienanzahl von 9 Personen besteht der Aufsichtsrat mindestens aus 4 Mitgliedern des jeweils unterrepräsentierten Geschlecht*

et cetera.

Für die Regelung mittels eines Prozentsatzes sprechen die Erkennbarkeit sowie die gesetzgeberische Signalwirkung. Der Umsetzungswille des verfassungsrechtlichen Gleichstellungsauftrags wäre bei Vorgabe eines konkreten Zahlenprozentsatzes deutlicher erkennbar.[528] Darüber hinaus erscheint die Prozentvorgabe auch gesetzesästhetischer als die umfängliche zweite Variante, die sich unter Umständen auch den Vorwurf der Undurchsichtigkeit gefallen lassen müsste. Gegen eine prozentuale Festlegung spricht die Rundungsproblematik. Ferner lässt sich eine 40%-Quote bei kleineren Gremien nicht umsetzen. Zudem verschärft sich die Problematik infolge der Zusammensetzung nach den Mitbestimmungsgesetzen.[529]

Die Festlegung einer konkreten Personenanzahl, die sich dann geschlechterunspezifisch jeweils auf das unterrepräsentierte Geschlecht bezieht, verspricht hingegen Klarheit bei der Rechtsanwendung. Die Unternehmen hätten konkrete Besetzungsvorgaben, ohne sich in bestimmten Konstellationen der Auf- und Abrundungsproblematik stellen zu müssen. Der Gesetzgeber sollte sich bei Kleingremien eher an 30% und bei größeren Gremien eher an 40% orientieren.

---

528 Aus diesem Grund wohl auch die Festlegung des Prozentsatzes in Zahlen bei dem Gesetzesantrag des Landes Nordrhein-Westfalen v. 11.2.1011, BR-Drucks. 87/11 sowie beim Gesetzesentwurf *Bündnis 90/Die Grünen* v. 13.10.2010, BT-Drucks. 17/3296.

529 3.TeilD.V.2.

(dd) Übergangsfrist

Im Hinblick auf die Eingriffsschwere einer Quotenregelung für die betroffenen Aktiengesellschaften sollte die einhergehende Verpflichtung durch die Installation hinreichender Übergangsfristen abgemildert werden. Den Unternehmen kann bei Inkrafttreten der Regelung nicht zugemutet werden mit sofortiger Wirkung den Frauenanteil im Kontrollgremium gegebenenfalls mehr als zu verdreifachen. Zudem müssen die neu zu besetzenden Positionen „frei" werden.

Andererseits gefährden zu lange Übergangsfristen den gesetzgeberischen Umsetzungswillen und damit die Glaubwürdigkeit des Vorhabens. Eingedenk der Tatsache, dass das Hinwirken auf die höhere Beteiligung von Frauen in Führungspositionen bereits seit mehreren Jahren stagniert und dementsprechend immer wieder zur öffentlichen Diskussion steht, dürften die Unternehmen für eine gesetzliche Regelung bereits sensibilisiert sein. Daher erscheint eine Übergangsfrist von 5 Jahren als angemessen. In diesem Zeitraum haben die Unternehmen die Möglichkeit, ihre Personalpolitik entsprechend auszurichten, Netzwerke zu schaffen und nach qualifizierten Mandatsträgerinnen Ausschau zu halten. Dieser Zeitrahmen muss gewährleistet sein, da die Höchstdauer des Aufsichtsratsmandats nach § 102 Absatz 1 Satz 1 AktG mit der Beendigung der Hauptversammlung endet, die über Entlastung des vierten Geschäftsjahres nach Beginn der Amtszeit beschließt. Damit beträgt die Höchstdauer 5 Jahre, da das Geschäftsjahr des Beginns der Amtszeit nicht mitgerechnet wird.[530] Die Regelung bezieht sich auf jedes Aufsichtsratsmitglied persönlich.[531] Eine Amtszeit für das Organ existiert nicht. Ausschlaggebender Zeitpunkt ist die Annahme des Mandats durch das Aufsichtsratsmitglied.[532] Folglich müssen die Unternehmen zunächst die Möglichkeit haben, die in Frage stehenden Positionen entsprechend neu besetzen zu können.

Andererseits sind 5 Jahre auch ausreichend, um die unternehmerische Personalentwicklung auf die Geschlechterquote einstellen zu können. Das Modell des Gesetzesentwurfs des Landes Nordrhein-Westfalen[533], das nach 5 Jahren die erste Stufe auf 30% und nach weiteren 5 Jahren auf 40% festlegt, erscheint aufgrund der 10-jährigen Zielvorgabe als zu langwierig. Die Umsetzung des Gleichstellungsauftrags würde hierdurch unnötig verzögert. Die Statistiken belegen[534], dass bereits heute hinreichend qualifizierte Frauen für die Positionen zur Verfügung stehen.

---

530 *Spindler* in Spindler/Stilz, AktG Kommentar, § 102 AktG Rn.8.

531 *Spindler* in Spindler/Stilz, AktG Kommentar, § 102 AktG Rn.5.

532 *Spindler* in Spindler/Stilz, AktG Kommentar, § 102 AktG Rn.7

533 Gesetzesentwurf des Landes Nordrhein-Westfalen v. 11.2.2011, BR-Drucks. 87/11, S.19.

534 2.TeilA.I.

(ee) Installation einer Härtefallklausel und Beweislast

Um der Verhältnismäßigkeit im engeren Sinne Rechnung zu tragen, muss eine gesetzliche Regelung neben einem effektiven Quotierungskonzept, einer angemessenen Quotenhöhe sowie einer hinreichenden Übergangsfrist auch Einzelfällen gerecht werden und für besondere Fälle Ausnahmeregelungen bereit halten. Hier ist auf die häufig geäußerte Befürchtung einzugehen, dass nicht hinreichend qualifizierte Bewerberinnen für die Aufsichtsratspositionen zur Verfügung stehen.[535]

Ein Abweichen von der Quote muss danach in den Fällen möglich sein, in denen trotz intensiver Bemühungen des Unternehmens nicht in ausreichender Anzahl Mandatsträger des unterrepräsentierten Geschlechts zur Verfügung stehen oder die zur Verfügung stehenden Personen nicht den Mindestqualifikationen an das Mandat nachzukommen vermögen. In beiden Konstellationen ist eine Härtefallklausel mit der Maßgabe zu installieren, dass ganz oder teilweise von der Quotenregelung abgewichen werden darf. In diese Richtung geht auch der Gesetzesentwurf des Landes Nordrhein-Westfalen.[536]

Die Beweislast für die Exkulpation sollte allerdings dem Unternehmen obliegen.[537]

Schwieriger ist zu beantworten, welche Nachweiskriterien das Unternehmen erbringen muss, um von der Quote durch die Klausel abweichen zu können. Die Härtefallklausel darf nicht die Regel und die gesetzliche Verpflichtung damit zur Ausnahme werden. Andererseits dürfen die materiellen Abweichungsvoraussetzungen nicht zu hoch greifen. Es muss den Unternehmen tatsächlich möglich sein, in Ausnahmefällen von der Quote abzuweichen. Der Gesetzesantrag des Landes Nordrhein-Westfalen schweigt sich dazu aus.

In Ansehung dessen muss sich das Unternehmen um die Besetzung der Stellen mit geeigneten Bewerbern des unterrepräsentierten Geschlechts ernsthaft bemüht haben. Verbindliche Mitteilungs- und Dokumentationspflichten sind in diesem Zusammenhang unerlässlich. Unter anderem hat das Unternehmen auf seiner Internetseite die anstehenden Neubesetzungen auszuschreiben und auf die maßgebliche Gleichstellungsquote hinzuweisen. Das unterrepräsentierte Ge-

---

535 So unter anderem *Redenius-Hövermann*, ZIP 2010, 660, 665; *Schladebach/Stefanopoulou*, BB 2010, 1042, 1046; *Francois-Poncet/Deilmann/Otte*, NZG 2011, 450, 454; *Peltzer*, NZG 2011, 281, 283; *Hirte*, Stellungnahme als Sachverständiger im Rahmen der Anhörung des Gesetzesentwurfs *Bündnis 90/Die Grünen* v. 11.5.2011, S.20; abrufbar unter: http://www.bundestag.de/bundestag/ausschuesse17/a06/anhoerungen/archiv/09_Aufsichtsraete/04_Stellungnahmen/Stellungnahme_Hirte.pdf (zuletzt abgerufen am 19.9.2011).

536 Gesetzesentwurf des Landes Nordrhein-Westfalen v. 11.2.2011, BR-Drucks. 87/11, S.22.

537 Zust. *Bachmann*, ZIP 2011, 1131, 1137.

schlecht sollte ausdrücklich aufgefordert werden, sich zur Wahl zu stellen. Hierbei spielt die Rechtzeitigkeit der Mitteilung eine erhebliche Rolle, denn die potentiellen Anwärterinnen müssen sich mit angemessener Vorlaufzeit auf die Position einstellen können. Darüber hinaus sind die neu zu besetzenden Aufsichtsratsmandate in den Gesellschaftsblättern bekannt zu geben. Bei einer Gesellschaft, die ausschließlich Namensaktien vergeben hat, kann auch per eingeschriebenen Brief im Sinne des § 121 Absatz 4 AktG auf die Positionen und ihre ordnungsgemäße Besetzung hingewiesen werden. Auch das Anschreiben einzelner potentieller Kandidatinnen mit der Bitte um Rückmeldung kann als Nachweis des gesetzeskonformen Bemühens geführt werden. Ferner kann die Gesellschaft nach außen in einschlägigen Medien wie überregionalen Presseerzeugnissen und Internetplattformen auf die Positionen mit Hinweis auf die gesetzlich geforderte Zusammensetzung aufmerksam machen. Aufsichtsratsmitglieder müssen nicht notwendigerweise auch Aktionäre der Gesellschaft sein, § 100 AktG.

Die Überprüfung der Rechtmäßigkeit eines Abweichens von der Quote sollte bei den Gerichten liegen. Als wenig sinnvoll erscheint, wie von Nordrhein-Westfalen in § 101 Absatz 1a Satz 3 AktG-E vorgesehen, das Abweichen an ein entsprechendes Votum der Hauptversammlung zu knüpfen.[538] Zweifelhaft ist, ob die Kompetenz eines Härtefalls bei demjenigen Organ gut aufgehoben ist, welches über seinen eigenen Entscheidungsspielraum zu bestimmen hat, insbesondere dann, wenn der Tatbestand – wie bei einer Härtefallklausel wohl kaum vermeidbar – gewisse Wertungsspielräume eröffnet.[539] Auch könnte der Hauptversammlungsbeschluss, der das Vorliegen der Voraussetzungen feststellt, nach § 251 AktG angefochten werden. Das Verknüpfen des Abweichens an das Votum der Hauptversammlung würde daher nur Sinn ergeben, wenn es ohne sachliche Voraussetzungen von der Bindung befreit und damit ein alternatives, prozedurales Dispensmittel darstellen würde.[540]

Die zweite Ausnahmekonstellation betrifft die Fälle, in denen zwar grundsätzlich hinreichend Mitglieder des unterrepräsentierten Geschlechts zur Verfügung stehen, diese jedoch den individuellen Anforderungen an das Mandat in dem jeweiligen Unternehmen nicht gerecht werden können. Abhängig von Größe und Tätigkeitsfeld des Unternehmens sind die Anforderungen an ein Aufsichtsratsmandat sehr unterschiedlich. Das eine, allgemein gültige „Aufsichtsratsprofil" existiert nicht. Die Aufsichtsratstätigkeit eines weltweit verflochtenen Finanzun-

538 *Bachmann*, ZIP 2011, 1131, 1137.

539 Abschlussbericht der Länderarbeitsgruppe 2011, Teilhabe von Frauen in Führungs- und Kontrollgremien der Wirtschaft, S.189,190; abrufbar unter: http://www.justiz.bayern.de/imperia/md/content/ stmj_internet/ministerium/ministerium/gesetzgebung/teilhabe_frauen_fuehrungs_und_kontrollgremien_1_.pdf (zuletzt abgerufen am 19.9.2011).

540 *Bachmann*, ZIP 2011, 1131, 1137.

ternehmens birgt andere Anforderungen als die einer regional tätigen Baugesellschaft. Vor diesem Hintergrund erscheint es notwendig, dass jedes in die gesetzliche Regelung fallende Unternehmen von vornherein transparente, nachvollziehbare und objektive Kriterien an das Mandat festlegt. Diese Mindestvoraussetzungen müssen von den potentiellen Mandatsträgern erfüllt werden. Solche Kriterien könnten beispielsweise ein Hochschulabschluss in bestimmten Fächern, etwaige Sprachkenntnisse oder auch spezielle Sozialkompetenzen sein. Allerdings darf dieses Anforderungsprofil nicht auf geschlechterspezifisch unterschiedliche Werdegänge abstellen. So kann eine langjährige Vorstandstätigkeit im Regelfall nicht verlangt werden, da die meisten Frauen eine solche aufgrund ihres oftmals familienorientierten Werdegangs nicht vorweisen können. Das Anforderungsprofil darf daher nur Mindestqualifikationen enthalten, die ihrerseits nicht mittelbar diskriminierend sind.

Es ist nicht Aufgabe des Gesetzgebers, jede mittelbare Diskriminierung im Anforderungsprofil aufzuzeigen. Vielmehr sind die Gerichte gefordert, im Laufe der Zeit entsprechende Leitlinien zu erstellen. Die sachgerechte Inanspruchnahme der Härtefallklausel könnte dann über die Anfechtung des Hauptversammlungsbeschlusses gerichtlich überprüft werden, §§ 264, 251 Absatz 1 Satz 1 AktG.[541]

Die aktuellen Gesetzesinitiativen sind in diesem Zusammenhang wie folgt zu bewerten. Der Gesetzesantrag des Landes Nordrhein-Westfalen ist insofern begrüßenswert, als er eine Härtefallklausel für die Fälle vorsieht, in denen es den Unternehmen nicht möglich ist, eine hinreichende Anzahl von Frauen zu akquirieren.[542] Dies mildert die Eingriffsintensität erheblich, da die Regelung auch Einzelfälle zu berücksichtigen vermag. Eine gewisse Schwierigkeit für die männlichen Gegenkandidaten ergibt sich daraus, dass die Befähigung der Bewerber vollständig in das Ermessen der Anteilseigner gestellt wird, ohne dass transparente Mindestqualifikationsanforderungen verlangt werden. Somit könnten rein theoretisch deutlich besser qualifizierte männliche Bewerber allein aufgrund der Quote hinter weiblichen Kandidatinnen zurückstehen. Dies erscheint auch im Hinblick auf Art. 3 Absatz 3 GG der männlichen Kandidaten sowie volkswirtschaftliche Allgemeinwohlbelange problematisch.[543] Diese Unzulänglichkeit könnte durch die Vorgabe von Mindestqualifikationen durch das Unternehmen selbst und/oder über eine Erweiterung des Anforderungsprofils im *Deutschen*

541 Siehe hierzu die Ausführungen zu möglichen Sanktionen und Rechtsfolgen bei Verstoß gegen die Gleichstellungsquote unter 3.TeilB.IV.2.b)cc).

542 Gesetzesentwurf des Landes Nordrhein-Westfalen v. 11.2.2011, BR-Drucks. 87/11, S.19.

543 Insofern zutreffend eine Mindestqualifikation voraussetzend *Spindler/Brandt*, NZG 2011, 401, 402.

Corporate Governance Kodex zwar nicht gelöst, aber zumindest abgemildert werden.[544]

Dem Gesetzesantrag der Bundestagsfraktion *BÜNDNIS 90/DIE GRÜNEN* muss mangels Vorhandensein einer entsprechenden Abweichungsmöglichkeit seine Berechtigung abgesprochen werden.[545] Im Ergebnis stellt sich dieser als unangemessener Eingriff in die unternehmerische Freiheit der juristischen Person dar und kommt insbesondere der stets zu berücksichtigenden Einzelfallgerechtigkeit nicht nach.

(ff) Notwendige Begleitmaßnahmen

Für die praktische Umsetzung der gesetzlichen Regelung sollte über geeignete Begleitmaßnahmen nachgedacht werden. Hierzu gehört eine konsequente und zielgerichtete Förderung von Frauen durch alle Strukturen des Unternehmens. Gemeint sind Förderprogramme, die dafür Sorge tragen, dass Frauen auf allen Führungsebenen gleichermaßen vertreten sind. In der Diskussion wird oftmals unterschlagen, dass es Frauen gibt, die keine familiären Verpflichtungen tragen und trotzdem keinen Weg in die obere Führungsebene finden.

Daneben gibt es Frauen, die neben ihrer beruflichen Tätigkeit mit der Betreuung der Familie beschäftigt sind. Daher ist der massive Ausbau von staatlicher Kinderbetreuung eine unumgängliche Begleitmaßnahme.[546] Gerade Kleinkinder bedürfen umfänglicher Betreuung, die in vielen Bundesländern nur unzureichend zur Verfügung steht.[547] Nur, wenn Frauen überhaupt die Möglichkeit haben, ihre Kinder zeitweise betreuen zu lassen, werden sie berufliche Perspektiven und Führungspositionen in Angriff nehmen können. Gleichzeitig sollten gerade große Unternehmen vermehrt darüber nachdenken, Verbindungen mit Kinderbetreuungseinrichtungen einzugehen und/oder Zuschusszahlungen für Kinderkrip-

544 *Brandt/Thiele*, AG 2011, 580, 586.

545 So bereits *Spindler/Brandt*, NZG 2011, 401, 404, *Bachmann*, ZIP 2011, 1131, 1137.

546 Siehe hierzu die Auswertung des ersten bundesweiten Erfahrungsaustauschs v. 4.4.2011 „Gute kommunale Praxis für den Ausbau und die Qualität der Kinderbetreuung in Deutschland", der auf einen weiteren massiven Ausbau der Kinderbetreuung vor allem in Westdeutschland verweist; abrufbar unter: http://www.bmfsfj.de/BMFSFJ/Presse/pressemitteilungen, did=168694.html (zuletzt abgerufen am 19.9.2011).

547 Dies bemängelt zu Recht auch die Stellungnahme des *Bundesverband der deutschen Industrie e.V.* (*BDI*) gemeinsam mit der *Deutscher Industrie- und Handelskammertag e.V.* (*DIHK*) zum Gesetzesantrag des Landes Nordrhein-Westfalen, S.3; abrufbar unter: http://www.bdi.eu/download_content/RechtUndOeffentlichesAuftragswesen/Gemeinsame_StN_zur_Frauenquote.pdf (zuletzt abgerufen am 19.9.2011).

pen und Kindergärten zu leisten, um ihre Attraktivität für Frauen zu steigern.[548] Allerdings liegt es primär in der Verantwortung des Staates *in concreto* den Kommunen, hinreichende Betreuungsmöglichkeiten über Kinderkrippen bis hin zu Kindergärten und Ganztagsschulen zu schaffen.

Weiterhin müsste wie in Norwegen eine begleitende staatliche Karriere-Datenbank mit zur Verfügung stehenden Kandidatinnen für Unternehmen ins Leben gerufen werden.[549] Der norwegische Industrieverband listet in einer Datenbank die Namen von Frauen auf, die an Weiterführungsseminaren teilgenommen haben und für Führungspositionen in Frage kommen.[550] Diese Datenbanken sollten möglichst in staatlicher Hand errichtet und unterhalten werden. Vergleichbare Netzwerke existieren in Deutschland nicht. Zwar finden sich verstreut Karriereportale, allerdings gelten diese für spezielle Branchen. Sie sind zudem äußerst undurchsichtig und schwer auffindbar.[551] Eine professionell eingerichtete staatliche Datenbank, nach dem norwegischen Modell, ist jedenfalls zu befürworten.

Weiterhin sind die Mindestanforderungen an das „kompetente Aufsichtsratsmitglied" im jeweiligen Unternehmen zu konkretisieren. Dies ist notwendig, damit es zu keiner mittelbaren Diskriminierung kommt und die potentiellen Bewerber objektiv verglichen werden können. Hierfür sollten die Vorgaben des *Deutschen Corporate Governance Kodex* konkretisiert und erweitert werden. Darüber hinaus müssen die Unternehmen in ihren Satzungen die gewünschten Anforderungen determinieren. Zur Klarstellung und Hilfe könnte für die Unternehmen eine Art „Musteranforderungsprofil" beispielsweise durch das Bundesministerium für Familie, Senioren, Frauen und Jugend oder das Bundesjustizministerium erstellt und auf deren Internetseite zum Abruf bereit gestellt werden. Zwar existiert kein einheitliches Anforderungsprofil an das Aufsichtsratsmandat, es könnten jedoch Beispiele für Mindestqualifikationsanforderungen gegeben werden. Zudem könnte in einem solchen Muster auf mittelbar diskriminierende und damit zu vermeidende Anforderungen hingewiesen werden. „Muster" der Mindestqualifikationsvoraussetzungen sowie ergänzende Regelungen im *Deutschen Corporate Governance Kodex* könnten als Leitlinie für die Unternehmen dienen.

---

548 In diese Richtung auch die Ausführungen von *Kersten,* Aktionärinnen fordern Gleichberechtigung, S.38 ff.; abrufbar unter: http://www.bmfsfj.de/RedaktionBMFSFJ/Broschuerenstelle/Pdf-Anlagen/Aktion_C3_A4rinnen-fordern-Gleichberechtigung,property=pdf,bereich=bmfsfj,sprache=de,rwb=true.pdf (zuletzt abgerufen am 19.9.2011).

549 Siehe hierzu die Ausführungen bei *Frost/Linnainmaa,* AG 2007, 601, 605.

550 *Frost/Linnainmaa,* AG 2007, 601, 605.

551 Siehe unter anderen die Datenbank für Wissenschaftlerinnen *gesis*; abrufbar unter: http://www.gesis.org/cews/femconsult/aktive-personalrekrutierung/#c14966 (zuletzt abgerufen am 19.9. 2011).

Daneben sollte im Rahmen des Lageberichts jedes Unternehmens eine generelle Berichtspflicht zum Frauenanteil im Unternehmen sowie in Führungspositionen erwogen werden.[552] Diese Begleitmaßnahme hilft den Unternehmen, ihren jeweiligen *status quo* des Frauenanteils in Führungspositionen zu hinterfragen.

Letztlich sollte die nach wie vor stark ausgeprägte Präsenzkultur in der Arbeitswelt überdacht werden. Nicht nur im Hinblick auf die Vereinbarkeit von Familie und Karriere, sondern auch wegen der zu erwartenden demografischen Entwicklung und der zunehmenden Anforderungen im Bereich der interfamiliären Pflege erscheint dies erforderlich. Ziel sollten deshalb intelligente, insbesondere flexible Arbeitszeitsysteme sein – zum Beispiel in Form von Arbeitszeitkonten, *Jobsharing* oder *Sabbaticals* –, sodass eine innovativ individuelle Arbeitszeit möglich gemacht wird.[553]

(4) Abwägung

Die Gleichstellungsquote wird vom verfassungsrechtlichen Gleichstellungsauftrag Art. 3 Absatz 2 Satz 2 GG getragen und dient dem gemeinschaftlichen Interesse der Geschlechtergleichstellung. Sie verfolgt eine zukunftsorientierte Zielsetzung und nimmt eine übergeordnete Bedeutung im Hinblick auf andere, grundrechtlich geschützte Interessen ein. Insofern bewirkt bereits die abstrakte Wertigkeit der widerstreitenden Positionen ein Ansteigen der Waagschale auf Seiten der Gleichstellungsquote.

Zudem hält Art. 12 Absatz 1 GG Einschränkungen in Form eines einfachen Gesetzesvorbehalts bereit, während in den speziellen Gleichheitssatz nur aufgrund von kollidierendem Verfassungsrecht eingegriffen werden darf. Der Verfassungsgeber bringt damit zum Ausdruck, dass die Berufsfreiheit partiellen Einschränkungen, die im Wirtschaftsleben unumgänglich sind, leicht zugänglich sein soll, während vom speziellen Gleichheitssatz nur bei kollidierenden Verfassungsbelangen abgewichen werden darf. Damit überwiegt auch hier die abstrakte Bedeutung des verfassungsrechtlichen Gleichstellungsauftrags die unternehmerische Freiheit der Aktiengesellschaft.

Die konkrete Eingriffsintensität der Quote in Art. 12 Absatz 1 GG der Aktiengesellschaft bemisst sich nach der Ausgestaltung. Zielt das Gesetz auf eine realisierbare Höhe, installiert es eine Übergangsfrist sowie eine Härtefallklausel und hält flankierende Maßnahmen bereit, so ist es als eine für die juristische Person

552 3.TeilB.II.2.b)cc)(5).

553 Weitere Begleitmaßnahmen im Abschlussbericht der Länderarbeitsgruppe 2011, Teilhabe von Frauen in Führungs- und Kontrollgremien der Wirtschaft, S.231 f.; abrufbar unter: http://www.justiz.bayern.de/imperia/md/content/stmj_internet/ministerium/ministerium/gesetzgebung/teilhabe_frauen_fuehrungs_und_kontrollgremien_1_.pdf (zuletzt abgerufen am 19.9.2011).

tragbare Beeinträchtigung zu werten. Zwar haben die Unternehmen gewisse Anstrengungen zu unternehmen, um den Frauenanteil zu gewährleisten; dies geschieht jedoch aufgrund der zu installierenden Härtefallklausel nicht um jeden Preis. Vielmehr existiert eine Abweichmöglichkeit, die durch moderate materielle Anforderungen auch tatsächlich wahrgenommen werden kann. Im Zuge dessen gewährleistet die Übergangsfrist von 5 Jahren eine rechtzeitige Umstellung der unternehmenseigenen Personalpolitik.

Bei Einhaltung der aufgestellten Anforderungen kommen die Axiome Freiheit und Gleichheit zu bestmöglicher Entfaltung, da sowohl in die Berufsfreiheit der Gesellschaft allein mit zumutbarer Rücksichtnahme eingegriffen wird, als auch der verfassungsrechtliche Gleichstellungsauftrag zum Tragen kommt.

3. Abschließende Würdigung Art. 12 Absatz 1 GG

Die Aktiengesellschaft als juristische Person des Privatrechts kann sich gemäß Art. 19 Absatz 3 GG auf das Grundrecht der Berufsfreiheit berufen. Gemeint ist dabei der Schutz der unternehmerischen Freiheit der Gesellschaft, mithin das Recht, selbstbestimmt erwerbswirtschaftlichen Zwecken nachzugehen und sich im Rahmen der bestehenden Gesetze zu organisieren. Bei der gesetzlichen Festlegung einer Gleichstellungsquote für den Aufsichtsrat der Aktiengesellschaft würde es sich um einen Eingriff in die Berufsfreiheit der Aktiengesellschaft in Form einer Berufsausübungsregelung handeln. Derartige Eingriffe in das Grundrecht können nach der anerkannten *Drei-Stufen-Theorie* des Bundesverfassungsgerichts sowie der herrschenden Lehre bereits mit vernünftigen Erwägungen des Allgemeinwohls gerechtfertigt werden.[554] Dabei impliziert die Zielsetzung einer Gleichstellungsquote – namentlich die Herstellung tatsächlicher Gleichberechtigung der Geschlechter im Sinne des Art. 3 Absatz 2 Satz 2 GG – auf allen Führungsebenen die Legitimität des staatlichen Vorgehens. Ferner wäre eine solche Regelung auch abstrakt-generell geeignet, das staatliche Ziel umzusetzen; insbesondere kann der Gesetzgeber hier auf einen nicht zu unterschätzenden Beurteilungsspielraum zurückgreifen. Die gesetzliche Quote wäre auch erforderlich, da keine gleich effektiven milderen Optionen *de lege lata* bestehen, um das gesetzgeberische Ziel zu erreichen.

Ferner hält die Gleichstellungsquote auch der Frage nach der Verhältnismäßigkeit im engeren Sinne stand. Sie wird keinesfalls dazu implementiert um vergangene Diskriminierungen zu kompensieren. Vielmehr handelt es sich um ein zukunftsgerichtetes Instrumentarium, da die Statistiken nach wie vor mangelhaf-

554 3.TeilB.II.2.b)dd)(1).

te Repräsentanz von Frauen im Bereich von Aufsichtsratsmandaten ausweisen.[555] Das Ziel der Herstellung von Geschlechterparität auf allen Führungsebenen ist aufgrund der besonderen Ausgestaltung des Art. 3 Absatz 2 Satz 2 GG als Verfassungsauftrag hoch zu bewerten. Dem Staat wird aufgetragen, dieses Ziel wenn nötig auch durch Einschränkungen von kollidierenden Grundrechten zu verfolgen. Für die Verhältnismäßigkeit der Regelung spricht neben der hohen Bedeutung dieses Auftrags auch, dass durch eine solche lediglich in den Randbereich der unternehmerischen Berufsfreiheit eingegriffen würde. Die gesetzliche Verpflichtung modifiziert lediglich Personalentscheidungen des Unternehmens. Insbesondere würde der Gesetzgeber die Auswahl der Mitglieder des Aufsichtsrats weiterhin der Hauptversammlung überlassen.

Weiterhin ist die konkrete Ausgestaltung der hier vorgeschlagenen Regelung für die Gesamtabwägung der kollidierenden Positionen zu beachten.

Zwar erscheint die Ausgestaltung der Quote als Ergebnisquote, zunächst als unflexibel und damit eingriffsintensiver. Bei genauerer Betrachtung ermöglicht dieses Quotierungskonzept indes gerade größeren Gestaltungsspielraum, da die Unternehmen nicht bei jeder einzelnen Entscheidung generell Frauen zu bevorzugen haben, sondern die Zielsetzung über das Ergebnis sichergestellt wird. Anstelle einer prozentualen Festlegung wird die Vorgabe einer gestuften Personenanzahl favorisiert. Diese gesetzliche Ausgestaltung verspricht eine klare Vorgabe ohne Rundungsschwierigkeiten. Nach einer ausreichenden Übergangszeit von 5 Jahren sollte schließlich ein 30-40%iger Frauenanteil erreicht sein. Nur so kann der Verfassungsauftrag spürbar durchgesetzt werden. Die Schaffung einer Härtefallklausel für die Fälle, in denen die Unternehmen trotz intensiver Bemühungen keine oder keine geeigneten Kandidatinnen heranziehen können, sichert die Verhältnismäßigkeit der Regelung durch ein Abweichen in Einzelkonstellationen ab. Zwar trifft die Unternehmen eine entsprechende Nachweispflicht für das Vorliegen des jeweiligen Abweichungstatbestands, wird dieser Nachweis jedoch glaubhaft geführt wird, können die Unternehmen von der Quote ganz oder zum Teil abweichen, ohne mit Sanktionen rechnen zu müssen. Die Etablierung einer geeigneten Ausnahmeklausel ist für die Frage nach der Zumutbarkeit im Hinblick auf den Eingriff in Art. 12 Absatz 1 GG der Aktiengesellschaft entscheidend. Darüber hinaus müssen die erforderlichen Begleitmaßnahmen wie der Ausbau von Kinderbetreuung und einer professionellen Datenbank, eingeleitet werden, um die Umsetzung der Regelung in den Unternehmen zu gewährleisten.

Nach allem wäre eine diese Vorgaben berücksichtigende gesetzliche Gleichstellungsquote für das Aufsichtsratsgremium mit Art. 12 Absatz 1 GG der Aktiengesellschaft vereinbar.

---

555 2.TeilA.I.

III. Vereinbarkeit mit Art. 14 Absatz 1 GG der Aktiengesellschaft

Juristische Personen des Privatrechts[556], die unternehmerisch am Markt tätig sind, könnten sich neben dem Grundrecht auf Berufsfreiheit möglicherweise auch auf den Schutzbereich von Art.14 Absatz 1 GG berufen. Auch der eingerichtete und ausgeübte Gewerbebetrieb genießt Eigentumsschutz.[557] Vor allem bei wirtschaftsrechtlichen Sachverhalten besteht das Abgrenzungsproblem von Art. 12 Absatz 1 GG zu Art. 14 GG.[558] Fraglich ist, ob eine als Berufsausübungsregelung qualifizierte Maßnahme im Sinne des Art. 12 Absatz 1 GG zugleich den Eigentumsschutz aus Art. 14 Absatz 1 GG betreffen kann.[559] Mit Berufung auf die Judikatur des Bundesverfassungsgerichts können die beiden Wirtschaftsgrundrechte in ihrer Anwendung so voneinander abgegrenzt werden, dass Art. 12 Absatz 1 GG in hohem Maße zukunftsgerichtet auf die Unternehmensführung abstellt, während Art. 14 GG „das Erworbene", mithin das Ergebnis des Wirtschaftens schützen soll.[560] Eine Grundrechtsbeeinträchtigung ist somit im Schwerpunkt entweder dem einen oder dem anderen Grundrecht zuzuordnen.[561] Entscheidend für die Abgrenzung ist die Frage, ob der Akt öffentlicher Gewalt eher die unternehmerische Freiheit oder die Verwendung vorhandender Vermögenspositionen betrifft.[562]

Da eine Gleichstellungsquote die Art und Weise der unternehmerischen Tätigkeit und damit die zukünftige Organisationshoheit der Aktiengesellschaft betrifft, liegt der Schwerpunkt des Eingriffs bei Art. 12 Absatz 1 GG. Die durch frühere Leistung erworbenen Vermögensrechte werden durch die Quote nicht be-

---

556 Bereits *Bethge*, AöR 1979, 54 ff.; exemplarisch BVerfG Urt. v. 16.3.1971 - 1 BvR 52/66, BVerfGE 30, 292, 312; BVerfG Urt. v. 1.3.1979 - 1 BvR 532/77, BVerfGE 50, 290, 363; *Hofmann* in Schmidt-Bleibtreu/Hofmann/Hopfauf, GG Kommentar, Art. 12 Absatz 1 GG Rn.7.

557 *Papier* in Maunz/Dürig, GG Kommentar, Art. 14 GG Rn.95 ff. mwN.

558 *Wieland* in Dreier, GG Kommentar, Art. 14 GG Rn.183 mwN.

559 Ablehnend *Döring*, Frauenquoten und Verfassungsrecht, S.225 sowie *Rademacher*, Diskriminierungsverbot und Gleichstellungsauftrag, S.253; *Sacksofsky*, Das Grundrecht auf Gleichberechtigung, S.185.

560 BVerfG Beschl. v. 18.3.1970 - 2 BvO 1/65, BVerfGE 28, 119, 142; BVerfG Beschl. v. 16.3.1971 - 1 BvR 665/66, BVerfGE 30, 292, 334 f.; BVerfG Urt. v. 24.4.1991 - 1 BvR 1341/90, BVerfGE 84, 133, 157 mwN. aus eigener Rechtsprechung.

561 BVerfG Beschl. v. 16.3.1971 - 1 BvR 665/66, BVerfGE 30, 292, 335, zustimmend *Schoppe*, Aktieneigentum:, Verfassungsrechtliche Strukturen und gesellschaftsrechtliche Ausprägung der Aktie als Gegenstand des Art. 14 GG, S.64, 65; für ein neben einander der Positionen indes *Papier* in Maunz/Dürig, GG Kommentar, Art. 14 GG Rn.222.

562 *Wieland* in Dreier, GG Kommentar, Art. 14 GG Rn.183; *Schoppe*, Aktieneigentum: Verfassungsrechtliche Strukturen und gesellschaftsrechtliche Ausprägung der Aktie als Gegenstand des Art. 14 GG, S.64, 65.

rührt.[563] Dass das Unternehmen durch die Einführung einer Gleichstellungsquote in seinem Bestand gefährdet wäre, ist aufgrund der vorangegangenen Ausführungen auszuschließen. Insbesondere kann eine für verhältnismäßig erachtete Berufsausübungsregelung keine existenzielle Eigentumsbeeinträchtigung der Gesellschaft darstellen. Auch Stimmen in der Literatur, die eine Einschlägigkeit beider Grundrechte nebeneinander für möglich halten, kommen zu dem Ergebnis, dass eine festgestellt rechtmäßige Berufsausübungsregelung in der selbigen Konstellation und im Hinblick auf denselben Grundrechtsträger immer auch eine zulässige Inhalts- und Schrankenbestimmung des Eigentums sein muss.[564] Daher bleibt für die Prüfung eines Eingriffes durch die Gleichstellungsquote in Art. 14 Absatz 1 GG des Unternehmens kein Raum.

IV. Vereinbarkeit mit Art. 14 Absatz 1 GG der Aktionäre

1. Schutzbereich und Beeinträchtigung

Art. 14 Absatz 1 GG ermöglicht grundrechtlichen Schutz gegen staatliche Eingriffe durch Gesetzgebung, vollziehende Gewalt und Rechtsprechung in das Eigentum sowie das Erbrecht.[565] Die Eigentumsgarantie nimmt im Komplex der Wirtschafts- und Sozialordnung eine elementare Rolle ein.[566] Das Bundesverfassungsgericht hebt dementsprechend in ständiger Rechtsprechung hervor, dass der Eigentumsfreiheit im Gesamtgefüge der Grundrechtsordnung eine übergeordnete Bedeutung zukommt: Dem jeweiligen Träger des Eigentums wird durch seinen grundrechtlichen Schutz die Entfaltung und die eigenverantwortliche Gestaltung seiner Positionen ermöglicht.[567] Unter ihren Schutz fallen grundsätzlich alle vermögenswerten Rechte, die dem Berechtigten von der Rechtsordnung in der Wei-

563 In diese Richtung auch *Döring*, Frauenquoten und Verfassungsrecht, S.225 sowie *Rademacher*, Diskriminierungsverbot und Gleichstellungsauftrag, S.253.

564 *Depenhauer* in v. Mangoldt/Klein/Starck, GG Kommentar, Art. 14 GG Rn.99; *Papier* in Maunz/Dürig, GG Kommentar, Art. 14 GG Rn.222, mit Verweis auf BVerfG Urt. v. 1.3.1979 - 1 BvR 419/78, BVerfGE 50, 290, 364 f.

565 *Hofmann* in Schmidt-Bleibtreu/Hofmann/Hopfauf, GG Kommentar, Art. 14 GG Rn.2.

566 Ausgangspunkt BVerfG Urt. v. 7.8.1962 - 1 BvL 16/60, BVerfGE 14, 263, 277; BVerfG Beschl. v. 16.2.2000 - 1 BvR 242/91, BVerfGE 102, 1, 15; *Papier* in Maunz/Dürig, GG Kommentar, Art. 14 GG Rn.1 ff.; *Wieland* in Dreier, GG Kommentar, Art. 14 GG Rn.1 ff.

567 BVerfG Urt. v. 18.12.1968 - 1 BvR 200/65, BVerfGE 24, 367, 389; BVerfG Beschl. v. 16.3.1971 - 1 BvR 665/66, BVerfGE 30, 292, 334; BVerfG Beschl. v. 7.7.1971 - 1 BvR 765/66, BVerfGE 31, 229, 239; BVerfG Urt. v. 1.3.1979 - 1 BvR 419/78, BVerfGE 50, 290, 339; BVerfG Urt. v. 9.1.1991 - 1 BvR 929/90, BVerfGE 83, 201, 208; BVerfG Urt. v. 26.5.1993 - 1 BvR 208/93, BVerfGE 89, 1, 5.

se zugeordnet sind, dass er die damit verbundenen Befugnisse nach seiner Entscheidungsautonomie ausüben darf.[568] Aus der verfassungsrechtlichen Judikatur lassen sich als Kernelemente des durch Art. 14 GG vermittelten Schutzumfanges eine verwaltungsrechtliche Komponente, die neben dem reinen Innehaben der Substanz des jeweiligen Gegenstandes auch die in seiner Beschaffenheit liegenden Nutzungs- und Verfügungsmöglichkeiten betrifft[569], sowie eine vermögensrechtliche Komponente ableiten, welche den Aspekt der Verwertung der herrschaftsrechtlichen Position abdeckt.[570] Die letztere Komponente tangiert die vermögensmäßige Abschöpfung des in der Substanz der Position verkörperten Nutzungs- und Verfügungspotentials.[571]

Naturgemäß lässt sich mit einer räumlich gegenständlichen Auffassung der Eigentumsgarantie, die beim Sacheigentum aufgrund der Substanzzuordnung tragbar sein mag, beim aktienrechtlichen Schutzgehalt wenig anfangen.[572] Gleichwohl wurde die wesentliche Dogmatik des Art. 14 GG überwiegend vor dem Hintergrund des Sach- und Grundeigentums geprägt. Die wegweisenden Entscheidungen wie beispielsweise das Urteil zum Hamburgischen Deichordungsgesetz[573], der *Naßauskiesungsbeschluss*[574] sowie auch aus jüngerer Vergangenheit der Beschluss zur Baulandumlegung[575] waren allesamt bodenrechtliche Entscheidungen.[576]

Im Zusammenhang mit der Schutzrichtung des Art. 14 GG ist zunächst zu klären, ob durch die Zuordnung des Gesellschaftsvermögens zur Aktiengesellschaft als juristische Person für eine daneben bestehende verfassungsrechtliche Schutzstellung der Aktionäre noch Raum verbleibt. Bei konsequenter Übertragung des zivilrechtlichen Dogmas der juristischen Person auf das Verfassungsrecht bliebe für eine Art „mittelbare Eigentumsposition" der Aktionäre kein Platz mehr.[577]

---

568 *Hofmann* in Schmidt-Bleibtreu/Hofmann/Hopfauf, GG Kommentar, Art. 14 GG Rn.2.

569 *Schön*, FS Ulmer 2003, S.1360, 1363; *Schoppe*, Aktieneigentum: Verfassungsrechtliche Strukturen und gesellschaftsrechtliche Ausprägung der Aktie als Gegenstand des Art. 14 GG, S.13.

570 *Wendt* in Sachs, GG Kommentar, Art. 14 GG Rn.69; *Hofmann* in Schmidt-Bleibtreu/Hofmann/Hopfauf, GG Kommentar, Art. 14 GG Rn.4; *Schoppe*, Aktieneigentum: Verfassungsrechtliche Strukturen und gesellschaftsrechtliche Ausprägung der Aktie als Gegenstand des Art. 14 GG, S.13.

571 *Schoppe*, Aktieneigentum: Verfassungsrechtliche Strukturen und gesellschaftsrechtliche Ausprägung der Aktie als Gegenstand des Art. 14 GG, S.13.

572 *Schoppe*, Aktieneigentum: Verfassungsrechtliche Strukturen und gesellschaftsrechtliche Ausprägung der Aktie als Gegenstand des Art. 14 GG, S.16.

573 BVerfG Urt. v. 18.12.1968 - 1 BvR 638/64, BVerfGE 24, 367 ff.

574 BVerfG Urt. v. 15.7.1981 - 1 BvL 77/78, BVerfGE 58, 300 ff.

575 BVerfG Urt. v. 22.5.2001 - 1 BvR 1512/97, BVerfGE 104, 1 ff.

576 *Conreder*, Verfassungsrechtlicher Schutz von Aktionärsrechten, S.31.

577 In diesem Sinne letztendlich *Conreder*, Verfassungsrechtlicher Schutz von Aktionärsrechten, S.41 f.

Die Rechtstellung des Aktionärs in der Aktiengesellschaft und damit der Umfang seines durch die Aktie vermittelten Schutzumfangs wird im Wesentlichen durch zwei Modelle zu klären versucht. Die beiden Ansätze führen zu einem unterschiedlichen Schutzumfang von Art. 14 Absatz 1 GG und bedürfen deshalb der Bewertung.

a) Verfassungsrechtliche Stellung des Aktionärs in der Aktiengesellschaft

Durch den Erwerb von Anteilseigentum wird der Käufer zum Eigentümer des Wertpapiers. Allerdings ist hierdurch noch nicht die Stellung des Aktionärs in Bezug auf die Gesellschaft geklärt, an der er den Anteil erworben hat.

Eine auf die Regierungsbegründung des Aktiengesetzes aus dem Jahre 1965 zurückgreifende Ansicht und damit die historische Auslegung sieht die Stellung des Aktionärs als wirtschaftlichen Eigentümer der Aktiengesellschaft.[578] So ist in der amtlichen Begründung zum Regierungsentwurf zum Aktiengesetz 1965 zu lesen, dass das Aktienrecht *„von dem wirtschaftlichen Eigentum der Aktionäre an dem auf ihren Kapitalbeiträgen beruhenden Unternehmen ausgehen muss"*.[579] Es geht hierbei nicht um eine Art bürgerlich rechtliche Beziehung der Aktionäre zum Gesellschaftsvermögen, sondern darum, dass der Aktionär eine durch Art. 14 Absatz 1 GG geschützte mittelbare Berechtigung an den Bestandteilen des Gesellschaftsvermögens erhält.[580] Diese mittelbare Berechtigung an den Bestandteilen des Gesellschaftsvermögens wurde in der *Feldmühleentscheidung* sowie in der *Mitbestimmungsentscheidung* des Bundesverfassungsgerichts bestätigt.[581] Das Gericht deklarierte hier das Anteilseigentum der Aktionäre als gesellschaftsrechtlich vermitteltes Eigentum.[582]

Das legislatorische Leitbild des Aktionärs als Einzeleigentümer wurde in der Folgezeit von Vertretern der Lehre vermehrt in Zweifel gezogen. Infolgedessen wurde versucht, die Rechtstellung des Aktionärs vom korporativen Standpunkt aus zu werten.[583] Die Rechtsstellung des Aktionärs ist hiernach in verbandsrecht-

---

578 *Kropff*, Aktiengesetz 1965, S.14; *Schäffer*, BB 1958, 1253ff.; *Fischer*, DB 1958, 1263 ff.

579 *Kropff*, Aktiengesetz 1965, S.14.

580 *Conreder*, Verfassungsrechtlicher Schutz von Aktionärsrechten, S.35, 36.

581 BVerfG Urt. v. 7.8.1962 - 1 BvL 16/60, BVerfGE 14, 263 ff. (*Feldmühle*); BVerfG Urt. v. 1.3.1979 - 1 BvR 532/77, BVerfGE 50, 290 ff. (*Mitbestimmung*); vergleiche hierzu die späteren Ausführungen unter 3.TeilB.IV.2.b)bb)(3).

582 BVerfG Urt. v. 7.8.1962 - 1 BvL 16/60, BVerfGE 14, 263, 276 f. (*Feldmühle*); BVerfG Urt. v. 1.3.1979 - 1 BvR 532/77, BVerfGE 50, 290, 341 ff. (*Mitbestimmung*).

583 *Lutter*, AcP 1980, 97 ff.; *K. Schmidt*, Gesellschaftsrecht, S.53 f., 548 f.; *Leisner* in Isensee/Kirchhof, HdB des Staatsrechts Bd. IV, Art. 14 GG Rn.116; *Stumpf*, NJW 2003, 9, 11; *Jung*, JZ 2001, 1004, 1011; ausführliche Darlegung bei *Schoppe*, Aktieneigentum: Verfassungs-

lichen Kategorien zu begreifen.[584] Der Aktionär erwerbe durch die Aktie eine mitgliedschaftliche Stellung in dem Verband.[585] Die Mitgliedschaft wird als Dauerrechtsverhältnis begriffen, dass sowohl Mitverwaltungs- als auch Vermögensrechte vermittelt. Die Ausübung der Aktionärsrechte erfolgt in den Grenzen des Verbandes und ist hierdurch geprägt und beschränkt, sodass der einzelne Aktionär den Entscheidungsmechanismen der Hauptversammlung und dem Verbandswillen unterzuordnen ist.[586] Gerade Anteilseignern großer *Publikumsgesellschaften* sei infolge der Atomisierung ihrer Anteilsrechte eine echte Einflussmöglichkeit auf die Unternehmensführung und damit die Verfügungsbefugnis – vergleichbar mit der eines Eigentümers – verwehrt.[587] Nach dieser Auffassung ist die juristische Person selbst alleinige Eigentümerin des Gesellschaftsvermögens, während die Aktionäre ihre Rechtstellung allein über ihre aus der Mitgliedschaft resultierenden Mitverwaltungs- und Vermögensrechte ableiten.[588]

Je nach Auffassung über die Stellung des Aktionärs, ergibt sich ein unterschiedlicher Schutzumfang des Aktieneigentums. Dabei spricht für die letztgenannte Ansicht, dass die Aktiengesellschaft durch Eintragung in das Handelsregister gemäß § 41 Absatz 1 Satz 1 AktG eine eigene Rechtspersönlichkeit und damit juristische Person darstellt.[589] Diese ist durch das Trennungsprinzip geprägt, sodass allein die Aktiengesellschaft, nicht jedoch die Aktionäre Zuordnungsobjekt sind. Wird den Aktionären mittelbares Eigentum am Gesellschaftsvermögen neben der juristischen Person zugesprochen, so ist diese praktisch aufgelöst; denn die Gesellschaft als juristische Person ist über Art. 19 Absatz 3 GG selbst Trägerin des Eigentumsgrundrechts.[590] Gegen den erweiterten Schutzumfang des Aktionärs aus Art. 14 Absatz 1 GG spricht auch der Zweck der Aktie, der nicht in erster Linie darin liegt, Eigentum am Gesellschaftsvermögen zu verschaffen, sondern durch den Erwerb Kapital für das Unternehmen zu akquirieren.

---

rechtliche Strukturen und gesellschaftsrechtliche Ausprägungen der Aktie als Gegenstand des Art. 14 GG, S. 85ff.

584 *Schoppe*, Aktieneigentum: Verfassungsrechtliche Strukturen und gesellschaftsrechtliche Ausprägungen der Aktie als Gegenstand des Art. 14 GG, S.85 ff.; *Conreder*, Verfassungsrechtlicher Schutz von Aktionärsrechten, S.36 mwN.

585 *Conreder*, Verfassungsrechtlicher Schutz von Aktionärsrechten, S.36 mwN.

586 *Schoppe*, Aktieneigentum: Verfassungsrechtliche Strukturen und gesellschaftsrechtliche Ausprägungen der Aktie als Gegenstand des Art. 14 GG, S.89.

587 *Rupp*, Grundgesetz und Wirtschaftsverfassung, S.32 f.

588 *Conreder*, Verfassungsrechtlicher Schutz von Aktionärsrechten, S.36.

589 Grundlegend *Flume*, Allgemeiner Teil des Bürgerlichen Rechts Bd. I Teil II, Die juristische Person, S.32.

590 *Conreder*, Verfassungsrechtlicher Schutz von Aktionärsrechten, S.41.

Die Aktie ist als Finanzinstrument konzipiert.[591] Auch sprechen sachenrechtliche Grundsätze gegen die Konstruktion des gesellschaftsrechtlich vermittelten Eigentums. Die Beziehungen des Aktionärs zu den Gegenständen im Gesellschaftsvermögen lassen sich gerade nicht mit der von § 903 BGB verfolgten Intention vergleichen.[592] Ein Aktionär kann mit den Gegenständen des Gesellschaftsvermögens gerade nicht im Sinne der §§ 903 ff. BGB verfahren. Ferner wären alle Rechte der Mitgesellschafter als Eigentumsbeschränkungen zu werten.[593]

Damit sprechen gewichtige Gründe gegen eine „mittelbare" Eigentümerstellung der Aktionäre. Dennoch ist die Schutzbedürftigkeit des Aktionärs keinesfalls zu vernachlässigen. Eine bloße Wahrnehmung der Mitgliedschaftsrechte würde dem gesellschaftsrechtlichen Anspruch nicht gerecht, das Alleineigentum im verbandsrechtlich verfassten Miteigentum fortzusetzen, da die Gefahr des Verlustes von herrschafts- und vermögensrechtlichen Ansprüchen bestünde, wenn allein die Mitgliedschaft dem Anteilseigner seine Rechtsposition vermittelt.[594] Zwar können die eher geringen individuellen Aktionärsbefugnisse als notwendige Konsequenz der Zerstückelung des Anteilseigentums nicht verleugnet werden, jedoch unterscheidet sich das Eigentum nicht in qualitativer Hinsicht. Die relative Stellung des Aktionärs beruht primär auf der Tatsache, dass die Gesellschaft von vielen geteilt wird. Dies hat indes keine Auswirkung auf die Qualität der Aktie als Schutzgut im Sinne des Art. 14 Absatz 1 GG.[595] Es geht vielmehr um die Beziehung des Aktionärs zu seinem Unternehmensanteil. Zudem wird die Konzentration auf rein organisationsrechtliche Aspekte vor allem den verschiedenen Gesellschafts- und Beteiligungsformen und daraus folgenden Besonderheiten nicht gerecht.[596] Aus diesem Grund ist die Stellung des Aktionärs in der Aktiengesellschaft mehrdimensional zu betrachten und als komplexe Kombination aus beiden Elementen zu begreifen. Insofern wird auch von der

591 *Conreder*, Verfassungsrechtlicher Schutz von Aktionärsrechten, S.42; *Würdinger*, Aktienrecht und das Recht der verbundenen Unternehmen, S.50.

592 *Conreder*, Verfassungsrechtlicher Schutz von Aktionärsrechten, S.42.

593 *Mülbert*, Aktiengesellschaft, Unternehmensgruppe und Kapitalmarkt –Die Aktionärsrechte bei Bildung und Umbildung einer Unternehmensgruppe zwischen Verbands- und Anlegerschutzrecht, S.64.

594 *Conreder*, Verfassungsrechtlicher Schutz von Aktionärsrechten, S.41.; *Schön*, FS Ulmer 2003, S.1359, 1369.

595 *Schoppe*, Aktieneigentum: Verfassungsrechtliche Strukturen und gesellschaftsrechtliche Ausprägungen der Aktie als Gegenstand des Art. 14 GG, S.86.

596 *Mülbert*, Aktiengesellschaft, Unternehmensgruppe und Kapitalmarkt – Die Aktionärsrechte bei Bildung und Umbildung einer Unternehmensgruppe zwischen Verbands- und Anlegerschutzrecht, S.70 f. mwN.

Doppelstellung des Aktionärs gesprochen.[597] Dem Aktionär und in Folge auch dem Aktieneigentum wird ein auf zwei Ebenen wirkender Schutz zu Teil und zwar sowohl hinsichtlich seiner mittelbaren Unternehmensträgerschaft als auch hinsichtlich seines unmittelbaren Mitgliedschaftsrechts auf der Verbandsebene.[598] Beide Facetten sind gleichermaßen dem Schutzumfang des Aktieneigentums zu unterstellen (sogenannte hybride Aktionärsstellung).[599]

Folglich kann sich der Aktionär sowohl hinsichtlich seiner verbandsrechtlichen Stellung und seiner hieraus resultierenden Mitwirkungs- und Vermögensrechte als auch hinsichtlich seiner mittelbaren Eigentumsposition auf den Schutzumfang des Art. 14 Absatz 1 GG berufen. Aus dieser zweigliedrigen Rechtsträgerschaft folgt, dass sich der Aktionär je nach Sachlage auf die ein oder andere Dimension berufen kann.[600]

b) Rechtsnatur des Aktieneigentums

Das inhaltliche Verständnis vom komplexen Wesen des aktienrechtlichen Eigentums wurde entscheidend von drei Urteilen des Bundesverfassungsgerichts geprägt.[601] Im *Feldmühleurteil* aus dem Jahre 1962 wurde das Anteilseigentum der Aktionäre erstmals höchstrichterlich als Schutzposition der Eigentumsfreiheit anerkannt.[602] In vereinfachter Darstellung liegt dem Urteil folgender Sachverhalt zu Grunde: Auf einer außerordentlichen Hauptversammlung der Aktiengesellschaft *Feldmühle Papier und Zellstoffwerke Aktiengesellschaft* wurde die Umwandlung der Gesellschaft durch Übertragung des Vermögens auf ihre mit 80% am Grundkapital beteiligte Hauptgesellschafterin – eine Aktiengesellschaft, die just zuvor von zwei Großaktionären der *Feldmühle Aktiengesellschaft* gegründet

597 *Schön*, FS Ulmer 2003, S.1359, 1370 mwN.

598 *Schoppe*, Aktieneigentum: Verfassungsrechtliche Strukturen und gesellschaftsrechtliche Ausprägungen der Aktie als Gegenstand des Art. 14 GG, S.105.

599 *Mülbert*, FS Ulmer 2003, S.433, 434 f.; *Assmann* in Nörr, 40 Jahre Bundesrepublik Deutschland – 40 Jahre Rechtsentwicklung, S.251.

600 *Schoppe*, Aktieneigentum: Verfassungsrechtliche Strukturen und gesellschaftsrechtliche Ausprägungen der Aktie als Gegenstand des Art. 14 GG, S.105; *Schön*, FS Ulmer 2003, S.1359, 1371; *Langenbucher*, Aktien- und Kapitalmarktrecht, S.144 ff.

601 BVerfG Urt. v. 7.8.1962 - 1 BvL 16/60, BVerfGE 14, 263, 276 f. (*Feldmühle*); BVerfG Urt. v. 7.5.1969 - 2 BvL 15/67, BVerfGE 25, 371 (*lex Rheinstahl*); BVerfG Urt. v. 1.3.1979 - 1 BvR 532/77, BVerfGE 50, 290, 341 ff. (*Mitbestimmung*).

602 BVerfG Urt. v. 7.8.1962 - 1 BvL 16/60, BVerfGE 14, 263, 276 sowie BVerfG Urt. v. 7.5.1969 - 2 BvL 15/67, BVerfGE 25, 371.

worden war – beschlossen.[603] Hiergegen wandten sich die durch den Umwandlungsbeschluss ausgeschlossenen Minderheitsaktionäre. Das Bundesverfassungsgericht statuierte in den Streitfragen: „*Neben den Mitgliedschaftsrechten gewährt die Aktie vermögensrechtliche Ansprüche, etwa in Gestalt von Ansprüchen auf Gewinnbeteiligung, Bezug junger Aktien und auf die Abwicklungsquote (...). Insofern ist die Aktie gesellschaftsrechtlich vermitteltes Eigentum und genießt als Vermögensrecht den Schutz des Art. 14 GG*“.[604] Aufgrund seiner Doppelnatur als Mitgliedschafts- und Vermögensrecht weise die Aktie einen komplexen Charakter auf, der von dem Gesetzgeber mal auf der einen und mal auf der anderen Seite mehr akzentuiert werden dürfe. Das in der Aktie verkörperte gesellschaftsrechtliche Eigentum sei daher in seinem Bestand nicht unbedingt gesichert,[605] sondern werde inhaltlich durch das Gesellschaftsrecht wie auch durch die Sozialordnung bestimmt.[606]

Diese Judikatur wurde nur wenige Jahre später im *Rheinstahlurteil* bestätigt. Auch sei der Charakter als Vermögensrecht nicht von dem als Mitgliedschaftsrecht zu trennen.[607] Diese Auffassung wurde im wegweisenden *Mitbestimmungsurteil*[608] des Bundesverfassungsgerichts weiterhin vertreten.

Auch nach einhelliger Auffassung im Schrifttum erstreckt sich der Schutz des Art. 14 GG auf jedwede Aktie – auch auf solche von Minderheitsaktionären[609] – und hierbei sowohl auf die mitgliedschaftliche als auch auf die vermögensrechtliche Seite.[610] Das rechtsdogmatische Wesensmerkmal der Aktie als Teil des grundrechtlich geschützten Eigentums manifestiert sich somit in der Mitgliedschaft des Aktionärs und damit auch in seinen Rechten und Pflichten[611] sowie in der Gestalt eines die mitgliedschaftlichen Befugnisse verbriefenden Wertpapiers.[612] Zur ersten Gruppe zählen unter anderem die Rechte zur Mitgestaltung

603 *Schoppe*, Aktieneigentum: Verfassungsrechtliche Strukturen und gesellschaftsrechtliche Ausprägungen der Aktie als Gegenstand des Art. 14 GG, S.69, mit weiteren Ausführungen zum Sachverhalt.

604 BVerfG Urt. v. 7.8.1962 - 1 BvL 16/60, BVerfGE 14, 263, 276 f.

605 BVerfG Urt. v. 7.8.1962 - 1 BvL 16/60, BVerfGE 14, 263, 278.

606 In Weiterführung BVerfG Urt. v. 7.5.1969 - 2 BvL 15/67, BVerfGE 25, 371, 407.

607 BVerfG Urt. v. 7.5.1969 - 2 BvL 15/67, BVerfGE 25, 371, 407.

608 BVerfG Urt. v. 1.3.1979 - 1 BvR 532/77, BVerfGE 50, 290.

609 Das Eigentum der Klein oder Großanleger unterscheidet sich zwar in quantitativer nicht jedoch in qualitativer Hinsicht; umfänglich *Schoppe*, Aktieneigentum: Verfassungsrechtliche Strukturen und gesellschaftsrechtliche Ausprägungen der Aktie als Gegenstand des Art. 14 GG, S.89 ff.

610 *Zöllner/Noack*, AG 1991, 158, 162; *Jung*, JZ 2001, 1011 f.; *Löwe/Thoß*, ZIP 2002, 2075, 2076; *Stumpf*, NJW 2003, 9, 10, 11.

611 *Eder*, NZG 2004, 104, 107.

612 § 10 AktG (Inhaber- und Namensaktie); *Schoppe*, Aktieneigentum: Verfassungsrechtliche Strukturen und gesellschaftsrechtliche Ausprägungen der Aktie als Gegenstand des Art. 14 GG, S.100.

der Geschicke der Aktiengesellschaft – insbesondere das Recht des Aktionärs zur Teilnahme an der Hauptversammlung, § 118 AktG –, das Stimmrecht, §§ 12 Absatz 1 Satz 1, 133 ff. AktG und das Auskunftsrecht, § 131 AktG. Die zweite Gruppe erfasst die aus der mitgliedschaftlichen Position fließenden Rechte vermögenswerten Gehalts, so zum Beispiel Dividendenrechte, § 58 Absatz 4 AktG, Neubezugsrechte, § 186 Absatz 1 Satz 1 AktG sowie den Anspruch auf anteiligen Liquidationserlös, § 271 AktG.[613]

Als Zwischenergebnis lässt sich festhalten, dass das gesellschaftsrechtlich vermittelte Eigentum in Form der Aktie vom Schutzbereich des Art. 14 Absatz 1 GG erfasst ist. Der Schutz bezieht sich darüber hinaus auch auf die Mitgliedschaft an der Aktiengesellschaft und den einhergehenden Vermögens- und Verwaltungsrechten. Ferner kann sich jeder Aktionär – sowohl Kleinanleger als auch Großinvestor – in gleicher Weise auf beide Komponenten des verfassungsrechtlichen Schutzumfanges berufen.

c) Beeinträchtigung des Anteilseigentums durch die Gleichstellungsquote

Die Einhaltung einer verpflichtenden Gleichstellungsquote bei der Bestellung des Aufsichtsrats könnte die Aktionäre in ihrer Wahlfreiheit beeinträchtigen, § 101 Absatz 1 AktG und damit in ihre durch Art. 14 Absatz 1 GG geschützten Mitgliedschaftsrechte „eingreifen".[614] Allerdings ist bereits im Wortlaut der grundrechtlichen Eigentumsfreiheit ein zentrales Problem angelegt: Einerseits „gewährleistet" das Grundrecht Eigentumsgarantien und damit auch die sich aus der Aktie ergebenden Mitgliedschaftsrechte, andererseits überantwortet es dem Gesetzgeber, selbst die „Inhalte und Schranken" dieser Gewährleistung zu bestimmen, Art. 14 Absatz 1 Satz 2 GG.[615] Deshalb wird im Zusammenhang mit der Schutzbereich- und Eingriffsproblematik in Bezug auf Art. 14 GG vom normgeprägten Schutzbereich des Grundrechts gesprochen.[616] Die dogmatische Struktur der Eigentumsgarantie weicht daher erheblich von derjenigen anderer Grundrechte ab.[617] Der Gesetzgeber muss den inhaltlichen Umfang der Grund-

613 *Schoppe*, Aktieneigentum: Verfassungsrechtliche Strukturen und gesellschaftsrechtliche Ausprägungen der Aktie als Gegenstand des Art. 14 GG, S.101.

614 Auf die als solche bezeichnete innere Schwäche des Anteilseigentums durch das bei Körperschaften herrschende Mehrheitsprinzip wird noch einzugehen sein.

615 *Schoppe*, Aktieneigentum: Verfassungsrechtliche Strukturen und gesellschaftsrechtliche Ausprägungen der Aktie als Gegenstand des Art. 14 GG, S.13.

616 *Lerche*, Übermaß und Verfassungsrecht, S.106 ff.; *Burgi*, ZG 1994, 341, 348 ff.

617 *Wieland* in Dreier, GG Kommentar, Art. 14 GG Rn.25; *Hofmann* in Schmidt-Bleibtreu/Hofmann/Hopfauf, GG Kommentar, Art. 14 GG Rn.4.

rechtsgarantie zunächst rechtlich konturieren,[618] bevor die Frage gestellt werden kann, ob der Schutzbereich durch die zu untersuchende Maßnahme berührt wird. So lässt sich die Frage nach einem „Eingriff" in das Mitgliedschaftsrecht der Aktionäre durch eine verpflichtende Gleichstellungsquote an dieser Stelle noch nicht beantworten. Vielmehr muss im weiteren Verlauf untersucht werden, ob eine solche Regelung unverhältnismäßig in die Rechte der Aktionäre eingreift oder als verhältnismäßige Inhalts- und Schrankenbestimmung zu werten ist.

2. Verfassungsrechtliche Rechtfertigung

a) Formelle Verfassungsmäßigkeit und Verhältnismäßigkeit im weiteren Sinne

Um eine Beeinträchtigung der grundrechtlich geschützten Mitgliedschaftsrechte der Aktionäre zu rechtfertigen, bedarf es zunächst der formellen und materiellen Verfassungsmäßigkeit der Regelung. Hinsichtlich der Anforderungen an die formelle Verfassungsmäßigkeit der Gleichstellungsquote und damit der Frage nach dem zuständigen Gesetzgeber kann auf die vorausgegangene Prüfung von Art. 12 Absatz 1 GG verwiesen werden.[619]

In Bezug auf die materielle Verfassungsmäßigkeit ist fraglich, ob Art. 14 GG einer legislativen Einschränkung zugänglich ist oder es sich um ein sogenanntes „vorbehaltlos" gewährleistetes Grundrecht handelt.[620] Hierbei sind sowohl Art. 14 Absatz 1 Satz 2 GG als auch Art. 14 Absatz 2 GG zu berücksichtigen. Der Inhalt und die Schranken des Schutzumfanges werden danach durch den Gesetzgeber bestimmt, der darauf zu achten hat, dass sein Gebrauch zugleich dem Wohle der Allgemeinheit dient. Der Gesetzgeber hat damit der grundgesetzlichen Anerkennung des Eigentums ebenso Rechnung zu tragen wie auch dem Sozialgebot aus Art. 14 Absatz 2 GG. Art. 14 GG kann also grundsätzlich durch die Legislative eingeschränkt werden. Allerdings ist das Ermessen des Gesetzgebers durch das Gebot der gerechten Abwägung begrenzt.[621] Auch im Zuge der Vereinbarkeitsuntersuchung mit Art. 14 Absatz 1 Satz 1 GG der Aktionäre ist somit

618 Grundlegend BVerfG Urt. v. 15.7.1981 - 1 BvL 77/78, BVerfGE 58, 300, 330 (*Naßauskiesung*); BVerfG Urt. v. 12.6.1979 - 1 BvL 19/76, BVerfGE 52, 1, 27; *Schön*, FS Ulmer 2003, S.1360, 1362; *Papier* in Maunz/Dürig, GG Kommentar, Art. 14 GG Rn.35 ff.; *Depenhauer* in v. Mangoldt/Klein/Starck, GG Kommentar, Art. 14 GG Rn.51, 56 ff.

619 3.TeilB.II.2.a).

620 Hierzu *Lücke*, DÖV 2002, 93 ff.; *Lenz*, DÖV 2007, 667 ff.; *Graf v.Kielmansegg*, JuS 2009, 118 ff.; *Herdegen* in Maunz/Dürig, GG Kommentar, Art. 1 GG Rn.42, 43.

621 BVerfG Urt. v. 15.1.1969 - 1 BvL 3/66, BVerfGE 25, 112, 118; BVerfG Urt. v. 1.3.1979 - 1 BvR 532/77, BVerfGE 50, 290, 340; BVerfG Beschl. v. 30.11.1988 - 1 BvR 1301/84, BVerfGE 79, 174, 189; *Papier* in Maunz/Dürig, GG Kommentar, Art. 14 GG Rn.308, 309.

die Frage nach der Verhältnismäßigkeit einer Gleichstellungsquote sowohl im weiteren als auch im engeren Sinne zu stellen.

Die Verhältnismäßigkeit im weiteren Sinne und damit die Verfassungsmäßigkeitskriterien des legitimen Zwecks einer solchen Quote, ihrer Geeignetheit sowie die Erforderlichkeit einer solchen Maßnahme können im Hinblick auf das Prüfungsergebnis zu Art. 12 Absatz 1 GG der Aktiengesellschaft auch hier bejaht werden. Die Fragestellungen sind insofern gleichläufig. Letztlich können sich allein hinsichtlich der Verhältnismäßigkeit im engeren Sinne spezifische Unterschiede zur Rechtfertigung ergeben.

b) Verhältnismäßigkeit im engeren Sinne

aa) Gleichstellungsquote als Inhalts- und Schrankenbestimmung

Die verfassungsmäßige Rechtfertigung eines „Eingriffs" in das Mitgliedschaftsrecht der Aktionäre richtet sich zunächst nach der Einordnung der Regelung in den Kontext der möglichen Beschränkungen. Es ist zu differenzieren, ob es sich bei einer verpflichtenden Gleichstellungsquote um eine Inhalts- und Schrankenbestimmung im Sinne von Art. 14 Absatz 1 Satz 2 GG oder um eine Enteignung im Sinne des Art. 14 Absatz 3 GG handeln würde. Es liegt auf der Hand, dass beide Modalitäten aufgrund ihrer Intensität unterschiedlichen Rechtfertigungskriterien unterliegen. Dies ergibt sich *expressis verbis* bereits aus der grundgesetzlichen Vorgabe des Art. 14 Absatz 3 GG. Seit der *Naßauskiesungsentscheidung*[622] des Bundesverfassungsgerichts ist die Abgrenzung zwischen Inhalts- und Schrankenbestimmungen und einer Enteignung rein nach formalen Kriterien vorzunehmen und nicht etwa wie zuvor durch den Bundesgerichtshof[623] oder etwa das Bundesverwaltungsgericht[624] entschieden, nach dem Grad der Eingriffsintensität in die Eigentumsfreiheit.

Eine Inhalts- und Schrankenbestimmung ist demnach anzunehmen, wenn es sich um eine abstrakt-generelle Festlegung von Rechten und Pflichten handelt, die grundrechtlich geschützte Eigentumspositionen betreffen.[625] Das Wesensmerkmal einer Enteignung ist in Abgrenzung dazu eine konkret-individuelle, fi-

622 BVerfG Urt. v. 15.7. 1981 - 1 BvL 77/78, BVerfGE 58, 300, 330 (*Naßauskiesung*).

623 Sogenannte *Sonderopfertheorie* des Bundesgerichtshofs vergleiche BGH Beschl. v. 10.6.1952 - GSZ 2/52, BGHZ 6, 270, 280.

624 Sogenannte *Schweretheorie* des Bundesverwaltungsgerichtshofs vergleiche BVerwG Urt. v. 27.6.1957- I C 3.56, BVerwGE 5, 143, 145 f.

625 BVerfG Beschl. v. 12.6.1979 - 1 BvL 19/76, BVerfGE 52, 1, 27; BVerfG Beschl. v. 14.7.1981 - 1 BvL 24/78, BVerfGE 58, 137, 144; BVerfG Beschl. v. 12.3.1986 - 1 BvL 81/79, BVerfGE 72, 66, 76.

nal ausgerichtete Regelung, die staatlichen Zugriff auf das Eigentum des Einzelnen erlaubt und auf die vollständige oder teilweise *Entziehung* konkreter subjektiver Rechtspositionen gerichtet ist.[626] Damit besteht zwischen den beiden Formen ein *Aliud*-Verhältnis, weshalb eine abstrakt-generelle Inhalts- und Schrankenbestimmung, sei sie noch so intensiv, nie als Enteignung gewertet werden kann.[627]

Eine Gleichstellungsquote wäre nicht darauf gerichtet, konkret-individuelle Rechtspositionen der Aktionäre vollständig oder teilweise zum Wohle der Allgemeinheit zu entziehen. Vielmehr geht es um die Festlegung einer abstrakten Organisationsregelung, die das Bestellungsrecht der Aktionäre hinsichtlich der Personalauswahl modifiziert. Eine Enteignung liegt demgemäß nicht vor.

Folglich wäre eine Gleichstellungsquote als Inhalts- und Schrankenbestimmung im Sinne des Art. 14 Absatz 1 Satz 2 GG zu werten. Auf der Rechtfertigungsebene folgt aus dieser Zuordnung entsprechend Art. 14 Absatz 1 Satz 2 GG eine grundsätzliche Duldungspflicht der Eigentumsbeschränkung, soweit die Inhalts- und Schrankenbestimmung auf einem verfassungsmäßigen Gesetz beruht.[628] Mit den in Absatz 2 des Art. 14 GG terminierten Belangen gibt der Verfassungsgeber dabei das Spannungsverhältnis und die Gewichtung der kollidierenden Positionen selbst vor, indem er auf die Sozialpflichtigkeit des Eigentums und dem Gebrauch zum Wohle der Allgemeinheit abstellt. Einschränkungen des Eigentumsrechts durch den Gesetzgeber sind demnach grundsätzlich hinzunehmen, da er allein Inhalt und Schranken und damit die Sozialbindung des Eigentums bestimmen kann.[629] Allerdings ist der Gesetzgeber in der Erfüllung seiner Pflichten nicht völlig frei. Die Gemeinwohlverpflichtung des Eigentumsgebrauchs ist ebenso Orientierungspunkt wie Grenze.[630] Eine schematisch einseitige Betrachtungsweise verbietet sich. Vielmehr muss der Gesetzgeber beiden Elementen *scilicet* der verfassungsrechtlich garantierten Rechtstellung sowie dem Gebot einer sozialgerechten Einordnung des Eigentums in gleicher Weise Rechnung tragen.[631] Dieses Gebot der sachgerechten gesetzgeberischen Abwä-

---

626 Umfassend zur Abgrenzung *Papier* in Maunz/Dürig, Art. 14 GG, Rn.523 ff.; *Wendt* in Sachs, GG Kommentar, Art. 14 GG Rn.186; zur Abgrenzung der Rechtsprechung im Einzelnen BVerfG Beschl. v. 2.3.1999 - 1 BvL 7/91, BVerfGE 100, 226 ff.

627 Zum „Paradigmenwechsel" *Depenheuer* in v. Mangoldt/Klein/Starck, GG Kommentar, Art. 14 GG Rn.198.

628 *Papier* in Maunz/Dürig, GG Kommentar, Art. 14 GG Rn.308.

629 *Papier* in Maunz/Dürig, GG Kommentar, Art. 14 GG Rn.306, 307.

630 BVerfG Urt. v. 15.1969 - 1 BvL 3/66, BVerfGE 25, 112, 118; BVerfG Urt. v. 1.3.1979 - 1 BvR 532/77, BVerfGE 50, 290, 340; BVerfG Beschl. v. 30.11.1988 - 1 BvR 1301/84, BVerfGE 79, 174, 198; *Papier* in Maunz/Dürig, GG Kommentar, Art. 14 GG Rn.308.

631 BVerfG Urt. v. 15.1969 - 1 BvL 3/66, BVerfGE 25, 112, 117 f.; BVerfG Beschl. v. 23.4.1974 - 1 BvR 6/74, BVerfGE 37, 132, 139 f.; BVerfG Beschl. v. 12.6.1979 - 1 BvL 19/76, BVerfGE

gung und des Ausgleichs der Eigentumsgarantie mit dem Sozialgebot aus Art. 14 Absatz 2 GG führt dazu, dass die Befugnisse des Gesetzgebers umso weiter gehen, je mehr das Eigentumsobjekt in einem sozialen Bezug und einer sozialen Funktion steht.[632] Andererseits hat der Gesetzgeber der Anerkennung des Eigentums und seinen einhergehenden Rechten hinreichend Rechnung zu tragen. Eingedenk dieses Spannungsverhältnisses soll im Folgenden untersucht werden, ob die Gleichstellungsquote den Kern oder den Randbereich der durch Art. 14 Absatz 1 GG geschützten Mitwirkungsrechte der Aktionäre berührt.

bb) Beeinträchtigung des Kernbereichs der Mitgliedschaftsrechte

Die Anteilseignervertreter werden von der Hauptversammlung gemäß § 101 Absatz 1 AktG gewählt. Hierbei handelt es sich um zwingendes Aktienrecht, das durch die Satzung weder ergänzt noch geändert werden kann.[633] Die Wahl kann keinem anderen Organ als der Hauptversammlung überantwortet werden.[634] Nach § 12 Absatz 1 Satz 1 AktG gewährt dabei grundsätzlich jede Aktie gleiches Stimmrecht.[635] Die Stimmkraft, also die Auswirkungen des Mitgliedschaftsrechts auf den Entscheidungsprozess, richtet sich sodann nach der kapitalmäßigen Beteiligung (Grundsatz: *one share – one vote*).[636] Das Recht zur Stimmabgabe gehört zu den zentralen Mitwirkungsrechten des Aktionärs.[637] In dieser Bestimmung liegt die Verknüpfung zwischen aktienrechtlich geschützter Mitgliedschaft und der darin liegenden „Urzuständigkeit" der Aktionäre, im Rahmen der aktienrechtlichen Kompetenzordnung an der Willensbildung der Hauptversammlung mitzuwirken.[638] Auch wenn eine autonome Willensdurchsetzung des Einzelnen aufgrund der Kollektivierung der Entscheidung in der Regel ausgeschlossen ist, liegt in der Anerkennung des Stimmrechts ein aus der Mitgliedschaft folgendes

---

52, 1, 29; BVerfG Urt. v. 1.3.1979 - 1 BvR 532/77, BVerfGE 50, 290, 340; BVerfG Beschl. v. 15.7.1981 - 1 BvL 77/78, BVerfGE 58, 300, 335; BVerfG Beschl. v. 19.6.1985 - 1 BvL 57/79, BVerfGE 70, 191, 200; BVerfG Beschl. v. 22.11.1994 - 1 BvR 351/91, BVerfGE 91, 294, 308.

632 BVerfG Urt. v. 1.3.1979 - 1 BvR 532/77, BVerfGE 50, 290, 340 f.

633 *Spindler* in Spindler/Stilz, AktG Kommentar, § 101 AktG Rn.3; *Habersack* in MünchKomm AktG, § 101 AktG, Rn.3.

634 *Spindler* in Spindler/Stilz, AktG Kommentar, § 101 AktG Rn.3.

635 *Hüffer*, AktG Kommentar, § 12 Rn.1.

636 *K. Schmidt*, Gesellschaftsrecht, S.849; *Heider* in MünchKomm AktG, § 12 AktG Rn.5, 8.

637 *Hüffer*, AktG Kommentar, § 12 Rn.2.

638 *Schoppe*, Aktieneigentum: Verfassungsrechtliche Strukturen und gesellschaftsrechtliche Ausprägungen der Aktie als Gegenstand des Art. 14 GG, S.215; *Schön*, FS Ulmer 2003, S.1360, 1376.

zentrales Individualrecht.[639] Durch die enge Verzahnung von Mitgliedschaft und Stimmrecht kann dieses nicht gegen den Willen des Aktionärs genommen, etwa seine Aktien in stimmrechtslose Vorzugsaktien umgewandelt werden.[640] Damit gehört das Stimmrecht als Kernelement der Mitgliedschaft in all seinen Ausprägungen als akzessorischer Bestandteil des grundrechtlich geschützten Anteilseigentums zum Schutzgehalt des Art. 14 GG.[641]

Folglich könnte eine Regelung, die das Stimmrecht der Aktionäre beeinträchtigt, zugleich in den Kernbereich seines verfassungsrechtlich geschützten Mitgliedschaftsrechts eingreifen. In diesem Fall bedürfte es gewichtiger Rechtfertigungsgründe, möglicherweise sogar einer abmildernden Entschädigungsregelung, um den Rechtsverlust zu kompensieren.[642] Allerdings wird den Anteilseignern durch die Vorgabe der geschlechtergerechten Besetzung des Aufsichtsrats keinesfalls ihr Stimmrecht genommen. Sie verfügen vielmehr auch in Anwendung der Quote über ihr zentrales Recht, die Mitglieder des Aufsichtsrats zu wählen. Zu Recht wird daher darauf verwiesen, dass der Gesetzgeber durch die Einführung einer Gleichstellungsquote nicht gesellschaftsfremden Organen die Wahl überantworten würde beziehungsweise Aufsichtsratsmitglieder staatlich festzusetzen gedenkt.[643]

Darüber hinaus tritt der einzelne Aktionärswille in Entscheidungsprozessen *ipso iure* – aufgrund des im Aktienrecht angelegten Mehrheitsprinzips – hinter dem des Kollektivs zurück. Dementsprechend kann der Anteilseigner *a priori* nicht davon ausgehen, seinen Willen in jedem Fall erfolgreich zu realisieren.

639 *Hüffer*, AktG Kommentar, § 12 AktG Rn.1; *Schoppe*, Aktieneigentum: Verfassungsrechtliche Strukturen und gesellschaftsrechtliche Ausprägungen der Aktie als Gegenstand des Art. 14 GG, S.216.

640 *K. Schmidt*, Gesellschaftsrecht, S.849; *Heider* in MünchKomm AktG, § 12 AktG Rn.6; *Hüffer*, AktG Kommentar, § 12 AktG Rn.2; *Schoppe*, Aktieneigentum: Verfassungsrechtliche Strukturen und gesellschaftsrechtliche Ausprägungen der Aktie als Gegenstand des Art. 14 GG, S.216.

641 *Dauner-Lieb* in KölnKomm AktG, § 12 AktG Rn.3; *Heider* in MünchKomm AktG, § 12 AktG Rn.6; *Zöllner/Noack*, AG 1991, 158; *Schoppe*, Aktieneigentum: Verfassungsrechtliche Strukturen und gesellschaftsrechtliche Ausprägungen der Aktie als Gegenstand des Art. 14 GG, S.216; *Stumpf*, NJW 2003, 9, 11; *Conreder*, Verfassungsrechtlicher Schutz von Aktionärsrechten, S.45; *Seuffert*, Der Schutz des Aktieneigentums nach Art. 14 GG und seine Auswirkungen im Zusammenhang mit dem Ausschluss von Minderheitsaktionären gemäß §§ 327a ff. AktG, S.23.

642 Systematisierende Aufbereitung der potentiellen aktienrechtlichen Ausgleichspflichten bei *Klöhn*, Das System der aktien-und umwandlungsrechtlichen Abfindungsansprüche, 2009.

643 *Wieland*, NJW 2010, 2408, 2409.

(1) „Innere Schwäche" des Mitgliedschaftsrechts in Entscheidungsprozessen

Anders als bei der Personengesellschaft, bei der alle Beschlüsse grundsätzlich einstimmig zu fassen sind beziehungsweise allein durch strenge Anforderungen im Gesellschaftsvertrag von diesem Erfordernis abgewichen werden kann,[644] gilt für die Mitwirkungsrechte aus dem Anteilseigentum, dass bei Körperschaften herrschende Prinzip der einfachen Mehrheit, § 133 AktG (*one share – one vote*). Da die Aktiengesellschaft regelmäßig aus vielen Anteilseignern besteht, ist der einzelne Aktionär je nach Stimmverteilung gegen Beschlüsse der Mehrheit nicht gesichert.[645] Die Auswirkung des Mehrheitsprinzips auf die Mitwirkungsrechte der Aktionäre wird in der Fachliteratur auch als „innere Schwäche" des Anteilseigentums im Vergleich zu anderen Dispositionsrechten bezeichnet.[646] Damit wird die Absolutheit der Rechtsposition bereits durch die Notwendigkeit des gemeinschaftlichen Zusammenwirkens in der Mehrheit erheblich „abgeschwächt". Die Umsetzung des Aktionärswillens hängt maßgeblich von seinem Aktienanteil am Unternehmen ab. Etwas anders kann sich nur für den Aktionär ergeben, dem durch eine hohe Beteiligung oder etwaige andere satzungsrechtliche Sonderrechte[647] eine unternehmerische Betätigungsmöglichkeit eingeräumt wird.

Fraglich ist deshalb, ob sich die Intensität des Eingriffs für alle Aktionäre gleichermaßen feststellen lässt. So könnte sich die Eingriffsschwere nach der Beteiligungsstruktur beziehungsweise der Höhe der Anteile des jeweiligen Aktionärs richten.

(2) Eingriffsintensität nach Beteiligungsstruktur und -höhe?

Bei der sogenannten *Publikumsgesellschaft*,[648] bei der sich die Aktien im Streubesitz befinden und somit kein Aktionär die Gesellschaft zu dominieren vermag, richtet sich die Entscheidungsfindung nach dem im Aktiengesetz determinierten Mehrheitsprinzip, § 133 AktG. Das Unterliegen der Minderheit ist damit in der

---

644 *K. Schmidt*, Gesellschaftsrecht, S.453; *Grunewald*, Gesellschaftsrecht, S.43.

645 *Conreder*, Verfassungsrechtlicher Schutz von Aktionärsrechten, S.44.

646 *Hüffer/Schmidt-Aßmann* in Hüffer/Schmidt-Aßmann/Weber, Anteilseigentum, Unternehmenswert und Börsenkurs, S.49: „*Wer sich für quotales Unternehmenseigentum entscheidet, entscheidet sich für eine von innen heraus spezifisch gebundenen Eigentumsform.*".

647 Zu der Problematik von staatlichen Sonderrechten und sogenannten „*Golden Shares*" und ihrer europarechtlichen Zulässigkeit, *Stöber* NZG 2010, 977 ff.; *Oechsler*, NZG 2007, 161 ff.; *Teichmann/Heise*, BB 2007, 2577 ff.; *Holle*, AG 2010, 14 ff.

648 Zur Begriffsbestimmung siehe die Ausführungen bei *Gummert/Horbach* in MünchHdB des Gesellschaftsrecht Bd. II, § 61 Rn. 1, 2; *Hermanns*, ZGR 1996, 103 ff.; *Hüffer*, JuS 1979, 57.

ordnungspolitischen Struktur der Aktiengesellschaft selbst angelegt. Diese Einschränkung des individuellen Aktionärswillens gegen das Kollektiv – möge sie Ausdruck der Sozialbindung des Anteilseigentums[649] oder vorrangig gesellschaftsrechtlichen Bindungsstrukturen geschuldet sein[650] – steht im engen Zusammenhang mit dem Einwand des geringen personalen Bezugs des Anteilseigentums zur Unternehmensführung.[651] Diesem Argumentationsstrang folgend würde dies für die hier vorgesehene Regelung bedeuten, dass sich die Auferlegung einer Gleichstellungsquote für die Kleinanleger in einer *Publikumsgesellschaft* weniger eingriffsintensiv darstellt, als dies bei Großinvestoren mit mehr Einflusspotential der Fall wäre. Konsequenterweise verweist der Gesetzesantrag des Landes Nordrhein-Westfalen auf die Anwendung der Quote allein bei börsennotierten Gesellschaften, mit der Begründung, dass hier keine enge Verbindung zwischen Gesellschaftern und der Unternehmenspolitik bestünde und die breite Aktionärsstruktur die Anonymisierung der Aktionärsbasis bedeute.[652]

Die Eingriffsschwere von der konkreten Beteiligungsstruktur abhängig zu machen, begegnet erheblichen Bedenken. Zunächst entspricht die Gleichsetzung von Börsennotierung mit *Publikumsgesellschaft* nicht immer der Rechtstatsächlichkeit. Man denke an die börsennotierten Familienunternehmen, bei denen in der Regel ein oder mehrere Mitglieder der Gründerfamilie die Mehrheit der Aktien halten.[653] Darüber hinaus ist auch die Annahme einer proportional ansteigenden Eingriffsschwere je nach Anteilshöhe aus verfassungsrechtlichen Gesichtspunkten zweifelhaft. Diese spiegelbildliche Annahme würde implizieren, dass sich der aus Art. 14 GG ergebene Schutzgehalt von der Anzahl der gehaltenen Anteile abhängig gemacht würde. In diese Richtung argumentiert auch das Bundesverfassungsgericht in seiner *Mitbestimmungsentscheidung* und führt den geringen personalen Bezug des Anteilseigentums als Rechtfertigung für eine erweiterte Arbeitnehmermitbestimmung an.[654] Das Gericht geht offensichtlich von einer Art Schutzgut „minderer“ Qualität aus.[655] Eine Rechtfertigung diesen ein-

---

649 BVerfG Urt. v. 1.3.1979 - 1 BvR 532/77, BVerfGE 50, 290, 341 ff.

650 So *Schoppe*, Aktieneigentum: Verfassungsrechtliche Strukturen und gesellschaftsrechtliche Ausprägungen der Aktie als Gegenstand des Art. 14 GG, S.131.

651 *Schoppe*, Aktieneigentum: Verfassungsrechtliche Strukturen und gesellschaftsrechtliche Ausprägungen der Aktie als Gegenstand des Art. 14 GG, S.131.

652 So auch das Argument in dem Gesetzesantrag des Landes Nordrhein-Westfalen v. 11.2.2011, BR-Drucks. 87/11, S.26.

653 Zu den spezifischen Besonderheiten in diesem Bereich *Hennerkes*, Die Familie und ihr Unternehmen; *Sudhoff*, Familienunternehmen; *Sigle*, FS Rowedder 1994, S.459 ff.; *Lange*, BB 2005, 2585; *Ulmer*, ZIP 2010, 549; *Scherer*, BB 2010, 323.

654 BVerfG Urt. v. 1.3.1979 - 1 BvR 532/77, BVerfGE 50, 290, 347.

655 Kritisch hierzu bereits *Wiedemann*, Gesellschaftsrecht – Ein Lehrbuch des Unternehmens- und Verbandsrechts Bd. I , S.712; *Papier*, ZGR 1979, 444, 461 ff.

geschränkten Schutz bei Kleinanlegern anzunehmen und damit eine qualitative Unterscheidung zwischen „großem“ und „kleinem“ Eigentum anzustrengen, findet sich weder im Aktien- noch im Grundgesetz. Diese Betrachtungsweise geht auch deshalb fehl, weil es bei dem Schutz aus Art. 14 GG und dem einhergehenden Mitgliedschaftsrecht gerade nicht um das Verhältnis der Anteilseigner zueinander beziehungsweise zu den Gegenständen des Gesellschaftsvermögens geht. Im Vordergrund steht vielmehr das Verhältnis der Anteilseigner zu ihrem eigenständig verfassungsrechtlich geschützten Anteilsrecht in Form der Aktie.[656] Zu diesem Anteilsrecht können alle Aktionäre unabhängig von der Höhe ihrer Beteiligung eine vergleichbar enge personale Bindung haben.[657] Soll das Anteilseigentum ebenso wie jeder andere Eigentumsgegenstand einen umfänglichen Schutz als existenzsichernde Kapitalanlage erfahren, darf hier gerade nicht differenziert werden.[658]

Zwar können die Interessen mit denen reine Kapitalanleger ihre Aktienoption bewerten von denen der Mitunternehmer divergieren. Insoweit bleibt jedoch festzuhalten, dass sich die in der Aktiengesellschaft seit jeher vorhandene Interessenpluralität in den letzten Jahren – unabhängig von dem jeweiligen Anteilsbestand – erheblich weiter ausdifferenziert hat.[659] Aufgrund der im Vordringen befindlichen ausländischen Investoren sehen sich viele Aktionäre auch mit geringer Beteiligungsquote als Mitunternehmer, während andererseits *Blockholder* mit hohen Beteiligungen in erster Linie kurzfristige Renditeerwartungen hegen.[660] Damit ist das Aktionärsinteresse keinesfalls homogen.[661] Auch der engagierte Kleinaktionär kann trotz geringer Geschäftsanteile auf der Hauptversammlung versuchen auf andere Aktionäre einzuwirken und seine Rechte im Kollektiv durchzusetzen.[662] Er kann durchaus daran interessiert sein, seine Anteile nicht al-

---

656 *Schoppe*, Aktieneigentum: Verfassungsrechtliche Strukturen und gesellschaftsrechtliche Ausprägungen der Aktie als Gegenstand des Art. 14 GG, S.132.

657 *Schoppe*, Aktieneigentum: Verfassungsrechtliche Strukturen und gesellschaftsrechtliche Ausprägungen der Aktie als Gegenstand des Art. 14 GG, S.132.

658 *Jung*, JZ 2001, 1004, 1012; ebenso *Schoppe*, Aktieneigentum: Verfassungsrechtliche Strukturen und gesellschaftsrechtliche Ausprägungen der Aktie als Gegenstand des Art. 14 GG, S.132.

659 *Schoppe*, Aktieneigentum: Verfassungsrechtliche Strukturen und gesellschaftsrechtliche Ausprägungen der Aktie als Gegenstand des Art. 14 GG, S.132; zu den verschiedenen in Betracht kommenden Aktionärsinteressen siehe auch *Wedell*, Minderheitenschutz im Aktienrecht? - Aktionärsinteressen und Rechtswirklichkeit; *Immenga*, Aktiengesellschaft, Aktionärsinteressen und institutionelle Anleger.

660 *Schoppe*, Aktieneigentum: Verfassungsrechtliche Strukturen und gesellschaftsrechtliche Ausprägungen der Aktie als Gegenstand des Art. 14 GG, S.133; *Wiedemann*, FS K. Schmidt 2009, S.1731, 1741.

661 *Conreder*, Verfassungsrechtlicher Schutz von Aktionärsrechten, S.152.

662 *Conreder*, Verfassungsrechtlicher Schutz von Aktionärsrechten, S.152.

lein als Kapitalanlage zu nutzen, sondern auch erheblich an Entscheidungsfindungen und der Unternehmenspolitik teilzunehmen.[663] Auch geringe Beteiligungen von juristischen Personen an anderen Unternehmen können nicht immer als bloße Kapitalanlage gewertet werden. Darauf lassen vor allem die wechselseitigen Beziehungen und Beteiligungen deutscher Unternehmen aneinander schließen.[664] Auch erscheinen Typisierungen und daraus abgeleitete Anlageinteressen zur Bestimmung des *Shareholder Value* nicht geeignet, weil sich die persönliche Präferenz des Anlegers nicht unbedingt nach außen manifestieren muss.[665] Den Aktionären allein aufgrund ihrer Beteiligungshöhe eine bestimmte Interessenprägung auf zu oktroyieren, dient allenfalls der Kategorisierung und Praktikabilität. Gegen diese „Vereinfachung" spricht auch, dass im Aktiengesetz selbst nicht zwischen Unternehmensaktionären und Anlageaktionären unterschieden wird.[666] Diese findet sich lediglich in bestimmten Sonderformen wie der Investmentgesellschaft gemäß §§ 95 ff. Investmentgesetzt (InvG).[667]

Die Inhaberschaft mehrerer Anteile begründet zwar eine Vielzahl von Eigentumspositionen, impliziert jedoch keinen höheren Grundrechtsschutz. Bezugspunkt der Eigentumsgarantie ist stets der einzelne Gesellschaftsanteil, nicht etwa die Aktienmehrheit oder bestimmte Beteiligungsquoten.[668] Das der Aktie innewohnende wirtschaftliche Potential kann freilich je nach Beteiligungshöhe mehr oder weniger einflussreich eingesetzt werden. Dies betrifft indes lediglich die Aktivierung des Kapitals. Die Aktienmehrheit stellt daher keine eigenständig geschützte Eigentumsposition dar, sondern eine Vielzahl von einzelnen Rechtspositionen.[669] So erklärt sich, dass selbst Großaktionären keine unabhängige Rechtsausübung möglich ist, sondern ihre Rechte nur durch die Hauptversammlung wahrgenommen werden können.

Die Eingriffsintensität einer Gleichstellungsquote von der Beteiligungsstruktur abhängig zu machen, würde der Schutzrichtung des Art. 14 GG, insbesondere den vielschichtigen, oftmals intransparenten Aktionärsinteressen nicht gerecht.

---

663 *Conreder*, Verfassungsrechtlicher Schutz von Aktionärsrechten, S.152.

664 Siehe hierzu die aufgeführten Fallbeispiele bei *Conreder*,Verfassungsrechtlicher Schutz von Aktionärsrechten, S.152.

665 *Hüffer*, FS Kropff 1997, S.127, 142 f.; *Stumpf*, NJW 2003, 9, 11; *Habersack*, AG 2005, 137, 139 f.

666 *Schoppe*, Aktieneigentum: Verfassungsrechtliche Strukturen und gesellschaftsrechtliche Ausprägungen der Aktie als Gegenstand des Art. 14 GG, S.93.

667 Vergleiche § 96 Absatz 1b) Satz 4 InvG sowie § 96 Absatz 1c) Satz 2 InvG.

668 *Schoppe*, Aktieneigentum: Verfassungsrechtliche Strukturen und gesellschaftsrechtliche Ausprägungen der Aktie als Gegenstand des Art. 14 GG, S.94.

669 *Stumpf*, NJW 2003, 9, 11.

(3) Das Mitbestimmungsurteil des Bundesverfassungsgerichts

Bei der Frage nach der Intensität und Schwere des „Eingriffs" in das durch Art. 14 GG geschützte Mitgliedschaftsrecht der Aktionäre könnte als Anknüpfungspunkt die Übertragung der Leitsätze des Grundsatzurteils des Bundesverfassungsgerichts zu den Mitbestimmungsrechten der Arbeitnehmer im Aufsichtsrat dienen.[670]

(a) Sachverhalt und Entscheidungsgründe

Der Kern der Entscheidung befasst sich mit der verfassungsrechtlichen Zulässigkeit der vom Gesetzgeber eingeführten mitbestimmungsrechtlichen Neuregelung des § 7 Mitbestimmungsgesetz (MitbestG).[671] Dieser sieht im Hinblick auf die Besetzung des Aufsichtsrats ab einer bestimmten Unternehmensgröße eine Zusammensetzung je zur Hälfte aus Vertretern der Anteilseigner und der Arbeitnehmer vor. Das Bundesverfassungsgericht prüfte die neue gesetzliche Regelung auch an Art. 14 Absatz 1 GG. Gegen eine paritätische Besetzung wurde von den Beschwerdeführern vorgebracht, dass die Einführung des Mitbestimmungsgesetzes zu einer strukturellen Veränderung der vermögensrechtlichen Substanz des Aktieneigentums führe und damit sowohl in die mitgliedschaftliche als auch in die vermögensrechtliche Komponente des Anteilseigentums eingreife. Folglich verstoße das Gesetz gegen die eigentumsrechtliche Institutsgarantie.[672]

Dieser Ansicht traten die Verfassungsrichter damit entgegen, dass die Normen des Mitbestimmungsgesetzes allein den gesellschaftsrechtlich begründeten Einfluss der Anteilseigner auf die Besetzung des Aufsichtsrats beträfen. Somit sei primär die mitgliedschaftliche Verfügungsbefugnis der Anteilseigner und allenfalls sekundär ihr Vermögensrecht berührt.[673] Die Regelung modifiziere lediglich den Bestellungsvorgang, sodass die Mitgliedschaftsrechte der Aktionäre nicht wesentlich geschmälert würden.[674] In Folge seiner gesellschaftsrechtlichen Vermittlung gehöre es *a priori* nicht zu den Strukturmerkmalen des Anteilseigentums, dass es dem einzelnen Rechtsinhaber stets die autonome Durchsetzung seines Willens ermögliche. Verfügungsrechte könnten daher immer auch gegen den Willen der in der Minderheit befindlichen Aktionäre durchgesetzt werden.[675]

---

670 BVerfG Urt. v. 1.3.1979 - 1 BvR 532/77, BVerfGE 50, 290.

671 Gesetz über die Mitbestimmung der Arbeitnehmer v. 4.5.1976, BGBl. I, S.1153.

672 So das Vorbringen der Beschwerdeführer BVerfG Urt. v. 1.3.1979 - 1 BvR 532/77, BVerfGE 50, 290, 308.

673 BVerfG Urt. v. 1.3.1979 - 1 BvR 532/77, BVerfGE 50, 290, 313, 343.

674 BVerfG Urt. v. 1.3.1979 - 1 BvR 532/77, BVerfGE 50, 290, 313, 348.

675 BVerfG Urt. v. 1.3.1979 - 1 BvR 532/77, BVerfGE 50, 290, 342.

Durch die Neuregelung würden die mitgliedschaftlichen Befugnisse nicht qualitativ, sondern allenfalls quantitativ verringert.[676] Ferner zeichne sich das Anteilseigentum im Vergleich zum Sacheigentum durch einen weitaus geringeren personalen Bezug des Aktionärs gegenüber einem herkömmlichen Eigentümer aus. Anders als der Unternehmer-Eigentümer vermöge der Anteilseigner mit seinem Eigentum nur mittelbar zu wirken.[677] Für die Vielzahl der Anteilseigner bedeute das Anteilseigentum typischerweise eher Kapitalanlage als Grundlage unternehmerischer Betätigung. Demgegenüber stehe der weitreichende soziale Bezug des Anteilseigentums. Dieser zeige sich bereits darin, dass es in aller Regel in der Gemeinschaft mit anderen Gesellschaftern in einer Gesellschaft bestehe.[678] Diese Sozialbindung habe der Gesetzgeber kraft der ihm gemäß Art. 14 Absatz 1 Satz 2 GG eröffneten Gestaltungsfreiheit im Mitbestimmungsgesetz näher konkretisiert.[679] Dass er zu diesem Zweck nicht die herkömmliche Form des Eingriffs, sondern die einer Organisationsregelung gewählt habe, spiele dabei keine Rolle, solange der Gesetzgeber nur eine ausgewogene Sozial und Eigentumsordnung durch die Organisationsmaßnahme zu verwirklichen suche.[680] Der Gesetzgeber halte sich dann an die Grenzen zulässiger Inhalts- und Schrankenbestimmungen, wenn die Mitbestimmung der Arbeitnehmer nicht dazu führe, dass über das im Unternehmen investierte Kapital gegen den Willen aller Anteilseigner entschieden werden könne; diese also nicht aufgrund der Mitbestimmung die Kontrolle über die Führungsauswahl im Unternehmen verlören und ihnen das Letztentscheidungsrecht belassen werde.[681] Ein derartiger Kompetenzverlust liege bei dem Mitbestimmungsstatut nicht vor. Die Intensität entspreche damit dem Grundsatz der Verhältnismäßigkeit. Die Normen seien als zulässige Inhalts- und Schrankenbestimmungen zu qualifizieren.[682]

(b) Übertragung der Rechtsprechung

Nach der Entscheidung des Bundesverfassungsgerichts stellen sich der mit dem Mitbestimmungsgesetz einhergehende partielle Entzug des Wahlrechts der Anteilseigner und die gleichzeitige Verlagerung des Wahlrechts auf ein anderes Wahlorgan (Arbeitnehmerseite) aufgrund der Geringfügigkeit des Eingriffs in die Mitwirkungsrechte der Aktionäre und der starken Sozialbindung des Anteils-

676 BVerfG Urt. v. 1.3.1979 - 1 BvR 532/77, BVerfGE 50, 290, 344.
677 BVerfG Urt. v. 1.3.1979 - 1 BvR 532/77, BVerfGE 50, 290, 347.
678 BVerfG Urt. v. 1.3.1979 - 1 BvR 532/77, BVerfGE 50, 290, 347, 348.
679 BVerfG Urt. v. 1.3.1979 - 1 BvR 532/77, BVerfGE 50, 290, 348.
680 BVerfG Urt. v. 1.3.1979 - 1 BvR 532/77, BVerfGE 50, 290, 348, 350.
681 BVerfG Urt. v. 1.3.1979 - 1 BvR 532/77, BVerfGE 50, 290, 350.
682 BVerfG Urt. v. 1.3.1979 - 1 BvR 532/77, BVerfGE 50, 290, 351.

eigentums als bloße, dem Eingriff vorgelagerte, zulässige Inhalts- und Schrankenbestimmung dar. Das Gericht geht davon aus, dass selbst durch den teilweisen Entzug des Bestellungsrechts die Mitgliedschaftsrechte der Aktionäre nicht wesentlich geschmälert werden und keinesfalls eine strukturelle Veränderung des Anteilseigentums gegeben ist.[683] Eine Grenze ergebe sich erst in dem Moment, in dem die Aktionäre nicht mehr über ihr Kapital entscheiden können beziehungsweise die Auswahl über die Unternehmensführung verlieren.[684]

Nach dem Methodensatz des Rückschlusses vom „Größeren" auf das „Kleinere" (*argumentum a maiori ad minus*) kann dann auch die Einführung einer Gleichstellungsquote nicht den Kernbereich des Mitgliedschaftsrechts tangieren. Durch die Quote würden das Wahlrecht der Aktionäre und ihr Stimmrecht keinesfalls beschränkt oder sogar partiell entzogen, wie dies durch die Einführung des Mitbestimmungsgesetzes der Fall war.[685] Auch verlieren die Aktionäre nicht die Führungsauswahl im Unternehmen. Lediglich der „Kandidatenpool" würde durch Auswahlvorgaben modifiziert. Die Gleichstellungsquote würde damit nicht beim „Ob", sondern lediglich beim „Wie" der Aufsichtsratswahl ansetzen.

Das Bundesverfassungsgericht betont die besondere soziale Funktion des Anteilseigentums, die vor allem in der Gemeinschaft mit den anderen Aktionären in der Gesellschaft zum Ausdruck komme.[686] Dementsprechend wäre auch die Gleichstellungsquote, getragen vom Gedanken des verfassungsrechtlichen Gleichstellungsauftrags nach Art. 3 Absatz 2 Satz 2 GG und dem Ziel der geschlechterausgeglichenen Besetzung des Gremiums, ein nicht zu unterschätzender Gemeinwohlbelang im Sinne des Art. 14 Absatz 2 GG. Auch insoweit wäre die besondere Sozialbindung des Anteilseigentums zu berücksichtigen.

Das *Mitbestimmungsurteil* lässt den Schluss zu, dass eine gesetzliche Gleichstellungsquote im Aufsichtsrat nicht unzumutbar in das Mitgliedschaftsrecht der Aktionäre und damit nicht in den Kernbereich ihrer geschützten Position eingreifen würde. Die vom Gericht statuierte Grenze der Unverhältnismäßigkeit gesetzlicher Regelungen, die den Ausschluss der Aktionäre von ihrer Kapitalsverfügungsgewalt zur Folge hätten, ist durch die mit der Quote einhergehende Modifikation der Aufsichtsratswahl nicht überschritten.

683 BVerfG Urt. v. 1.3.1979 - 1 BvR 532/77, BVerfGE 50, 290, 313, 348.

684 BVerfG Urt. v. 1.3.1979 - 1 BvR 532/77, BVerfGE 50, 290, 350.

685 Das Urteil des Bundesverfassungsgerichts verkennend daher *Redenius- Hövermann*, ZIP 2010, 660, 665 die eine Frauenquote als Strukturveränderung des Aktieneigentums nicht ausschließt.

686 BVerfG Urt. v. 1.3.1979 - 1 BvR 532/77, BVerfGE 50, 290, 241 f.

(4) Einwirkungsintensität nach Holzmüller und Gelatine

(a) Sachverhalte und Entscheidungsgründe

Auch die Entscheidungen des Bundesgerichtshofs zur ungeschriebenen Zuständigkeitskompetenz der Hauptversammlung könnten Aufschluss über den Grad der Eingriffsintensität in das Anteilseigentum geben.[687] In der wegweisenden *Holzmüllerentscheidung* ging es um die Ausgliederung des wichtigsten Betriebes der Aktiengesellschaft auf eine hierfür eigens geschaffene Tochtergesellschaft.[688] Der Bundesgerichtshof statuierte, dass grundlegende Entscheidungen der Geschäftsführung so tief in die Mitgliedschaftsrechte der Aktionäre und deren im Anteilseigentum verkörperten Vermögensinteresse eingreifen können, dass der Vorstand im Hinblick auf seine Sorgfaltspflicht nicht davon ausgehen könne, derartige Entscheidungen ohne die Beteiligung der Aktionäre treffen zu dürfen.[689] Verlagere eine Aktiengesellschaft wesentliche Teile ihres Betriebsvermögens auf eine Tochtergesellschaft, so schwäche diese Strukturänderung die Rechtsstellung der Aktionäre der Muttergesellschaft. Diese verlören die Möglichkeit, im Rahmen der gemäß § 119 AktG der Hauptversammlung vorbehaltenen Befugnisse, den Einsatz des abgespaltenen Betriebskapitals beziehungsweise das Risiko seines Verlusts und die Verwendung seiner Erträge unmittelbar zu beeinflussen.[690]

In der später folgenden *Gelatineentscheidung* präzisierte der Bundesgerichtshof seine Rechtsprechung durch einen deutlichen Rückschritt, indem er die ungeschriebene Hauptversammlungskompetenz nur ausnahmsweise und in engen Grenzen für anwendbar erachtete.[691] Gegenstand des Urteils war erneut eine Unternehmensumstrukturierung in Gestalt der Auslagerung an ein ausländisches Unternehmen. Der Bundesgerichtshof nahm grundsätzlich eine Ausnahmezuständigkeit der Hauptversammlung für diese Maßnahme aufgrund des mit der Auslagerung verbundenen Mediatisierungseffekts als wesentliche Beeinträchtigung des Mitgliedschaftsrechts an, lehnte dies in seiner konkreten Entscheidung jedoch ab.[692] Die erforderliche wesentliche Beeinträchtigung und der einhergehende „Verwässerungseffekt“ seien erst dann zu bejahen, wenn die wirtschaftli-

---

687 BGH Urt. v. 25.2.1982 - II ZR 174/80, NJW 1982, 1703 ff. (*Holzmüller*); BGH Urt. v. 26.4.2004 - II ZR 155/02, NJW 2004, 1860 (*Gelantine I*).

688 Umfänglich zum Sachverhalt *Fleischer*, NJW 2004, 2335, 2336; zu der Entscheidung auch *Altmeppen*, ZIP 2004, 999 ff.; *Bungert*, BB 2004, 1345 ff.; *Fuhrmann*, AG 2004, 339 ff.; *Goette*, DStR 2004, 927 ff.; *Just*, EWiR 2004, 573 ff.

689 BGH Urt. v. 25.2.1982 - II ZR 174/80, NJW 1982, 1703 ff.

690 BGH Urt. v. 25.2.1982 - II ZR 174/80, NJW 1982, 1703, 1705.

691 BGH Urt. v. 26.4.2004 - II ZR 155/02, NJW 2004, 1860, 1862.

692 BGH Urt. v. 26.4.2004 - II ZR 155/02, NJW 2004, 1860, 1865.

che Bedeutung der Maßnahme erheblich sei; die Auslagerung des wichtigsten Betriebs den Einwirkungsrechten der Aktionäre quasi entzogen werde.[693] Insofern kommt es dem Bundesgerichtshof darauf an, dass wesentliche Mitwirkungsrechte durch Umstrukturierungen oder gleichbedeutende Maßnahmen des *Managements* beschnitten werden.

(b) Übertragung der Rechtsprechung

Für die Übertragung dieser *Essentialia* auf die Frage nach der Intensität eines Eingriffs in das Mitgliedschaftsrecht der Aktionäre durch die Einführung einer Gleichstellungsquote muss zunächst beachtet werden, dass die genannten Urteile des Bundesgerichtshofs jeweils vom Vorstand vorgenommene Maßnahmen betreffen. Darüber hinaus wurden beide Konstellationen auf die Zumutbarkeit hinsichtlich der vermögensrechtlichen Komponente des Aktieneigentums beleuchtet. Gleichwohl kann eine Übertragung der Rechtsprechungsgrundsätze angestrengt werden. Es geht letztendlich um die Frage, ob und inwiefern Mitwirkungsrechte der Aktionäre durch Maßnahmen – gleich welcher Art – geschwächt werden dürfen. Dies ist in Anwendung der Urteilsgrundsätze jedenfalls dann nicht mehr zulässig, wenn Mitwirkungsrechte in erheblichen Entscheidungsprozessen ausgehebelt werden und damit die Anteilseigner über keine Möglichkeit mehr verfügen, ihren Willen durchzusetzen. Dies kann bei erheblichen Eingriffen in die Substanz des Unternehmens der Fall sein. So wenn durch die Umstrukturierung wesentliche Einflussmöglichkeiten der Aktionäre verloren gehen und damit ihre Mitgliedschaftsrechte ausgehöhlt werden. Wie der Bundesgerichtshof in seiner zweiten Entscheidung ausdrücklich betont, muss eine gewisse „Wesentlichkeitsschwelle“ überschritten werden.[694]

Bei Einführung einer Gleichstellungsquote wäre diese Schwelle nicht überschritten. Die Quotenregelung modifiziert lediglich die Auswahlmöglichkeit, ohne die Mitwirkung als solche zu beschneiden. Naturgemäß bedeutet jede gesetzliche Regulierung die Einschränkung von Entscheidungsautonomie. Auch darf nicht übersehen werden, dass die Quote bei mitbestimmten Unternehmen den ohnehin bereits kupierten Einfluss der Anteilseigner auf die Aufsichtsratsbesetzung weiter einschränkt.[695] Selbst dieser kumulierende Effekt führt aufgrund der schlichten Modifikation des Kandidatenpools indes zu keinem derartigen Kontrollverlust, der mit den herangezogenen Entscheidungen vergleich wäre. Eine gesetzliche Gleichstellungsquote hat demnach keinen vergleichbar gravierenden

693 BGH Urt. v. 26.4.2004 - II ZR 155/02, NJW 2004, 1860, 1865.

694 BGH Urt. v. 26.4.2004 - II ZR 155/02, NJW 2004, 1860, 1865.

695 *Bachmann*, ZIP 2011, 1131, 1134.

Einschnitt in die Mitwirkungsrechte der Aktionäre zufolge. Insbesondere kann nicht von einem Eingriff in den Kernbereich des Mitgliedschaftsrechts ausgegangen werden.

(5) Zwischenergebnis

Eine Gleichstellungsquote im Aufsichtsrat würde sich als abstrakt generelle Organisationsregelung und damit als gesetzliche Inhalts- und Schrankenbestimmung im Sinne des Art. 14 Absatz 1 Satz 2 GG und keinesfalls als Enteignung im Sinne des Art. 14 Absatz 3 GG darstellen. Auch kann kein Eingriff in den Kernbereich der anteilseigentumsrechtlich geschützten Mitgliedschaftsrechte der Aktionäre angenommen werden. Die Aktionäre würden weiterhin in der Hauptversammlung durch ihre Stimmabgabe die Aufsichtsratsmitglieder bestellen und so an den Entscheidungsprozessen der Gesellschaft mitwirken. Lediglich ihre Auswahlfreiheit würde modifiziert. Damit verbleibt den Aktionären die Möglichkeit, ihren Favoriten zu wählen, wenn nur am Ende die Quote stimmt. Die Anteilseigner wären damit durch eine Gleichstellungsquote nur im geringen Maße in ihren Mitwirkungsrechten tangiert.[696] Die Übertragung des *Mitbestimmungsurteils* des Bundesverfassungsgerichts sowie der Entscheidungen des Bundesgerichtshofs stützen diese Annahme. Dass die Aktionäre zuweilen ihre Interessen gegen die Mehrheit nicht durchzusetzen vermögen, ist Teil des gesellschaftsrechtlichen Leitbilds der Aktiengesellschaft als Verband und kann als „innere Schwäche“ des Aktieneigentums bewertet werden. Der Schutzumfang des Einzelnen in Bezug auf seine Aktie ist jedoch nicht abhängig von der Höhe seiner Gesellschaftsanteile.

cc) Angemessenheit potentieller Rechtsfolgen

Wird eine gesetzliche Verpflichtung implementiert, so ist zu prüfen mit welchen Maßnahmen einer Nichtbeachtung der Norm zu begegnen ist. Dabei steht außer Frage, dass die Nichteinhaltung der Quote von einer Rechtsfolge begleitet werden muss; andernfalls verliert sie ihren zwingenden Charakter. Gleichwohl müssen gesetzliche Sanktionen dem Grundsatz der Verhältnismäßigkeit genügen. In der öffentlichen Diskussion wird häufig auf die Regelungen in Norwegen verwiesen, wo für eine Nichtbeachtung der Gleichstellungsquote mit dem Entzug der Börsennotierung gedroht wird.[697] Es existieren jedoch weitere Rechtsfolge-

696 AA indes *Redenius-Hövermann,* ZIP 2010, 665 die ohne weitergehende Begründung eine Strukturveränderung des Anteilseigentums durch die Gleichstellungsquote nicht ausschließt.
697 Unter anderem *Schladebach/Stefanopoulou*, BB 2010, 1042, 1043.

möglichkeiten, die an den Verstoß geknüpft werden können. Auch diese müssen im Hinblick auf das gesetzgeberische Ziel einer Zweck-Mittel-Relation standhalten.

(1) Unwirksamkeit der Bestellung der Aufsichtsratsmitglieder

Der Gesetzesantrag aus Nordrhein-Westfalen sanktioniert den Verstoß gegen die Quotenregelung sowohl im Bereich der Anteilseignervertreter als auch im Bereich der Arbeitnehmervertreter mit der Unwirksamkeit der Bestellung.[698] So wird der bestehende § 101 Absatz 1 AktG um einen Absatz ergänzt, wonach der Kandidat nur als in das Gremium gewählt gilt, sofern die gesetzliche Mindestanzahl der Angehörigen eines Geschlechts nicht unterschritten wird. Damit kommt das Gremium „Aufsichtsrat" gar nicht erst zu Stande, wenn die Geschlechterquote nicht eingehalten wird. Ausnahmen gelten nach diesem Entwurf für Entsendungsberechtigte, die nach der Wahl in den Aufsichtsrat entsandt werden,[699] sowie für den Fall, dass die Hauptversammlung durch die Härtefallklausel ein Abweichen von der Quote feststellt.[700] Greift die Härtefallklausel, so gilt die Person trotz Verstoßes gegen die Proporzregel als gewählt. Ebenso verhält es sich bei der Arbeitnehmervertretung nach dem jeweiligen Mitbestimmungsrecht.[701] Der Gesetzesentwurf setzt damit die Sanktion unmittelbar bei den Wahlen selbst an.[702]

(2) Nichtigkeits- und Anfechtungsklage

Zu den praktisch bedeutsamsten Individualklagerechten der Aktionäre zählen die Anfechtungsklage nach § 246 AktG und die Nichtigkeitsklage nach § 249 AktG, die den Aktionären eine Geltendmachung der Mangelhaftigkeit von Beschlüssen der Hauptversammlung ermöglichen.[703] Insofern könnte bei einem Verstoß gegen die Gleichstellungsquote als Rechtsfolge auch die Anfechtung beziehungsweise die Nichtigkeit des Beschlusses des jeweiligen Wahlorgans in Frage kommen.[704] Wie jeder andere Beschluss ist auch der Hauptversammlungsbeschluss, der die

698 § 101 Absatz 1a Satz 1 AktG-E des Gesetzesantrag des Landes Nordrhein-Westfalen v. 11.2.2011, BR-Drucks. 87/11, S.2.

699 Vergleiche hierzu auch die Ausführungen unter 3.TeilB.VIII.1.

700 Gesetzesantrag des Landes Nordrhein-Westfalen v. 11.2.2011, BR-Drucks. 87/11, S.2.

701 Gesetzesantrag des Landes Nordrhein-Westfalen v. 11.2.2011, BR-Drucks. 87/11, S.2.

702 Gesetzesantrag des Landes Nordrhein-Westfalen v. 11.2.2011, BR-Drucks. 87/11, S.2, 20.

703 *Mimberg* in Marsch-Barner/Schäfer, HdB börsennotierte AG, § 37 Rn.1.

704 Entweder des Hauptversammlungsbeschlusses oder eben für das Teilgremium der Arbeitnehmervertreter die Anfechtung der Beschlüsse der entsprechenden Wahlorgane.

Wahl des Aufsichtsrats determiniert, anfechtbar. Anfechtungsbefugt sind die Aktionäre, § 245 Nr. 1 und Nr. 2 AktG sowie der Vorstand, § 245 Nr. 4 AktG. Bei mitbestimmten Unternehmen richtet sich die Anfechtung des Beschlusses über die Wahl der Arbeitnehmervertreter nach dem jeweiligen Mitbestimmungsstatut.[705]

Anstelle einer Anfechtbarkeit kommt auch die Möglichkeit auf Feststellung der Nichtigkeit des Beschlusses in Betracht, §§ 249, 241 AktG. Die Nichtigkeit der Wahl von Aufsichtsratsmitgliedern ist ausdrücklich in § 250 AktG genannt. Die Eingangsworte der Norm geben vor, dass von den allgemeinen Nichtigkeitsgründen aus § 241 AktG auf die Wahl von Mitgliedern des Aufsichtsrats nur die dort in den Nummern 1, 2, und 5 genannten Regelungen Anwendung finden.[706] Damit soll vor allem aus Gründen der Rechtsicherheit die in § 241 Nr. 3 und 4 AktG enthaltene Generalklausel ausgeklammert werden.[707] Die Nichtigkeitsklage soll nach der Grundkonzeption des Gesetzgebers nur bei schwerwiegend Rechtsverstößen wie beispielsweise der Überschreitung der gesetzlichen Höchstzahl, § 250 Absatz 1 Nr. 3 AktG, in Betracht kommen. Insofern bedürfte ein Verstoß gegen die Gleichstellungsquote noch der Aufnahme in diese Vorschriften.

(3) Ausschluss von der öffentlichen Vergabe

Als weitere Sanktion käme der Ausschluss der gegen die Quote verstoßenden Unternehmen von der Vergabe öffentlicher Aufträge durch öffentliche Auftraggeber im Sinne des § 98 Gesetzes gegen Wettbewerbsbeschränkungen (GWB) in Betracht. Das deutsche Vergaberecht ist zweigeteilt und unterscheidet – je nach Erreichen eines geschätzten Schwellenwertes des Auftrages[708] – zwischen den Regelungen des vierten Teiles des Gesetzes gegen Wettbewerbsbeschränkungen in Verbindung mit dem europäischen Richtlinienrecht und den landesinternen haushaltsrechtlichen Regelungen, § 100 GWB. Damit haben öffentliche Auftraggeber oberhalb des Schwellenwerts europarechtliche Vorgaben und unterhalb die haushaltsrechtlichen Bestimmung des jeweiligen Landes zu berücksichtigen.[709] Dabei sind die landesrechtlichen Bestimmungen den Regelungen des Gesetzes gegen Wettbewerbsbeschränkungen im Wesentlichen nachgebildet.[710] Für

705 § 11 DrittelbG; §§ 21 f. MitbestG etc.

706 *Mimberg* in Marsch-Barner/Schäfer, HdB börsennotierte AG, § 37 Rn.148.

707 *Hüffer*, AktG Kommentar, § 241 AktG Rn.1.

708 Vergabeordnung (VgV) v. 11.2.2003, BGBl. I, S.169 ff: § 2 VgV: Schwellenwert beträgt bei Liefer- und Dienstleistungsverträgen im Regelfall 200.000 Euro und bei Bauaufträgen 5 Millionen Euro.

709 *Lux*, JuS 2006, 969, 970.

710 *Lux*, JuS 2006, 969, 970.

alle öffentlichen Aufträge über dem Schwellenwert gelten die §§ 97 ff. GWB und die darin enthaltenen Bestimmungen im Hinblick auf ein ordnungsgemäßes Vergabeverfahren. Der Staat ist in einem besonderen Maße an das Gleichbehandlungsgebot aller Bewerber aus Art. 3 Absatz 1 GG gebunden und darf allein aus sachlich und objektiv nachprüfbaren Gesichtspunkten seine Auswahlentscheidung treffen, um den Wettbewerb unter den Kandidaten nicht zu verfälschen, § 97 Absatz 2 GWB. Alle nationalen Vorschriften sind dabei unter Berücksichtigung der europäischen Vergabekoordinierungs-Richtlinie[711] auszulegen. § 97 Absatz 4 Satz 1 GWB beschreibt die Eignungskriterien der Bieter, die fachkundig, leistungsfähig, gesetzestreu und zuverlässig agieren müssen. Insofern könnten Aktiengesellschaften, die einer quotengerechten Zusammensetzung des Aufsichtsrats nicht nachkommen, gesetzeswidrig agieren und damit als ungeeignet im Sinne der Norm gelten. Die Folge wäre, dass sie vom Vergabeverfahren ausgeschlossen werden.

(4) Verlust der Börsennotierung

Dem norwegischen Sanktionssystem nachgebildet, könnte auch über den Verlust der Börsennotierung als Rechtsfolge nachgedacht werden.[712] Gemäß § 39 Absatz 1 Börsengesetz (BörsenG) kann die Geschäftsführung der Börsenaufsichtsbehörde die Zulassung von Wertpapieren zum Handel im regulierten Markt nach den Vorschriften des Verwaltungsverfahrensgesetzes widerrufen, wenn ein ordnungsgemäßer Börsenhandel auf Dauer nicht mehr gewährleistet und die Notierung im regulierten Markt eingestellt worden ist oder der Emittent seine Pflichten aus der Zulassung auch nach einer angemessenen Frist nicht erfüllt. Da es sich bei der Börsenzulassung nach § 32 BörsenG um einen begünstigenden Verwaltungsakt handelt, käme eine Aufhebung der Börsennotierung damit nur durch Widerruf im Sinne des § 49 Absatz 2 Nr. 1 VwVfG in Betracht (Widerruf durch Rechtsvorschrift zugelassen). Insofern könnte bei Einführung der Gleichstellungsquote zugleich eine Regelung geschaffen werden, die bei einem Verstoß gegen die beabsichtigte Quotenregelung einen Entzug der Börsennotierung durch Widerruf vorsieht.

(5) Zumutbarkeitsbewertung der einzelnen Maßnahmen

Der Gesetzesantrag des Landes-Nordrhein Westfalen sieht als Rechtsfolge des Verstoßes gegen die gesetzliche Verpflichtung die Unwirksamkeit der Bestel-

711 *Lux*, JuS 2006, 969, 970.

712 Hierzu bereits *Spindler/Brandt*, NZG 2011, 1131, 1138.

lung des Aufsichtsratsgremiums vor.[713] Für diesen Ansatz spricht die Effektivität der Sanktion, da mit der Wahl durch die Hauptversammlung das Erreichen der Quote gesichert werden soll. Im Gegensatz zu Sanktionen, die die Sicherstellung der Quote über die Rechtsfolgenseite suchen (Anfechtungs- und Nichtigkeitsklage), ist davon auszugehen, dass dieser Ansatz in der großen Mehrheit der Fälle von vornherein das Einhalten einer entsprechenden Quote durch die Aktionäre sichert.[714] Das Nichtzustandekommen eines Aufsichtsrats als Rechtsfolge ist weder für eine Gesellschaft noch für deren Aktionäre lange tragbar.

Gegen eine solche Sanktion spricht, dass Konstellationen denkbar sind, in denen trotz mehrfacher Wahlvorgänge eine quotengerechte Besetzung nicht stattfindet. Ist der Aufsichtsrat insgesamt nicht wirksam bestellt worden, mangelt es ihm an seiner Beschlussfähigkeit.[715] Die Gefahr der Handlungsunfähigkeit verschärft sich bei den mitbestimmten Gesellschaften, die äußerst komplexe Wahlregelungen vorsehen.[716] Es müssten sodann die Gerichte nach § 104 AktG tätig werden, um die Beschlussfähigkeit des Gremiums herzustellen. Dies führt zu einer erheblichen Mehrbelastung des Registergerichts und geht mit erheblichen Rechtsunsicherheitsaspekten für das jeweilige Unternehmen und dessen Aktionäre einher. Darüber hinaus ist aus dem Gesetzesentwurf nicht ersichtlich, wie festgestellt werden soll, welcher Kandidat für den gesetzeswidrigen Proporz „verantwortlich" ist und somit durch die Hauptversammlung beziehungsweise das Gericht neu zu besetzen ist. Der Gesetzesantrag legt kein Wahlverfahren fest, sondern weist auf die verschiedenen Möglichkeiten der Listen- und Einzelwahl hin.[717] Bei einer Globalwahl kann jedoch nicht ausgemacht werden, welchem Kandidaten letztendlich die Unterschreitung „vorzuwerfen" ist. Folgerichtig müsste von der Nichtigkeit der Wahl aller Aufsichtsratsmitglieder ausgegangen und erneut gewählt werden. Insofern gehen die Formulierungen des Gesetzesantrages fehl, da in den Raum gestellt wird, dass einzelne Mitglieder im Rahmen der richterlichen Ersatzbestellung ergänzt werden können.[718] Es ist schlechthin nicht feststellbar, wer *in persona* unwirksam bestellt worden ist, sodass immer nur das gesamte Gremium betroffen sein kann. Infolgedessen wären nach einhelliger Ansicht in der gesellschaftsrechtlichen Literatur die von diesem „faktischen Gremium" gefassten Beschlüsse nichtig,[719] da diese allein auf unwirksamen

713 Gesetzesantrag des Landes Nordrhein-Westfalen v. 11.2.2011, BR-Drucks. 87/11, S.20.

714 Gesetzesantrag des Landes Nordrhein-Westfalen v. 11.2.2011, BR-Drucks. 87/11, S.20.

715 In diese Richtung auch *Bachmann*, ZIP 2011, 1131, 1138 der die Sanktion für zu „scharf" hält.

716 3.TeilD.

717 Gesetzesantrag des Landes Nordrhein-Westfalen v. 11.2.2011, BR-Drucks. 87/11, S.36, 37.

718 Gesetzesantrag des Landes Nordrhein-Westfalen v. 11.2.2011, BR-Drucks. 87/11, S.20, 21, 36, 37.

719 Zu den differenzierenden Folgen für die gefassten Beschlüsse *Fortun/Knies*, DB 2007, 1451 ff.

Stimmen beruhen. Die gesetzlichen Regeln zur Beschlussfähigkeit im Sinne des § 108 Absatz 2 AktG stehen nicht zur Disposition des Aufsichtsrats.[720]

Hieraus stellt sich zwangsläufig die Frage, wie mit den vom Gremium gefassten Beschlüssen und den darauf gegebenenfalls basierenden Maßnahmen zu verfahren ist. Beispielhaft sei der Beschluss zur Bestellung des Vorstands nach § 84 AktG durch einen fehlerhaft zusammengesetzten Aufsichtsrat genannt. Weiter gedacht müssen auch die Handlungen des Vorstands gegenüber Dritten in Frage gestellt werden. Hier gilt, dass die Gesellschaft die Handlungen eines nicht wirksam bestellten Vorstands gegenüber einem unwissenden Dritten gegen sich gelten lassen muss, wenn die Bestellung im Handelsregister eingetragen und bekannt gemacht worden ist, § 15 Absatz 3 HGB.[721] Damit entfalten die rechtsunwirksam gefassten Beschlüsse abhängig davon, welche Beschlussfassung betroffen ist, eine gewisse Rechtskraft. Diese partielle Wirksamkeit generell auszuschalten, wie im Gesetzesentwurf der Fraktion *BÜNDNIS 90/DIE GRÜNEN* vorgesehen[722] und eine Beschlussfassung des nicht quotengerechten Aufsichtsrats nach einer Neufassung des § 255a AktG immer als nichtig zu manifestieren, geht zu weit.[723] Ob die Wahlvorschläge mit einer entsprechenden Warnung auf die Rechtsfolge versehen sind, ist hierfür unbeachtlich.[724] In der Konsequenz würde die Rechtsfolge eines Verstoßes auch solchen Personen aufgebürdet, die auf die quotengerechte Zusammensetzung des Aufsichtsrats gar keinen Einfluss haben – wie beispielsweise außenstehenden Gläubigern, mit denen der unwirksam bestellte Vorstand einen Vertrag schließt. Diese Vorgehensweise widerspräche auch der verfestigten Lehre, der zufolge die fehlerhafte Organbestellung nicht generell die Unwirksamkeit des von diesem getragenen Beschlusses zur Folge hat (anders nur, wenn allesamt unwirksam bestellt worden sind).[725] Eine solche Rechtsfolge wäre zudem im besonderen Maße missbrauchsanfällig. Angenommen, einer Frau im Aufsichtsrat missfällt ein sich abzeichnender Beschluss, könnte sie mit der Niederlegung ihres Amtes drohen, sodass in diesem Falle die Quote nicht mehr erfüllt würde und deswegen der Beschluss trotz ansonsten erfüllter Mehrheit nichtig wäre.[726]

---

720 So bereits BGH Urteil v. 16.12.1953 - II ZR 167/52, BGHZ 11, 231, 246; *Hüffer*, AktG Kommentar, § 108 AktG Rn.11.

721 *Panetta*, NJOZ 2008, 4294, 4298.

722 Gesetzesentwurf *Bündnis 90/Die Grünen* v. 13.10.2010, BT-Drucks. 17/3296, S.7.

723 So auch *Bachmann*, ZIP 2011, 1131, 1138.

724 So § 124 Absatz 3 Satz 2 AktG-E im Gesetzesentwurf *Bündnis 90/Die Grünen* v. 13.10.2010, BT-Drucks. 17/3296, S.3, wonach auf die Rechtsfolge der Nichtigkeit hinzuweisen ist.

725 *Bachmann*, ZIP 2011, 1131, 1138 mwN.

726 *Hirte*, Stellungnahme als Sachverständiger im Rahmen der Anhörung des Gesetzesantrags *Bündnis 90/Die Grünen* am 11.5.2011, S.19; abrufbar unter: http://www.bundestag.de/bundestag/

Nach allem verbleiben hinsichtlich der Rechtsfolge der Anknüpfung an den Bestellungsvorgang, Zweifel. Gleichwohl ist diese Sanktion als insgesamt zumutbar zu bewerten, sofern sie nicht die Anordnung der Nichtigkeit aller Beschlüsse enthält. Allerdings geht die Begründung, diese Vorgehensweise biete den Kandidaten, den Anteilseignern und damit der Aktiengesellschaft absolute Rechtssicherheit, fehl, da der Hauptversammlungsbeschluss nach wie vor angefochten und in die Prüfung des Gerichts gestellt werden kann.[727] Die von dem Gesetzesentwurf der *Grünenfraktion* vorgesehene Nichtigkeit aller vom quotenwidrig zusammengesetzten Gremium gefassten Beschlüsse geht zu weit und würde eine erhebliche Belastung für den Wirtschaftsverkehr der Aktiengesellschaft und mithin der Rechtstellung der Aktionäre bedeuten. Auch außenstehende Dritte könnten von dieser weitreichenden Rechtsfolge betroffen sein.

Als weitere Rechtsfolgen stehen die Anfechtungs- und die Nichtigkeitsklage in Rede. Diese sind darauf gerichtet, die Wirksamkeit eines angegangenen Hauptversammlungsbeschlusses für und gegen jedermann einer gerichtlichen Klärung zuzuführen.[728] Für die Beurteilung der Angemessenheit der Rechtsfolge ergeben sich bei beiden Klagemodalitäten Unterschiede. Dies gilt insbesondere im Hinblick auf die Klagefrist. Während die Anfechtungsklage nach § 246 Absatz 1 AktG innerhalb eines Monats nach Beschlussfassung durch den Kläger zu erheben ist, kann sich der Kläger im Rahmen der Nichtigkeitsklage zeitlich unbeschränkt auf die Nichtigkeit des Hauptversammlungsbeschlusses berufen.[729] Auch § 242 AktG, der unter bestimmten Voraussetzungen eine Heilung der Nichtigkeit vorsieht, kann aufgrund der in § 242 Absatz 2 Satz 3 AktG dem Registergericht eingeräumten Handlungsautonomie, geheilte Beschlüsse von Amts wegen zu löschen, keine abschließende Rechtssicherheit gewährleisten.[730] Damit unterliegt die Nichtigkeitsklage bis dato keinerlei rechtsichernder Befristung. Zwar wurde im Umsetzungsgesetz zur Aktionärsrechterichtlinie[731] (ARUG) das Freigabeverfahrens, § 246a AktG, erheblich erleichtert, um die Folgen für die Gesellschaft zu mildern. Die Problematik der „nachgeschobenen" Nichtigkeitsklagen blieb indes ungeklärt.[732] So kann ein „Berufskläger" gegen Ende eines er-

---

ausschuesse17/a06/anhoerungen/archiv/09_Aufsichtsraete/04_Stellungnahmen/Stellungnahme_Hirte.pdf (zuletzt abgerufen am 19.9.2011).

727 So aber die Begründung des Gesetzesantrages des Landes Nordrhein-Westfalen v. 11.2.2011, BR-Drucks. 87/11, S.20.

728 *Mimberg* in Marsch-Barner/Schäfer, HdB börsennotierte AG, § 37 Rn.146.

729 *Mimberg* in Marsch-Barner/Schäfer, HdB börsennotierte AG, § 37 Rn.30.

730 *Mimberg* in Marsch-Barner/Schäfer, HdB börsennotierte AG, § 37 Rn.30.

731 Richtlinie 2007/36/EG des Europäischen Parlaments und des Rates v. 11.72007 über die Ausübung bestimmter Rechte von Aktionären in börsennotierten Gesellschaften, ABl. Nr. L. 184, S.17 ff.

732 Zu diesem Problem umfänglich *Schockenhoff*, ZIP 2008, 1945 ff.

folgreichen Freigabeverfahrens noch vor Eintragung im Handelsregister, erneut Nichtigkeitsklage erheben und damit wiederum eine Registersperre auslösen.[733] Dieses Verfahren ließe sich mangels Befristung der Nichtigkeitsklage unbegrenzt weiterführen.[734] Diesem Vorgehen tritt der Referentenentwurf der kleinen Aktienrechtsnovelle 2011 durch die Schaffung des neuen § 249 Absatz 2 Satz 3 AktG-E entgegen.[735] Hiernach soll auch die Nichtigkeitsklage der Befristung der Anfechtungsklage unterliegen, sofern gegen den entsprechenden Beschluss bereits Anfechtungsklage erhoben worden ist.[736] Der Vorstand hat die Erhebung von Anfechtungs- und Nichtigkeitsklagen unverzüglich in den Gesellschaftsblättern bekannt zu machen, § 246 Absatz 4 Satz 1 AktG. Nach dieser Bekanntmachung sollen weitere Anfechtungs- oder Nichtigkeitsklagen gegen die angefochtenen Beschlüsse nur noch innerhalb eines Monats erhoben werden können.[737] Klagen nach Ablauf der Zeit sind verfristet und können keine faktische Registersperre mehr herbeiführen. Damit unterlägen beide Klagemodalitäten einer Befristung. Bei Umsetzung des Entwurfs stände somit auch die Nichtigkeitsklage mit entsprechender gesetzlicher Ergänzung grundsätzlich als Sanktion zur Verfügung.

Weitere Bedenken hinsichtlich einer Klagemöglichkeit als Rechtsfolge werden unter dem Stichwort der sogenannten „Räuberischen Aktionäre" diskutiert. Darunter werden klagefreudige Aktionäre verstanden, die mit Hilfe der Anfechtung Hauptversammlungsbeschlüsse unter Bezugnahme auf Gesetzes- oder Satzungsverletzung angreifen. Da die Klage von jedem Aktionär, unabhängig von der Höhe seiner Beteiligung an der Gesellschaft erhoben werden kann, kam es in der Vergangenheit aufgrund der Missbrauchsanfälligkeit des Systems zu massiven Klagevorgehen.[738] Viele Hauptversammlungsbeschlüsse bedürfen zu ihrer Wirksamkeit einer Eintragung in das Handelsregister.[739] Wird nunmehr eine Anfechtungsklage gegen den Beschluss erhoben, darf die Eintragung nicht erfolgen,

---

733 *Diekmann/Nolting*, NZG 2011, 6, 9.

734 *Diekmann/Nolting*, NZG 2011, 6, 9.

735 Hierzu *Drinhausen/Keinath*, BB 2011, 11 ff.;bereits *Nikoleyczik*, GWR 2010, 594 ff.

736 Referentenentwurf des Bundesministeriums der Justiz v. 2.11.2010, Gesetz zur Änderung des Aktiengesetzes, S.5; abrufbar unter: http://gesetzgebung.beck.de/sites/gesetzgebung.beck.de/files/RefE-Aktienrechtsnovelle%202011.pdf (zuletzt abgerufen am 19.9.2011).

737 *Diekmann/Nolting*, NZG 2011, 6, 9.

738 Hierzu bereits *Wardenbach*, BB 1991, 485 ff.; *Spindler*, NZG 2005, 865 ff.; *Koch/Wackerbeck*, ZIP 2009, 1603 ff.; *Poelzig*, DStR 2008, 1538 ff.; *Peltzer*; NZG 2009, 1336 ff.; *Helm/Manthey*, NZG 2010, 415 ff.

739 Etwa Maßnahmen der Kapitalerhöhung und -herabsetzung, §§ 189, 211, 238 AktG; Abschluss eines Unternehmensvertrags, § 294 Absatz 2 AktG; Eingliederung einer Gesellschaft, § 319 Absatz 7 AktG; Hinausdrängung von Kleinaktionären, § 327e Absatz 3 Satz 1 AktG; Verschmelzung von Gesellschaften, § 20 UmwG; *Helm/Manthey*, NZG 2010, 415.

entweder weil dies gesetzlich geregelt ist[740] oder weil der zuständige Registerrichter faktisch gezwungen ist, die Eintragung zu unterlassen.[741] In der Konsequenz kann die beschlossene Maßnahme nicht umgesetzt werden. Einzelne Aktionäre können damit durch Klageerhebung bis zur endgültigen gerichtlichen Entscheidung die Ausführung von Beschlüssen verhindern und die Gesellschaft empfindlich boykottieren. Dies kann für die Gesellschaft existenzbedrohend sein, was wiederum dazu führt, dass sich Vorstände gezwungen sehen, den Klägern die Klagen durch eine hohe Abfindung „abzukaufen".[742] Eingedenk dieses Missstandes reformierte der Gesetzgeber das Freigabeverfahren zuletzt mit dem Gesetz zur Umsetzung der Aktionärsrechterichtlinie (ARUG).[743] Trotz Beschleunigung und Vereinfachung des Freigabeverfahrens sowie der Einführung eines „Bagatellquorums", § 246a AktG, sind professionelle Anfechtungskläger nicht von der Bildfläche verschwunden.[744] Zum einen hat es der Gesetzgeber versäumt den Anwendungsbereich des Freigabeverfahrens auf weitere eintragungspflichtige Beschlüsse auszudehnen. Zum anderen können gut organisierte Anfechtungskläger beispielsweise durch Wertpapierleihen, kleinere *Hedgefonds* oder den Zusammenschluss mehrerer Opponenten das eingeführte Quorum in Höhe von 1.000 Euro problemlos erfüllen.[745] Es besteht also auch weiterhin ein nicht zu unterschätzendes Potential an „räuberisch" agierenden Berufsklägern.

Demzufolge würde durch das Anknüpfen der Gleichstellungsquote an die Rechtsfolge der Klage eine weitere Modalität für den potentiellen Missbrauch installiert. Berufskläger könnten generell die nicht quotengerechte Zusammensetzung des Aufsichtsrats oder auch das Abweichen per Härtefallklausel als gesetzeswidrig rügen und damit den Hauptversammlungsbeschluss angreifen.

Gleichwohl wäre eine Sanktion in Gestalt der Anfechtungs- beziehungsweise Nichtigkeitsklage im Hinblick auf die Verhältnismäßigkeit zumutbar. Dies gilt jedoch nur insoweit, als dass nicht die generelle Nichtigkeit aller vom quotenwidrig besetzten Aufsichtsrat gefassten Beschlüsse vorgesehen wird.

Als weitere Sanktion käme ein Ausschluss der Unternehmen vom öffentlichen Vergabeverfahren in Betracht.[746] Diese Rechtsfolge stößt sowohl im Hinblick auf

740 Vergleiche § 319 Absatz 5 Satz 2 AktG; § 16 Absatz 2 UmwG.

741 *Helm/Manthey*, NZG 2010, 415.

742 *Helm/Manthey*, NZG 2010, 415.

743 Gesetz zur Umsetzung der Aktionärsrichtlinie (ARUG) v. 30.7.2009, BGBl. I, S.2479.

744 *Helm/Manthey*, NZG 2010, 415, 416.

745 *Helm/Manthey*, NZG 2010, 415, 416.

746 Siehe hierzu auch die Ausführungen aus dem Abschlussbericht der Länderarbeitsgruppe 2011, Teilhabe von Frauen in Führungs- und Kontrollgremien der Wirtschaft, S. 223 ff.; abrufbar unter: http://www.justiz.bayern.de/imperia/md/content/stmj_internet/ministerium/ministerium/gesetzgebung/teilhabe_frauen_fuehrungs_und_kontrollgremien_1_.pdf (zuletzt abgerufen am 19.9. 2011).

den oberen als auch auf den unteren Schwellenwert auf massive Bedenken. „Eignung“ im Sinne des § 97 Absatz 4 Satz 1 GWB betrifft die Leistungs-, die Fachkunde und Zuverlässigkeit sowie die Gesetzeskonformität. Diese Kriterien stehen jeweils im Zusammenhang mit dem konkret zu vergebenden Auftrag.[747] Es geht also um die Einhaltung der deutschen Gesetze in Bezug auf die entsprechend angebotene Tätigkeit. Dies folgt auch aus der Richtlinie 2004/18/EG des Europäischen Parlaments und des Rates vom 31. März 2004 über die Koordinierung der Verfahren zur Vergabe öffentlicher Bauaufträge, Lieferaufträge und Dienstleistungsaufträge (Vergabekoordinierungs-Richtlinie VKR), die auf die Zuverlässigkeit eines Bieters in Rahmen von Artikel 45 VKR eingeht.[748] Unter anderem wird die Eignung des Bieters ausgeschlossen, wenn er rechtskräftig für die Beteiligung an einer kriminellen Organisation, Art. 45 Absatz 1 a) VKR, Betrug oder Geldwäsche, Art. 45 Absatz 1 c) d) oder aufgrund eines Delikts verurteilt worden ist, das eine berufliche Zuverlässigkeit oder schwere Verfehlung – wie etwa Steuerbetrug oder Insolvenzverschleppung – nachweist, Art. 45 Absatz 1 c) d). Im Hinblick auf diese schwerwiegenden Ausschlussgründe darf nicht davon ausgegangen werden, dass jedweder dem Unternehmen zurechenbarer Gesetzesverstoß als Begründung zum Vergabeausschluss ausreicht. Vielmehr handelt es sich um gravierende Verfehlungen in Bezug auf die Wirtschaftsaktivität des Unternehmens. Damit soll vor allem dem Versuch, das Vergaberecht für politische Motive zu instrumentalisieren, ein Riegel vorgeschoben werden.[749]

Die Verpflichtung zu einer geschlechtergerechten Zusammensetzung im Aufsichtsrat fügt sich nicht in die von der Richtlinie aufgestellten Kriterien ein. Diese knüpfen durchgängig an die unternehmerische Tätigkeit und Zuverlässigkeit in Bezug auf eventuelle Auftragsausführungen. Zwar sieht § 97 Absatz 4 Satz 3 GWB für die öffentlichen Auftraggeber die Möglichkeit vor, durch Landes- oder Bundesgesetz weitergehende Anforderungen an die Bieter aufzustellen. Auf diese Norm gestützte weitere Anforderungen, die sich in der Richtlinie nicht unmittelbar wiederfinden und auch nicht in einer Annexauslegung hergestellt werden können, werden jedoch aufgrund des abschließenden Charakters der Richtlinie von der überwiegenden Kommentarliteratur richtigerweise als europarechtswidrig deklariert.[750] Die aufgestellten Kriterien müssen immer Auftragsbezug auf-

747 *Dreher* in Immenga/Mestmäcker, Wettbewerbsrecht Bd.2 GWB, § 97 GWB Rn.132.

748 Richtlinie 2004/18/EG des Europäischen Parlaments und des Rates v. 31.3.2004 über die Koordinierung der Verfahren zur Vergabe öffentlicher Bauaufträge, Lieferaufträge und Dienstleistungsaufträge, Abl. Nr. L. 134, S.114.

749 *Dreher* in Immenga/Mestmäcker, Wettbewerbsrecht Bd.2 GWB, § 97 GWB Rn.132.

750 *Dreher* in Immenga/Mestmäcker, Wettbewerbsrecht Bd.2 GWB, § 97 GWB Rn.193; *Wagner* in Langen/Bunte, Kommentar zum deutschen und europäischen Kartellrecht Bd. I, § 97 GWB Rn.84.

weisen.[751] Das Anknüpfen an die Einhaltung einer Geschlechterquote – völlig unabhängig von dem konkreten Auftragsgegenstand – als Eignungskriterium stände mit den abschließend in der Richtlinie aufgeführten Ausschlusskriterien nicht im Einklang. Dementsprechend wäre auch eine Erweiterung der Eignungskriterien um die Gleichstellungsquote im Sinne des § 97 Absatz 4 Satz 3 GWB europarechtswidrig. Für diese Wertung spricht auch § 97 Absatz 4 Satz 2 GWB, der zusätzliche Anforderungen an den Auftragnehmer im Hinblick auf soziale, umweltbezogene und innovative Aspekte zulässt, sofern sie im sachlichen Zusammenhang mit dem Auftragsgegenstand stehen. Der Ausschluss des Unternehmens von der öffentlichen Vergabe scheidet daher als Rechtsfolge aus.

Schlussendlich ist der Verlust der Börsennotierung als Sanktion zu bewerten. Gegen diese Konsequenz sprechen eine Vielzahl von gewichtigen Argumenten.[752] Neben der Frage nach der volkswirtschaftlichen Sinnhaftigkeit sprechen auch das Grundkonzept des Kapitalmarktrechts und die Schutzadressaten seiner Rechtsquellen hiergegen. Die in den wesentlichen Rechtsvorschriften *scilicet* im Wertpapierhandelsgesetz, Wertpapierhandels- und Übernahmegesetz und auch Börsengesetz enthaltenen Vorschriften verfolgen hinsichtlich der Börsenzulassung stets den Schutz der Funktionsfähigkeit des Kapitalmarktes und damit den ordnungsgemäßen Börsenhandel sowie den Anlegerschutz.[753] Die Herstellung der Geschlechterparität in Führungspositionen ist kein originäres Ziel des Kapitalmarktrechts. Ein darauf basierender Entzug der Zulassung wäre schwer in die bestehenden Entzugsgründe einzureihen und dem Schutzzweck des Börsenhandels fremd.

Darüber hinaus spricht vor allem der tiefgreifende Eingriff, den der Verlust der Börsennotierung in das Anteilseigentum der Aktionäre bedeuten würde, gegen eine solche Rechtsfolge. Die Börsenzulassung einer Aktiengesellschaft bietet den Aktionären eine erhöhte Verkehrsfähigkeit ihrer Aktie, da sie diese problemlos und zu jeder Zeit über die Börse wieder veräußern können. Dies stellt einen erheblichen Vorteil im Gegensatz zu anderen Unternehmensbeteiligungen dar.[754] Dementsprechend fällt nach höchstrichterlicher Rechtsprechung auch die Verkehrsfähigkeit als Bestandteil des durch Art. 14 Absatz 1 GG gewährleisteten Aktieneigentums unter den Schutzbereich des Grundrechts.[755] Denn die jederzeitige Realisierung des Aktienwertes über die Börse präge die vermögensrechtliche

---

751 *Dreher* in Immenga/Mestmäcker, Wettbewerbsrecht Bd.2 GWB, § 97 GWB Rn.193.

752 *Bachmann*, ZIP 2011, 1131, 1138 spricht insofern von einer indiskutablen Option; siehe auch bereits *Spindler/Brandt*, NZG 2011, 401, 404.

753 So zu Recht die Klarstellung des Gesetzesantrages des Landes Nordrhein-Westfalen v. 11.2.2011, BR-Drucks. 87/11, S.25.

754 *Conreder*, Verfassungsrechtlicher Schutz von Aktionärsrechten, S.46.

755 BGH Urt. v. 25.11.2002 - II ZR 133/01, NJW 2003, 1032 (LS).

Komponente des Aktieneigentums und genieße dementsprechend verfassungsrechtlichen Schutz.[756] Im Falle des sogenannten *Delisting*[757] sei daher den Minderheitsaktionären der Wert ihrer Aktien zu ersetzen und ihnen die Möglichkeit zu geben, die Richtigkeit der Wertbemessung in einem gerichtlichen Verfahren überprüfen zu lassen.[758] Damit geht der Bundesgerichtshof bei Verlust der Börsennotierung von einer Ausgleichspflicht aus.

Die Angemessenheit dieser Sanktion ist daher insbesondere im Hinblick auf die höchstrichterlich statuierte Ausgleichsverpflichtung bei Verlust der Verkehrsfähigkeit bedenklich. Jedenfalls dürfte eine solche Rechtsfolge aus Verhältnismäßigkeitsgesichtspunkten allenfalls bei mehrmaligen Verstößen gegen die Quote und nach vorheriger Androhung in Erwägung gezogen werden.[759] Dies wiederum stünde einer wirkungsvollen Umsetzung des Gleichstellungsauftrags entgegen. Daher ist der Entzug der Börsennotierung als unverhältnismäßige Sanktion im Hinblick auf das Anteilseigentum der Gesellschafter zu begreifen und abzulehnen.

(6) Zwischenergebnis

Als verhältnismäßige Rechtsfolge bei einem Quotenverstoß stehen daher zum einen, wie im Gesetzesantrag Nordrhein-Westfalens vorgesehen,[760] die *a priori* bestehende Unwirksamkeit der Bestellung des Gremiums sowie das Angreifen der erfolgten Wahl durch Klageerhebung, zur Disposition. Aufgrund der Gefahr, dass es bei der erstgenannten Option, zu häufigen Wahldurchgängen sowie aufgrund der fehlerhaften Bestellung aller Mitglieder zur Unwirksamkeit der gefassten Beschlüsse kommen kann, ist die an die Rechtsfolgenseite knüpfende Sanktion in Form der Anfechtungs- oder Nichtigkeitsklage vorzugswürdig. Allerdings ist die im Gesetzesentwurf der Fraktion *BÜNDNIS 90/DIE GRÜNEN* darüber

---

756 So BGH Urt. v. 25.11.2002 - II ZR 133/01, NJW 2003, 1032, 1034 in Anlehnung an BVerfG Beschl. v. 27.4.1999 - 1 BvR 1613/94, BVerfGE 100, 289, 305 ff.; BGH Entscheidung zust. *Streit*, ZIP 2003, 392; *Wilsing/Kruse*, WM 2003, 1110; aA indes *Krämer/Theiß*, AG 2003, 225, 229; *Holzborn*, WM 2003, 1105, 1107 die die Veräußerbarkeit als lediglich zusätzliches Element nicht unter den Bestandteil des Aktieneigentums subsumieren.

757 Börsenabgang: Dauerhafte Einstellung der Börsennotiz einer Aktiengesellschaft.

758 BGH Urt. v. 25.11.2002 - II ZR 133/01, NJW 2003, 1032 (LS).

759 Ebenso Gesetzesantrag des Landes Nordrhein-Westfalen v. 11.2.2011, BR-Drucks. 87/11, S.25; *Bachmann*, ZIP 2011, 1131, 1138; *Spindler/Brandt*, NZG 2011, 401, 404; Abschlussbericht der Länderarbeitsgruppe 2011, Teilhabe von Frauen in Führungs- und Kontrollgremien der Wirtschaft, S.215; abrufbar unter:http://www.justiz.bayern.de/imperia/md/content/stmj_internet/ministerium/ministerium/gesetzgebung/teilhabe_frauen_fuehrungs_und_kontrollgremien_1_.pdf (zuletzt abgerufen am 19.9.2011).

760 Gesetzesantrag des Landes Nordrhein-Westfalen v. 11.2.2011, BR-Drucks. 87/11, S.20.

hinaus vorgesehene Anordnung der Nichtigkeit aller Beschlüsse[761] des quotenwidrig besetzten Aufsichtsrats, abzulehnen. Den Aufsichtsrat bis auf weiteres der Handlungsfähigkeit zu berauben, ist unverhältnismäßig und widerspricht zudem der verfestigten Lehre, der zufolge die fehlerhafte Bestellung des Organs nur in Ausnahmefällen die Unwirksamkeit des von diesem getragenen Beschlusses zur Folge hat (Lehre vom fehlerhaften Organ).[762]

dd) Abwägung

Bei der Abwägung der widerstreitenden Positionen sprechen überzeugende Argumente für die Vereinbarkeit einer Gleichstellungsquote mit dem in Art. 14 GG geschützten Anteilseigentum der Aktionäre. Bei dem Gesetz handelt es sich um eine Inhalts- und Schrankenbestimmung, da abstrakt-generell die Organisation der Aufsichtsratswahl geregelt wird. Dementsprechend ist eine Abwägung zwischen dem in Art. 14 Absatz 1 GG geschützten Anteilseigentum und der in Art. 14 Absatz 2 GG konstituierten Sozialpflichtigkeit anzustrengen.

Die Untersuchung ergab insoweit, dass die Anteilseigner durch eine Gleichstellungsquote nicht im Kernbereich ihres Mitgliedschaftsrechts betroffen wären. Die gesetzliche Quote würde lediglich den Auswahlpool, nicht jedoch das Bestellungsrecht als solches berühren. Damit läge die Belastung der Aktionäre, was ihr Recht zur Personalwahl betrifft, deutlich unter derjenigen, welche die Einführung der Mitbestimmung der Arbeitnehmer im Aufsichtsrat verursachte.[763] Da das Bundesverfassungsgericht im *Mitbestimmungsurteil* einen schwerwiegenden Eingriff in das Mitgliedschaftsrecht der Aktionäre bei hälftigem Verlust der Wahlhoheit verneinte, kann für die Modifikation der Bestellung erst Recht nichts anderes gelten. Zwar beschränkt die Quote insbesondere bei mitbestimmten Unternehmen den ohnehin kupierten Einfluss der Anteilseigner auf die Aufsichtsratswahl,[764] doch behalten die Aktionäre letztendlich das Auswahlrecht für die Aufsichtsratsmandate.[765] Es geht um die Frage des „Wie“ und nicht des „Ob“, weshalb von weniger hohen Rechtfertigungsanforderungen auszugehen ist. Das Mitwirkungsrecht der Aktionäre wird also nicht wesentlich eingeschränkt oder gar ausgehebelt.

---

761 Gesetzesentwurf *Bündnis 90/Die Grünen* v. 13.10.2010, BT-Drucks. 17/3296, S.7.

762 So auch *Bachmann*, ZIP 2011, 1131, 1138 mwN.

763 So auch die Annahme bei *Raasch*, ZfRV 2009, 216, 220.

764 So zu Recht der Einwand von *Bachmann*, ZIP 2011, 1131, 1134 der das Beispiel aufführt, dass bei einer Aktiengesellschaft mit 2100 Arbeitnehmern einem zwölfköpfigen Aufsichtsrat und einer 40% Quote nur noch 3 Vertreter völlig frei von den Anteilseignern bestimmt werden können.

765 In diesem Sinne auch *Raasch*, ZfRV 2009, 216, 220.

Darüber hinaus ist erneut die vorgesehene Ausgestaltung der Regelung zu beachten. Insofern darf nicht übersehen werden, dass sich die Quote bei 30-40% an einem zumutbaren Wert orientiert. Die Aktionäre können bis zum Greifen der Quote ihre Favoriten wählen ohne auf das Geschlecht achten zu müssen. Auch ab Greifen der Quote sind die Aktionäre durch die Festlegung von Mindestqualifikationen in der Satzung des Unternehmens nicht verpflichtet allein gleichstellungspolitisch wünschenswerte Kandidaten zu bestellen; im Ergebnis treffen sie ihre Wahl immer noch unter Berücksichtigung der Eignung.[766] Sie müssen insbesondere keinen Kandidaten ohne geeignete Qualifikationen akzeptieren.[767] Auch bleibt es den Aktionären unbenommen, eigene Qualifikationsprüfungen anzustrengen oder aber Wahlvorschläge im Sinne von § 124 AktG mit den von ihnen bezüglich Kompetenz und Interessenvertretung vertrauenswürdig erscheinenden Kandidatinnen zu unterbreiten. Es erscheint *in praxi* unwahrscheinlich, dass sich ein Unternehmen mit dem Aufstellen unqualifizierter Kandidatinnen ins „eigene Fleisch" schneidet. Jede Gesellschaft wird sich um kompetente Interessenvertreterinnen bemühen.[768] Hierfür spricht auch, dass die „Soll-Vorschrift" aus § 4 Absatz 4 DrittelbG bislang noch nicht kritisiert worden ist.[769]

Letztlich darf nicht verkannt werden, dass hinter einer Quotenregelung der verfassungsrechtliche Gleichstellungsauftrag aus Art. 3 Absatz 2 Satz 2 GG steht.[770] Dieser genießt aufgrund seiner Wertung, ohne Absolutheit zu beanspruchen, stets eine relative Vorrangstellung. Das Bundesverfassungsgericht hat in

766 Dies verkennt *Redenius-Hövermann*, ZIP 2010, 660,664 f. sowie die gemeinsame Stellungnahme des *BDI* und des *DIHK* zum Gesetzesantrag des Landes Nordrhein-Westfalen (BR-Drucks.87/11), Entwurf eines Gesetzes zur Förderung der Gleichberechtigung von Frauen und Männern im Aufsichtsrat börsennotierter Unternehmen, Gutachten S.5, 6; abrufbar unter: http://www.bdi.eu/download_content/RechtUndOeffentlichesAuftragswesen/Gemeinsame_StN_zur_Frauenquote.pdf (zuletzt abgerufen am 19.9.2011).

767 So aber die gemeinsame Stellungnahme des *BDI* und des *DIHK* zum Gesetzesantrag des Landes Nordrhein-Westfalen BR-Drucks.87/11 v. 11.2.2011, Entwurf eines Gesetzes zur Förderung der Gleichberechtigung von Frauen und Männern im Aufsichtsrat börsennotierter Unternehmen, Gutachten S.5, 6; abrufbar unter: http://www.bdi.eu/download_content/RechtUndOeffentliches Auftragswesen/Gemeinsame_StN_zur_Frauenquote.pdf (zuletzt abgerufen am 19.9.2011).

768 AA *Redenius-Hövermann*, ZIP 2010, 660, 664 die eine Frauenquote mangels geeigneten Kandidatenpools *a priori* für verfassungswidrig hält; in diese Richtung gehen auch die Ausführungen von *Francois-Poncet/Deilmann/Otte*, NZG 2011, 450, 454 sowie auch die gemeinsame Stellungnahme des *BDI* und des *DIHK* zum Gesetzesantrag des Landes Nordrhein-Westfalen (BR-Drucks.87/11), Entwurf eines Gesetzes zur Förderung der Gleichberechtigung von Frauen und Männern im Aufsichtsrat börsennotierter Unternehmen, Gutachten S.5, 6; abrufbar unter: http://www.bdi.eu/download_content/RechtUndOeffentlichesAuftragswesen/Gemeinsame_StN_zur_Frauenquote.pdf (zuletzt abgerufen am 19.9.2011).

769 *Raasch*, ZfRV 2009, 216, 220.

770 Zum relativen Vorrang ebendieses vergleiche die Ausführungen unter 3.TeilB.II.2.b)dd)(2)(c).

diesem Zusammenhang klargestellt, dass gerade das Anteilseigentum aufgrund der Einbindung ins Kollektiv eine intensive soziale Bindung beinhalte.[771]

Die Abwägung der widerstreitenden Interessen führt zu der Erkenntnis, dass eine Gleichstellungsquote in zumutbarer Weise die Mitwirkungsrechte der Aktionäre beschränken würde.

3. Abschließende Würdigung Art. 14 Absatz 1 GG

Eine aktuelle Stellungnahme des *Bundesverbands der deutschen Industrie e.V.* (*BDI*) sowie des *Deutschen Industrie- und Handelskammertages e.V.* (*DIHK*) behauptet eine generelle Unvereinbarkeit einer möglichen Gleichstellungsquote mit Art. 14 Absatz 1 GG der Gesellschafter.[772] Die Verbände begründen diese Auffassung im Hinblick auf die Aktionärsrechte damit, dass eine Quote den faktischen Zwang auf Seiten der Anteilseigner begründe, nicht hinreichend qualifizierte Mandatsträger auszuwählen.[773] Dies stehe im Widerspruch dazu, den bestmöglichen Aufsichtsrat aufzustellen, um den unternehmerischen Erfolg und gleichläufige Rendite zu erzielen. Im Hinblick auf das Geschlecht, nicht jedoch auf Erfahrung und Qualifikation zu berufen, könnte auch von dem Sozialgebot des Art. 14 Absatz 2 AktG nicht mehr gedeckt werden.[774]

Dieser Ansicht kann nach durchgeführter Prüfung aus mehreren Gründen nicht gefolgt werden. Die Mitwirkungsrechte der Aktionäre bei der Bestellung des Aufsichtsrats sind Ausprägungen des mitgliedschaftlichen Elements des grundrechtlich geschützten Aktieneigentums aus Art. 14 Absatz 1 Satz 1 GG. Das Recht zur Stimmabgabe gehört zu den zentralen Mitwirkungsrechten des Aktionärs.[775]

---

771 BVerfG Urt. v. 1.3.1979 - 1 BvR 532/77, BVerfGE 50, 290, 348.

772 Gemeinsame Stellungnahme des *BDI* und des *DIHK* zum Gesetzesantrag des Landes Nordrhein-Westfalen (BR-Drucks.87/11), Entwurf eines Gesetzes zur Förderung der Gleichberechtigung von Frauen und Männern im Aufsichtsrat börsennotierter Unternehmen, Gutachten S.5, 6; abrufbar unter: http://www.bdi.eu/download_content/RechtUndOeffentlichesAuftragswesen/Gemeinsame_StN_zur_Frauenquote.pdf (zuletzt abgerufen am 19.9.2011).

773 Gemeinsame Stellungnahme des *BDI* und des *DIHK* zum Gesetzesantrag des Landes Nordrhein-Westfalen (BR-Drucks.87/11), Entwurf eines Gesetzes zur Förderung der Gleichberechtigung von Frauen und Männern im Aufsichtsrat börsennotierter Unternehmen, Gutachten S.5, 6; abrufbar unter: http://www.bdi.eu/download_content/RechtUndOeffentlichesAuftragswesen/Gemeinsame_StN_zur_Frauenquote.pdf (zuletzt abgerufen am 19.9.2011).

774 Gemeinsame Stellungnahme des *BDI* und des *DIHK* zum Gesetzesantrag des Landes Nordrhein-Westfalen (BR-Drucks.87/11), Entwurf eines Gesetzes zur Förderung der Gleichberechtigung von Frauen und Männern im Aufsichtsrat börsennotierter Unternehmen, Gutachten S.5, 6; abrufbar unter: http://www.bdi.eu/download_content/RechtUndOeffentlichesAuftragswesen/Gemeinsame_StN_zur_Frauenquote.pdf (zuletzt abgerufen am 19.9.2011).

775 *Hüffer*, AktG Kommentar, § 12 AktG Rn.2.

Eine Gleichstellungsquote würde durch die verpflichtende Bestimmung, einen bestimmten Prozentsatz des unterrepräsentierten Geschlechts in den Aufsichtsrat zu entsenden, dieses Mitwirkungsrecht nicht aushebeln, sondern lediglich modifizieren. Es würde sich bei der Regelung um eine zulässige Inhalts- und Schrankenbestimmung im Sinne des Art. 14 Absatz 1 Satz 2 GG und damit um eine gesetzliche Konkretisierung der eigentumsrechtlich geschützten Mitgliedschaftsrechte handeln. Eine derartige Regelung würde keinesfalls den Kern der Mitgliedschaftsrechte der Aktionäre, gleich welcher Aktionärsgattung, betreffen. Ferner ist die Quote Ausdruck des verfassungsrechtlichen Gleichstellungsauftrags und als solche im Gebot der Sozialpflichtigkeit des Eigentums nach Art. 14 Absatz 2 GG zu berücksichtigen. Danach überwiegt die Durchsetzung der geschlechterausgeglichenen Besetzung des Kontrollgremiums den verhältnismäßig geringen Eingriff in das Mitgliedschaftsrecht. Dies wird durch die Feststellung bestätigt, dass die Anteilseigner aufgrund der vorgesehenen Mindestqualifikation auch zukünftig geeignete Kandidaten in den Aufsichtsrat wählen können. Wäre eine geschlechterkonforme Besetzung tatsächlich nur „auf Kosten" der Kompetenz zu realisieren, greift die zu installierende Härtefallklausel. In diesem Fall kann ganz oder partiell von der Quote abgewichen werden.

Nach allem wäre eine Gleichstellungsquote im Anteilseignergremium des Aufsichtsrats der Aktiengesellschaft mit dem in Art. 14 Absatz 1 GG geschützten Anteilseigentum der Aktionäre vereinbar.

V. Vereinbarkeit mit Art. 3 Absatz 3 Satz 1 GG der Gegenbewerber

1. Freiheitsrechtliche Grundrechtsdogmatik bei Gleichheitsrechten?

Die klassische grundrechtsdogmatische Lehre mit den Kategorien Schutzbereich, Eingriff und verfassungsrechtliche Rechtfertigung wurde für die Prüfung von grundrechtlichen Freiheitsrechten entwickelt.[776] Im Bereich der Gleichheitsrechte finden sich daher die *Termini* „Schutzbereich" und „Eingriff" nicht. Vielmehr wird von der Feststellung einer Ungleichbehandlung gesprochen, deren verfassungsrechtliche Rechtfertigung zu untersuchen ist.[777] Zwar geht es bei den Gleichheitsrechten auch um die Abwehr eines staatlichen Eingriffes in Gestalt einer Ungleichbehandlung. Diese wirkt sich aber anders als bei den Freiheitsrechten nicht in einem von vornherein eingrenzbaren Handlungsbereich aus,

776 Grundlegend *Lerche* in Isensee/Kirchhof, HdB des Staatsrechts Bd. V, Allgemeine Grundrechtslehren, §§ 121 und 122.

777 *Rademacher*, Diskriminierungsverbot und „Gleichstellungsauftrag", S.179.

sondern kann das Individuum in zahlreichen Aspekten seiner Persönlichkeit treffen.[778] Während eine Maßnahme bei Eingreifen in Freiheitsrechte in der Regel nur bestimmte Komponenten der Ausübung der geschützten Freiheit betrifft und nur in extremen Ausnahmefällen die Wahrnehmung des gesamten Grundrechts für den Betroffenen unmöglich gemacht wird, wird der von den Gleichheitsrechten geschützte Gleichbehandlungsanspruch durch die staatliche Ungleichbehandlung in seiner Gesamtheit beeinträchtigt, denn eine nur teilweise Ungleichbehandlung schließt sich denknotwendig aus.[779]

Demzufolge ist von der bisherigen Prüfungsweise abzuweichen und zunächst eine Ungleichbehandlung zweier Vergleichsgruppen zu untersuchen. Dem schließt sich die Prüfung der Rechtmäßigkeit einer etwaigen Ungleichbehandlung an.

2. Ungleichbehandlung im Sinne des Art. 3 Absatz 3 Satz 1 GG

Alle natürlichen Personen genießen den persönlichen Schutz des Art. 3 Absatz 3 GG.[780]

Sachlich enthält Art. 3 Absatz 3 GG spezielle Differenzierungsverbote.[781] Anhand dieser Kriterien darf eine unterschiedliche Behandlung von Personen und Sachverhalten nicht festgemacht werden. Art. 3 Absatz 3 GG stellt sich somit als subjektives Abwehrrecht des Einzelnen gegenüber unzulässigen Ungleichbehandlungen dar.[782] Als sogenanntes pönalisiertes Merkmal ist in diesem Zusammenhang auch die Differenzierung anhand des Geschlechts aus Art. 3 Absatz 3 Satz 1 GG in Verbindung mit der besonderen Ausprägung aus Art. 3 Absatz 2 Satz 1 GG zu sehen.[783] Der über das Diskriminierungsverbot des Art. 3 Absatz 3 Satz 1 GG hinausgehende Regelungsgehalt des Art. 3 Absatz 2 GG besteht darin, dass er ein Gleichberechtigungsgebot aufstellt und dieses in Satz 2 auf die Wirklichkeit erstreckt.[784] Die Annahme, dass sich der Schutz des Art. 3 Absatz 2 Satz 1 GG allein auf Frauen als Angehörige der bisher benachteiligten Hälfte der

778 *Rademacher*, Diskriminierungsverbot und „Gleichstellungsauftrag“, S.179.

779 *Rademacher*, Diskriminierungsverbot und „Gleichstellungsauftrag“, S.180; *Heun* in Dreier, GG Kommentar, Art. 3 GG Rn.23 f., 25 f., 28; für einen weitgehend gleichläufigen Prüfungsaufbau von Gleichheits- und Freiheitsrechten *Jarass*, AöR 1995, 345, 361 ff.

780 *Dürig/Scholz* in Maunz/Dürig, GG Kommentar, Art. 3 Absatz 3 GG Rn.161; *Heun* in Dreier, GG Kommentar, Art. 3 GG Rn.43.

781 *Starck* in v. Mangoldt/Klein/Starck, GG Kommentar, Art. 3 GG Rn.341.

782 *Heun* in Dreier, GG Kommentar, Art. 3 GG Rn.116.

783 *Rademacher*, Diskriminierungsverbot und „Gleichstellungsauftrag“, S.144.

784 *Kannengießer* in Schmidt-Bleibtreu/Hofmann/Hopfauf, GG Kommentar, Art. 3 GG Rn.51.

Bevölkerung beziehe,[785] ist abzulehnen. Dies ergibt sich bereits aus der geschlechtsneutralen Formulierung „Männer und Frauen“.[786]

Eine Ungleichbehandlung von zwei Personen darf damit grundsätzlich nicht aus einer Geschlechtszuordnung resultieren. In diesem Zusammenhang wird auch von der „Geschlechtsblindheit“ der Staats- und Rechtsordnung gesprochen.[787] Dreh- und Angelpunkt des Differenzierungsverbots ist die Kausalität.[788] Die Merkmale müssen ursächlich für die Diskriminierung sein *(Kausalitätsmodell)*.[789] Richtigerweise wird keine Finalität mehr verlangt, sodass es dem Staat durch die Maßnahme nicht darauf ankommen muss aufgrund der genannten Merkmale zu diskriminieren.[790] Gegen den Gleichberechtigungsgrundsatz wird somit stets verstoßen, wenn jemand durch eine staatliche Maßnahme wegen seiner Geschlechtszugehörigkeit gegenüber Personen des anderen Geschlechts benachteiligt oder bevorteilt wird.[791]

Die hier zu prüfende gesetzliche Gleichstellungsquote knüpft am Merkmal des Geschlechts an und kann im Einzelfall dazu führen, dass vergleichbar qualifizierte männliche Bewerber hinter den weiblichen Kandidatinnen zurückstehen. Damit erfolgt eine an dem Geschlecht anknüpfende Ungleichbehandlung von Männern und Frauen im Zuge der Aufsichtsratswahl.

3. Verfassungsrechtliche Rechtfertigung

Bei der Frage nach einer verfassungsrechtlichen Rechtfertigung von Gleichheitsverstößen hat eine Angleichung an die Prüfung der Freiheitsrechte stattgefunden.[792] Für Gleichheitsverstöße, die sich an den „verbotenen“ Kriterien des Art. 3 Absatz 3 GG orientieren, verlangt das Bundesverfassungsgericht nach seiner

785 *Raasch*, Frauenquote und Männerrechte, S.150 f.; *Sacksofsky*, Das Grundrecht auf Gleichberechtigung, S.318, 337 f.

786 *Starck* in v. Mangoldt/Klein/Starck, GG Kommentar, Art. 3 GG, Rn.208, 211.

787 *Rademacher*, Diskriminierungsverbot und „Gleichstellungsauftrag“, S.145; siehe auch die frühe Entscheidung des Bundesverfassungsgerichts zum Differenzierungsverbot am Geschlecht: BVerfG Urt. v. 18.12.1953 - 1 BvL 106/53; BVerfGE 3, 225, 240.

788 Vergleiche hierzu die Darstellung bei *Heun* in Dreier, GG Kommentar, Art. 3 GG. Rn.119 f.

789 Aufgezählte Merkmale als tatbestandliche Anknüpfungsverbote BVerfG Beschl. v. 12.2.2003 - 2 BvR 709/99; BVerfGE 107, 257, 269; BVerfG Urt. v. 14.3.2000 - 1 BvR 284/96; BVerfGE 102, 41, 53; grundlegend BVerfG Urt. v. 28.1.1992 - 1 BvR 1025/82, BVerfGE 85, 191, 206.

790 Aufgegebene Rechtsprechung des BVerfG, siehe noch BVerfG Urt. v. 24.9.1965 - 1 BvR 228/65, BVerfGE 19, 119, 126; BVerfG Beschl. v. 22.5.1975 - 2 BvL 13/73, BVerfGE 39, 334, 368; BVerfG Urt. v. 8.4.1987 - 1 BvL 8/84, BVerfGE 75, 40, 70; aufgegeben durch das BVerfG Urt. v. 28.1.1992 - 1 BvR 1025/82, BVerfGE 85, 191, 206.

791 BVerfG Urt. v. 28.1.1992 - 1 BvR 1025/82, BVerfGE 85, 191, 206.

792 *Rademacher*, Diskriminierungsverbot und „Gleichstellungsauftrag“, S.180; *Sachs*, JuS 1997, 124; *Hesse*, FS Lerche 1993, S.121, 128.

„neuen Formel", dass die Ungleichbehandlung zunächst einen legitimen Zweck verfolgt, zur Erreichung dieses Zweckes geeignet und erforderlich sein muss, sowie schließlich in einem angemessenen Verhältnis zum Wert des Zwecks steht.[793] Die Nähe zu der Prüfung der verfassungsrechtlichen Rechtfertigung von Freiheitsrechten liegt damit auf der Hand. Somit ist erneut die Frage nach der Verhältnismäßigkeit im weiteren und engeren Sinne zu stellen.

Hinsichtlich der rein formellen verfassungsrechtlichen Voraussetzungen sowie der Frage nach der legitimen Zweckverfolgung der Maßnahme und deren Geeignet- sowie Erforderlichkeit kann auf die vorangegangenen Ausführungen verwiesen werden.[794] Die Prüfung ist insofern gleichläufig. Allerdings ist hervorzuheben, dass nach ständiger Rechtsprechung des Verfassungsgerichts eine Differenzierung im Bereich der Merkmale des Art. 3 Absatz 3 GG nur dann erforderlich und damit zulässig ist, wenn zwischen den beiden differenzierenden Gruppen Unterschiede von solcher Art und von solchem Gewicht bestehen, dass sie die ungleiche Behandlung rechtfertigen.[795] Diese Anforderung an die Erforderlichkeit sinkt jedoch in dem Fall, in dem der Staat bei einer Ungleichbehandlung in Verfolgung von Förderungszwecken handelt. Hier wird ihm ein weiter Beurteilungs-und Gestaltungsspielraum zugestanden.[796] Nur wenn eine Alternative ersichtlich ist, die zugleich den Förderzweck besser verfolgt und die benachteiligte Gruppe weniger belastet, kann die Notwendigkeit der Maßnahme verneint werden.[797] Dass keine milderen, vergleichbar effektiven Optionen *de lege lata* bestehen, wurde im Rahmen der Prüfung von Art. 12 Absatz 1 GG der Aktiengesellschaft bereits dargelegt.[798]

Bei der Frage nach der Verhältnismäßigkeit im engeren Sinne ist erneut der Ausgleich der kollidierenden Interessen zu suchen. Für die vorbehaltlos gewährleisteten Freiheitsrechte werden dabei regelmäßig die verfassungsimmanenten Schranken in Gestalt anderer Grundrechte und sonstiger Rechtsgüter von Verfas-

793 Ständige Rechtsprechung des BVerfG seit BVerfG Beschl. v. 7.10.1980 - 1 BvL 50/79, BVerfGE 55, 72, 88; BVerfG Beschl. v. 2.5.1990 - 1 BvL 20/84, BVerfGE 82, 60, 86; BVerfG Beschl. v. 30.5.1990 - 1 BvL 2/83, BVerfGE 82, 126, 146; BVerfG Urt. v. 24.4.1991 - 1 BvR 1341/90, BVerfGE 84, 133, 157 f.; BVerfG Beschl. v. 10.1.1995 - 1 BvL 20/87, BVerfGE 91, 389, 401; BVerfG Beschl. v. 8.10.1996 - 1 BvL 15/91, BVerfGE 95, 39, 45; BVerfG Beschl. v. 8.4.1997 - 1 BvR 48/94, BVerfGE 95, 267, 317; BVerfG Urt. v. 14.3.2000 - 1 BvR 284/96, BVerfGE 102, 41, 54.

794 3.TeilB.II.2.b)aa) und 3.TeilB.II.2.b)bb) und 3.TeilB.II.2.b)cc).

795 BVerfG Beschl. v. 7.10.1980 - 1 BvL 50/79, BVerfGE 55, 72, 88.

796 BVerfG Beschl. v. 10.11.1998 - 1 BvL 50/92, BVerfGE 99, 165, 178.; *Rademacher*, Diskriminierungsverbot und „Gleichstellungsauftrag", S.181.

797 *Rademacher*, Diskriminierungsverbot und „Gleichstellungsauftrag", S.181.

798 Siehe hierzu die Ausführungen unter 3.TeilB.II.2.b)cc).

sungsrang herangezogen.[799] Die herrschende Lehre erkennt diese Einschränkungsmöglichkeit auch für Art. 3 Absatz 3 GG an.[800] Es ist daher zunächst die Kollision von Art. 3 Absatz 3 GG mit einem anderen Verfassungsgut festzustellen, um im zweiten Schritt die widerstreitenden Positionen im Wege der bestmöglichen Entfaltung beider Interessen auszugleichen (Herstellung praktischer Konkordanz).[801]

a) Art. 3 Absatz 2 Satz 2 GG als kollidierender Verfassungsbelang zu Absatz 3?

Als Gegenrecht ist erneut der verfassungsrechtliche Gleichstellungsauftrag aus Art. 3 Absatz 2 Satz 2 GG anzuführen. Durch die grundgesetzliche Ergänzung des Absatzes 2 um den zweiten Satz wurde ausdrücklich klargestellt, dass sich das Gleichberechtigungsgebot nicht lediglich auf die rechtliche Situation, sondern vielmehr auf die rechtstatsächliche Wirklichkeit erstreckt.[802] Ferner wurde dem einfachen Gesetzgeber der verfassungsrechtliche Gleichstellungsauftrag erteilt. Allerdings sind das Verhältnis von Art. 3 Absatz 2 Satz 2 GG in Bezug auf Art. 3 Absatz 3 GG und seine Einschränkungsmöglichkeiten umstritten. Die schärfsten Kontroversen in Bezug auf das Verhältnis der beiden Absätze löste bereits in den 90iger Jahren die Frage nach der Zulässigkeit von Quoten als Frauenförderungsmittel im öffentlich-rechtlichen Bereich aus.[803] Im Folgenden sollen die verschiedenen Positionen in Literatur und Rechtsprechung dargestellt und ausgewertet werden.

aa) Absoluter Vorrang des Art. 3 Absatz 2 Satz 2 GG

Die generelle Vorrangbetrachtung des zweiten Absatzes geht im Wesentlichen auf die Theorien von *Slupik*[804] und *Raasch*[805] zurück, wird aber auch von neueren

799 *Rademacher*, Diskriminierungsverbot und „Gleichstellungsauftrag“, S.183.

800 *Jarass*, AöR 1995, 345, 377 ff.; *Osterloh* in Sachs, GG Kommentar, Art. 3 GG Rn.254; *Ebsen* in Benda/Maihofer/Vogel, HdB des Verfassungsrechts, § 8 Rn.23 ff.; *Heun* in Dreier, GG Kommentar, Art. 3 GG Rn.31; *Kannengießer* in Schmidt-Bleibtreu/Hofmann/Hopfauf, GG Kommentar, Art. 3 GG Rn.17 f.

801 *Papier* in Merten/Papier, HdB der Grundrechte Bd. III, § 64 Rn.17.

802 Zur Reform des Grundgesetzes *Sannwald*, NJW 1994, 3313 ff.; *Kannengießer* in Schmidt-Bleibtreu/Hofman/Hopfauf, GG Kommentar, Art. 3 GG Rn.51, 56.

803 *Sacksofsky*, Das Grundrecht auf Gleichberechtigung, S.179 ff.; hierzu auch *Sachs*, NJW 1989, 553 ff.

804 *Slupik*, Die Entscheidung des Grundgesetzes für Parität im Geschlechterverhältnis: Zur Bedeutung von Art. 3 Absatz 2 und Absatz 3 GG in Recht und Wirklichkeit, S.86 ff.

805 *Raasch*, Frauenquote und Männerrechte, S.142 ff., 147 ff., 150.

Autoren wie *Sacksofsky*[806] aufgegriffen. Zwar beziehen sich ihre Annahmen auf die Rechtslage vor der Einfügung des Satzes 2 in Artikel 3 Absatz 2 GG. Allerdings sahen beide das Fördergebot bereits in der alten Vorschrift enthalten, sodass die von ihnen entwickelte Konstruktion auch unter Geltung der neuen Rechtslage nicht überholt ist.[807] Diese geht davon aus, dass es sich bei Art. 3 Absatz 3 GG um ein individuelles Diskriminierungsverbot für beide Geschlechter handele, während Art. 3 Absatz 2 GG eine gruppenbezogene Zielsetzung allein für Frauen enthalte.[808] Diese ausschließliche Wirkung resultiere aus der Gleichberechtigungszielsetzung vor dem historischen Hintergrund der Gleichberechtigungsforderung in Richtung auf Herstellung realer Machtgleichheit zwischen den Geschlechtern.[809] Hiernach ergibt sich ein spezielles Fördergebot allein zugunsten der Frauen, solange bis die geforderte Geschlechterparität *de facto* besteht.[810] Maßnahmen zur Förderung der Frauen und damit der faktischen Gleichberechtigung begegnen hinsichtlich Art. 3 Absatz 3 Satz 1 GG also keinerlei Bedenken. Vielmehr berührten Fördermaßnahmen aufgrund der Spezialität des Absatzes 2 vor Absatz 3 nicht einmal den Schutzbereich des Diskriminierungsverbots.[811] Potentielle Gegenrechte der Männer gegen Fördermaßnahmen aus Absatz 2 können nach dieser Auffassung lediglich aus anderen Grundrechten, nicht jedoch aus Art. 3 Absatz 3 GG hergeleitet werden, da ein Rückgriff auf diesen Absatz angesichts der Spezialität ausscheide.[812]

bb) Strikte Ablehnung jeder Durchbrechung von Art. 3 Absatz 3 GG

Im Gegensatz dazu stellen sich *Sachs*[813] und *Starck*[814] generell gegen Einschränkungen des Art. 3 Absatz 3 GG durch Art. 3 Absatz 2 GG. *Starck* führt in der

806 *Sachsofsky*, Das Grundrecht auf Gleichberechtigung, S.347, die den Grundgedanken von *Slupik* im Ansatz zustimmt.

807 *Rademacher*, Diskriminierungsverbot und „Gleichstellungsauftrag", S.157.

808 *Raasch*, Frauenquote und Männerrechte, S.150; *Slupik*, Die Entscheidung des Grundgesetzes für Parität im Geschlechterverhältnis: Zur Bedeutung von Art. 3 Absatz 2 und Absatz 3 GG in Recht und Wirklichkeit, S.79.

809 *Raasch*, Frauenquote und Männerrechte, S.150, 151; *Slupik*, Die Entscheidung des Grundgesetzes für Parität im Geschlechterverhältnis: Zur Bedeutung von Art. 3 Absatz 2 und Absatz 3 GG in Recht und Wirklichkeit, S.41.

810 *Raasch*, Frauenquote und Männerrechte, S.151.

811 *Raasch*, Frauenquote und Männerrechte, S.245.

812 *Raasch*, Frauenquote und Männerrechte, S.245; diesen Schluss indes nicht ziehend *Slupik*, Die Entscheidung des Grundgesetzes für Parität im Geschlechterverhältnis: Zur Bedeutung von Art. 3 Absatz 2 und Absatz 3 GG in Recht und Wirklichkeit, S.123.

813 *Sachs*, NJW 1989, 553 ff.; *ders.*, NVwZ 1991, 437 ff.

814 *Starck* in v. Mangoldt/Klein/Starck, GG Kommentar, Art. 3 GG Rn.311 f.

Grundrechtskommentierung hierzu aus: „*Daher sind Interpretationsansätze verfehlt, die das Staatsziel des Art. 3 Absatz 2 Satz 2 auf die grundrechtliche Ebene der strikten Differenzierungsverbote bezüglich des Geschlechts heben und mit der Zauberformel von der praktischen Konkordanz eine Einschränkung des strikten Differenzierungsverbots begründen (...).*“[815] Auch *Sachs* lehnt die Einschränkung des Art. 3 Absatz 3 GG mit dem Verweis auf die besondere Bedeutung der Unterscheidungsverbote als unabdingbare Minimalvoraussetzung für die Herstellung von Chancengleichheit ab.[816] Zwar seien staatliche Förderungsinstrumente als *ultima ratio* nicht per se unzulässig, doch dürften sie nicht an das Geschlecht, sondern an bestehende soziale Gegebenheiten anknüpfen, um geschlechtstypische Hemmnisse abzubauen.[817] Hiernach darf zu Gunsten des Art. 3 Absatz 2 Satz 2 GG gerade nicht von dem strikten Gleichbehandlungsgebot aus Art. 3 Absatz 3 GG abgewichen werden.[818] Ein Konflikt zwischen den beiden Absätzen kann daher auch nach dieser Theorie nicht entstehen, da das Fördergebot nur verwirklicht werden kann, wenn es gerade nicht Art. 3 Absatz 3 GG entgegenläuft. Die in Art. 3 Absatz 3 GG manifestierte Rechtsgleichheit ist hiernach unverzichtbare Voraussetzung für die in Absatz 2 vorausgesetzte faktische Gleichheit.[819]

cc) Theorie der praktischen Konkordanz

Der Gedanke der praktischen Konkordanz zwischen der subjektiv-rechtlichen und der objektiv-rechtlichen Komponente der Gleichberechtigung wurde erstmals von *Benda*[820] in die Diskussion eingeführt.[821] Gemeinsam mit *Pfarr*[822] hält er das Diskriminierungsverbot für grundsätzlich durch kollidierendes Verfassungsrecht, mithin Art. 3 Absatz 2 Satz 2 GG, limitierbar, sofern die strikte Einhaltung des Verhältnismäßigkeitsprinzips gewahrt werde.[823] Ungleichbehandlungen seien nur zum Ausgleich unerträglicher Wirklichkeitsdefizite im Hinblick auf die faktische Gleichheit gestattet; zudem dürfe das Individualgrundrecht

815 *Starck* in v. Mangoldt/Klein/Starck, GG Kommentar, Art. 3 GG Rn.313.

816 *Sachs*, NJW, 1989, 553, 558.

817 *Sachs*, NJW, 1989, 553, 557, 558.

818 *Starck* in v. Mangoldt/Klein/Starck, GG Kommentar, Art. 3 GG Rn.313.

819 *Sachs*, NJW 1989, 553, 557, 558; siehe hierzu auch die Ausführungen bei *Rademacher*, Diskriminierungsverbot und „Gleichstellungsauftrag“, S.168.

820 *Benda*, Die Notwendigkeit und Möglichkeit positiver Aktionen zugunsten von Frauen im öffentlichen Dienst.

821 *Rademacher*, Diskriminierungsverbot und „Gleichstellungsauftrag, S.175.

822 *Pfarr*, Quoten und Grundgesetz.

823 *Benda*, Die Notwendigkeit und Möglichkeit positiver Aktionen zugunsten von Frauen im öffentlichen Dienst, S.156.

nicht mehr als unabweisbar notwendig beeinträchtigt werden.[824] Hierbei solle der jeweilige Einzelfall sorgfältig geprüft werden.[825] Im Gegensatz dazu zieht *Pfarr* aus den Lehren der praktischen Konkordanz weitreichendere Schlüsse und vertritt die Ansicht, dass nach den Maßstäben der bestmöglichen Entfaltung der widerstreitenden Rechtsgüter keines auf Kosten des anderen realisiert werden dürfe.[826] Aufgrund der tatsächlichen Wirklichkeit und einhergehender Unterrepräsentanz des weiblichen Geschlechts sei daher die Einschränkung des Diskriminierungsverbots zugunsten des Fördergebots bis zur Erreichung der Geschlechterparität in allen Bereichen grundsätzlich geboten.[827]

dd) Rechtsprechung des Bundesverfassungsgerichts

Erstmals in der *Rentenaltersentscheidung* nahm das Bundesverfassungsgericht Stellung zu dem Verhältnis von Art. 3 Absatz 3 GG und Art. 3 Absatz 2 GG, damals noch in der alten Fassung ohne Satz 2.[828] Hierbei stellte das Verfassungsgericht fest, dass Art. 3 Absatz 2 GG als Rechtfertigung für eine Diskriminierung im Sinne des Art. 3 Absatz 3 GG für den Ausgleich konkret-individueller Nachteile angesehen werden könne.[829] Voraussetzung für eine derartige Einschränkung sei jedoch, dass die staatliche Maßnahme, die die rechtliche Gleichheit begrenze, dem Ausgleich eines bestehenden Nachteiles diene.[830] Dabei billigte das Gericht dem Gesetzgeber einen nicht unerheblichen Einschätzungsspielraum bei der Frage zu, ob solche Nachteile entstanden sind, wie lange sie fortwirken und welche Maßnahmen als Ausgleich in Betracht kommen.[831] Während in dieser Entscheidung noch versucht wurde, den alleinigen Fall des Nachteilsausgleichs als Ausnahme des Diskriminierungsverbots einzustufen,[832] prüfte das Verfassungsgericht in der folgenden *Nachtarbeitsverbotsentscheidung*,[833] ob Art. 3 Absatz 3 GG generell durch Art. 3 Absatz 2 GG eingeschränkt werden kann.[834] Das Gericht führt hierzu aus: „*Der über das Diskriminierungsverbot des Art. 3 Ab-*

824 *Benda*, Die Notwendigkeit und Möglichkeit positiver Aktionen zugunsten von Frauen im öffentlichen Dienst, S.156; nicht ganz so strikt *Pfarr*, Quoten und Grundgesetz, S.82, 83.

825 *Benda*, Die Notwendigkeit und Möglichkeit positiver Aktionen zugunsten von Frauen im öffentlichen Dienst, S.157.

826 *Pfarr*, Quoten und Grundgesetz, S.82.

827 *Pfarr*, Quoten und Grundgesetz, S.82, 83, 249 f.

828 BVerfG Beschl. v. 28.1.1987 - 1 BvR 455/82, BVerfGE 74, 163.

829 BVerfG Beschl. v. 28.1.1987 - 1 BvR 455/82, BVerfGE 74, 163, 180.

830 BVerfG Beschl. v. 28.1.1987 - 1 BvR 455/82, BVerfGE 74, 163, 180.

831 BVerfG Beschl. v. 28.1.1987 – 1 BvR 455/82, BVerfGE 74, 163, 180.

832 *Rademacher*, Diskriminierungsverbot und „Gleichstellungsauftrag", S.166.

833 BVerfG Urt. v. 28.1.1992 - 1 BvR 1025/82, BVerfGE 85, 191 (LS).

834 *Rademacher*, Diskriminierungsverbot und „Gleichstellungsauftrag", S.166.

satz 3 GG hinausreichende Regelungsgehalt von Art. 3 Absatz 2 GG besteht darin, daß er ein Gleichberechtigungsgebot aufstellt und dieses auch auf die gesellschaftliche Wirklichkeit erstreckt. Der Satz "Männer und Frauen sind gleichberechtigt" will nicht nur Rechtsnormen beseitigen, die Vor- oder Nachteile an Geschlechtsmerkmale anknüpfen, sondern für die Zukunft die Gleichberechtigung der Geschlechter durchsetzen. Er zielt auf die Angleichung der Lebensverhältnisse. So müssen Frauen die gleichen Erwerbschancen haben wie Männer. Überkommene Rollenverteilungen, die zu einer höheren Belastung oder sonstigen Nachteilen für Frauen führen, dürfen durch staatliche Maßnahmen nicht verfestigt werden. Faktische Nachteile, die typischerweise Frauen treffen, dürfen wegen des Gleichberechtigungsgebots des Art. 3 Absatz 2 GG durch begünstigende Regelungen ausgeglichen werden."[835]

Folglich hält das Bundesverfassungsgericht eine Einschränkung von Art. 3 Absatz 3 GG durch Art. 3 Absatz 2 GG grundsätzlich für möglich. Das Gericht erkennt eine Öffnung des strikten Diskriminierungsverbots für Einschränkungen aufgrund des Fördergebotes unter Beachtung des Verhältnismäßigkeitsgrundsatzes an.[836]

ee) Würdigung

Dem von *Slupik*, *Raasch* und teilweise auch *Sacksofsky* verfolgten Ansatz eines generell absoluten Vorrangs von Art. 3 Absatz 2 Satz 2 GG vor Absatz 3 Absatz 3 GG sowie der Annahme, Art. 3 Absatz 2 GG wirke allein zugunsten von Frauen als eine Art spezielles Gruppenrecht, kann nicht gefolgt werden. Hiergegen spricht die gesetzliche Formulierung des Art. 3 Absatz 2 GG, der „Männer und Frauen" gleichermaßen nennt.[837] Ferner existieren Berufsfelder, in denen gerade Männer unterrepräsentiert sind.[838] Gegen die asymmetrische Wirkung der Norm spricht auch der Charakter der Gleichberechtigung selbst; denn Gleichberechtigung ist kein statischer Zustand, der einseitig durch die Abstimmung der einen Situation an die andere erfolgen kann, sondern sich durch einen gegenseitigen Prozess der Annäherung darstellt.[839] Gegen die Auffassung des verfassungsrechtlichen Gleichstellungsauftrages als Gruppenrecht spricht, dass die Grundrechte in ihrer Funktion Individualrechte des Einzelnen gegenüber dem

835 BVerfG Urt. v. 28.1.1992 - 1 BvR 1025/82, BVerfGE 85, 191, 207.

836 *Rademacher*, Diskriminierungsverbot und „Gleichstellungsauftrag", S.166.

837 *Starck* in v. Mangoldt/Klein/Starck, GG Kommentar, Art. 3 GG Rn.315; *Schmitt Glaeser*, DÖV 1982, 381, 387.

838 Im Bereich der staatlichen Kinderbetreuung im Pflegedienst oder etwa im Bereich der Geburtshilfe.

839 *Rademacher*, Diskriminierungsverbot und „Gleichstellungsauftrag", S.159.

Staat darstellen. Grundgesetzliche Rechtspositionen werden gerade nicht durch Zuordnung zu bestimmten Gemeinschaften oder Gruppen zugesprochen.[840] In der Schlussfolgerung wären dann bei der Diskriminierung einer Frau gleichfalls alle aus der Gruppe betroffen. Das dies aufgrund der einzigen gemeinsamen Zuordnung zu einem Geschlecht nicht immer der Fall sein wird, liegt auf der Hand.[841] Darüber hinaus ist die Annahme eines „Supergrundrechts", das in jedem Einzelfall Vorrang genießt, auch nicht aus der Verfassungshistorie, selbst unter Zugrundelegung des Fördergebots aus Art. 3 Absatz 2 Satz 2 GG, zu schließen.[842] Nach der Begründung der Gemeinsamen Verfassungskommission handelt es sich weniger um den Versuch der Lösung eines rechtlichen als eines gesellschaftlichen Problems.[843] Wenn aus der Entstehungsgeschichte – aufgrund damaliger politischer Entscheidungen und Gegebenheiten – der unbedingte Vorrang der Norm geschlossen wird, so beruht dies auf einer Verwechslung von Entstehungsgeschichte und Inhalt der Verfassungsnorm.[844] Zudem droht aufgrund der Annahme einer jederzeit möglichen Einschränkung des Art. 3 Absatz 3 GG durch Art. 3 Absatz 2 Satz 2 GG die Gefahr einer beliebigen Umgehung des Diskriminierungsverbots und dessen Banalisierung.[845] Das Ideal der generellen Geschlechterparität ist zudem mit einer freiheitlichen Verfassung kaum vereinbar, da dies bei realistischer Betrachtung mit einer massiven Steuerung des Staates und einhergehenden Beschneidung individueller Freiheit verbunden wäre.[846] Die Thesen der erstgenannten Ansicht vermögen daher im Hinblick auf die Frage des Art. 3 Absatz 2 GG als taugliche kollidierende Verfassungsposition zu Art. 3 Absatz 3 GG nicht zu überzeugen.

Die Ansichten von *Sachs* und *Starck* verfolgen jeweils in unterschiedlichen Abstufungen die Gegenposition. Auch dieses Extrem ist aufgrund seiner schematischen Eindimensionalität abzulehnen. Das Diskriminierungsverbot als unantastbar zu betrachten, widerspricht der Grundkonzeption der Grundrechte, da selbst schrankenlos gewährleistete Grundrechte mit anderen Rechtsgütern von Verfassungsrang kollidieren können.[847] Es existiert mit Ausnahme der Men-

---

840 *Rademacher*, Diskriminierungsverbot und „Gleichstellungsauftrag", S.158; *Rüfner*, FS Stern 1997, S.1011, 1012 f.; *Osterloh* in Sachs, GG Kommentar, Art. 3 GG Rn.185.

841 *Rademacher*, Diskriminierungsverbot und „Gleichstellungsauftrag", S.159; zust. in diesem Punkt auch *Sacksofsky*, Das Grundrecht auf Gleichberechtigung, S.335.

842 Siehe hierzu die Ausführungen bei *Starck* in v. Mangoldt/Klein/Starck, GG Kommentar, Art. 3 GG Rn.311 f.

843 Bericht der Gemeinsamen Verfassungskommission v. 5.11.1993, BT-Drucks. 12/2006, S.50: „(..) *Zur Stärkung der Durchsetzung in der Lebenswirklichkeit* (…)".

844 *Döring*, Frauenquoten und Verfassungsrecht, S.200.

845 Diese Gefahr betonend *Ebsen*, Jura 1990, 515, 517.

846 *Rademacher*, Diskriminierungsverbot und „Gleichstellungsauftrag", S.158.

847 Insofern ausführlich *Papier* in Merten/Papier, HdB der Grundrechte Bd. III, § 64 Rn.17 ff.

schenwürde aus Art. 1 GG[848] gerade keine absolut gesetzte Rangliste. Indem jedoch ohne weiteres davon ausgegangen wird, die Herstellung faktischer Gleichheit bedinge die rechtliche Gleichheit, werden unterschiedliche Ausgangssituationen als Rechtfertigung *per se* ausgeschlossen. Faktische Gleichheit lässt sich jedoch ohne Berücksichtigung der Heterogenität der rechtlich erfassten Individuen nicht erreichen.[849] Es gilt gerade dort, wo unterschiedliche Ausgangssituationen bestehen, einen rechtlichen Rahmen zu schaffen, der die tatsächliche Chancengleichheit überhaupt erst möglich macht.[850]

Weiterhin führt diese Betrachtungsweise zu einem Leerlauf des Art. 3 Absatz 2 Satz 2 GG, denn „neutrale" Fördermaßnahmen kann es selbst bei geschlechtsneutraler Formulierung nicht geben. Faktisch betreffen diese immer eine Geschlechtsgruppe.[851] Die absolute Geltung des rechtlichen Diskriminierungsverbots lässt sich auch im Hinblick auf die Entscheidungen des Bundesverfassungsgerichts[852] nicht halten. Diese als politisch motivierte, vom Zeitgeist getriebene Erweiterung der Norm „abzustempeln", greift zu kurz.[853] Auch die Bewertung als bloße „Staatszielbestimmung" kann nicht darüber hinwegtäuschen, dass das Bundesverfassungsgericht gerade in seiner *Nachtarbeitsentscheidung* die generelle Einschränkungsmöglichkeit des Art. 3 Absatz 3 GG durch das bereits in Art. 3 Absatz 2 GG (alte Fassung) statuierte Fördergebot vorsieht.[854]

Die Auflösung des Gleichheitswiderspruchs über die Formel der praktischen Konkordanz stellt den richtigen Lösungsweg dar. Letztendlich lässt sich Gerechtigkeit nur mit einer Einzelfallbetrachtung und unter Zugrundelegung aller widerstreitenden Interessen erreichen.[855] Dieser Ansatz trägt zudem auch den Entscheidungen des Bundesverfassungsgerichts Rechnung, dessen Ausführungen zu

848 *Papier* in Merten/Papier, HdB der Grundrechte Bd. III, § 64 Rn.97.

849 *Rademacher*, Diskriminierungsverbot und „Gleichstellungsauftrag", S.170.

850 *Engels*, Chancengleichheit und Bundesstaatsprinzip, S.23.

851 *Rademacher*, Diskriminierungsverbot und „Gleichstellungsauftrag", S.170.

852 BVerfG Beschl. v. 28.1.1987 - 1 BvR 455/82, BVerfGE 74, 163 (LS); BVerfG Urt. v. 28.1.1992 - 1 BvR 1025/82, BVerfGE 85, 191.

853 So aber *Starck* in v. Mangoldt/Klein/Starck, GG Kommentar, Art. 3 GG Rn.306.

854 BVerfG Urt. v. 28.1.1992 - 1 BvR 1025/82, BVerfGE 85, 191.

855 So auch *Ebsen* in Benda/Maihofer/Vogel, HdB des Verfassungsrechts, § 8 Rn.43 f.; *Pfarr*, Quoten und Grundgesetz, S.82; *Benda*, Notwendigkeit und Möglichkeit positiver Aktionen zugunsten von Frauen im öffentlichen Dienst, S.155; *Eckertz-Höfer*, FS Simon 1987, S.447 ff., 472; *Fuchsloch*, NVwZ 1991, 442 ff.; *Schweizer*, Der Gleichberechtigungssatz – neue Form, alter Inhalt?, S.176.

der Kollisionsproblematik sich ebenfalls in die Überlegungen zur Konkordanz und Verhältnismäßigkeit einfügen.[856]

Damit ist von einer Einschränkungsmöglichkeit des Art. 3 Absatz 3 GG in Form von kollidierendem Verfassungsrecht auszugehen. Als widerstreitende Position im Rahmen von Frauenförderungsmaßnahmen kommt Art. 3 Absatz 2 Satz 2 GG in Betracht. Dieser ist nicht lediglich Staatszielbestimmung, sondern vermittelt einen Rechtfertigungsgrund, um im Rahmen der Verhältnismäßigkeit anhand der sonst pönalisierten Merkmale zu differenzieren. Somit können auch Gleichstellungsquoten in Form einer Besetzungsregel für Aufsichtsratsmandate als Ausdruck kollidierenden Verfassungsrechts im Hinblick auf Art. 3 Absatz 3 Satz 1 GG in Verbindung mit Art. 3 Absatz 2 Satz 1 GG der männlichen Kandidaten in den Grenzen der Zumutbarkeit verfassungsrechtlich zulässig sein.

Es kommt also erneut auf die konkrete Ausgestaltung der Quote und die Abwägung der streitenden Positionen an. Die verfassungsrechtliche Spannungslage besteht darin, eine Regelung zu erlassen, die so ausgestaltet ist, dass sie die tatsächliche Gleichberechtigung der Frau im Bereich der Aufsichtsratspositionen fördert, aber im Ergebnis das Recht des Mannes auf Gleichberechtigung nicht unzumutbar beeinträchtigt. In diesem Zusammenhang können die für den öffentlich-rechtlichen Bereich entwickelten Leitsätze der Rechtsprechung hinsichtlich Gleichstellungsquoten und deren Ausgestaltungskriterien Aufschluss über die Anforderungen an die hier in Frage stehende Quote geben.

b) Ausgestaltungskriterien an eine Gleichstellungsquote

Das Bundesverfassungsgericht entwickelte trotz der massiv geführten Diskussion in der Fachliteratur in den dem *Rentenaltersbeschluss*[857] sowie der *Nachtarbeitsentscheidung*[858] nachfolgenden Urteilen keine Leitsätze oder Anforderungen an die Ausgestaltung einer Gleichstellungsquote als Fördermittel faktischer Gleichberechtigung.[859] Geprägt wurde die rechtliche Konturierung der Zulässigkeit von gesetzlichen Gleichstellungsquoten vielmehr vom Europäischen Gerichtshof.[860] Nachfolgend sollen daher zunächst die vom Europäischen Gerichtshof aufgestellten Leitlinien vorgestellt werden. Im Anschluss daran ist zu prüfen, inwie-

856 *Rademacher*, Diskriminierungsverbot und „Gleichstellungauftrag", S.177, mit Verweis auf BVerfG Beschl. v. 28.1.1987 - 1 BvR 455/82, BVerfGE 74, 163; BVerfG Urt. v. 28.1.1992 - 1 BvR 1025/82, BVerfGE 85, 191.

857 BVerfG Beschl. v. 28.1.1987 - 1 BvR 455/82, BVerfGE 74, 163 ff.

858 BVerfG Urt. v. 28.1.1992 - 1 BvR 1025/82, BVerfGE 85, 191 ff.

859 Unter anderem BVerfG Urt. v. 7.7.1992 - 1 BvL 51/86, BVerfGE 87, 1, 42; BVerfG Urt. v. 17.11.1992 - 1 BvL 8/87, BVerfGE 87, 234, 258.

860 Hierzu bereits *Brandt/Thiele*, AG 2011, 580 ff.

fern diese Kriterien überhaupt Einfluss auf die nationale Rechtslage haben und inwiefern die aufgestellten Anforderungen auf die hier in Rede stehende Gleichstellungsquote im Aufsichtsrat übertragen werden können.[861]

aa) Die Quotenentscheidungen des Europäischen Gerichtshofs

(1) EuGH Urt. v. 17. Oktober 1995- C-450/93 (Kalanke)[862]

Der Europäische Gerichtshof beschäftigte sich erstmals nach Vorlage des Bundesarbeitsgerichts vom 22. Juni 1993[863] mit einer landesgesetzlichen Quotenregelung. Hintergrund war die Klage eines männlichen Bewerbers gegen die Freie Hansestadt Bremen. Anlass bildete die Besetzung einer Sachgebietsleiterstelle im Gartenbauamt, bei der dem Kläger eine weibliche Mitbewerberin aufgrund einer landesgesetzlichen Quotenregelung[864] vorgezogen wurde. Die Quotenregelung selbst war dabei qualifikationsabhängig ausgestaltet.[865] Demnach konnte eine Frau lediglich bei absolut gleicher Qualifikation vorrangig berücksichtigt werden. Allerdings sah der Europäische Gerichtshof die Regelung aufgrund ihrer automatischen Bevorzugung als unvereinbar mit Art. 2 Absatz 1 und Absatz 4 der Gleichbehandlungsrichtlinie[866] an. In seiner Entscheidung konstatierte der Gerichtshof, dass eine Regelung, welche absolut und unbedingt Frauen ohne Berücksichtigung der besonderen Verhältnisse von Männern bevorzuge, keine zulässige Förderung der Chancengleichheit mehr darstelle.[867]

Danach sind solche Regelung unzulässig, die keine Öffnungsklauseln für spezielle Sonderkonstellationen enthalten.[868]

---

861 Hierzu bereits *Brandt/Thiele*, AG 2011, 580 ff.

862 EuGH Urt. v. 17.10.1995 - C-450/93, NJW 1995, 3109 f.

863 BAG Beschl. v. 22.6.1993 - 1 AZR 590/92, BB 1993, 2455.

864 Gesetz zur Gleichstellung von Mann und Frau im öffentlichen Dienst des Landes Bremen (LGG) v. 20.11. 1990, BremGBl., S.433.

865 Zu den einzelnen Quotierungskonzeptionierungen siehe die Ausführungen unter 2.TeilB.II.

866 Richtlinie 75/207/EWG des Rates v. 9.2.1976 zur Verwirklichung des Grundsatzes der Gleichbehandlung von Männern und Frauen hinsichtlich des Zugangs zur Beschäftigung, zur Berufsbildung und zum beruflichen Aufstieg sowie in Bezug auf die Arbeitsbedingungen, Abl. L 39, v. 14.2.1976, S.40.

867 EuGH Urt. v. 17.10.1995 - C-450/93, NJW 1995, 3109, 3110 Tz.22.

868 Hierzu auch *Compensis*, BB 1998, 2470, 2471; *Colneric*, BB 1996, 265, 266; *Nowak*, Frauenquoten im öffentlichen Dienst, S.73 f; *Berger-Delhey*, ZTR 1996, 258,259; *Pfarr*, NZA 1995, 809, 813.

(2) EuGH Urt. v. 11. November 1997- C- 409/95 (Marschall)

Präzisiert wurden die Grundsätze der Zulässigkeitsvoraussetzungen gesetzlicher Quoten anhand der *Marschallentscheidung.*[869] Mit dieser erteilte der Gerichtshof Vertretern, die nach der ersten Entscheidung bereits den verfassungsrechtlichen Ergänzungspassus des Art. 3 Absatz 2 Satz 2 GG in Frage stellen wollten,[870] eine Absage.

Das Gericht hatte auf Vorlage des Verwaltungsgerichts Gelsenkirchen[871] erneut über eine gesetzliche Landesregelung, namentlich § 25 Absatz 5 Satz 2 des Beamtengesetzes für das Land Nordrhein-Westfalen, zu entscheiden. Diese Regelung enthielt im Gegensatz zu ihrer Vorgängerin eine flexiblere Frauenförderungsklausel, sodass, *„soweit im Bereich der für die Beförderung zuständigen Behörde im jeweiligen Beförderungsamt der Laufbahn weniger Frauen als Männer sind, bei gleicher Eignung, Befähigung und fachlicher Leistung Frauen dann bevorzugt zu befördern sind, sofern nicht in der Person des Mitbewerbers liegende Gründe überwiegen"*.[872] Ausgehend von seiner *Kalankeentscheidung* hob der Europäische Gerichtshof hervor, dass im Unterschied zu der damals zugrunde liegenden Bestimmung des § 4 BremLLG, hier kein Automatismus für eine vorrangige Beförderung gegeben sei.[873] Vielmehr enthalte die nunmehr streitige Norm eine Öffnungsklausel, nach der Frauen zwar grundsätzlich, aber nicht in jedem Fall bevorzugt zu behandeln seien. Art. 2 Absatz 4 der Gleichbehandlungsrichtlinie (vormals Richtlinie 76/207/EWG)[874] verfolge den Zweck, Maßnahmen zuzulassen, die geeignet seien, zwischen den Geschlechtern faktische Ungleichheiten zu beseitigen oder zu verringern.[875] Entsprechend seien danach nationale Regelungen im Bereich des Zugangs zu Beschäftigung einschließlich des Aufstiegs zulässig, die Frauen spezifisch begünstigen und ihre Fähigkeiten verbessern sollen, auf dem Arbeitsmarkt mit anderen zu konkurrieren und unter den gleichen Bedingungen wie Männer eine berufliche Laufbahn zu verwirklichen.[876] Eine nationale Regelung könne also den Frauen keinen absoluten und

869 EuGH Urt. v. 11.11.1997- C- 409/95, NJW 1997, 3429 f.

870 In diese Richtung *Berger-Delhey*, ZTR 1996, 258, 261.

871 VG Gelsenkirchen Beschl. v. 21.12.1995 - 1 K 6303/94, EuZW 1996, 223.

872 EuGH Urt. v. 11.11.1997- C- 409/95, NJW 1997, 3429, 3430 Tz.35.

873 EuGH Urt. v. 11.11.1997- C- 409/95, NJW 1997, 3429. 3430 Tz.23 ff.

874 Richtlinie 76/207/EWG des Rates v. 9.2.1976 zur Verwirklichung des Grundsatzes der Gleichbehandlung von Männern und Frauen hinsichtlich des Zugangs zur Beschäftigung, zur Berufsausbildung und zum beruflichen Aufstieg sowie in Bezug auf die Arbeitsbedingungen, Abl. L 39 v. 14.2.1976, S.40.

875 *Compensis*, BB 1998, 2470.

876 So bereits EuGH Urt. v. 17.10.1995 - C-450/93, NJW 1995, 3109, 3110 Tz.19; hierzu auch *Colneric*, BB 1996, 265, 266 f.

unbedingten Vorrang einräumen, wohl aber eine grundsätzliche Bevorzugung mit Öffnungsklausel unter Berücksichtigung zusätzlicher Merkmale des männlichen Bewerbers im Einzelfall statuieren.[877] Damit hat sich der Europäische Gerichtshof klar zu flexiblen Gleichstellungsquoten und ihrer Zulässigkeit bekannt.[878] „Flexibel" bedeutet, dass die Bevorzugungsregelungen zugunsten von Frauen im Bereich weiblicher Unterrepräsentanz solange zulässig sind, soweit überwiegende Kriterien zugunsten des Mannes gleichwohl berücksichtigt werden. Als plakatives Beispiel sei hier die alleinstehende Frau und der alleinerziehende Vater mit sechs unterhaltsberechtigten Kindern als Vergleichsmaßstab gewählt. In einer solchen Situation wären die besonderen „Belastungen" des männlichen Kandidaten bei der Entscheidung zu berücksichtigen. Erhebliches Gewicht bei der Zulässigkeitsbewertung von Gleichstellungsquoten liegt damit bei den Flexibilitätskriterien von Quotierungsmaßnahmen und damit der Implementierung von Härtefallklauseln.

(3) EuGH Urt. v. 28. März 2000- C- 158/97 (Badeck)

In der Rechtssache *Badeck* im Jahre 2000[879] hatte der Europäische Gerichtshof über mehrere Bestimmungen des Hessischen Gleichbehandlungsgesetzes zu befinden. Der Hessische Staatsgerichtshof[880] legte dem Europäischen Gerichtshof einen Normenkontrollantrag im Hinblick auf die Vereinbarkeit der Regelungen mit der Gleichbehandlungsrichtlinie[881] vor. In dieser Entscheidung hielt der Europäische Gerichtshof an den vorrangegangenen Leitsätzen fest und sah in der Konsequenz eine flexible Ergebnisquote, die bei gleicher Qualifikation dem unterrepräsentierten Geschlecht Vorrang gewährt, es sei denn, gewichtige Gründe in der Person des Gegenbewerbers sprechen hiergegen, als mit dem europäischen Recht und damit der Richtlinie vereinbar an.[882] Im Zuge dessen entschied das Gericht auch über eine Bestimmung des hessischen Gesetzes, die für die Besetzung von Vertretungsorganen der Arbeitnehmer sowie Verwaltungs- und Aufsichtsräte eine hälftige Beteiligung von Frauen an diesen Organen in Form einer

877 *Compensis*, BB 1998, 2470, 2471, mit Verweis auf die erste Entscheidung EuGH Urt. v. 17.10.1995 - C-450/93, NJW 1995, 3109 f.

878 *Compensis*, BB 1998, 2470, 2471.

879 EuGH Urt. v. 28.3.2000 - C 158/97, NJW 2000, 1549 ff..

880 HessStGH Beschl. v. 16.4.1997 - P.ST.1202, NVwZ 1997, 784 f.

881 Richtlinie 76/207/EWG des Rates v. 9.2.1976 zur Verwirklichung des Grundsatzes der Gleichbehandlung von Männern und Frauen hinsichtlich des Zugangs zur Beschäftigung, zur Berufsausbildung und zum beruflichen Aufstieg sowie in Bezug auf die Arbeitsbedingungen, Abl. L 39 v. 14.2.1976, S.40.

882 EuGH Urt. v. 28.3.2000- C 158/97, NJW 2000, 1549, 1551 Tz.18.

Soll-Vorschrift vorsah.[883] Auch diese Bestimmung billigte das Gericht mit dem Hinweis, dass die Soll-Vorschrift hinreichend Raum für die Einbeziehung sonstiger Gesichtspunkte lasse.[884]

Obgleich es sich bei Regelung nur um eine Soll-Vorschrift handelt, ist die Entscheidung vor allem im Hinblick darauf von Bedeutung, dass der damalige Generalstaatsanwalt in seinem Schlussantrag die Regelung als offensichtlich unzulässig ablehnte.[885] Das Gericht trat dieser Annahme und damit dem Schlussantrag entgegen, wenngleich die Unverbindlichkeit der Norm vom Gericht betont wurde.[886]

bb) Bedeutung der Rechtsprechung für die nationalen Ausgestaltungskriterien

Da das unmittelbar wirkende Unionsrecht nach heute herrschender Auffassung Anwendungsvorrang vor nationalen Regelungen genießt,[887] ist auch die Einhaltung gemeinschaftsrechtlicher Vorgaben im Rahmen innerstaatlicher Rechtssetzung eine unabdingbare Voraussetzung. Daraus ergibt sich, dass nationale Behörden und staatliche Gerichte Normen, die potentiell gegen Gemeinschaftsrecht verstoßen, nicht anwenden dürfen.[888] Im Konfliktfall verliert die angegriffene Norm zwar nicht ihre Geltung, wird aber außer Kraft gesetzt. Damit soll die Einheit und Wirksamkeit des Unionsrechts für alle Mitgliedsstaaten sichergestellt werden.[889] Ausgangspunkt für den innerstaatlichen Rechtsanwendungsbefehl bilden die Zustimmungsgesetze zu den Unionsverträgen, mit deren Ratifizierung der deutsche Gesetzgeber dem Unionsrecht als eigene Rechtsordnung unmittelbaren Vorrang vor dem innerstaatlichen Recht gewährt.[890] Insofern ist auch die Auslegung europäischen Rechts – hier der Gleichbehandlungsrichtlinie – durch den europäischen Gerichtshof zu berücksichtigen. Die Ausgestaltungskriterien

883 EuGH Urt. v. 28.3.2000- C 158/97, NJW 2000, 1549, 1553 Tz.64 ff.

884 EuGH Urt. v. 28.3.2000- C 158/97, NJW 2000, 1549, 1553 Tz.64 ff.

885 *Wieland*, NJW 2010, 2408, 2410.

886 Zu weit gehend daher *Wieland*, NJW 2010, 2408, 2410.

887 EuGH Urt. v. RSatz 6/64, Slg.1964, 1251, 1268 (*Costa/ENEL*); deutlich BVerfG Beschl. v. 22.10.1986 – 2 BvR 197/83, BVerfGE 73, 339 (*Solange II*); BVerfG Urt. v. 12.10.1993 – 2 BvR 2134/92, BVerfGE 89, 155, 190 (*Maastricht-Urteil*); BVerfG Urt. v. 30.6.2009 – 2 BvE 2/08, BVerfGE 123, 267, 396 ff.; siehe auch *Ruffert* in Callies/Ruffert, EUV AEUV Kommentar, Art. 1 AEUV Rn.16, der insofern von einem allgemeinen Konsens spricht; ebenso *Funke*, DÖV 2007, 733.

888 *Beljin*, EuR 2002, 351, 353; bereits *Zuleeg*, Das Recht der Europäischen Gemeinschaften im innerstaatlichen Bereich, S.136 ff.

889 *Ruffert* in Callies/Ruffert, EUV AEUV Kommentar, Art. 1 AEUV Rn.18.

890 *Thiele*, Europarecht, S.125.

an eine Gleichstellungsquote im Aufsichtsrat haben daher auch die vom Europäischen Gerichtshof aufgestellten Kriterien zu berücksichtigen.

cc) Übertragbarkeit der aufgestellten Leitlinien

Unter Berücksichtigung der Entscheidungen des Europäischen Gerichtshofs und seiner für die Zulässigkeit einer Vorrangregelung aufgestellten Anforderungen wäre eine Quote, die allein bei absoluter Gleichqualifizierung der Kandidaten einen Vorrang von Frauen bis zu einem bestimmten Prozentsatz vorsieht und zudem über eine Öffnungsklausel bei Härtefällen verfügt, umsetzbar.[891] Streng genommen dürften damit nur dann Frauen vorrangig vor Männern in den Aufsichtsrat gewählt werden, wenn sie absolut gleich qualifiziert sind und in der Person des männlichen Gegenkandidaten keine besonderen Gründe vorliegen, die eine gegenteilige Wertung gebieten. Es müsste also eine qualifikationsabhängige Entscheidungsquote mit Härtefallklausel für den jeweiligen Einzelfall gewählt werden.

Diese Ausgestaltung käme jedoch einem „zahnlosen Tiger" gleich und würde zu keiner Verbesserung führen: Denn was bedeutet „gleiche Qualifikation?" Diese absolut gleichwertige Eignung kann zwischen zwei Personen aufgrund divergierender Lebensumstände und insbesondere zwischen Mann und Frau durch den in der Regel familienorientierten Werdegang der Frau *in praxi* nie erreicht werden.[892] Vielmehr würde die Zulässigkeitsvoraussetzung der absoluten Gleichqualifikation einen hervorragenden Ablehnungsgrund für weibliche Kandidaten bieten. Diese verfügen im Gegensatz zu ihren männlichen Kollegen in der Regel nicht über jahrelange Vorstands- und Unternehmenserfahrung.[893] Daher würde eine Gleichstellungsquote in Form der leistungsabhängigen Quote keine entscheidende Veränderung zum *status quo* bewirken, denn bereits bei marginalen Unterschieden sind die gleiche Qualifikation und damit das Greifen der Quote hinfällig. Bereits beim Prüfungspunkt des legitimen gesetzgeberischen Zwecks im Rahmen der Prüfung von Art. 12 Absatz 1 GG der Aktiengesellschaft[894] wurde daher nicht die Einhaltung der absolut „gleichen" Qualifikation, sondern vielmehr die Einhaltung einer unternehmenseigenen Mindestqualifikation, befürwortet.[895] Diese Mindestqualifikation der Bewerber wird aufgrund der hier fa-

891 Vergleiche die Ausführungen bei *Brandt/Thiele*, AG 2011, 580 ff.

892 In diese Richtung gehen auch die Ausführungen von *Bachmann*, ZIP 2011, 1131, 1135; ebenso *Brandt/Thiele*, AG 2011, 580, 583, 584.

893 Zutreffend daher die Ausführung von *Bachmann*, ZIP 2011, 1131, 1135 der dafür plädiert derartige Kriterien gerade nicht anzulegen; ebenso bereits *Brandt/Thiele*, AG 2011, 580, 583, 584.

894 3.TeilB.II.2.b)aa)(2) sowie 3.TeilB.II.2.b)aa)(2)(c).

895 Hierzu auch *Spindler/Brandt*, NZG 2011, 401 ff.

vorisierten Ausgestaltung der Quote als Ergebnisquote[896] zudem allein über das Greifen der Härtefallklausel bei nicht Vorhandensein hinreichend qualifizierter Bewerber sichergestellt.

Die hier vorgeschlagene Ausgestaltung der Gleichstellungsquote weicht also von den durch den Europäischen Gerichtshof aufgestellten Voraussetzungen zur Zulässigkeit ab.

Folgerichtig ist zu untersuchen, ob von den im öffentlich-rechtlichen Bereich entwickelten Anforderungen des Europäischen Gerichtshofs im Hinblick auf eine Gleichstellungsquote bei Aufsichtsratsmandaten abgewichen werden kann.[897] Diese Fragestellung ist eng mit der Vergleichbarkeit der Sachverhalte der ergangenen Entscheidungen auf die hier vorgestellte Quotenregelung verknüpft.

(1) Einstellungsentscheidung versus Aufsichtsratswahl

Während sich die bisherige Rechtsprechung des Europäischen Gerichtshofs mit der Zulässigkeit von Quoten im Bereich von Zugängen zu Arbeitsplätzen beschäftigte, handelt es sich bei der Gleichstellungsquote im Aufsichtsrat um den Zugang zu einer Position, die sich nicht durch eine „eins-zu-eins“ Auswahlentscheidung des Arbeitgebers bei Gegenüberstellung des männlichen Kandidaten mit der weiblichen Kandidatin kennzeichnet, sondern durch eine Wahl.[898] Der potentielle Kandidat bewirbt sich daher in der Regel nicht aktiv, sondern wird vorgeschlagen.[899] Im Anschluss benennt die Hauptversammlung aus mehreren geeigneten Kandidaten ihre Favoriten. Wie im Rahmen der Prüfung von Art. 14 GG der Aktionäre dargelegt, verändert eine Gleichstellungsquote lediglich die Wahlmodalität, indem sie das Unternehmen verpflichtet, den „Pool“ zur Verfügung stehender Kandidaten um qualifizierte Frauen zu erweitern.[900] Durch die Ausgestaltung der Quote als Ergebnis- und nicht als Entscheidungsquote ergibt sich – anders als bei Einstellungs- und Beförderungsquoten im öffentlich-rechtlichen Bereich – keine konkrete Einzelfallentscheidungssituation. Vielmehr haben alle aufgestellten Kandidaten – sowohl männliche als auch weibliche – von vornherein die gleiche Chance, bis zum Erreichen einer bestimmten Quote in den Aufsichtsrat zu gelangen. Die Gleichstellungsquote im Aufsichtsrat bedeutet in diesem Sinne lediglich eine Chancenreduktion unter Zurückführung auf das unter diskriminierungsfreien Voraussetzungen normal anzusehende Maß.[901]

896 3.TeilB.II.2.b)dd)(3)(b)(aa).

897 Dazu bereits *Brandt/Thiele*, AG 2011, 580 ff.

898 *Wieland*, NJW 2010, 2408, 2409.

899 *Bachmann*, ZIP 2011, 1131, 1135.

900 3.TeilB.IV.2.b)aa).

901 Gesetzesantrag des Landes Nordrhein-Westfalen v. 11.2.2011, BR-Drucks. 87/11, S.24.

Damit unterscheidet sich der Zugang zum Aufsichtsratsmandat erheblich von dem Zugang zu einem Arbeitsverhältnis. Dieser Umstand könnte ein Abweichen von dem durch das Gericht aufgestellten Kriterium der Bevorzugung eines Geschlechts, allein bei absoluter Gleichqualifikation legitimieren.

(2) Sicherung der wirtschaftlichen Existenz

Letztlich unterscheidet sich eine Aufsichtsratsposition auch qualitativ von dem eines Anstellungsverhältnisses. Aufsichtsratsmandate dienen im Gegensatz zu der Anstellung in ein öffentlich-rechtliches Verhältnis gerade nicht der Sicherung des Lebensunterhalts. Vielmehr handelt es sich beim Aufsichtsratsmandat um den Zugang zu einem Organ der Unternehmensverfassung. Daher dient ein derartiges Mandat – mit wenigen Ausnahmen – gerade nicht der Sicherstellung wirtschaftlicher und persönlicher Existenz. Hierfür spricht vor allem die im Vergleich zu einem Anstellungsverhältnis auf einen „Aufwendungsersatz" gerichtete Vergütungsstruktur[902] sowie auch die häufig vorkommende Belegung mehrerer Mandate. Gemäß § 113 Absatz 1 Satz 2 AktG kann zwar eine angemessene Vergütung von der Hauptversammlung für die Aufsichtsratstätigkeit festgelegt werden, eine gesetzliche Vergütungspflicht der Gesellschaft ist jedoch nicht vorgesehen.[903] Auch das Aktiengesetz selbst qualifiziert das Amt trotz stetig steigender Anforderungen an die Mitglieder als Nebenamt.[904] Etwas anderes könnte allein dann gelten, wenn das Aufsichtsratsmandat – wie in Tendenzen in der Fachöffentlichkeit diskutiert[905] – vergleichbar mit einer Vorstandsposition strukturiert und professionalisiert wird.[906]

Im Gegensatz dazu wird ein öffentlich-rechtliches Anstellungsverhältnis im Rahmen eines Arbeitsverhältnisses vollständig vergütet und auch nur einmal belegt, sodass eine Quote in diesem Bereich im konkreten Entscheidungsmoment als Entzug der Existenzgrundlage wirken kann. Wird einem männlichen Kandidaten hingegen die Bestellung in den Aufsichtsrat verwehrt, so kann es durchaus sein, dass er bereits weitere vergleichbare Ämter bekleidet. Auch insoweit ist ein deutlicher Unterschied zwischen den ergangenen Entscheidungen über Anstellungsverhältnisse im öffentlich-rechtlichen Dienst sowie dem hier in Frage stehenden Aufsichtsratsmandat auszumachen.

---

902 *Spindler* in Spindler/Stilz, AktG Kommentar, § 113 AktG Rn.1, 2.

903 *Schladebach/Stefanopoulo*, BB 2010, 1042, 1046 verneinen mit diesem Argument auch die Anwendung des Allgemeinen Gleichbehandlungsgesetzes (AGG) auf Aufsichtsratsmitglieder.

904 *Spindler* in Spindler/Stilz, AktG Kommentar, § 101 AktG Rn.110, § 116 AktG Rn.1.

905 Hierzu *Lutter*, NJW 1995, 1133 ff.; *Peltzer*, NZG 2009, 1136, 1041 ff. *Link/Vogt*, BB 2011, 1899 ff.; *Bihr/Blättchen*, BB 2007, 1285 ff.

906 *Brandt/Thiele*, AG 2011, 580, 584.

(3) Keine Bindung der Privaten an Art. 33 Absatz 2 GG

Sowohl die Entscheidungen des Europäischen Gerichtshofs als auch der national geführte Meinungsstreit um die Frage der Zulässigkeit von Quoten[907] betreffen stets Einstellungen im öffentlich-rechtlichen Rechtsverhältnis und kreisen damit auch um das in Art. 33 Absatz 2 GG manifestierte Eignungs- und Leistungsprinzip. Hiernach hat: *„Jeder Deutsche nach seiner Eignung, Befähigung und fachlichen Leistung gleichen Zugang zu jedem öffentlichen Amte"*. Nach diesem Verfassungsgebot sind öffentliche Ämter nach dem Leistungsprinzip und nach Maßgabe des Grundsatzes der „Besten-Auslese" zu besetzen.[908] Art. 33 Absatz 2 GG gibt damit unbeschränkt und ausnahmslos die entscheidenden Beurteilungsgesichtspunkte für die Bewerberauslese zur Besetzung von öffentlichen Ämtern vor.[909] Insofern wird vorgebracht, dass der Staat unmittelbar an das Leistungsprinzip und damit daran gebunden sei, in erster Linie nach Qualifikation einzustellen.[910] So könne das gesellschaftspolitische Staatsziel einer Frauenförderung und ein daraus abgeleitetes Personalkonzept für die Zusammensetzung einer Dienststelle eine Abweichung vom Leistungsprinzip durch eine Frauenquote niemals rechtfertigen.[911]

Das dem Art. 33 Absatz 2 GG innewohnende Leistungsprinzip gilt jedoch nur für die Beschäftigungsverhältnisse des Staates, der unmittelbar an die Grundrechte und das Qualifikationsmerkmal gebunden ist, Art. 1 Absatz 3 GG. Die private Aktiengesellschaft hat dieses Auswahlkriterium nicht zu berücksichtigen. Damit kann der Private hinsichtlich einer Abweichung vom Leistungsgrundsatz stärker reglementiert werden. Zwar verlangt die hohe Bedeutung des Aufsichtsrats für die wirtschaftliche Position der Gesellschaft eine gewisse Kompetenz und Mindestqualifikation der Mandatsträger. Allerdings sollte sich die Aufsichtsratstätigkeit im Sinne einer *Good Corporate Governance* gerade auch durch Vielfältigkeit und mithin durch Personen mit unterschiedlichen Qualifikationen auf unterschiedlichen Ebenen auszeichnen.[912] Da eine gewisse Mindestqualifika-

907 *Osterloh* in Sachs, GG Kommentar, Art. 3 GG Rn.286; *Heun* in Dreier, GG Kommentar, Art. 3 GG Rn.112; *Schweizer*, Der Gleichberechtigungssatz –neue Form, alter Inhalt?, S.218; ablehnend *Starck* in v. Mangoldt/Klein/Starck, GG Kommentar, Art. 3 GG Rn.316.

908 *Badura* in Maunz/Dürig, GG Kommentar, Art. 33 GG, Rn.26.

909 *Badura* in Maunz/Dürig, GG Kommentar, Art. 33 GG, Rn.26.

910 *Badura* in Maunz/Dürig, GG Kommentar, Art. 33 GG, Rn.26.

911 *Badura* in Maunz/Dürig, GG Kommentar, Art. 33 GG, Rn.32; in diese Richtung auch *Heun* in Dreier, GG Kommentar, Art. 3 GG Rn.112; *Sachs*, NJW 1989, 553 f.; weitergehend dann noch *Starck* in v. Mangoldt/Klein/Starck, GG Kommentar, Art. 3 GG Rn.316.

912 Vergleiche Ziffer 5.4.1. DCGK; abrufbar unter: http://www.corporate-governance-code.de/ger/kodex/5.html (zuletzt abgerufen am 19.9.2011).

tion durch das Greifen der Härtefallklausel sichergestellt werden würde, kann auch nicht von einer gänzlich leistungsunabhängigen Quote gesprochen werden.

Daher lässt sich auch im Hinblick darauf, dass sich die Entscheidungen des Europäischen Gerichtshofs nicht im Privat-, sondern im öffentlichen Dienst bewegen, eine Abweichungsmöglichkeit von den Gestaltungskriterien vertreten.

(4) Zwischenergebnis

Es zeichnet sich ein deutlich unterschiedlicher Sachverhalt bei der Frage nach der Zulässigkeit von Quoten im Bereich von öffentlich-rechtlichen Anstellungsverhältnissen und der Frage nach der Zulässigkeit von Gleichstellungsquoten im Bereich von Aufsichtsratspositionen ab. Daher sind auch die vom Europäischen Gerichtshof angelegten Zulässigkeitskriterien an eine Quote im Hinblick auf das europäische Gleichbehandlungsgebot nicht ohne weiteres übertragbar.[913] Daher gehen auch das aktuelle Gutachten des *Bundesverbands der Deutschen Industrie e.V.* gemeinsam mit dem *Deutschen Industrie und Handelskammertag e.V.* sowie vereinzelte Stimmen in der Literatur fehlerhaft davon aus, dass die Rechtsprechung des Europäischen Gerichtshofs „eins-zu-eins" auf die Gleichstellungsquote im Aufsichtsrat zu übertragen sei.[914]

Während es sich beim Zugang zu einem Anstellungsverhältnis um eine direkte Konkurrenzsituation zwischen zwei Bewerbern handelt,[915] liegt ebendiese bei der Aufsichtsratswahl gerade nicht vor. Vielmehr haben alle in Frage stehenden Kandidaten grundsätzlich dieselben Chancen, in den Aufsichtsrat gewählt zu werden. Die Zugangssituation unterscheidet sich damit erheblich.[916] Dies gilt umso mehr, als man sich um eine Aufsichtsratsposition regelmäßig nicht bewirbt, sondern hierfür vorgeschlagen wird.[917] Weiterhin muss – anders als im öffentlich-rechtlichen Bereich – das Leistungs- und Eignungsprinzip bei der Auswahl der Mandatsträger nicht im Vordergrund stehen. Daher kann es einem männlichen Kandidaten trotz besserer Qualifikation passieren, nicht von den Anteilseignern gewählt zu werden. Das Organ Aufsichtsrat sollte sich darüber

913 So aber die fehlgehende Annahme von *Francois-Poncet/Deilmann/Otte*, NZG 2011, 450, 454.

914 *Francois-Poncet/Deilmann/Otte*, NZG 2011, 450, 454; Gemeinsame Stellungnahme des *BDI* und des *DIHK* zum Gesetzesantrag des Landes Nordrhein-Westfalen (BR-Drucks.87/11), Entwurf eines Gesetzes zur Förderung der Gleichberechtigung von Frauen und Männern im Aufsichtsrat börsennotierter Unternehmen, Gutachten S.9 f.; abrufbar unter: http://www.bdi.eu/download_content/RechtUndOeffentlichesAuftragswesen/Gemeinsame_StN_zur_Frauenquote.pdf (zuletzt abgerufen am 19.9.2011).

915 *Wieland*, NJW 2010, 2408, 2409.

916 Dies übersehend *Francois-Poncet/Deilmann/Otte*, NZG 2011, 450, 454.

917 *Bachmann*, ZIP 2011, 1131,1135.

hinaus durch Qualifikationen in verschiedensten Bereichen auszeichnen.[918] Letztlich ist der Zugang zu einer Arbeitsstelle auch qualitativ, also in seiner Bedeutung für den Einzelnen und seine Lebensgestaltung, anders zu werten. Während das Aufsichtsratsmandat als Nebentätigkeit begriffen wird, dient das Anstellungsverhältnis zur Schaffung und Sicherung des Lebensunterhalts. Hierfür spricht auch die allgemeine Lebensanschauung. So würde wohl niemand als Beruf „Aufsichtsratsmitglied“ angeben, während „Angestellter im öffentlichen Dienst“ als berufliche Tätigkeit aufzufassen ist. Darüber hinaus bekleidet ein Aufsichtsratsmitglied im Unterschied zu einem Angestellten nicht selten mehrere Mandate in unterschiedlichen Unternehmen.

Folglich können die für den Zugang zu öffentlich-rechtlichen Anstellungsverhältnissen gerichtlich entwickelten Zulässigkeitskriterien auf die hiesige Situation nur bedingt übertragen werden.[919] Eine Gleichstellungsquote im Aufsichtsrat muss sich daher in ihrer Ausgestaltung nicht gänzlich an den von der europäischen Rechtsprechung aufgestellten Anforderungen für Quotenregelungen im öffentlich-rechtlichen Bereich ausrichten. Vielmehr ist die verfassungsrechtliche Spannungslage mit einer Abwägung der widerstreitenden Interessen aufzulösen.

c) Abwägung

Eine wie hier vorgesehene Gleichstellungsquote greift in das Diskriminierungsverbot der männlichen Gegenkandidaten aus Art. 3 Absatz 3 GG ein, da eine Ungleichbehandlung anhand des Geschlechts erfolgt und männliche Gegenkandidaten ab Greifen der Quote das Mandat nicht mehr belegen können. Diese Ungleichbehandlung ist aus mehreren Gesichtspunkten einer Rechtfertigung zugänglich.

Zunächst werden den Männern nicht partout unqualifizierte Frauen vorgezogen. Die hier vorgeschlagene Quote sieht vielmehr unternehmensinterne, transparente Mindestqualifikationen vor. Dies verhindert nicht gänzlich, dass fähigere Männer scheitern. Die Mindestqualifikationsvoraussetzung vermag die sich ergebende Spanne aber zu verringern, da alle Kandidaten, gleich welchen Geschlechts, Grundvoraussetzungen auf sich zu vereinen haben. Die Gewährleistung transparenter Anforderungen an das Mandat vermag die sich ergebende Ungleichbehandlung zu minimieren. Insofern ist der Gesetzesentwurf des Landes-Nordrhein-Westfalen rückständig.[920] Auch die vorgesehene Härtefallklausel, die

918 Vergleiche Ziffer 5.4.1. DCGK; abrufbar unter: http://www.corporate-governance-code. de/ger/kodex/5.html (zuletzt abgerufen am 19.9.2011).

919 So bereits *Brandt/Thiele*, AG 2011, 580, 585; ebenso *Bachmann*, ZIP 2011, 1131, 1135.

920 Für das Vorsehen von Mindestqualifikationen bereits *Spindler/Brandt*, NZG 2011, 401 ff.; ebenso den Gesetzesantrag in diese Richtung kritisierend *Brandt/Thiele*, AG 2011, 580, 586.

einmal bei Nichtvorhandensein potentieller Kandidatinnen und einmal bei Nichtvorhandensein adäquat geeigneter Kandidatinnen greifen soll,[921] reduziert die Spanne der Qualifikationsunterschiede und verhindert so die Bevorzugung von unfähigen Kandidatinnen. Darüber hinaus darf nicht übersehen werden, dass die hier vorgesehene Quote nicht etwa auf Geschlechterparität, sondern auf eine Beteiligung von 30-40% abzielt.[922] Damit hat jeder einzelne Kandidat des unterrepräsentierten Geschlechts weiterhin die Möglichkeit, bis zum Erreichen von 60% ein Mandat zu belegen. Realistisch betrachtet wird es daher nach wie vor mehr Männer als Frauen im Aufsichtsrat geben.

Auch der Umstand, dass es sich bei einem Aufsichtsratsmandat nicht um ein Anstellungsverhältnis handelt, lässt darauf schließen, dass Art. 3 Absatz 3 GG der Gegenkandidaten nicht in der Intensität betroffen wäre, wie dies bei der Entscheidung um ein Anstellungsverhältnis der Fall wäre. In diese Richtung spricht sich auch das Bundesarbeitsgericht in seinem Urteil zur Zulässigkeit einer Geschlechterquote bei der Betriebsratswahl aus.[923] Die Rechtsprechung misst die Zulässigkeit der Vorrangregelung allein an der Frage der Wahlrechtsgleichheit aus Art. 3 Absatz 1 GG und sieht Art. 3 Absatz 3 GG als nicht verletzt an.[924]

Dass die hier vorgesehene Gleichstellungsquote keine Härtefallklausel in dem Sinne enthält, dass in der Person des Gegenbewerbers begründete Umstände eine andere Wertung gebieten, spricht nicht für ihre Unzumutbarkeit. Eine solche Härtefallklausel käme nur bei Ausgestaltung der Quote als Entscheidungsquote in Betracht. Ihre Ungeeignetheit für die hiesige Konstellation wurde bereits herausgestellt.[925] Darüber hinaus ist sie auch im Hinblick auf die Rechte der männlichen Kandidaten aus Art. 3 Absatz 3 Satz 1 GG nicht erforderlich, da es beim Aufsichtsratsmandat im Gegensatz zum Anstellungsverhältnis gerade nicht um die Schaffung der persönlichen und wirtschaftlichen Existenz geht. Aufgrund der möglichen Mehrfachbelegung derartiger Mandate sowie der im Vergleich geringen Vergütungsstruktur stellt sich eine solche Position als Nebenamt dar. Damit verliert auch eine Härtefallklausel, die sich an dem Einzelnen und seinen persönlichen Gründen orientiert, an Bedeutung.

Auf der anderen Waagschale steht der verfassungsrechtliche Gleichstellungsauftrag aus Art. 3 Absatz 2 Satz 2 GG. Dieser kann sich als kollidierender Verfassungsbelang zu Art. 3 Absatz 3 GG darstellen. Inwiefern der Durchsetzung der tatsächlichen Gleichberechtigung der Geschlechter auf allen Ebenen gewich-

921 3.TeilB.II.2.b)dd)(3)(b)(ee).

922 Zur Rechtfertigung der abstrakten Festlegung dieses Prozentsatzes siehe 3.TeilB.II.2.b)dd)(3)(b)(bb).

923 BAG Beschl. v. 16.3.2005 - 7 ABR 40/04, NZA 2005, 1252.

924 BAG Beschl. v. 16.3.2005 - 7 ABR 40/04, NZA 2005, 1252, 12567, 1258.

925 3.TeilB.II.2.b)dd)(3)(b)(aa).

tige Bedeutung zukommt, wurde bereits ausgeführt.[926] Insgesamt ist daher eine Benachteiligung der männlichen Bewerber durch die Gleichstellungsquote zur Verwirklichung des Gleichberechtigungsgebots gerechtfertigt.[927]

4. Abschließende Würdigung Art. 3 Absatz 3 Satz 1 GG

Allein auf Art. 3 Absatz 3 Satz 1 GG abstellend, verbietet sich jede Unterscheidung anhand der dort aufgeführten Kriterien. Da eine Gleichstellungsquote an die Zugehörigkeit zu dem jeweils unterrepräsentierten Geschlecht anknüpft, würde sie trotz geschlechtsneutraler Formulierung in das Recht der männlichen Bewerber aus dem Diskriminierungsverbot eingreifen. Allerdings sind die Differenzierungsmerkmale aus Art. 3 Absatz 3 GG nicht absolut gesetzt. Von ihnen kann durch kollidierendes Verfassungsrecht unter bestimmten Voraussetzungen abgewichen werden.[928] Im Rahmen von staatlichen Fördermaßnahmen kommt als widerstreitendes Recht von Verfassungsrang der Gleichstellungsauftrag aus Art. 3 Absatz 2 Satz 2 GG in Betracht. Der Förderauftrag kann einen kollidierenden Verfassungsbelang zu dem Diskriminierungsverbot aus Art. 3 Absatz 3 GG darstellen. Über Quotenregelungen als Ausdruck des verfassungsrechtlichen Gleichstellungsauftrags wurde bereits im Zuge der Einführung derartiger Regelungen im öffentlich-rechtlichen Bereich heftig gestritten.[929] Mittlerweile hat sich – insbesondere aufgrund der Entscheidungen des Europäischen Gerichtshofs – eine aus Lehre und Rechtsprechung gefestigte Ansicht[930] etabliert, qualifikationsabhängige Quoten, die auch Härtefallklauseln für die besondere Situation des Mannes vorsehen, als zulässig zu erachten. Die Untersuchung der Übertragbarkeit dieser Anforderungen auf die hier vorgesehene Gleichstellungsquote im

926 Unter anderem 3.TeilB.II.2.b)aa)(1) sowie 3.TeilB.II.2.b)dd)(2)(c).

927 So im Ergebnis auch die Begründung des Gesetzesantrag des Landes Nordrhein-Westfalen v. 11.2.2011, BR-Drucks. 87/11, S.25; ebenso Abschlussbericht der Länderarbeitsgruppe 2011, Teilhabe von Frauen in Führungs- und Kontrollgremien der Wirtschaft, S.106, 107; abrufbar unter: http://www.justiz.bayern.de/imperia/md/content/stmj_internet/ministerium/ministerium/gesetzgebung/teilhabe_frauen_fuehrungs__und_kontrollgremien_1_.pdf (zuletzt abgerufen am 19.9.2011).

928 BVerfG Beschl. v. 28.1.1987 - 1 BvR 455/82, BVerfGE 74, 163; BVerfG Urt. v. 28.1.1992 - 1 BvR 1025/82, BVerfGE 85, 191; so auch *Ebsen* in Benda/Maihofer/Vogel, HdB des Verfassungsrechts, § 8 Rn.43 f.; *Pfarr*, Quoten und Grundgesetz, S.82; *Benda*, Notwendigkeit und Möglichkeit positiver Aktionen zugunsten von Frauen im öffentlichen Dienst, S.155; *Eckertz-Höfer*, FS Simon 1987, S.447 ff., 472; *Fuchsloch*, NVwZ 1991, 442 ff.; *Schweizer*, Der Gleichberechtigungssatz – neue Form, alter Inhalt?, S.176.

929 Repräsentativ *Pfarr*, NZA 1995, 809; *Sachs*, NJW 1989, 553; *Kruse*, DÖV 1991, 1002.

930 *Heun* in Dreier, GG Kommentar, Art. 3 GG Rn.112; *Jarass* in Jarass/Pieroth, GG Kommentar, Art. 3 GG Rn.106; *Osterloh* in Sachs, GG Kommentar, Art. 3 GG Rn.287 f.; *Badura* in Maunz/Dürig, GG Kommentar, Art. 33 GG Rn.32.

Aufsichtsrat hat ergeben, dass die Voraussetzung der absoluten Qualifikationsgleichheit sowie einer Härtefallklausel für den Einzelfall nicht eingehalten werden müssen. Dass auf gewisse Mindestqualifikationen bei der Bewerbung um eine solche Position nicht verzichtet werden kann, ergaben bereits die Ausführungen zur Frage des legitimen Zwecks einer gesetzlichen Gleichstellungsquote.[931]

Nach allem wäre eine Gleichstellungsquote im Anteilseignergremium des Aufsichtsrats der Aktiengesellschaft mit Art. 3 Absatz 3 GG der männlichen Gegenkandidaten vereinbar.

VI. Weitere in Frage stehende Grundrechtspositionen

1. Art. 2 Absatz 1 GG der Aktiengesellschaft und der Aktionäre

Art. 2 Absatz 1 GG schützt neben der allgemeinen Handlungsfreiheit auch die wirtschaftliche Betätigungsfreiheit.[932] Allerdings ist Art. 2 Absatz 1 GG dann als subsidiäres Auffanggrundrecht zu qualifizieren, wenn die in Frage stehende hoheitliche Maßnahme in den Schutzbereich speziellerer Grundrechte fällt.[933] Eine gesetzliche Gleichstellungsquote im Bereich des Aufsichtsrats würde, soweit sie die unternehmerische Freiheit der Aktiengesellschaft betrifft, Art. 12 Absatz 1 GG des Unternehmens und, sofern sie die Nutzung von Eigentumsrechten betrifft, Art. 14 Absatz 1 GG der Aktionäre beeinträchtigen. Diese Grundrechte sind als spezielle Freiheitsrechte vorrangig zu berücksichtigen. Damit bleibt für die Prüfung des Art. 2 Absatz 1 GG kein Raum. Dieses Ergebnis lässt sich auch damit rechtfertigen, dass eine Verhältnismäßigkeitsprüfung des Art. 2 Absatz 1 GG keine höheren Anforderungen an den Rechtfertigungsmaßstab stellt, als dies bei Art. 12 Absatz 1 GG und Art. 14 Absatz 1 GG der Fall ist.

2. Art. 9 Absatz 1 GG der Aktiengesellschaft und der Aktionäre

Art. 9 GG schützt die freie Entfaltung der Persönlichkeit in und durch Vereinigungen.[934] Geschützt wird die Kapitalgesellschaft als organisiertes Wirtschafts-

---

931 3.TeilB.II.2.b)aa)(2).

932 Ständige Rechtsprechung des BVerfG, grundlegend BVerfG Urt. v. 16.1.1957 - 1 BvR 253/56, BverfGE 6, 32, 41 f.; BVerfG Beschl. v. 12.11.1958 - 2 BvL 4/56, BVerfGE 8, 274, 328.

933 BVerfG Urt. v. 16.1.1957 - 1 BvR 253/56, BVerfGE 6, 32, 37, *Berg* in Merten/Papier, HdB der Grundrechte Bd. III, § 71 Rn.33 f.

934 *Bauer* in Dreier, GG Kommentar, Art. 9 GG Rn.19; *Scholz* in Maunz/Dürig, GG Kommentar, Art. 9 GG Rn.11.

unternehmen in Form der sogenannten kollektiven Vereinigungsfreiheit.[935] Die im Sinne von Art. 116 GG als Deutschengrundrecht ausgestaltete Koalitionsfreiheit schützt die mit Sitz in Deutschland befindliche Aktiengesellschaft.[936] Eine verpflichtende Gleichstellungsquote im Aufsichtsrat könnte in die kollektive Koalitionsfreiheit *scilicet* die Selbstbestimmtheit der eigenen Organisation der Gesellschaft eingreifen.[937] Gegen einen solchen Eingriff spricht jedoch, dass die Quote die selbstbestimmte unternehmerische Tätigkeit nur am Rande berührt. Bereits die Ausführungen zu Art. 12 Absatz 1 GG haben zu diesem Ergebnis geführt.[938] Die Organisation der Gesellschaft wird von der Regelung nur hinsichtlich der Besetzungsmodalität des Aufsichtsrats betroffen. Die Organisationsverfassung der Aktiengesellschaft bleibt unangetastet. Somit kann von einer Beeinträchtigung der Koalitionsfreiheit aus Art. 9 Absatz 1 GG der Aktiengesellschaft durch die Gleichstellungsquote nicht ausgegangen werden.[939] Auch das Bundesverfassungsgericht[940] sowie Teile der Literatur[941] messen einer gesetzgeberischen Ausgestaltung der Vereinigungsfreiheit grundsätzlich keine Eingriffswirkung zu.[942] Damit wäre die hier vorgesehene Gleichstellungsquote lediglich als Ausgestaltung und nicht als Eingriff in Art. 9 Absatz 1 GG der Aktiengesellschaft zu werten.[943]

Inwiefern Art. 9 Absatz 1 GG darüber hinaus auch die Tätigkeit der künftigen und gegenwärtigen Gesellschaftsmitglieder und damit der Aktionäre selbst in einer individuellen Ausrichtung schützt, ist zweifelhaft. Bedenken hiergegen ergeben sich vor allem in Konstellationen der juristischen Personen als Anteilseigner

---

935 *Jarass* in Jarass/Pieroth, GG Kommentar, Art. 9 GG Rn.4, 8.

936 *Jarass* in Jarass/Pieroth, GG Kommentar, Art. 9 GG Rn.11.

937 *Laskowski*, Aktionärinnen fordern Gleichberechtigung, S.73; abrufbar unter: http://www.bmfsfj.de/RedaktionBMFSFJ/Broschuerenstelle/Pdf-Anlagen/Aktion_C3_A4rinnen-fordern-Gleichberechtigung,property=pdf,bereich=bmfsfj,sprache=de,rwb=true.pdf (zuletzt abgerufen am 19.9.2011).

938 3.TeilB.II.1.

939 So auch *Laskowski*, Aktionärinnen fordern Gleichberechtigung, S.73, abrufbar unter: http://www.bmfsfj.de/RedaktionBMFSFJ/Broschuerenstelle/Pdf-Anlagen/Aktion_C3_A4rinnen-fordern-Gleichberechtigung,property=pdf,bereich=bmfsfj,sprache=de,rwb=true.pdf (zuletzt abgerufen am 19.9.2011).

940 BVerfG Urt. v. 1.3.1979 - 1 BvR 532/77, BVerfGE 50, 290, 354; BVerfG Beschl. v. 9.10.1991 - 1 BvR 397/87, BVerfGE 84, 372, 378.

941 *Löwer* in v. Münch/Kunig, GG Kommentar, Art. 9 GG Rn.20 ff.; *Höfling* in Sachs, GG Kommentar, Art. 9 GG Rn.36 f.

942 *Bauer* in Dreier, GG Kommentar, Art. 9 GG Rn.52.

943 *Laskowski*, Aktionärinnen fordern Gleichberechtigung, S.74, abrufbar unter: http://www.bmfsfj.de/RedaktionBMFSFJ/Broschuerenstelle/Pdf-Anlagen/Aktion_C3_A4rinnen-fordern-Gleichberechtigung,property=pdf,bereich=bmfsfj,sprache=de,rwb=true.pdf (zuletzt abgerufen am 19.9.2011).

sowie Konzernverflechtungen.[944] Ebenso kann der Einfluss von Großaktionären zu der Lage führen, dass bei der Willensbildung in der Hauptversammlung von dem in der Vereinigungsfreiheit enthaltenen Gedanken, gleichberechtigt zu wirken, wenig übrig bleibt.[945] Vielmehr ist der Aktionär und seine Rechtstellung durch die Aktie anhand von Art. 14 Absatz 1 GG zu schützen.[946] Entsprechend hat das Bundesverfassungsgericht weder den Entzug der Mitgliedschaft in einer Aktiengesellschaft im Falle der Mehrheitsumwandlung[947] noch die Zwangszuteilung von Aktien[948] als Verstoß gegen Art. 9 Absatz 1 GG gewertet.[949]

3. Art. 12 Absatz 1 GG der männlichen Gegenkandidaten

In Konsequenz zu den Ausführungen zu Art. 3 Absatz 3 Satz 1 GG der männlichen Bewerber muss diesen konsequenterweise auch das Recht zur Berufung auf Art. 12 Absatz 1 GG verwehrt bleiben. Wie festgestellt, erfüllt die Mandatsausübung gerade nicht die für die verfassungsrechtliche Berufsbezeichnung prägende Definition der Sicherung von persönlicher und wirtschaftlicher Existenz.[950] Damit ist bereits der Schutzbereich des Art. 12 Absatz 1 GG für Mandatsanwärter nicht eröffnet. Doch selbst die gegenteilige Auffassung scheitert daran, dass Art. 12 Absatz 1 GG keinen wie auch immer gearteten Konkurrentenschutz vermittelt.[951] Die Möglichkeit, die gewünschte Tätigkeit zugeteilt zu bekommen, wird von einer Vielzahl von Aspekten bestimmt, auf die die Bewerber nur bedingt Einfluss nehmen können. Die Berufsfreiheit hat hier allein die Aufgabe, die Teilnahme am Wettbewerb zu sichern.[952] Daher können sich potentielle männliche Gegenkandidaten nicht auf den Schutz aus Art. 12 Absatz 1 GG berufen.

---

944 *Kannengießer* in Schmidt-Bleibtreu/Hofmann/Hopfauf, GG Kommentar, Art. 9 GG Rn.10.

945 *Kannengießer* in Schmidt-Bleibtreu/Hofmann/Hopfauf, GG Kommentar, Art. 9 GG Rn.10.

946 BVerfG Urt. v. 20.7.1954 - 1 BvR 459/52, BVerfGE 4, 7, 26; BVerfG Urt. v. 7.8.1962 - 1 BvL 16/60, BVerfGE 14, 263, 273 ff.; BVerfG Urt. v. 1.3.1979 - 1 BvR 532/77, BVerfGE 50, 290, 352 ff.

947 BVerfG Urt. v. 7.8.1962 - 1 BvL 16/60, BVerfGE 14, 263, 273 ff.

948 BVerfG Urt. v. 20.7.1954 - 1 BvR 459/52, BVerfGE 4, 7, 26.

949 *Kannengießer* in Schmidt-Bleibtreu/Hofmann/Hopfauf, GG Kommentar, Art. 9 GG Rn.10.

950 3.TeilB.V.3.b)cc)(2).

951 BVerfG Beschl. v. 3.12.1980 - 1 BvR 409/80, BVerfGE 55, 261 ff.; BVerfG Beschl. v. 22.5.1996 - 1 BvR 744/88, BVerfGE 94, 372, 395,399; BVerfG Beschl. v. 26.9.2003 - 1 BvR 1608/02, NJW 2003, 3472 (LS).

952 BVerfG Beschl. v. 14.3.2006 - 1 BvR 2087/03, BVerfGE 115, 205, 229; BVerfG Beschl. v. 8.5.2007 - 1 BvR 999/07, NJW 2007, 2537 f.

4. Aktive Wahlrechtsgleichheit der Aktionäre

Dadurch, dass den Wählerstimmen der Aktionäre ab Greifen der Gleichstellungsquote nicht mehr dieselbe Erfolgschance zukommt, würde eine Gleichstellungsquote auch in die aktive Wahlrechtsgleichheit der Anteilseigner aus Art. 3 Absatz 1 GG in Verbindung mit Art. 38 Absatz 1 GG eingreifen. Eine an das Geschlecht gebundene Quotenvorgabe führt zu einer Umverteilung des tatsächlichen Stimmerfolgs. Dem unterrepräsentierten Geschlecht wird trotz möglicherweise niedrigerem Stimmerfolg der Vorzug eingeräumt. Dieser Eingriff kann durch die Ausgestaltung des konkreten Wahlverfahrens abgemildert werden. So könnte etwa durch nach Geschlechtern getrennte Wahllisten sichergestellt werden, dass jeder Stimme eine möglichst gleiche Erfolgschance zukommt und die Grundsätze des aktiven Wahlrechts so gut wie möglich gewährleistet werden.[953] Es würden jedem Anteilseigner zwei Stimmen zugesprochen, die er sowohl auf die weiblichen als auch auf die männlichen Kandidaten entfallen lässt.

Darüber hinaus ist die im Gleichheitssatz statuierte Wahlrechtsgleichheit keinesfalls absolut gesetzt.[954] Dies bestätigt die nach herrschender Ansicht zulässige 5% Hürde im Rahmen der Bundestagswahl.[955] Folgerichtig kann der Gesetzgeber im Rahmen seiner Einschätzungsprärogative bei gewichtigen, sachlichen Gründen von der Wahlrechtsgleichheit abweichen.[956] Der Eingriff in die aktive Wahlrechtsgleichheit der Aktionäre ist also mit dem verfassungsrechtlichen Belang der Umsetzung der Geschlechtergleichstellung zu rechtfertigen.[957]

5. Passive Wahlrechtsgleichheit der männlichen Gegenkandidaten

Da die Gleichstellungsquote im Nachgang der Wahl dazu führt, dass in bestimmten Fällen nicht diejenigen Kandidaten gewählt werden, die die meisten Stimmen der Hauptversammlung auf sich vereinen, sondern ab Greifen der Quote das un-

953 *Rolfs/Schmid/Witschen*, Gleichberechtigte Vertretung der Geschlechter in Aufsichtsräten – Gemeinschaftsrechtliche Rahmenbedingungen –, S.16; abrufbar unter: http://www.sinus-institut.de/sinus-news/year/2010/month/03/backPid/67/news/neue-sinus-studie-zu-frauen-in-fuehrungspositionen.html (zuletzt abgerufen am 19.9.2011).

954 BVerfG Urt. v. 10.4.1997 - 2 BvC 3/96, BVerfGE 95, 408, 417; BVerfG Beschl. v. 16.7.1998 - 2 BvR 1953/95, BVerfGE 99, 1, 9.

955 BVerfG Urt. v. 5.4.1952 - 2 BvH 1/52, BVerfGE 1, 208, 247 ff.; BVerfG Urt. v. 29.9.1990 - 2 BvE 1/90, BVerfGE 82, 322, 338.

956 *Kretschmer* in Schmidt-Bleibtreu/Hofmann/Hopfauf, GG Kommentar, Art. 38 GG Rn.22.

957 Ebenso im Ergebnis *Rolfs/Schmid/Witschen*, Gleichberechtigte Vertretung der Geschlechter in Aufsichtsräten – Gemeinschaftsrechtliche Rahmenbedingungen –, S.16; abrufbar unter: http://www.sinus-institut.de/sinus-news/year/2010/month/03/backPid/67/news/neue-sinus-studie-zu-frauen-in-fuehrungspositionen.html (zuletzt abgerufen am 19.9.2011).

terrepräsentierte Geschlecht mit gegebenenfalls weniger Stimmkraft obsiegt, tangiert die Quote das in Art. 3 Absatz 1 GG in Verbindung mit Art. 38 GG geschützte[958] passive Wahlgleichheitsrecht der Unterliegenden. Denn die Zusammensetzung des Aufsichtsrats wird nunmehr nicht ausschließlich von dem bei der Wahl tatsächlich erzielten Stimmverhältnis bestimmt, sondern hängt ab einem bestimmten Wert von dem Geschlecht der Wahlbewerber ab.[959] Allerdings kann dieser Eingriff mit der Einrichtung getrennter Wahllisten beider Geschlechter abgemildert werden. Ferner ist eine Einschränkung der Wahlrechtsgleichheit im Sinne der vorangegangenen Ausführungen mit der bedeutenden Rolle des verfassungsrechtlichen Gleichstellungsauftrags aus Art. 3 Absatz 2 GG zu rechtfertigen.[960] Die Krux an Gleichstellungsquoten als Fördermaßnahmen liegt darin, dass sie das andere Geschlecht negativ betreffen. In diese Richtung geht auch das Bundesarbeitsgericht in seiner Entscheidung zur Geschlechterquote in den Betriebsratswahlen.[961] Es sah hinsichtlich der Zulässigkeit des § 15 Absatz 2 BetrVG[962] im Hinblick auf die männlichen Bewerber sämtliche Einschränkungen mit Blick auf Art. 3 Absatz 2 Satz 2 GG als gerechtfertigt an.[963]

6. Art. 6 Absatz 1 GG Schutz der Familie

Das Abstellen auf Art. 6 Absatz 1 GG und damit den Schutz der Familie als potentiell entgegenstehendes Grundrecht mag überraschen. Allerdings vertreten auch heute noch Stimmen in der Wissenschaft[964] ein Entgegenstehen des Familienschutzes mit einer Geschlechterquote. So wird argumentiert, dass Gleichstellungsquoten in Führungspositionen nicht die besonderen Anforderungen an

---

958 *Klein* in Maunz/Dürig, GG Kommentar, Art. 38 GG Rn.115.

959 BAG Beschl. v. 16.3.2005 -7 ABR 40/04, NZA 2005, 1252, 1257, 1258; hierzu *Podewin*, BB 2005, 2521.

960 *Schmidt* in Erfurter Kommentar zum Arbeitsrecht, Art. 3 GG Rn.94.

961 BAG Beschl. v. 16.3.2005 -7 ABR 40/04, NZA 2005, 1252, 1257; hierzu *Podewin*, BB 2005, 2521.

962 § 15 BetrVG Zusammensetzung nach Beschäftigungsarten und Geschlechter
(1) Der Betriebsrat soll sich möglichst aus Arbeitnehmern der einzelnen Organisationsbereiche und der verschiedenen Beschäftigungsarten der im Betrieb tätigen Arbeitnehmer zusammensetzen.
(2) Das Geschlecht, das in der Belegschaft in der Minderheit ist, muss mindestens entsprechend seinem zahlenmäßigen Verhältnis im Betriebsrat vertreten sein, wenn dieser aus mindestens drei Mitgliedern besteht.

963 BAG Beschl. v. 16.3.2005 -7 ABR 40/04, NZA 2005, 1252, 1257.

964 *Hirte,* Stellungnahme als Sachverständiger im Rahmen der Anhörung des Gesetzesantrags *Bündnis 90/Die Grünen* am 11.5.2011, S.14; abrufbar unter: http://www.bundestag.de/ bundestag/ ausschuesse17/a06/anhoerungen/archiv/09_Aufsichtsraete/04_Stellungnahmen/Stellungnahme_ Hirte.pdf (zuletzt abgerufen am 19.9.2011).

Frauen und die Einbindung in die Versorgung der Familie berücksichtigten, sodass eine Gleichstellungsquote dazu führe, dass Frauen dieser Rolle nicht mehr gerecht zu werden vermögen[965] oder aber dazu, dass ausschließlich kinderlose Singlefrauen die Positionen besetzten.[966] Die Sachlichkeit des Argumentationsstrangs ist fragwürdig und fußt auf einem tradierten, überholten Rollenmodell.

VII. Sonstige einzuhaltende Verfassungsprinzipien

Aufgrund der gesteigerten Bedeutung der Gleichstellungsquote für die Allgemeinheit – insbesondere ihrer Grundrechtsrelevanz – sollte im Zuge der vom Bundesverfassungsgericht geprägten Wesentlichkeitstheorie[967] ein Parlamentsvorbehalt sichergestellt werden, Art. 20 Absatz 1 GG, Art. 38 Absatz 1 Satz 1 GG. Da es sich bei der Regelung um ein das Aktiengesetz änderndes Bundesgesetz handeln würde,[968] wäre die Zustimmung des Parlaments jedoch ohnehin erforderlich. Weiterhin handelt es sich bei der Gleichstellungsquote auch nicht um ein Einzelfallgesetz im Sinne des Art. 19 Absatz 1 Satz 1 GG,[969] da die Quote abstrakt alle Aktiengesellschaften gleichermaßen betreffen würde.[970] Die Beachtung des Zitiergebots aus Art. 19 Absatz 1 Satz 2 GG kommt bei den tangierten Grundrechtspositionen namentlich Art. 12 Absatz 1, Art. 2 Absatz 1 GG aufgrund der Regelungsbefugnisse des Gesetzgebers[971], Art. 14 Absatz 1 GG, Art. 9 Absatz 1 aufgrund des Ausgestaltungsgebots des Gesetzgebers[972] und bei Art. 3 GG als Gleichheitsrecht[973] nicht zum Tragen. Auch von einer Betroffenheit der

---

965 *Schmitt-Glaeser*, Abbau des tatsächlichen Gleichberechtigungsdefizits der Frauen durch gesetzliche Quotenregelungen, S.35.

966 *Hirte*, Stellungnahme als Sachverständiger im Rahmen der Anhörung des Gesetzesantrags *Bündnis 90/Die Grünen* am 11.5.2011, S.14; abrufbar unter: http://www.bundestag.de/bundestag/ausschuesse17/a06/anhoerungen/archiv/09_Aufsichtsraete/04_Stellungnahmen/Stellungnahme_Hirte.pdf (zuletzt abgerufen am 19.9.2011).

967 BVerfG Beschl. v. 21.12.1977 - 1 BvL 1/75, BVerfGE 47, 46, 79; BVerfG Beschl. v. 8.8.1978 - 2 BvL 8/77, BVerfGE 49, 89, 127; BVerfG Beschl. v. 6.6.1989 - 1 BvR 727/84, BVerfGE 80, 124, 132; BVerfG Urt. v. 24.9.2003 - 2 BvR 1436/02, BVerfGE 108, 282, 311 f.

968 3.TeilB.II.2.a).

969 Siehe hierzu BVerfG Urt. v. 7.5.1969 - 2 BvL 15/67, BVerfGE 25, 371, 399; BVerfG Urt. v. 10.3.1992 - 1 BvR 454/91, BVerfGE 85, 360, 374.

970 Zum Anwendungsbereich der Gleichstellungsquote siehe die Ausführungen unter 3.TeilF.

971 BVerfG Beschl. v. 4.5.1983 - 1 BvL 46/80, BVerfGE 64, 80; *Hofmann* in Schmidt-Bleibtreu/Hofmann/Hopfauf, GG Kommentar, Art. 19 GG Rn.13.

972 BVerfG Beschl. v. 12.1.1967 - 1 BvR 168/64, BVerfGE 21, 93; *Hofmann* in Schmidt-Bleibtreu/Hofmann/Hopfauf, GG Kommentar, Art. 19 GG Rn.13.

973 *Dreier* in Dreier, GG Kommentar, Art. 19 Absatz 1 GG Rn.23.

Grundrechte in ihrem Wesensgehalt[974] kann aufgrund der vorangegangen Prüfungen nicht ausgegangen werden.

VIII. Ausgewählte Sonderprobleme

1. Entsendungsberechtigung

Gemäß § 101 Absatz 2 AktG kann einzelnen Aktionären durch die Gesellschaftssatzung ein Entsendungsrecht bezüglich eigens ausgewählter Vertreter eingeräumt werden. Infolgedessen liegt die Kompetenz der Bestellung von Aufsichtsratsmitgliedern bei der Hauptversammlung, soweit sie nicht durch Entsendung oder mitbestimmungsrechtliche Regelungen zu besetzen sind. Da es sich bei der eingeräumten Rechtsposition um ein Sonderrecht im Sinne des § 35 BGB handelt, darf dieses Recht dem Entsendungsberechtigten ohne seine Zustimmung und eine einhergehende Satzungsänderung nicht wieder entzogen werden.[975] Nach § 101 Absatz 2 Satz 4 AktG sind Entsendungsrechte auf höchstens ein Drittel der Aufsichtsratsmitglieder der Aktionäre begrenzt. Diese Begrenzung soll verhindern, dass Aktionäre ohne entsprechenden Aktienbesitz den Aufsichtsrat dominieren.[976] Maßgeblich ist die Höchstzahl der Anteilseignervertreter nach § 96 AktG zum Zeitpunkt der Einräumung des Entsendungsrechts.[977] Das Entsendungsrecht wird durch die Benennung der Person des Aufsichtsratsmitglieds durch den Entsendungsberechtigten ausgeübt.[978] Hinsichtlich der entsandten sowie der gewählten Aufsichtsratsmitglieder gibt es bezüglich ihrer Rechts- und Pflichtenstellung *(Gleichheit des Mandats)* keine Unterschiede.[979] Als Entsendungsberechtigte kommen Großaktionäre oder die öffentliche Hand in Betracht, die ihren mittelbaren Einfluss auf die Unternehmenspolitik in gemischt-wirtschaftlichen Unternehmen durch Entsendung ihres Mitglieds in den Aufsichtsrat sicherstellen möchten.[980] Der Entsendungsberechtigte ist in der Wahl der von

974 Hierzu ausführlich *Dreier* in Dreier, GG Kommentar, Art. 19 Absatz 2 GG Rn.7 ff. mwN.

975 *Hüffer*, AktG Kommentar, § 101 AktG, Rn.8; *Spindler* in Spindler/Stilz, AktG Kommentar, § 101 AktG Rn.50.

976 *Hüffer*, AktG Kommentar, § 101 AktG Rn.8.

977 *Spindler* in Spindler/Stilz, AktG Kommentar, § 101 AktG Rn.65.

978 *Hüffer*, AktG Kommentar, § 101 AktG Rn.10.

979 BGH Urt. v. 25.2.1982 - II ZR 123/81, BGHZ 83, 106, 112; zu den Besonderheiten sogenannter „*kommunaler Aufsichtsratsmitglieder*" siehe *Spindler*, ZIP 2011, 689 ff.

980 Zu den Einflussmöglichkeiten der öffentlichen-Hand auf ihre Vertreter und damit die Unternehmenspolitik *Engellandt*, Die Einflußnahme der Kommunen auf ihre Kapitalgesellschaften über das Anteilsorgan, S.138 ff.; *Schön*, Die Haftung kommunaler Aufsichtsratsmitglieder in Aktiengesellschaften und Gesellschaften mit beschränkter Haftung, S.28 ff.; *Schnaudigel*, Der

ihm entsandten Person unter Berücksichtigung der gesellschaftsrechtlichen Treuepflicht frei, sofern die persönlichen Anforderungen aus § 100 AktG sowie die in der Satzung manifestierten Anforderungen eingehalten werden.[981]

Fraglich ist, ob sich eine Quotenregelung auch auf die entsandten Mitglieder nach § 101 Absatz 2 AktG erstrecken sollte. Nach dem Gesetzesentwurf der Fraktion *BÜNDNIS 90/DIE GRÜNEN*[982] sind die entsandten Mitglieder auf die Mindestquote anzurechnen, da ansonsten die Gefahr der Unterlaufung der Quote bestehen würde.

Der Gesetzesentwurf des Landes Nordrhein-Westfalen[983] sieht eine differenzierte Lösung dergestalt vor, dass vor und nach der Wahl der Aufsichtsratsmitglieder durch die Hauptversammlung unterschieden wird, wobei lediglich im ersten Fall eine Anrechnung auf die Quotenregelung erfolgt. In der Gesetzesbegründung heißt es dazu, dass durch die Anrechnung grundsätzlich eine möglichst weitgehende Durchsetzung der gesetzlichen Mindestquote erreicht werden solle, eine Anrechnung aber rückwirkend nicht möglich sei, wenn die Entsendung erst nach der Wahl erfolgt. In diesem Fall sei bei der Wahl nicht abzusehen, wie viele Angehörige eines Geschlechts jeweils gewählt werden dürfen.[984]

Beide Gesetzesvorhaben werden den Besonderheiten des Entsendungsrechts nicht gerecht. Vielmehr sprechen trotz des Ideals, umfänglich Gleichstellung im Aufsichtsratsgremium durchzusetzen, die besseren Gründe für eine Nichtberücksichtigung der entsandten Mitglieder hinsichtlich der Erfüllung der Gleichstellungsquote.[985]

Zu bedenken ist, dass der Entsendungsberechtigte seinen ernannten Vertreter jederzeit abberufen kann, § 103 Absatz 2 Satz 1 AktG. Hieraus kann eine unterschiedliche Amtsperiode der gewählten und entsandten Aufsichtsratsmitglieder resultieren.[986] Insofern existiert kein zeitlicher Gleichlauf, weshalb bei Anrechnung der Entsandten auf die Quote eine faktische Präjudizierung der einen oder anderen Seite erfolgt – je nachdem, welche Entscheidung zeitlich zuerst fällt und

---

Betrieb nichtwirtschaftlicher kommunaler Unternehmen in Rechtsformen des Privatrechts, S.182 ff.

981 *Spindler* in Spindler/Stilz, AktG Kommentar, § 101 AktG Rn.68.

982 Gesetzesentwurf der Fraktion *Bündnis 90/Die Grünen* v. 13.10.2010, BT-Drucks. 17/3296, S.8.

983 Gesetzesantrag des Landes Nordrhein-Westfalen v. 11.2.2011, BR-Drucks. 87/11, S.37.

984 Gesetzesantrag des Landes Nordrhein-Westfalen v. 11.2.2011, BR-Drucks. 87/11, S.37.

985 So auch im Ergebnis der Abschlussbericht der Länderarbeitsgruppe 2011, Teilhabe von Frauen in Führungs- und Kontrollgremien der Wirtschaft, S.183; abrufbar unter: http://www.justiz.bayern.de/imperia/md/content/stmj_internet/ministerium/ministerium/gesetzgebung/teilhabe_frauen_fuehrungs_und_kontrollgremien_1_.pdf (zuletzt abgerufen am 19.9.2011).

986 *Hüffer*, AktG Kommentar, § 103 AktG Rn.7.

damit für die jeweils andere Vorgaben setzt.[987] Praktisch lässt sich die Überlegung wie folgt führen: Wählt die Hauptversammlung ihre Vertreter und dies quotenkonform, wäre der Entsendungsberechtigte in seiner Entscheidung frei, da eine entsprechende Quote von 30-40% bei jeder Entsendung gewahrt werden könnte. Wählt die Hauptversammlung jedoch ausschließlich Männer, wäre der Entsendungsberechtigte auf ein Geschlecht festgelegt. Diese vom zeitlichen Entscheidungsmoment abhängige wechselseitige Beeinflussung ist willkürlich, da die eine Entscheidung zu Lasten des sachlichen Entscheidungsspielraums des jeweils anderen geht.[988]

Weiterhin ist zu berücksichtigen, dass der Fall, in dem der Entsendungsberechtigte durch die Vorwahl der Hauptversammlung zu einer geschlechterrelevanten Entsendung verpflichtet wäre, seine zuvor eingeräumte Sonderrechtsstellung schwerwiegend beeinträchtigen würde. Das Entsendungsrecht ist für den Aktionär von erheblicher Bedeutung, um den Aufsichtsrat mit Personen seines eigenen Vertrauens zu besetzen und hierdurch mittelbar die Unternehmenspolitik – beispielsweise durch die Bestellung des Vorstands – zu bestimmen.[989] Ferner führt in paritätisch mitbestimmten Gesellschaften bereits das Entsendungsrecht für ein einziges Aufsichtsratsmandat dazu, dass die von der Hauptversammlung gewählten Aufsichtsratsmitglieder durch das entsandte Mitglied und die Arbeitnehmervertreter überstimmt werden können.[990] Auch werden Beteiligungen der öffentlichen Hand an privaten Aktiengesellschaften in der Regel daran geknüpft, dass durch ein Entsendungsrecht etwa der Gemeinde Einfluss auf das Überwachungsorgan zu nehmen ist.[991] Oftmals darf sich die öffentliche Hand nur dann an privaten Unternehmen beteiligen, wenn sie einen angemessenen Einfluss durch Entsendungsrechte in den Aufsichtsrat und damit auf die Unternehmenspolitik sicherstellen. kann.[992] Dem Entsendungsrecht ist damit eine einflusssichernde Funktion zuzusprechen Es stellt für seinen Inhaber gegenüber allen an-

987 Abschlussbericht der Länderarbeitsgruppe 2011,Teilhabe von Frauen in Führungs- und Kontrollgremien der Wirtschaft, S.181; abrufbar unter: http://www.justiz.bayern.de/imperia/md/content/stmj_internet/ministerium/ministerium/gesetzgebung/teilhabe_frauen_fuehrungs_und_kontrollgremien_1_.pdf (zuletzt abgerufen am 19.9.2011).

988 Abschlussbericht der Länderarbeitsgruppe 2011, Teilhabe von Frauen in Führungs- und Kontrollgremien der Wirtschaft, S.182; abrufbar unter: http://www.justiz.bayern.de/imperia/md/content/stmj_internet/ministerium/ministerium/gesetzgebung/teilhabe_frauen_fuehrungs_und_kontrollgremien_1_.pdf (zuletzt abgerufen am 19.9.2011).

989 *Bausch*, NZG 2007, 574.

990 *Verse*, ZIP 2008, 1754.

991 Vergleiche beispielhaft § 109 Absatz 6 Niedersächsische Gemeindeordnung; § 122 Absatz 1 Nr. 3 Hessische Gemeindeordnung; Art. 93 Absatz 2 Bayrische Gemeindeordnung.

992 Hierzu *Zieglmeier*, LKV 2005, 338 ff.; *Altmeppen*, NJW 2003, 2561 ff.; *Spindler*, ZIP 2011, 689 ff.

deren Aktionären ein durch die Gesellschaftssatzung garantiertes gewichtiges Sonderrecht dar.[993] Die Einschränkung, die eine Quotierung des Entsendungsrechts bedeuten würde, zeigt sich besonders deutlich in der Konstellation, dass sich ein entsendungsberechtigter Großaktionär in den Aufsichtsrat entsenden möchte. Dies wäre je nach Entscheidungszeitpunkt und Geschlechterverteilung gegebenenfalls nicht mehr möglich. Das dem Aktionär eingeräumte Sonderrecht wäre dann wertlos.

Aus dem jederzeitigen Abberufungsrecht des Entsendungsberechtigten ergibt sich außerdem, dass die Amtsdauer des entsandten Aufsichtsratsmitglieds von dem Entsendungsberechtigten im Rahmen der gesetzlich und satzungsrechtlich festgelegten Höchstdauer bestimmt werden kann.[994] Damit kann die Amtsdauer der entsandten Aufsichtsratsmitglieder von derjenigen der gewählten Anteilseigner abweichen. Insofern ist eine Anrechnung der Entsendung auf die Quote nicht praktikabel. Wird nämlich ein entsandtes Mitglied vorzeitig abberufen, so würde das Gremium die Quote nicht mehr aufweisen können. Das Umsetzungsdefizit zeigt sich noch deutlicher, wenn die Entsendung erst nach der Wahl erfolgt, aber in die Quote eingerechnet werden soll. Hier wäre zum Zeitpunkt der Wahl mangels Einkalkulieren der noch folgenden entsandten Mitglieder gar nicht klar, wie viele Angehörige welchen Geschlechts gewählt werden dürften. Darüber hinaus würde der Entsendungsberechtigte ein erhebliches Druckmittel erhalten, indem er androhen könnte die Quote durch seine Entsendung „platzen" zu lassen. Die Gesellschaft hätte infolgedessen die Sanktionen zu tragen.[995] Insoweit vermag auch der differenzierte Ansatz der Nordrheinwestfälischen Regierung nicht zu überzeugen; denn hiernach wird die Anrechnung der Entsendung auf die Quote von dem Zeitpunkt der Wahl des Aufsichtsrats abhängig gemacht.[996] Abgesehen von dem offensichtlichen Missbrauchspotential ist dieses Vorgehen auch aus Rechtsicherheitsgesichtspunkten abzulehnen.[997]

Die Bedeutung der Rechtsposition für den Entsendungsberechtigten, die divergierenden Entscheidungsprozesse von Hauptversammlung und Entsendung sowie die abweichende Amtszeit der entsandten Mitglieder sprechen gegen die Anwendung der Geschlechterquote auf die Entsendung. Durch die Beschränkung

993 *Bausch*, NZG 2007, 574.

994 *Hüffer*, AktG Kommentar, § 103 AktG Rn.7.

995 So auch die Erwägungen des Gesetzesantrag des Landes Nordrhein-Westfalen v. 11.2.2011, BR-Drucks. 87/11, S.38.

996 Gesetzesantrag des Landes Nordrhein-Westfalen v. 11.2.2011, BR-Drucks. 87/11, S.37.

997 So im Ergebnis auch der Abschlussbericht der Länderarbeitsgruppe 2011, Teilhabe von Frauen in Führungs- und Kontrollgremien der Wirtschaft, S.183; abrufbar unter: http://www.justiz.bayern.de/imperia/md/content/stmj_internet/ministerium/ministerium/gesetzgebung/teilhabe_frauen_fuehrungs_und_kontrollgremien_1_.pdf (zuletzt abgerufen am 19.9.2011).

der Entsendungsrechte auf ein Drittel der Aufsichtsratsmandate nach § 101 Absatz 2 Satz 4 AktG ist zudem nicht zu befürchten, dass die Quote dadurch wirkungslos würde.[998]

2. Ersatzmitglieder

Gemäß § 101 Absatz 3 Satz 2 AktG ist es zulässig, für den Fall des Wegfalls eines Aufsichtsratsmitglieds Ersatzmitglieder zu bestellen, die sodann für das Aufsichtsratsmitglied für den Rest der Amtszeit nachrücken.[999] Damit die ständige Funktionsfähigkeit des Aufsichtsrats sichergestellt werden kann, ist dies auch durchaus empfehlenswert, denn fällt ein Aufsichtsratsmitglied dauerhaft aus, rückt das Ersatzmitglied automatisch ein, ohne dass es eine neuerliche Annahme der Bestellung bedarf.[1000] Die Ersatzmitglieder werden gleichzeitig mit dem Aufsichtsratsmitglied bestellt, für das sie nachrücken sollen.[1001] Dabei haben Ersatzmitglieder während ihrer Amtszeit dieselbe Rechtstellung wie die unbedingt bestellten Mitglieder.[1002]

Für die Bestellung des Ersatzmitglieds gelten die Regeln, die für das Erstmandat ausschlaggebend sind, § 101 Absatz 3 Satz 4 AktG (Wahl oder Entsendung). Damit käme bei Einführung der Gleichstellungsquote diese auch für die Ersatzmitglieder zur Anwendung. Demnach sollte für jedes Aufsichtsratsmitglied zugleich eine Person gleichen Geschlechts als Ersatzmitglied benannt werden, um die gesetzliche Mindestquote bei Ausfallkonstellationen einzuhalten.[1003] Die Einwände im Gesetzesentwurf des Landes Nordrhein-Westfalen, dass gleichgeschlechtliche Ersatzmitglieder nicht sichergestellt werden könnten[1004] und dies zudem einen unvertretbaren Eingriff in das Bestimmungsrecht der Hauptversammlung darstelle,[1005] überzeugen nicht.

---

998 Abschlussbericht der Länderarbeitsgruppe 2011, Teilhabe von Frauen in Führungs- und Kontrollgremien der Wirtschaft, S.90; abrufbar unter: http://www.justiz.bayern.de/imperia/md/content/stmj_internet/ministerium/ministerium/gesetzgebung/teilhabe_frauen_fuehrungs_und_kontrollgremien_1_.pdf (zuletzt abgerufen am 19.9.2011).

999 *Hüffer*, AktG Kommentar, § 101 AktG Rn.11.

1000 *Habersack* in MünchKomm AktG, § 101 AktG Rn.80; *Hopt/Roth* in Großkomm AktG, § 101 AktG Rn.195; *Mertens* in KölnKomm AktG, § 101 AktG Rn.85; *Spindler* in Spindler/Stilz, AktG Kommentar, § 101 AktG Rn.90; *Bommert*, AG 1986, 315, 319; aA etwa *Lehmann*, DB 1983, 485, 487; *Rellermeyer*, ZGR 1987, 563, 576.

1001 *Hüffer*, AktG Kommentar, § 101 AktG Rn.12.

1002 *Hüffer*, AktG Kommentar, § 101 AktG Rn.12.

1003 AA indes Gesetzesantrag des Landes Nordrhein-Westfalen v. 11.2.2011, BR-Drucks. 87/11, S.33.

1004 Gesetzesantrag des Landes Nordrhein-Westfalen v. 11.2.2011, BR-Drucks. 87/11, S.33.

1005 Gesetzesantrag des Landes Nordrhein-Westfalen v. 11.2.2011, BR-Drucks. 87/11, S.33.

Zum einen ist es gesetzlich zulässig, für mehrere Aufsichtsratsmitglieder ein und dasselbe Ersatzmitglied zu bestellen, sofern sie derselben Gruppe – also Anteilseigner oder Arbeitnehmervertreter – angehören.[1006] Es muss lediglich bestimmt werden, für wen das Ersatzmitglied nachrückt, wenn gleichzeitig mehre ordentliche Mitglieder wegfallen.[1007] Es müssten also keineswegs entsprechend viele Kandidatinnen auf Seiten der Ersatzmitglieder gefunden werden. Darüber hinaus eröffnet die Härtefallklausel eine Abweichungsmöglichkeit von der Quote, sollten nicht hinreichend qualifizierte Bewerberinnen im Sinne der Mindestqualifikation zur Verfügung stehen.

Die Erstreckung der Quote auf das Quorum der Ersatzmitglieder kann verfassungsrechtlich keinen stärkeren Eingriff in die Mitgliedschaftsrechte der Aktionäre darstellen, als dies bei Bestellung des Erstmandats der Fall ist. Wenn der Gesetzesentwurf von Nordrhein-Westfalen einen unvertretbaren Eingriff in die Rechte der Hauptversammlung als Grund für die Unanwendbarkeit der Quote auf Ersatzmitglieder anführt, ansonsten die Einführung der Quote jedoch als verfassungsgemäß im Hinblick auf Art. 14 Absatz 1 GG der Aktionäre befürwortet, so kann dies nicht überzeugen.[1008] Die Eingriffsintensität ist im Hinblick auf die mitgliedschaftlichen Rechte der Aktionäre gleichwertig. Insofern kann auf die verfassungsrechtliche Zulässigkeit der Regelung mit Art. 14 Absatz 1 GG der Aktionäre verwiesen werden.[1009] Eine gemeinschaftliche Quote, die sich auf das Gesamtgremium also auf Anteilseignervertreter und Ersatzmitglieder erstreckt, ist nicht zielführend. Hier bestünde die Gefahr weibliches Potential allein in Form der Ersatzmitglieder bereit zu stellen und dennoch die Quote einzuhalten.[1010]

Die vorangestellten Ausführungen gehen davon aus, dass für jedes Aufsichtsratsmitglied gleichsam ein Ersatzmitglied bestellt worden ist im Sinne des § 101 Absatz 3 Satz 2 AktG. Dies ist jedoch keine gesetzliche Pflicht.[1011] Auch der *Deutsche Corporate Governance Kodex* enthält keine gleichlautende Empfehlung.[1012] Daher ist fraglich, wie das Ausscheiden eines Aufsichtsratsmitglieds –

1006 *Hüffer*, AktG Kommentar, § 101 AktG Rn.14.

1007 *Spindler* in Spindler/Stilz, AktG Kommentar, § 101 AktG Rn.99.

1008 Gesetzesantrag des Landes Nordrhein-Westfalen v. 11.2.2011, BR-Drucks. 87/11, S.33.

1009 3.TeilB.IV.3.

1010 Abschlussbericht der Länderarbeitsgruppe 2011, Teilhabe von Frauen in Führungs- und Kontrollgremien der Wirtschaft, S.179; abrufbar unter: http://www.justiz.bayern.de/imperia/md/content/stmj_internet/ministerium/ministerium/gesetzgebung/teilhabe_frauen_fuehrungs_und_kontrollgremien_1_.pdf (zuletzt abgerufen am 19.9.2011).

1011 *Hopt/Roth* in Großkomm AktG, § 101 AktG Rn. 181; *Hoffmann-Becking* in MünchHdB des Gesellschaftsrecht Bd. IV, § 30 Rn.27; *Lutter/Krieger*, Rechte und Pflichten des Aufsichtsrats, Rn.1030; *Mertens* in KölnKomm AktG, § 101 AktG. Rn.71.

1012 *Habersack* in MünchKomm AktG, § 101 AktG Rn.75.

sei es durch Abberufung, Amtsniederlegung, dauerhafte Amtshinderung *et cetera* – ohne Ersatzmitglied zu bewerten ist beziehungsweise der Fall, dass das Ersatzmitglied selbst ausfällt. Klärungsbedürftig ist somit, ob das Ausscheiden einzelner Mitglieder und ihre Ersetzung von der Quotierungsverpflichtung umfasst sein sollte. In diesen Fällen könnte es unter Umständen durch die Verpflichtung zur Quoteneinhaltung dazu kommen, dass das Wahlorgan zwingend auf die Auswahl eines Mannes oder einer Frau beschränkt wäre.[1013] Dem Gesetzesentwurf von Nordrhein-Westfalen ist insoweit zuzustimmen, als diese Festlegung im Gegensatz zur generellen Einhaltung einer Mindestgeschlechterquote einen intensiveren Eingriff in die Wahlfreiheit der Aktionäre bedeuten würde.[1014] Fraglich ist jedoch, ob dies bereits ein Absehen von der Quote gebieten kann. Eine Ausnahme von der Einhaltung der Quote für einzelne Nachrücker könnte dazu führen, dass Gremien missbräuchlicherweise doch nicht quotengerecht besetzt würden, da die bestellten Aufsichtsratsmitglieder wieder abberufen und keine gleichgeschlechtlichen Ersatzmitglieder vorgesehen wären. Diese Folge wäre im Hinblick auf den verfassungsrechtlichen Gleichstellungsauftrag äußerst kontraproduktiv. Zudem stellen die Fälle des Ausscheidens und der Nachwahl Ausnahmesituationen und keinesfalls den Regelfall dar. Das Gesetz geht davon aus, dass ein Aufsichtsrat für die Dauer von 5 Jahren gewählt wird. Die kritisierte Schwere des Eingriffs in die Rechte der Hauptversammlung kommt damit lediglich in Sonderkonstellationen zum Tragen.[1015] Darüber hinaus kann sie mit Hilfe der Härtefallklausel entschärft werden, sodass die Aktionäre von der Festlegung auf das Geschlecht abweichen können. Die Aktionäre wären nicht verpflichtet, ungeeignete Personen für den Aufsichtsrat zu benennen.

In diesem Sinne könnte auch das Gericht im Rahmen der Ersatzbestellung, § 104 Absatz 4 Satz 3 AktG, angewiesen werden, das Geschlecht sowie die aufgestellten Mindestanforderungen zu beachten. Bereits nach derzeitiger Rechtslage hat das Gericht nach § 104 Absatz 4 Satz 1 AktG bei der mitbestimmten Aktiengesellschaft das zahlenmäßige Verhältnis der Zusammensetzung zwischen Anteilseignervertretern und Arbeitnehmervertretern zu berücksichtigen. An die-

1013 Abschlussbericht der Länderarbeitsgruppe 2011, Teilhabe von Frauen in Führungs- und Kontrollgremien der Wirtschaft, S.179; abrufbar unter: http://www.justiz.bayern.de/imperia/md/content/stmj_internet/ministerium/ministerium/gesetzgebung/teilhabe_frauen_fuehrungs_und_kontrollgremien_1_.pdf (zuletzt abgerufen am 19.9.2011).

1014 Gesetzesantrag des Landes Nordrhein-Westfalen v. 11.2.2011, BR-Drucks. 87/11, S.33.

1015 Abschlussbericht der Länderarbeitsgruppe 2011, Teilhabe von Frauen in Führungs- und Kontrollgremien der Wirtschaft, S.180; abrufbar unter: http://www.justiz.bayern.de/imperia/md/content/stmj_internet/ministerium/ministerium/gesetzgebung/teilhabe_frauen_fuehrungs_und_kontrollgremien_1_.pdf (zuletzt abgerufen am 19.9.2011).

ser Stelle könnte es auch an die Gendervorgabe aus der Gleichstellungsquote gebunden werden.[1016]

Nach allem sollte sich eine Gleichstellungsquote auch auf den Bereich der Ersatzmitglieder und auf die Fälle der einzelnen Nachbesetzung durch das entsprechende Wahlorgan (Hauptversammlung, Belegschaft, Delegierte oder Wahlkörper des Betriebsrats) oder das Gericht beziehen. Eine entsprechende Verpflichtung könnte durch den Gesetzgeber in § 101 Absatz 3 Satz 2 AktG, den entsprechenden mitbestimmungsrechtlichen Regelungen sowie § 104 Absatz 4 AktG erfolgen.

C. Gesamtwürdigung einer Quote in der nichtmitbestimmten Aktiengesellschaft

Eine gesetzliche Gleichstellungsquote im Aufsichtsrat müsste durch eine Ergänzung beziehungsweise Änderung des Aktiengesetzes erfolgen. Insofern ist die konkurrierende Gesetzgebungskompetenz des Bundes und der Länder aus Art. 74 Absatz 1 Nr. 11 GG einschlägig. Eine bundesgesetzlich einheitliche Regelung wäre hier zur Wahrung der Rechts- und Wirtschaftseinheit erforderlich, Art. 72 Absatz 2 GG, da die Kapitalmärkte die Aktiengesellschaft als standardisierte und gleichmäßig ausgestaltete Gesellschaftsform verstehen.[1017]

Sofern bestimmte Voraussetzungen durch den Gesetzgeber berücksichtigt werden, wäre eine Gleichstellungsquote im Aufsichtsrat hinsichtlich der kollidierenden Grundrechte zu rechtfertigen und damit verfassungsgemäß.

Die Legitimität einer gesetzlichen Quote ergäbe sich aus der Umsetzung des in Art. 3 Absatz 2 Satz 2 GG manifestierten verfassungsrechtlichen Gleichstellungsauftrages. Damit würde die gesetzliche Verpflichtung keinesfalls lediglich vergangenheitsbezogen wirken und die Implementierung als Kompensationsmittel dienen; vielmehr würde sie darauf abzielen, zukünftig die tatsächliche Gleichberechtigung von Männern und Frauen im Anteilseignergremium zu fördern. Allerdings kann legitime staatliche Zielsetzung nicht bedeuten, dass eine Quote um jeden Preis zu erfüllen ist. Daher ist die Auswahl nur unter solchen Personen zu treffen, die gleichwertige Mindestqualifikationen aufweisen kön-

---

1016 Abschlussbericht der Länderarbeitsgruppe 2011, Teilhabe von Frauen in Führungs- und Kontrollgremien der Wirtschaft, S.210; abrufbar unter: http://www.justiz.bayern.de/imperia/md/content/stmj_internet/ministerium/ministerium/gesetzgebung/teilhabe_frauen_fuehrungs_und_kontrollgremien_1_.pdf (zuletzt abgerufen am 19.9.2011).

1017 Zust. *Papier/Heidebach*, ZGR 2011, 305, 313.

nen.[1018] Damit wäre eine Quote die, wie im Gesetzesvorhaben der Fraktion *BÜNDNIS 90/DIE GRÜNEN*[1019] vorgesehen, völlig unabhängig von der Qualifikation der Bewerber und allein auf das Geschlecht abstellt, bereits nicht von einer legitimen Zwecksetzung des Staates gedeckt.[1020] Es gebietet sich das Aufstellen von transparenten Mindestqualifikationen durch das Unternehmen selbst und/oder eine entsprechende Ergänzung des *Deutschen Corporate Governance Kodex*. Diese Qualifikationssicherung kann auch mittelbar über die Installation einer Härtefallklausel vorgesehen werden, die in Fällen greift, in denen trotz dokumentierter Bemühungen des Unternehmens keine hinreichend qualifizierten Bewerber des unterrepräsentierten Geschlechts zur Verfügung stehen. Wie die Ausführungen zur Funktion und Bedeutung des Aufsichtsratsgremiums für die Aktiengesellschaft verdeutlicht haben,[1021] gebietet ein kompetentes Kontrollorgan eine derartige Qualitätssicherung. Der aktuelle Gesetzesantrag des Landes Nordrhein-Westfalen[1022] ist insofern rückständig, da die Auswahl der Kandidaten hier allein in das Ermessen der Hauptversammlung gestellt wird, ohne dass Mindestanforderungen für das Mandat durch die Gesellschaft manifestiert werden.[1023]

Mangels entgegenstehender Befunde kann derzeit davon ausgegangen werden, dass eine Gleichstellungsquote ein taugliches Instrument darstellen würde, um tatsächlich den Frauenanteil im Aufsichtsratsgremium zu erhöhen. Die in der Fachliteratur geäußerte Befürchtung, in vielen Bereichen ständen derart qualifizierte Frauen nicht, beziehungsweise noch nicht zur Verfügung, kann nicht geteilt werden.[1024] Insbesondere steht dieser Einwand nicht der Geeignetheit einer gesetzlichen Regelung entgegen, denn insoweit genügt bereits die abstrakte Möglichkeit der Zweckerreichung.[1025] Einzelne Mängel, wie beispielsweise das Nichtvorhandensein hinreichend qualifizierter Frauen in männerdominierten Branchen oder auch der Einwand der Unvereinbarkeit von Familie und Führungsposten aufgrund mangelnder Kinderbetreuung sowie die potentielle Ablehnung einer entsprechenden Position aus Angst der Stigmatisierung als bloße

1018 3.TeilB.II.2.b)aa)(2).

1019 Gesetzesantrag *Bündnis 90/Die Grünen* v. 13.10.2010, BT-Drucks. 17/3296.

1020 *Spindler/Brandt*, NZG 2011, 401, 402.

1021 3.TeilB.II.2.b)aa)(2)(a).

1022 Gesetzesantrag des Landes Nordrhein-Westfalen v. 11.2.2011, BR-Drucks. 87/11.

1023 Insofern bereits Mindestqualifikationen fordern *Spindler/Brandt*, NZG 2011, 401 ff.; kritisch in Bezug auf den Gesetzesantrag des Landes Nordrhein-Westfalen daher *Brandt/Thiele*, AG 2011, 580, 586.

1024 *Redenius-Hövermann*, ZIP 2010, 660, 665; *Schladebach/Stefanopoulou*, BB 2010, 1042, 1046; *Francois-Poncet/Deilmann/Otte*, NZG 2011, 450, 454; *Peltzer*, NZG 2011, 281, 283.

1025 BVerfG Urt. v. 20.6.1984 - 1 BvR 1494/78, BVerfGE 67, 157, 175; *Merten* in Merten/Papier, HdB der Grundrechte Bd. III, § 68 Rn.65.

„Quotenfrau“ führen nicht dazu, dass die gesetzliche Quotierung ungeeignet wäre.[1026]

Eine gesetzlich verpflichtende Quote wäre auch erforderlich, da keine milderen gleichermaßen effektiven Optionen *de lege lata* existieren.[1027] Zwar konnten grundrechtschonendere Optionen wie beispielsweise die Regelungen des *Deutschen Corporate Governance Kodex* oder auch die Quotierung der Wahlvorschlagslisten vorgestellt werden. Allerdings hielten diese einer Effektivitätsprüfung im Vergleich zu einer gesetzlich verbindlichen Regelung nicht stand.[1028] Auch verfügt der Gesetzgeber über ein nicht zu unterschätzendes Ermessen, seine Ziele möglichst effektiv durchzusetzen.

Eine Gleichstellungsquote im Aufsichtsrat ist auch im Hinblick auf die Verhältnismäßigkeit im engeren Sinne als verfassungsgemäß zu bewerten. Die Eingriffe in die kollidierenden Grundrechtspositionen können mit Blick auf die hohe Bedeutung des verfassungsrechtlichen Gleichstellungsauftrages gerechtfertigt werden. Die Zumutbarkeit ist insbesondere abhängig von der konkreten Ausgestaltung einer solchen Regelung sowie ihren Rechtsfolgen.[1029]

Als die ausschlaggebenden entgegenstehenden Rechtspositionen wurden der Eingriff in die unternehmerische Freiheit der Aktiengesellschaft aus Art. 12 Absatz 1 GG, das Anteilseigentum der Aktionäre aus Art. 14 Absatz 1 GG sowie das Antidiskriminierungsrecht der männlichen Gegenbewerber aus Art. 3 Absatz 3 Satz 1 GG untersucht.

In Bezug auf Art. 12 Absatz 1 GG stellt sich die Gleichstellungsquote als Berufsausübungsregelung dar, die sich aufgrund der niedrigen Eingriffsschwelle bereits mit sachgerechten Erwägungen des Allgemeinwohls rechtfertigen lässt.[1030] Diese Annahme überzeugt, wenn man sich vor Augen führt, dass eine solche Quote lediglich die Aufsichtsratswahlregelungen modifizieren würde, nicht jedoch das Aufsichtsratsgremium in seiner Bedeutung und Funktion betrifft. Dem Unternehmen würde durch die hier vorgesehene Ausgestaltung als Ergebnisquote eine flexible Umsetzungsmöglichkeit zur Verfügung gestellt, da anders als bei der Entscheidungsquote nicht bei jeder einzelnen Entscheidung das unterrepräsentierte Geschlecht bis zu x-Prozent bevorzugt werden muss, sondern lediglich im Ergebnis die Erfüllung der Quote verlangt wird.[1031] Die

1026 So aber im Ergebnis *Redenius-Hövermann*, ZIP 2010, 660, 665; *Francois-Poncet/Deilmann/Otte*, NZG 2011, 450, 454.

1027 3.TeilB.II.2.b)cc).

1028 Hinsichtlich der Angemessenheit verschiedener zur Verfügung stehender Sanktionsmöglichkeiten siehe die Ausführungen unter 3.TeilB.IV.2.b)cc).

1029 Siehe hierzu die Ausführungen unter 3.TeilB.II.2.b)dd)(3)(b).

1030 3.TeilB.II.2.b)dd)(1).

1031 3.TeilB.II.2.b)dd)(3)(b)(aa).

Verhältnismäßigkeit des Eingriffs in die unternehmerische Freiheit wird durch die Etablierung einer angemessenen Quotenhöhe von 30-40%, das Einräumen von hinreichenden Übergangsfristen sowie der notwendig zu implementierenden Härtefallklausel sichergestellt. Daneben sind Begleitmaßnahmen wie der staatliche Ausbau von Kinderbetreuung, die Sensibilisierung für flexiblere Arbeitszeitmodelle sowie die Errichtung professioneller Datenbanken unverzichtbar.[1032]

Die Gleichstellungsquote berührt zudem den Schutzbereich des Anteilseigentums der Aktionäre aus Art. 14 Absatz 1 GG. Die Aktie als Gesellschaftsanteil garantiert vermögensrechtliche sowie auch mitgliedschaftliche Rechte.[1033] Dass durch die Festlegung einer geschlechtergerechten Besetzung des Aufsichtsrats die Vermögenskomponente der Aktie tangiert wird, ist auszuschließen. Vielmehr betrifft die Quote die Aktionäre in ihren Mitgliedschaftsrechten *scilicet* ihrer Wahlkompetenz gemäß § 101 Absatz 1 AktG. Allerdings lässt sich auch dieser Eingriff als verhältnismäßig rechtfertigen und damit als zulässige gesetzliche Inhaltsbestimmung des Eigentums qualifizieren. Diese Beurteilung stützt sich darauf, dass den Aktionären nach wie vor ihr Wahlrecht verbleibt und sie lediglich in ihrer Auswahlmöglichkeit eingeschränkt werden. Sie können also nach wie vor den Aufsichtsrat bestellen; lediglich die personelle Zusammensetzung des Kandidatenpools wird geschlechtsausgeglichen modifiziert. Daneben unterliegt jeder Eigentümer der Sozialbindung aus Art. 14 Absatz 2 GG. Das Bundesverfassungsgericht betont in Bezug auf die mitgliedschaftliche Komponente des Anteilseigentums eine starke Einschränkungsmöglichkeit durch den Gesetzgeber im Zuge der Sozialbindung.[1034] Gerade die aus der Aktie resultierenden Verwaltungsrechte zeichneten sich dadurch aus, dass sie von allen Aktionären nur gemeinsam ausgeübt werden können.[1035] Die Beschränkung, die die Gleichstellungsquote in die Mitgliedschaftsrechte der Aktionäre bedeuten würde, wäre jedenfalls anhand des Gebots der Sozialpflichtigkeit des Eigentums aus Art. 14 Absatz 2 GG gestützt durch den in der Quote zum Ausdruck kommenden verfassungsrechtlichen Gleichstellungsauftrags zu rechtfertigen.

Schließlich ist die Gleichstellungsquote auch mit dem Antidiskriminierungsverbot der männlichen Bewerber aus Art. 3 Absatz 3 Satz 1 GG vereinbar. Diese können aufgrund der gesetzlichen Quote ab einer bestimmten Personenzahl nicht mehr berücksichtigt werden und damit trotz gleicher oder sogar besserer Qualifikation das Mandat allein aufgrund ihrer Geschlechtszuordnung nicht mehr be-

1032 3.TeilB.II.2.b)dd)(3)(b)(ff).

1033 3.TeilB.IV.1.b).

1034 BVerfG Urt. v. 1.3.1979 - 1 BvR 532/77, BVerfGE 50, 290, 347, 348.

1035 BVerfG Urt. v. 1.3.1979 - 1 BvR 532/77, BVerfGE 50, 290, 347, 348.

kleiden. Gleichwohl steht auch hier der verfassungsrechtliche Gleichstellungsauftrag als kollidierender Belang. Dieser überwiegt das Diskriminierungsverbot. Hierfür spricht, dass keine absolute Geschlechterparität von 50%, sondern lediglich eine Quotenhöhe von 30-40% in Frage steht. Insofern wird das überrepräsentierte Geschlecht in der Realität nach wie vor die Mehrzahl der Mandatsträger stellen. Darüber hinaus sorgen die aufzustellenden Mindestqualifikationsanforderungen und die entsprechende Härtefallklausel dafür, dass gerade keine Bevorzugung des unterrepräsentierten Geschlechts um jeden Preis erfolgt. Damit wird der Eingriff in die Gleichbehandlung zwar nicht gelöst, aber minimiert. Die Wertungen des Europäischen Gerichtshofs[1036] sowie der Literatur[1037] hinsichtlich der Zulässigkeitsanforderungen von Gleichstellungsquoten im öffentlichrechtlichen Bereich können aufgrund der Unterschiedlichkeit der Sachverhalte auf das Aufsichtsratsmandat nicht „eins- zu-eins" übertragen werden.[1038] Das Moment der absoluten Gleichqualifikation sowie die Installation einer Härtefallklausel für bestimmte, in der Person des Mitbewerbers liegende Gründe sind bei der hier in Rede stehenden Quote nicht geboten. Damit steht auch das Diskriminierungsverbot der männlichen Gegenkandidaten der verfassungsrechtlichen Zulässigkeit einer wie hier vorgeschlagenen Gleichstellungquote nicht entgegen.

Schlussendlich wurde herausgestellt, dass sich die Implementierung der Quote entgegen der Annahme des Gesetzesentwurfs Nordrhein-Westfalen[1039] auch auf potentielle Ersatzmitglieder – und dies in jeder Konstellation – gebietet, während im Bereich des Entsendungsrechts die hohe Bedeutung und entsprechende Besonderheiten gegen die Anwendung der Geschlechterquote sprechen.

D. Quote im „Teilgremium" Arbeitnehmervertreter

Ab einer bestimmten Unternehmensgröße, setzt sich der Aufsichtsrat einer Aktiengesellschaft gesetzlich verpflichtend sowohl aus Mitgliedern, die von der Hauptversammlung gewählt werden, als auch aus solchen, die von den Arbeitnehmern bestellt werden, zusammen. Den Arbeitnehmern als einem für den Erfolg des Unternehmens wichtiger Wirtschaftsfaktor soll hiermit ein Mitspracherecht auf Führungsebene gewährleistet werden. Der Gedanke, mögliche Interes-

---

1036 EuGH Urt. v. 17.10.1995 - C-450/93, NJW 1995, 3109 f.; EuGH Urt. v. 11.11.1997 – C - 409/95, NJW 1997, 3429 ff.; EuGH Urt. v. 28.3.2000 - C 158/97, NJW 2000, 1549 ff.

1037 *Heun* in Dreier, GG Kommentar, Art. 3 GG Rn.112; *Jarass* in Jarass/Pieroth, GG Kommentar, Art. 3 GG Rn.106; *Osterloh* in Sachs, GG Kommentar, Art. 3 GG Rn.287 f.; *Badura* in Maunz/Dürig, GG Kommentar, Art. 33 GG Rn.32.

1038 3.TeilB.V.3.b)cc); so schon *Brandt/Thiele*, AG 2011, 580 ff.

1039 Gesetzesantrag des Landes Nordrhein-Westfalen v. 11.2.2011, BR-Drucks. 87/11, S.33.

sensgegensätze zwischen Kapitaleignern und Arbeitnehmern in der Beteiligung von Arbeitnehmervertretern an der Unternehmensleitung aufzuheben, ist dabei eine Eigenart des deutschen Rechts.[1040]

Die Gleichstellungsquote müsste im Hinblick auf die in Art. 3 Absatz 1 GG manifestierte Systemgerechtigkeit[1041] auch im Rahmen des Teilgremiums der Arbeitnehmervertreter installiert werden. Der Gesetzgeber darf nicht unsachgerecht von seinem selbstgesetzten System abweichen.[1042] Eine sachliche Rechtfertigung für eine unterschiedliche Behandlung der Anteilseignervertreter und der Arbeitnehmervertreter ist nicht ersichtlich; zumal es sich um eine „künstliche" Aufspaltung des Gesamtgremiums handelt, um den unterschiedlichen Wahlmodi gerecht zu werden. Es steht außer Frage, dass eine möglichst geschlechterausgeglichene Besetzung in beiden Vertretergruppen anzustreben ist. Daher sollte sich eine Gleichstellungsquote sowohl auf das Anteilseignerteilgremium als „Teilgremium" als auch auf das Arbeitnehmergremium als „Teilgremium" beziehen.[1043] Das gesamte Gremium – Anteilseignervertreter und Arbeitnehmervertreter – einer einzigen gemeinsamen Quotierung zu unterziehen, wäre rechtstechnisch übersichtlicher und erscheint auf den ersten Blick einfacher. Es kann indes nicht funktionieren, da die Aufsichtsratsmitglieder beider Gremien von unterschiedlichen Wahlberechtigten gewählt werden. Die Anteilseigner werden von der Hauptversammlung und die Arbeitnehmer von der Belegschaft bestellt. Die Einführung einer einzigen Quote würde das Zusammenwirken beider Wahlorgane und eine gemeinschaftliche Wahl erfordern, was den derzeitigen gesetzlichen Vorschriften zuwiderläuft. Beide Seiten sollten daher einer getrennten Quotierung unterworfen werden.

Für die Beteiligung von Arbeitnehmervertretern an der Organisationsstruktur der Aktiengesellschaft sind verschiedene Mitbestimmungsstatute zu unterscheiden: Das Montanmitbestimmungsgesetz von 1951[1044] (MontanMitbestG) sowie das in Einzelheiten hiervon abweichende Montanmitbestimmungsergänzungsge-

1040 *Raiser/Veil*, Recht der Kapitalgesellschaften, § 13 Rn.23.

1041 *Kischel* in Epping/Hillgruber, GG Kommentar, Art. 3 GG Rn.87 f.

1042 BVerfG Urt. v. 23.1.1990 - 1 BvL 44/86, BVerfGE 81, 156, 207; BVerfG Beschl. v. 10.10.2001 - 1 BvL 17/00, BVerfGE 104, 74, 87; BVerfG Beschl. v. 13.2.2007 - 1 BvR 910/05, BVerfGE 118, 1, 28.

1043 In diesem Sinne auch Abschlussbericht der Länderarbeitsgruppe 2011, Teilhabe von Frauen in Führungs- und Kontrollgremien der Wirtschaft, S.172; abrufbar unter: http://www.justiz.bayern.de/imperia/md/content/stmj_internet/ministerium/ministerium/gesetzgebung/teilhabe_frauen_fuehrungs_und_kontrollgremien_1_.pdf (zuletzt abgerufen am 19.9.2011).

1044 Gesetz über die Mitbestimmung der Arbeitnehmer in den Aufsichtsräten und Vorständen der Unternehmen des Bergbaus und der Eisen und Stahl erzeugenden Industrie v. 21.5.1951, BGBl. I, S.347.

setz (MontanMitbestErgG) von 1956,[1045] welche allerdings aufgrund ihres Anwendungsbereiches bei der heutigen Konzernstruktur relativ bedeutungslos sind,[1046] sowie das im Hinblick auf mitbestimmungsrechtliche Vorschriften wesentlich bedeutsamere Mitbestimmungsgesetz[1047] (MitbesG) und das Drittelbeteiligungsgesetz (DrittelbG).[1048]

Im Folgenden soll zunächst die Zusammensetzung sowie die Wahl der Aufsichtsratsmitglieder in den einzelnen Mitbestimmungsstatuten vorgestellt werden, bevor sich der Fokus im Anschluss auf die betroffenen Rechtspositionen sowie einer möglichen Ausgestaltung im konkreten Statut richtet.

I. Der Aufsichtsrat nach dem Mitbestimmungsgesetz

Beschäftigt die Aktiengesellschaft mehr als 2.000 Arbeitnehmer, so setzt sich der Aufsichtsrat des Unternehmens paritätisch aus Anteilseignervertretern und Arbeitnehmervertretern zusammen, §§ 1, 7 MitbestG. Maßgeblich für den Schwellenwert ist der tatsächliche Personalbestand des Unternehmens.[1049] Wer dabei als Arbeitnehmer gilt, wird anhand von § 3 Absatz 1 MitbestG mit Verweis auf § 5 Betriebsverfassungsgesetz (BetrVG) bestimmt. Zudem ist in den Vorstand der Aktiengesellschaft ein Arbeitsdirektor zu bestellen, der jedoch keiner weiteren Legitimation von Seiten der Arbeitnehmer bedarf, §§ 30, 31 MitbestG.

Nach § 7 Absatz 1 MitbestG besteht der Aufsichtsrat der unter das Mitbestimmungsgesetz fallenden Unternehmen je nach Größe des Unternehmens und mithin beschäftigten Arbeitnehmern aus 12 (Nr.1), 16 (Nr.2) oder 20 (Nr.3) Mitgliedern. Die Vorgabe der Teilbarkeit der Mitgliederanzahl durch 3 nach § 95 AktG gilt hier nach § 95 Satz 5 AktG gerade nicht. Die hohe Anzahl der Mandatsträger erklärt sich aus der Absicht des Gesetzgebers, die Gruppen der Arbeit-

1045 Gesetz zur Ergänzung des Gesetzes über die Mitbestimmung der Arbeitnehmer in den Aufsichtsräten und Vorständen der Unternehmen des Bergbaus und der Eisen und Stahl erzeugenden Industrie v. 7.8.1956, BGBl. I, S.707.

1046 Dazu die Darstellung bei *Raiser*, RdA 1999, 389, 394. Nach zutreffender Ansicht des Verfassers erreicht der Montanumsatz nicht mehr den Schwellenwert von 20% des Gesamtumsatzes im Konzern. Bei der dauerhaft abnehmenden Bedeutung der Grundstoffindustrien in Deutschland ist es zudem eher unwahrscheinlich, dass ein Konzern in Zukunft wieder in diese Dimensionen herein wächst; so auch *Lutter/Krieger*, Rechte und Pflichten des Aufsichtsrats, Rn.8.

1047 Gesetz über die Mitbestimmung der Arbeitnehmer v. 4.5.1976, BGBl. I, S.1153.

1048 Gesetz über die Drittelbeteiligung der Arbeitnehmer im Aufsichtsrat v. 18.5.2004, BGBl. I, S.974.

1049 Vergleiche den Bericht des Ausschusses für Arbeit und Sozialordnung zu dem von der Bundesregierung eingebrachten Entwurf eines Gesetzes über die Mitbestimmung der Arbeitnehmer v. 10.3.1976, BT-Drucks.7/4845, S.3, 4.

nehmer in einem ausgewogenen Verhältnis beteiligen zu wollen.[1050] Von diesen den Arbeitnehmern zustehenden Mandaten sind sodann nach § 7 Absatz 2 und Absatz 4 MitbestG bei 12 oder 16 Mitgliedern 2 und bei 20 Mitgliedern 3 Sitze der Arbeitnehmervertreter mit Gewerkschaftsvertretern zu besetzen, die im Unternehmen vertreten sind. Gemäß § 16 Absatz 2 MitbestG ist diese Vorschrift dahingehend zu verstehen, dass den Gewerkschaften ein Vorschlagsrecht hinsichtlich ihrer Kandidaten zusteht, während die Wahl selbst von der Belegschaft oder von den hierzu Delegierten, §§ 9, 10 MitbestG, vorgenommen wird.[1051] Damit erfolgt die Wahl der von den Gewerkschaften vorgeschlagenen Aufsichtsratsmitglieder nach denselben Prinzipien wie die Wahl der dem Unternehmen angehörenden Arbeitnehmervertreter.[1052]

Die Aufsichtsratsmitglieder der Arbeitnehmer werden entweder unmittelbar durch die Belegschaft selbst, §§ 9 Absatz 2, 18 MitbestG, oder durch Delegierte, §§ 9 Absatz 1, 10-17 MitbestG gewählt. Welches Wahlmodul zum Tragen kommt, richtet sich nach §§ 9 ff. MitbestG sowie den einschlägigen Wahlordnungen.[1053] Die Urwahl, das heißt die direkte Wahl der Arbeitnehmervertreter in den Aufsichtsrat durch die wahlberechtigten Arbeitnehmer, folgt denselben Grundsätzen und Regeln wie die Wahl durch die Delegierten mit dem einzigen Unterschied, dass bei letzterem eine Delegiertenversammlung zwischengeschaltet ist.[1054] Entsendungsrechte existieren nicht. Die Vorschriften des Gesellschaftsrechts kommen daneben nicht zum Tragen, § 101 Absatz 1 AktG. Die Organisation der Wahl unterliegt den sogenannten Wahlvorständen, die aus in der Regel 3 wahlberechtigten Arbeitnehmern bestehen.[1055]

Die Aufsichtsratsmitglieder der Arbeitnehmer werden nach § 15 Absatz 1 MitbestG für die gleiche Amtszeit gewählt wie die Aufsichtsratsmitglieder der Anteilseigner, sodass die Amtsperiode gemäß § 102 Absatz 1 AktG in Verbindung mit § 6 Absatz 2 MitbestG spätestens mit Beendigung der Hauptversammlung, die über die Entlastung für das vierte Geschäftsjahr nach dem Beginn der

---

1050 Vergleiche in diesem Zusammenhang die Begründung in dem Bericht des Ausschusses für Arbeit und Sozialordnung zu dem von der Bundesregierung eingebrachten Entwurf eines Gesetzes über die Mitbestimmung der Arbeitnehmer v. 10.3.1976, BT-Drucks.7/4845, S.3, 4.

1051 *Raiser/Veil*, Mitbestimmungsgesetz und Drittelbeteiligungsgesetz, § 16 MitbestG Rn.3.

1052 *Raiser/Veil*, Mitbestimmungsgesetz und Drittelbeteiligungsgesetz, § 16 MitbestG Rn.2.

1053 Erste Wahlordnung zum Mitbestimmungsgesetz v. 27.5.2002, BGBl. I, S.1682; Zweite Wahlordnung zum Mitbestimmungsgesetz v. 27.5.2002, BGBl. I, S.1708; Dritte Wahlordnung zum Mitbestimmungsgesetz v. 27.5.2002, BGBl. I, S.1741; zum Wahlverfahren *Wolff*, DB 2002, 790 ff.; *Sieg/Siebels*, NZA 2002, 697 ff.

1054 *Raiser/Veil*, Mitbestimmungsgesetz und Drittelbeteiligungsgesetz, § 18 MitbestG Rn. 2.

1055 *Raiser/Veil*, Mitbestimmungsgesetz und Drittelbeteiligungsgesetz, Vorbem. § 9 MitbestG Rn.7.

Amtszeit beschließt, und damit nach höchstens 5 Jahren endet.[1056] Ebenso ist die Amtszeit der 2 beziehungsweise der 3 von der Gewerkschaft vorgeschlagenen Mitglieder mit der Amtszeit der übrigen Aufsichtsratsmitglieder der Arbeitnehmer und Anteilseignervertreter identisch.[1057] Alle Aufsichtsratsmitglieder – sowohl die von den Aktionären gewählten als auch die Arbeitnehmervertreter – verfügen nach ihrer erfolgreichen Wahl als Teile des gesamten Kontrollorgans über dieselben Rechte und Pflichten *(Gleichheit des Mandats)*.[1058]

II. Der Aufsichtsrat nach dem Drittelbeteiligungsgesetz

Unterhalb der Schwelle von 2.000 Arbeitnehmern gilt nach § 1 Absatz 3 MitbestG in Verbindung mit § 1 Absatz 1 DrittelbG das Drittelbeteiligungsgesetz,[1059] sofern das Unternehmen mehr als 500 Arbeitnehmer beschäftigt. Wie der Wortlaut des Gesetzes nahelegt, verbleibt es in diesem Zusammenhang bei einer Drittelbeteiligung der Arbeitnehmer am Aufsichtsrat, § 4 Absatz 1 DrittelbG. Bezugsgröße ist die jeweilige Größe des Aufsichtsrats. Im Gegensatz zum Mitbestimmungsgesetz schreibt das Drittelbeteiligungsgesetz damit keine bestimmte Größe des Aufsichtsrats vor. Vielmehr richtet sich seine nach § 95 AktG und dementsprechend nach dem Grundkapital. Der Aufsichtsrat hat zumindest aus drei Mitgliedern zu bestehen, wobei die Satzung eine höhere Anzahl, die wiederum durch drei teilbar sein muss, determinieren kann. Hiervon abweichende Bestimmungen zu Lasten der Arbeitnehmerbeteiligung sind nichtig.[1060]

§ 4 Absatz 2 DrittelbG legt fest, dass die bestellten Arbeitnehmervertreter in der Regel beschäftigte Arbeitnehmer sein müssen. Im Gegensatz zum Mitbestimmungsgesetz haben die Gewerkschaftsvertreter kein Vorschlagsrecht. Nach § 4 Absatz 4 DrittelbG sollen Frauen und Männer entsprechend ihrem zahlenmäßigen Verhältnis im Unternehmen vertreten sein (*Repräsentationsmodell*).[1061]

Die Wahl der Arbeitnehmervertreter erfolgt unmittelbar durch die wahlberechtigte Belegschaft, § 5 Absatz 2 DrittelbG, aufgrund von Wahlvorschlägen der Betriebsräte und Arbeitnehmer, § 6 DrittelbG, nach den Grundsätzen der Mehrheitswahl, § 5 Absatz 1 DrittelbG. Delegierte sind im Gegensatz zum Mit-

---

1056 *Raiser/Veil*, Mitbestimmungsgesetz und Drittelbeteiligungsgesetz, § 15 MitbestG Rn.31.

1057 *Gach* in MünchKomm AktG, § 10 MitbestG Rn.9.

1058 BGH Urt. v. 25.2.1982 - II ZR 123/81, BGHZ 83, 106, 112.

1059 Gesetz über die Drittelbeteiligung der Arbeitnehmer im Aufsichtsrat v. 18.5.2004, BGBl. I, S.974.

1060 *Raiser/Veil*, Mitbestimmungsgesetz und Drittelbeteiligungsgesetz, § 4 DrittelbG Rn.9.

1061 Zur rechtstatsächlichen Bedeutung dieser Vorschrift für die geschlechterausgeglichene Bestellung der Arbeitnehmerseite siehe die Ausführungen unter 2.TeilA.I.

bestimmungsgesetz nicht vorgesehen. Die Amtszeit der Arbeitnehmervertreter richtet sich wie bei § 15 Absatz 1 Satz 1 MitbestG nach der Amtszeit der von der Hauptversammlung gewählten Anteilseignervertreter. Damit ist auch die Amtsperiode der Arbeitnehmervertreter nach dem Drittelbeteiligungsgesetz auf höchstens 5 Jahre begrenzt. Auch hier wird ein Gleichlauf der Amtsperioden von Anteilseignervertretern und Arbeitnehmervertretern angestrebt.

III. Der Aufsichtsrat nach dem Montanmitbestimmungs- und Montanmitbestimmungsergänzungsgesetz

Das Montanmitbestimmungsgesetz[1062] (MontanMitbestG) erfasst nach § 1 Absatz 2 MontanMitbestG Unternehmen in der Rechtsform der Aktiengesellschaft und der Gesellschaft mit beschränkter Haftung. Weitere Voraussetzung ist, dass das Unternehmen in der Regel mehr als 1.000 Arbeitnehmer beschäftigt.[1063] Weiteres Abgrenzungskriterium gegenüber dem Mitbestimmungsgesetz ist der Unternehmenszweck, der nach § 1 Absatz 1 MontanMitbestG im Tätigkeitsbereich des Bergbaus oder der Erzeugung von Eisen und Stahl liegen muss.[1064]

Der Aufsichtsrat einer dem Montanmitbestimmungsgesetz unterfallenden Aktiengesellschaft setzt sich nach § 4 Absatz 1 MontanMitbestG aus 11 Mitgliedern zusammen. Je nach Höhe des Grundkapitals kann die Satzung den Aufsichtsrat zudem auch auf 15 oder 21 Mitglieder erhöhen, § 9 MontanMitbestG. Dabei besteht der Aufsichtsrat grundsätzlich zu gleichen Teilen aus Anteilseigner- und Arbeitnehmervertretern, jeweils ergänzt um ein sogenanntes weiteres Mitglied. Dadurch, dass bei jeder Gremiengröße auf Vorschlag der bis dahin 10, 14 oder 20 gewählten Aufsichtsratsmitglieder beider Teilgremien (Rumpfaufsichtsrat) die Hauptversammlung ein weiteres „neutrales" Mitglied bestellt, ergibt sich am Ende jeweils eine ungerade Gremiengröße, § 8 Absatz 1 MontanMitbestG.[1065] Das Wahlverfahren für den Aufsichtsrat nach dem Montanmitbestimmungsgesetz ergibt sich dabei in seinen Grundzügen aus § 6 MontanMitbestG, eine ergänzende Wahlordnung existiert nicht.[1066] Danach wird einem aus dem Betriebsrat gebildeten Wahlkörper die Wahlberechtigung erteilt, sodass weder die Belegschaft unmittelbar wählt, noch die Wahl durch Delegierte der Arbeitnehmer vor-

1062 Gesetz über die Mitbestimmung der Arbeitnehmer in den Aufsichtsräten und Vorständen der Unternehmen des Bergbaus und der Eisen und Stahl erzeugenden Industrie v. 21.5.1951, BGBl. I, S.347.

1063 *Wißmann* in MünchHdB Arbeitsrecht Bd. II, § 381 Rn.2.

1064 *Wißmann* in MünchHdB Arbeitsrecht Bd. II, § 381 Rn.3.

1065 *Wißmann* in MünchHdB Arbeitsrecht Bd. II, § 381 Rn.9.

1066 *Wißmann* in MünchHdB Arbeitsrecht Bd. II, § 381 Rn.11.

genommen wird. Vielmehr fungiert hier der Betriebsrat als repräsentatives Organ der Belegschaft. § 6 Absatz 5, 6 MontanMitbestG überantwortet sodann die formale Bestätigung dieser Vorwahl dem Wahlorgan der Anteilseignerversammlung, die nachfolgend jedoch nicht autonom entscheidet, sondern an die Vorschläge des aus dem Betriebsrat gebildeten Wahlkörpers gebunden ist, § 6 Absatz 6 MontanMitbestG. Somit ist die Hauptversammlung faktisch auf eine rein formale, notarielle Funktion beschränkt.[1067] Hält die Hauptversammlung die Vorgeschlagenen für nicht tauglich, so hat sie kein Ablehnungsrecht, denn es kommt ausschließlich auf die Beurteilung der Arbeitnehmerseite und damit auf den für den Betrieb repräsentativen Betriebsrat an.[1068] Den Spitzenorganisationen kommt nach der Wahl der belegschaftsangehörigen Arbeitnehmer durch den Betriebsrat ein zweiwöchiges Vetorecht sowie bei der Wahl der Gewerkschaftsvertreter und dem weiteren Mitglied ein Vorschlagsrecht zu, §§ 6 Absatz 2, 3 – 5 MontanMitbestG.[1069] Das „neutrale" Mitglied wird sodann auf Vorschlag aller bis dahin gewählten Aufsichtsratsmitglieder – bestehend aus Arbeitnehmervertretern und Anteilseignervertretern – von der Gesellschaftsversammlung gewählt.[1070] Dem neutralen Mitglied soll im Idealfall das Vertrauen von beiden Seiten zukommen.[1071]

Der Aufsichtsrat nach dem Montanmitbestimmungsergänzungsgesetz[1072] (MontanMitbestErgG) besteht generell aus 15 Mitgliedern, die sich jeweils aus 7 Anteilseignervertretern sowie 7 Arbeitnehmervertretern und einem weiteren neutralen Mitglied zusammensetzen, § 5 Absatz 1 Satz 1 MontanMitbestErgG. Die Satzung kann bei Gesellschaften mit einem Grundkapital von mehr als 25 Millionen Euro einen Aufsichtsrat bestehend aus 21 Mitgliedern vorsehen, wobei sich die Anzahl der Mitglieder in dem jeweiligen Teilgremium auf jeweils 10 erhöht, § 5 Absatz 1 Satz 2, 3 MontanMitbestErgG. Dabei spalten sich die zu bestellenden Arbeitnehmervertreter erneut in Belegschaftsmitglieder und Gewerkschaftsvertreter. Im 15-köpfigen Aufsichtsrat sind 5 Belegschaftsmitglieder und 2 vorgeschlagene Gewerkschaftsvertreter sowie im Gremium mit 21 Mitgliedern 7 Belegschaftsmitglieder und 3 Gewerkschaftsvertreter zu wählen. Das Wahlverfahren der Arbeitnehmervertreter in den Aufsichtsrat nach dem Montanmitbe-

1067 *Wißmann* in MünchHdB Arbeitsrecht Bd. II, § 381 Rn.11.

1068 *Oetker* in Erfurter Kommentar zum Arbeitsrecht, § 6 MontanMitbestErgG Rn.10.

1069 *Oetker* in Erfurter Kommentar zum Arbeitsrecht, § 6 MontanMitbestErgG Rn.8.

1070 *Spindler* in MünchKomm GmbHG, § 52 GmbHG Rn.102.

1071 *Wißmann* in MünchHdB Arbeitsrecht Bd. II, § 381 Rn.19.

1072 Gesetz zur Ergänzung des Gesetzes über die Mitbestimmung der Arbeitnehmer in den Aufsichtsräten und Vorständen der Unternehmen des Bergbaus und der Eisen und Stahl erzeugenden Industrie v. 7.8.1956, BGBl. I, S.707.

stimmungsergänzungsgesetz ist in seiner Wahlordnung[1073] mit dem des Mitbestimmungsgesetzes identisch.[1074] Der aus Arbeitnehmern und Anteilseignern bestehende „Rumpfaufsichtsrat" schlägt nach § 5 Absatz 3 MontanMitbestErgG in Verbindung mit §§ 4 Absatz 2, 8 MontanMitbestG das weitere „neutrale Mitglied" vor und präsentiert es der Hauptversammlung zur Abstimmung.

IV. Durch die Quote betroffene Rechtspositionen

1. Art. 3 Absatz 3 Satz 1 GG der männlichen Gegenkandidaten

Eine Gleichstellungsquote müsste im Hinblick auf die in Art. 3 Absatz 1 GG manifestierte Systemgerechtigkeit[1075] sowie die effiziente Umsetzung des verfassungsrechtlichen Gleichstellungsauftrags auch im Rahmen des Teilgremiums der Arbeitnehmervertreter installiert werden. Die Quote würde auch hier an dem „verbotenen" Merkmal Geschlecht aus Art. 3 Absatz 3 Satz 1 GG anknüpfen und damit das überrepräsentierte Geschlecht – *de facto* die männlichen Kandidaten – diskriminieren. Aufgrund der Regelung könnten männliche Bewerber ab Erreichen des Prozentsatzes keine Mandate mehr bekleiden. Hinsichtlich der verfassungsrechtlichen Zulässigkeit eines solchen Eingriffs in das Diskriminierungsverbot der männlichen Arbeitnehmervertreter kann auf die vorangegangenen Ausführungen zu der Gruppe der Anteilseignervertreter verwiesen werden.[1076] Aufgrund der Gleichläufigkeit der Sachverhalte können dieselben Argumente und Maßstäbe angesetzt werden. Freilich müsste sich eine Quote auch hier an den insoweit bereits vorgegebenen Zulässigkeitskriterien – Mindestqualifikationsanforderung, Ergebnisquote von 30-40%, Härtefallklausel *et cetera*– orientieren. Bei entsprechender Ausgestaltung wäre eine Gleichstellungsquote im Arbeitnehmergremium des Aufsichtsrats der Aktiengesellschaft mit Art. 3 Absatz 3 GG der männlichen Gegenkandidaten vereinbar.

1073 Wahlordnung zum Montanmitbestimmungsergänzungsgesetz (MontanMitbestErgWO 2005) v. 10.10.2005, BGBl. I, S.2927, 2932.

1074 *Wißmann* in MünchHdB Arbeitsrecht Bd. II, § 382 Rn.9.

1075 BVerfG Urt. v. 23.1.1990 - 1 BvL 44/86, BVerfGE 81, 156, 207; BVerfG Beschl. v. 10.10.2001 - 1 BvL 17/00, BVerfGE 104, 74, 87; BVerfG Beschl. v. 13.2.2007 - 1 BvR 910/05, BVerfGE 118, 1, 28.

1076 3.TeilB.V.4.

2. Passive Wahlrechtsgleichheit; Art. 3 Absatz 1 GG, Art. 38 Absatz 1 GG

Aus dem Grundsatz der Gleichheit der Wahl, nach Art. 38 Absatz 1 GG in Verbindung mit Art. 3 Absatz 1 GG,[1077] der für sämtliche innerstaatliche Willensbildung Geltung verlangt, ergibt sich, dass jede abgegebene, gültige Stimme die gleiche Erfolgschance (Mehrheitswahl) oder den gleichen Erfolgswert (Verhältniswahl) auf das Wahlergebnis haben muss.[1078] Also hat jeder Wahlbewerber einen Anspruch darauf, dass die für ihn gültig abgegebenen Stimmen bei der Ermittlung des Wahlergebnisses mit dem gleichen Gewicht für ihn Berücksichtigung finden, wie sie auch für die anderen Bewerber berücksichtigt werden.[1079]

Da die männlichen Gegenkandidaten im Nachgang der Wahl bei Auszählung der Stimmen durch das Greifen der Quote ab einem bestimmten Prozentsatz zu Gunsten einer Frau weichen müssen, wird in ihre passive Wahlrechtsgleichheit aus Art. 3 Absatz 1 GG in Verbindung mit Art. 38 Absatz 1 GG eingegriffen. Auf sie entfallende Stimmen können keinen Erfolgswert mehr auf das Wahlergebnis haben können. Jedoch enthält die Wahlrechtsgleichheit kein absolutes Differenzierungsverbot.[1080] Abweichungen sind dann zuzulassen, wenn ein rechtfertigender Grund vorliegt,[1081] der von solchem Gewicht ist, dass er der Wahlrechtsgleichheit die Waage halten kann.[1082]

Aufschluss darüber, ob der verfassungsrechtliche Gleichstellungsauftrag aus Art. 3 Absatz 2 Satz 2 GG einen solchen Grund darzustellen vermag, könnte die Entscheidung des Bundesarbeitsgerichts zur Verfassungsmäßigkeit der Mindestrepräsentanzregelung aus § 15 Absatz 2 BetrVG, bieten.[1083] Im Folgenden soll daher die Auseinandersetzung mit der Entscheidung des Bundesarbeitsgerichts erfolgen, bevor die Übertragbarkeit der Argumentation auf die Gleichstellungsquote im Bereich der Arbeitnehmervertreter im Aufsichtsrat angestrengt wird.

1077 Siehe unter anderem BVerfG Urt. v. 5.4.1952 - 2 BvH 1/52, BVerfGE 1, 208, 242; BVerfG Urt. v. 11.10.1972 - 2 BvR 912/71, BVerfGE 34, 81, 98 f.; BVerfG Beschl. v. 9.3.1976 - 2 BvR 89/74, BVerfGE 41, 399, 413; BVerfG Beschl. v. 15.2.1978 - 2 BvR 134/76, BVerfGE 47, 253, 277; BVerfG Beschl. v. 22.5.2001 - 2 BvE 1/99, BVerfGE 104, 14, 19 f. mwN.

1078 *Kretschmer* in Schmidt-Bleibtreu/Hofmann/Hopfauf, GG Kommentar, Art. 38 GG Rn.24.

1079 *Ubber/Weller,* NZA 2004, 893, 894, mit Verweis auf BVerfG Beschl. v. 12.12.1991 - 2 BvR 562/91, BVerfGE 85, 148, 157.

1080 BVerfG Urt. v. 10.4.1997 - 2 BvC 3/96, BVerfGE 95, 408, 417.

1081 *Kretschmer* in Schmidt-Bleibtreu/Hofmann/Hopfauf, GG Kommentar, Art. 38 GG Rn.22; *Magiera* in Sachs, GG Kommentar, Art. 38 GG Rn.93; *Klein* in Maunz/Dürig, GG Kommentar, Art. 38 GG Rn.86.

1082 BVerfG Urt. v. 10.4.1997 - 2 BvC 3/96, BVerfGE 95, 408, 418.

1083 BAG Beschl. v. 16.3.2005 - 7 ABR 40/04, NZA 2005, 1252.

a) § 15 Absatz 2 BetrVG (BAG Beschl. v. 16.3.2005- 7 ABR 40/04)

Die im Zuge der Änderungen des Betriebsverfassungsgesetzes im Jahre 2001[1084] eingeführte Regelung zur Mindestrepräsentanz des Minderheitengeschlechts in § 15 Absatz 2 BetrVG sorgte bereits vor der Entscheidung des Bundesarbeitsgerichts für erheblichen Diskussionsbedarf.[1085] § 15 BetrVG lautet:

(1) Der Betriebsrat soll sich möglichst aus Arbeitnehmern der einzelnen Organisationsbereiche und der verschiedenen Beschäftigungsarten der im Betrieb tätigen Arbeitnehmer zusammensetzen.

(2) Das Geschlecht, das in der Belegschaft in der Minderheit ist, muss mindestens entsprechend seinem zahlenmäßigen Verhältnis im Betriebsrat vertreten sein, wenn dieser aus mindestens drei Mitgliedern besteht.

Viele Stimmen kritisierten den Absatz 2 der neuen Regelung als sinnfrei und verfassungswidrig.[1086] Das Geschlecht habe mit der zu verrichtenden Arbeit im Betriebsrat nichts zu tun; zudem müssten konsequenter Weise auch Ausländer und Seniorenquoten etabliert werden.[1087]

Auf diese zerstrittene Ausgangsposition traf die Entscheidung des Bundesarbeitsgerichts, welches über die Anfechtung einer Betriebsratswahl zu entscheiden hatte, die in Anwendung des § 15 Absatz 2 BetrVG zu Stande kam. Um das Minderheitengeschlecht an den auf den Betriebsrat entfallenden Sitzen zu beteiligen, kann es nach dieser Vorschrift zu einem sogenannten „listenübergreifenden Geschlechtersprung“ kommen.[1088] Um die zustehenden Mindestsitze des Minderheitsgeschlechts zu gewährleisten wird die Sitzverteilung auf der Wahlliste korrigiert. Wenn die Stimmauszählung nach dem *d'Hondt'schen* Wahlverfahren[1089] bei einer Listenwahl dazu führt, dass das Minderheitengeschlecht nicht entsprechend seiner Anzahl im Betriebsrat vertreten ist, so führt die Anwendung des § 15 Absatz 2 BetrVG zu einer Verschiebung innerhalb der Liste in der Gestalt, dass das Minderheitengeschlecht nach oben rückt.[1090] So kann es vorkommen, dass ein männlicher Kandidat zu Gunsten einer Frau zurücktreten muss, obwohl er vor der Korrektur einen höheren Listenplatz belegt hat. Darüber

1084 Gesetz zur Reform des Betriebsverfassungsgesetzes (BetrVerf-Reformgesetz) v. 23.7.2001, BGBl. I, S.1852.

1085 Siehe nur *Ubber/Weller*, NZA 2004, 893; *Brors*, NZA 2004, 472; *Franke*, NJW 2002, 656; *Richardi*, NZA 2001, 346, 347.

1086 *Ubber/Weller*, NZA 2004, 893, 898; *Podewin*, BB 2005, 2521 mwN.; kritisch nach wie vor *Thüsing* in Richardi, BetrVG Kommentar, § 15 Rn.4.

1087 So *Thüsing* in Richardi, BetrVG Kommentar, § 15 BetrVG Rn.4; dieser Argumentationsstrang wird auch im Bereich der Gleichstellungsquote im Aufsichtsrat verfolgt.

1088 Zur Verfassungsmäßigkeit des Listensprung *Weller*, NZA 2005, 1228 ff.

1089 *Weller*, NZA 2005, 1228, 1229.

1090 *Podewin*, BB 2005, 2521.

hinaus kann die Regelung dazu führen, dass bei konkurrierenden Listen[1091], die tatsächlich auf die Listen entfallenden Sitze nachträglich korrigiert und einer anderen Liste zugesprochen werden, sofern sich auf der betroffenen Liste keine oder nicht genügend Frauen befinden, um die Mindestrepräsentanz sicherzustellen. Damit wird der Sitz im Betriebsrat an die Bewerberin oder den Bewerber des Minderheitengeschlechts der konkurrierenden Liste vergeben, auf die oder den die nächste Höchstzahl entfällt.[1092]

In ihrem Vorlagebeschluss an das Bundesarbeitsgericht rügte die 2. Kammer des Landgerichts Köln, dass § 15 Absatz 2 BetrVG die Grundsätze des Art. 38 Absatz 1 GG über die formale Wahlrechtsgleichheit verletze.[1093] Weder aus dem Zweck der Wahl noch aus der besonderen Organisationsstruktur des Gremiums Betriebsrat oder aus der Natur des Regelungsbereichs folge, dass eine Bevorzugung des jeweils im Betrieb in der Minderheit befindlichen Geschlechts gerechtfertigt sei.[1094] Die Entscheidung fasst nahezu alle gegen die neue Regelung ins Feld geführten Bedenken aus der Literatur zusammen.[1095] So wurde betont, dass das Quotenwahlrecht keine Legitimität der Repräsentation gewährleisten könne, da eine Verfälschung des freien Wettbewerbs der Stimmen der Belegschaft stattfinden würde. Diesen Eingriff mithilfe von Art. 3 Absatz 2 GG zu legitimieren gehe fehl, da sich aus dem verfassungsrechtlichen Gleichstellungsauftrag gerade nicht ableiten lasse, dass sich die Interessen der Belegschaft durch den Betriebsrat allein durch Frauen sachgerecht vertreten ließen.[1096]

Dieser Auffassung trat das Bundesarbeitsgericht in seiner Entscheidung entgegen. Es betrachtet die Vorschrift als wirksam und verfassungsgemäß. Die Regelung verstößt nach Ansicht des Bundesarbeitsgerichts nicht gegen den nach Art. 3 Absatz 1 GG bestehenden Grundsatz der Gleichheit der Wahl.[1097] Vielmehr seien die Einschränkungen der Wahlrechtsgleichheit sowohl im Hinblick auf die aktive als auch die passive und damit auch der „listenübergreifende Geschlechtersprung“ durch die Verwirklichung des Gleichberechtigungsgebots aus Art. 3 Absatz 2 GG zu rechtfertigen.[1098] Nach dieser Rechtsprechung dient die Vorschrift dazu, den Frauen eine Repräsentanz im Betriebsrat tatsächlich zu er-

---

1091 Bei den Betriebsratswahlen in einem Nachfolgeunternehmen der *Deutschen Post* kandidierten zwei Listen von unterschiedlichen Gewerkschaften, zu der Entscheidung im Ganzen *Podewin*, BB 2005, 2521 ff.; *Weller*, NZA 2005, 1229 ff.

1092 *Brors*, NZA 2004, 472.

1093 LAG Köln Beschl. v. 13.10.2003 - 2 TaBV 1/03, NZA 2004, 511.

1094 LAG Köln Beschl. v. 13.10.2003 - 2 TaBV 1/03, NZA 2004, 511.

1095 *Brors*, NZA 2004, 472.

1096 *Brors*, NZA 2004, 472.

1097 BAG Beschl. v. 16.3.2005 - 7 ABR 40/04, NZA 2005, 1252, 1255.

1098 BAG Beschl. v. 16.3.2005 - 7 ABR 40/04, NZA 2005, 1252, 1257.

möglichen, nachdem die zuvor installierte „Soll-Vorschrift" hierzu nach statistischen Erhebungen nicht in der Lage war.[1099] Der Gesetzgeber habe sich insofern bei Erlass der Norm an seinen Gestaltungsspielraum gehalten und sei von der Wahlrechtsgleichheit im Zuge der Umsetzung des verfassungsrechtlichen Gleichstellungsauftrags abgewichen.[1100] Dies sei sein „*gutes Recht*", da er den verfassungsrechtlichen Gleichstellungsauftrag nach seiner Einschätzungsprärogative umzusetzen vermag.[1101]

b) Übertragung der Rechtsprechung auf die Gleichstellungsquote im Aufsichtsrat

Im Ergebnis ist die hier vorgesehene Gleichstellungsquote im Teilgremium der Arbeitnehmervertreter in ihrer Anwendung mit § 15 Absatz 2 BetrVG vergleichbar. Der gleiche Erfolgswert jeder Wählerstimme und damit der Anspruch der Bewerber auf gleiche Berücksichtigung kann zu Gunsten der Repräsentanz des mindervertretenen Geschlechts ab einer bestimmten Quote nicht mehr gewährleistet werden und greift damit in die passive Wahlfreiheit der Gegenkandidaten aus Art. 3 Absatz 1 GG ein. Damit hängt der Ausgang der Wahl in beiden Fällen nicht mehr allein vom erzielten Stimmenverhältnis – also dem tatsächlichen Wählerwillen –, sondern auch von dem Geschlecht der Wahlbewerber ab. Wesentlicher Unterschied ist das in § 15 Absatz 2 BetrVG vorgesehene *Repräsentationsprinzip*, demzufolge das Minderheitsgeschlecht entsprechend seinem zahlenmäßigen Verhältnis im Unternehmen im Betriebsrat vertreten sein soll. Die hier untersuchte Gleichstellungsquote hingegen wirkt über eine abstrakte Zielgröße.[1102] Dieser Unterschied betrifft jedoch nicht die Frage nach der passiven Wahlrechtsgleichheit, da die betroffenen Männer in beiden Fällen ab einer bestimmten Quote zurückstehen müssen. Ob dies aufgrund der nach dem *Repräsentationsprinzip* errechneten Sitze oder nach der hier vorgesehenen Gleichstellungsquote geschieht, ist für die Zulässigkeitsfrage unerheblich. Auch der Umstand, dass es sich bei dem Betriebsrat um ein die betriebliche Mitbestimmung sicherstellendes Repräsentationsorgan handelt, während der Aufsichtsrat Kontrollorgan des Unternehmens ist, ändert an der Übertragbarkeit nichts. Denn wie das Bundesverfassungsgericht in seinem *Mitbestimmungsurteil* bereits feststellte,[1103] ist für die Arbeitnehmer von entscheidender Bedeutung, an der unternehmerischen Aufsicht und damit den wirtschaftlichen Geschicken – wenn auch nur

1099 BAG Beschl. v. 16.3.2005 - 7 ABR 40/04, NZA 2005, 1252, 1256.
1100 BAG Beschl. v. 16.3.2005 - 7 ABR 40/04, NZA 2005, 1252, 1256.
1101 BAG Beschl. v. 16.3.2005 - 7 ABR 40/04, NZA 2005, 1252, 1257.
1102 3.TeilB.II.2.b)dd)(3)(b)(bb).
1103 BVerfG Urt. v. 1.3.1979 - 1 BvR 532/77, BVerfGE 50, 290 ff.

mittelbar – beteiligt zu sein und einen gewissen Einfluss auszuüben.[1104] Der Aufsichtsrat ist daher keine mit dem Betriebsrat vergleichbare Interessenvertretung der Belegschaft, doch lässt sich eine Einflussnahme auf die Geschäftspolitik allein durch die Personalhoheit im Bereich der Vorstandsbestellung sowie der Zustimmungspflicht bei diversen Geschäften nicht verleugnen, § 111 Absatz 4 Satz 2 AktG.

Damit lässt sich die Auffassung des Bundesarbeitsgerichts hinsichtlich der Verfassungsmäßigkeit der Regelung auf die hier zu führende Abwägungsentscheidung übertragen. Auch das Bundesarbeitsgericht betont die besonders hohe Bedeutung des verfassungsrechtlichen Gleichstellungsauftrags aus Art. 3 Absatz 2 Satz 2 GG, seiner Umsetzung auf allen Unternehmensebenen und den hierauf bezogenen Gestaltungsspielraum des Gesetzgebers. Das Ziel, den Anteil von Frauen im Betriebsrat und vergleichbar im Aufsichtsrat zu erhöhen, nimmt damit auch nach Ansicht des Bundesarbeitsgerichts eine übergeordnete Bedeutung ein.

Damit würde eine Gleichstellungsquote im Bereich der Arbeitnehmervertreter in das passive Wahlrecht der männlichen Gegenkandidaten eingreifen. Diese Beeinträchtigung wäre sowohl im Hinblick auf die besondere Bedeutung des Art. 3 Absatz 2 Satz 2 GG als kollidierender Verfassungsbelang[1105] als auch eingedenk der Wertung des Bundesarbeitsgerichts zu der in der Rechtsfolge vergleichbaren Regelung des § 15 Absatz 2 BetrVG als verhältnismäßig zu rechtfertigen.

3. Aktive Wahlrechtsgleichheit; Art. 3 Absatz 1 GG, Art. 38 Absatz 1 GG

Dadurch, dass den Wählerstimmen der Wahlberechtigten – unabhängig davon, ob es sich dabei um die Belegschaft, Delegierte oder den Wahlkörper Betriebsrat handelt – ab Greifen der Gleichstellungsquote nicht mehr dieselbe Erfolgschance (Mehrheitswahl) beziehungsweise dieselbe Erfolgsgleichheit (Verhältniswahl) zukommt, würde eine Gleichstellungsquote in die aktive Wahlrechtsgleichheit der wahlberechtigten Arbeitnehmer eingreifen. Allerdings enthält die Wahlrechtsgleichheit kein Differenzierungsverbot und ist keinesfalls absolut gesetzt.[1106] Dies verrät bereits der Blick auf die zulässige 5%-Hürde im Rahmen der Bundestagswahlen.[1107] Der Gesetzgeber kann damit im Zuge seines Gestaltungsspielraumes bei gewichtigen Gründen von der Wahlrechtsgleichheit abwei-

1104 BVerfG Urt. v. 1.3.1979 - 1 BvR 532/77, BVerfGE 50, 290, 294.

1105 Siehe unter anderem 3.TeilB.II.2.b)dd)(2)(c).

1106 BVerfG Urt. v. 10.4.1997 - 2 BvC 3/96, BVerfGE 95, 408, 417.

1107 Siehe hierzu BVerfG Urt. v. 29.9.1990 - 2 BVE 4/90, BVerfGE 82, 322 ff.; BVerfG Beschl. v. 22.5.1979 - 2 BvR 193/79, BVerfGE 51, 222 (LS).

chen.[1108] Der Eingriff in die aktive Wahlrechtsgleichheit der Wahlberechtigten ist mit der Durchsetzung des verfassungsrechtlichen Gleichstellungsauftrages zu rechtfertigen. Dies gilt umso mehr, als dass die Wahlorgane ihrer Mandate im Aufsichtsrat nicht beraubt werden. Vielmehr haben sie nach wie vor die Möglichkeit, ihre nach den Mitbestimmungsstatuten vorgesehenen Vertreter in den Aufsichtsrat zu bestellen. Im Übrigen kann aufgrund der Gleichläufigkeit der Sachverhalte und sich daraus ergebenden Wertung auf die Prüfung zur Vereinbarkeit der Gleichstellungsquote mit der aktiven Wahlrechtsgleichheit der Anteilseigner verwiesen werden.[1109]

4. Art. 9 Absatz 3 GG der Gewerkschaften

Nach dem Schutzzweck der in Art. 9 Absatz 3 GG manifestierten Koalitionsfreiheit sind Vereinigungen im Sinne dieser Vorschrift und damit die innerbetrieblichen Spitzenorganisationen in ihrer Gründung, ihrem Bestand und der gemeinsamen Verfolgung ihrer Zwecke frei von staatlicher Einflussnahme.[1110] Die Gewerkschaften als Koalitionen sind damit vom Schutzbereich des Art. 9 Absatz 3 GG in ihrer Tätigkeit umfasst.[1111] Da den Gewerkschaften im Bereich des Mitbestimmungsgesetzes sowie auch im Bereich des Montanmitbestimmungsgesetzes und des Montanmitbestimmungsergänzungsgesetzes ein Vorschlagsrecht im Sinne des § 16 MitbestG hinsichtlich ihrer Interessenvertreter für das Teilgremium der Arbeitnehmervertreter zusteht, würde eine Gleichstellungsquote, auch ihr Recht auf freie Organisationsgestaltung aus Art. 9 Absatz 3 GG tangieren. Das Grundrecht schützt auch das Verfahren ihrer Willensbildung und die Führung ihrer Geschäfte.[1112] Allerdings räumt die Koalitionsfreiheit den Vereinigun-

1108 *Kretschmer* in Schmidt-Bleibtreu/Hofmann/Hopfauf, GG Kommentar, Art. 38 GG Rn.22; *Magiera* in Sachs, GG Kommentar, Art. 38 GG Rn.93; *Klein* in Maunz/Dürig, GG Kommentar, Art. 38 GG Rn.86; allerdings verstößt das derzeitige Bundeswahlrecht nach jüngerer Rechtsprechung des BVerfG wegen des Effekts des negativen Stimmgewichts im Zusammenhang mit Überhangmandaten und der Möglichkeit von Listenverbindungen gegen die Wahlgrundsätze und muss geändert werden, BVerfG Urt. v. 3.7.2008 - 2 BvC 1/07, BVerfGE 121, 266 (LS); hierzu auch *Holzner*, ZG 2010, 167 ff.

1109 3.TeilB.VI.4.

1110 BVerfG Beschl. v. 24.5.1977 - 2 BvL 11/74, BVerfGE 44, 322, 340; BVerfG Urt. v. 1.3.1979 - 1 BvR 532/77, BVerfG 50, 290, 367; BVerfG Urt. v. 14.6.1983 - 2 BvR 488/80, BVerfGE 64, 208, 215.

1111 Hierzu *Kannengießer* in Schmidt-Bleibtreu/Hofmann/Hopfauf, GG Kommentar, Art. 9 GG Rn.21, 23; BVerfG Urt. v. 18.11.1954 - 1 BvR 629/52, BVerfGE 4, 96, 101; BVerfG Urt. v. 30.11.1965 - 2 BvR 54/62, BVerfGE 19, 303, 312, 319.

1112 *Laskowski*, Aktionärinnen fordern Gleichberechtigung, S.75, mit Verweis auf BVerfG Beschl. v. 24.2.1999 - 1 BvR 123/93, BVerfGE 100, 214, 221; BVerfG Urt. v. 1.3.1979 - 1 BvR 532/77, BVerfGE 50, 290, 373; abrufbar unter: http://www.bmfsfj.de/RedaktionBMFSFJ/

gen keinen unbegrenzten Handlungsspielraum ein, denn mehr noch als die allgemeine Vereinigungsfreiheit aus Art. 9 Absatz 1 GG bedarf die Koalitionsfreiheit der gesetzlichen Ausgestaltung, um die grundrechtlich garantierten Freiheiten ausüben zu können.[1113] Das Bundesverfassungsgericht führt in seinem *Mitbestimmungsurteil* zur gesetzlichen Ausgestaltungspflicht im Hinblick auf Art. 9 Absatz 3 GG aus: „(...) *diese besteht nicht nur in der Schaffung der Rechtsinstitute und Normenkomplexe, die erforderlich sind, um die grundrechtlich garantierten Freiheiten ausüben zu können. Die Bedeutung und Vielzahl der von der Tätigkeit der Koalitionen berührten Belange namentlich im Bereich der Wirtschafts- und Sozialordnung machen vielmehr vielfältige gesetzliche Regelungen notwendig, die der Koalitionsfreiheit auch Schranken ziehen können; dies umso mehr, als der Gegenstand der Gewährleistung auf sich wandelnde wirtschaftliche und soziale Bedingungen bezogen ist, die mehr als bei anderen Freiheitsrechten die Möglichkeit zu Modifikationen und Fortentwicklungen lassen müssen.*“[1114]

Somit geht das Bundesverfassungsgericht davon aus, dass gerade die Koalitionsfreiheit der gesetzgeberischen Ausgestaltung bedarf, um durch die Grundrechtsberechtigten wahrgenommen zu werden. Im Zuge dessen muss das Freiheitsrecht – mehr noch als andere Grundrechte – der Modifikation, Fortentwicklung und gegebenenfalls auch der Beschränkung durch die Legislative zugänglich sein. Konsequenterweise geht das Verfassungsgericht daher davon aus, dass die Koalitionsfreiheit nur im Kernbereich absolut geschützt sei.[1115] Der Staat sei damit verpflichtet, die Tarifautonomie in ihrem unverzichtbaren Kern nicht anzutasten. Damit darf die von den Grundrechten gesetzte äußerste Belastungsgrenze nicht überschritten werden. Dies gebietet bereits die Theorie des Wesensgehalts der Grundrechte, nach der ein Grundrecht durch staatliche Maßnahmen niemals in seinem Wesen betroffen sein darf. Insofern kann auch von einer „unerträglichen“ Belastung der Grundrechtsträger gesprochen werden.[1116]

Eine solch schwerwiegende Beeinträchtigung durch die Gleichstellungsquote kann jedoch unter mehreren Gesichtspunkten für die Gewerkschaften und ihre

---

Broschuerenstelle/Pdf-Anlagen/Aktion_C3_A4rinnen-fordern-Gleichberechtigung,property=pdf,bereich=bmfsfj,sprache=de,rwb=true.pdf (zuletzt abgerufen am 19.9.2011).

1113 In diesem Sinne auch BVerfG Urt. v. 1.3.1979 - 1 BvR 532/77, BVerfGE 50, 290, 368.

1114 BVerfG Urt. v. 1.3.1979 - 1 BvR 532/77, BVerfGE 50, 290, 368.

1115 BVerfG Urt. v. 30.11.1965 - 2 BvR 54/62, BVerfGE 19, 303, 321; BVerfG Beschl. v. 26.5.1970 - 2 BvR 664/65, BVerfGE 28, 295, 304; BVerfG Urt v. 18.12.1974 - 1 BvR 430/65, BVerfGE 38, 281, 305; BVerfG Beschl. v. 19.2.1975 - 1 BvR 418/71, BVerfGE 38, 386, 393.

1116 *Dieterich* in Erfurter Kommentar zum Arbeitsrecht, Einleitung Rn.56, mit Verweis auf *Müller*, Die Berufsfreiheit des Arbeitgebers: Einwirkungen des Art. 12 Absatz 1 GG auf das Individual- und Kollektivarbeitsrecht, S.254.

Koalitionsfreiheit nicht angenommen werden. Die hier vorgesehene Gleichstellungsquote würde in Bezug auf die Gewerkschaftsvertreter lediglich als Soll-Vorschrift ausgekleidet werden müssen. Dieser Überlegung liegt die Annahme zugrunde, dass eine Quote in der Quote – also eine zweifache Quotierung des Teilgremiums Arbeitnehmervertreter – durch verbindliche Vorgaben für die Vertreter aus der Belegschaft und die Vertreter der Gewerkschaften wenig zielführend erscheint und die ohnehin im mitbestimmungsrechtlichen Bereich komplexen Wahlmodalitäten weiter verkomplizieren würde. Denn jede neue Verpflichtung verlangt es, deren Nichterfüllung anhand von Sanktionen zu bewerten. Damit wäre eine doppelte Quotierung mit weiterer Rechtsunsicherheit hinsichtlich der ordnungsgemäßen Bestellung der Arbeitnehmervertreter belastet.

Zudem steht den Gewerkschaften lediglich ein Vorschlagsrecht zu. Die Spitzenorganisationen können demnach weibliche Kandidatinnen zwar vorschlagen, ob diese jedoch später in den Aufsichtsrat bestellt werden, ist außerhalb ihres Einflussbereichs. Konsequenterweise kann nicht von ihnen verlangt werden, dass die aus ihren Reihen gewählten Kandidaten dem Minderheitsproporz genügen. Dementsprechend nimmt der Gesetzesentwurf aus Nordrhein-Westfalen die Gewerkschaftvertreter bei seiner Ausgestaltung der mitbestimmungsrechtlichen Regelungen überhaupt nicht auf. Gleichwohl wäre die Einführung einer Soll-Vorschrift nicht von vornherein aussichtslos. Dies belegen die Ausführungen zu § 4 Absatz 3 DrittelbG.[1117] Auch laufen die Gewerkschaften bei Nichtaufnahme weiblicher Kandidatinnen Gefahr, dass eine Kandidatin von einer konkurrierenden Liste gegenüber den von ihr benannten männlichen Bewerbern aufgrund der gemeinschaftlich zu erfüllenden Quote vorgezogen wird.

Die mit der Gleichstellungsquote einhergehende Vorgabe geschlechterausgeglichen vorzuschlagen, stellt damit lediglich eine Ausgestaltung des Koalitionsrechts dar. Die Gewerkschaften verfügen nach wie vor uneingeschränkt über ihr Vorschlagsrecht und damit über die Möglichkeit, ihre Interessenvertreter von der Belegschaft beziehungsweise den Delegierten oder den betriebsratsrechtlichen Wahlkörper wählen zu lassen. Darüber hinaus kommt gerade den Gewerkschaften als Interessenvertretern beider Geschlechter im System des Unternehmens eine besondere Verantwortung für den Gleichberechtigungsgedanken und seine Umsetzung auf allen Ebenen zu.

Bei der Gleichstellungsquote handelt es sich daher nicht um eine rechtfertigungsbedürftige Beeinträchtigung des Art. 9 Absatz 3 GG der Gewerkschaften.

1117 2.TeilA.I.

V. Ausgestaltung einer Gleichstellungsquote

1. Allgemeine Ausgestaltungskriterien

Gegen eine Gleichstellungsquote im Aufsichtsrat wird vielfach das Argument geführt, dass in Bereichen wie der Baubranche oder bei Technikunternehmen nicht hinreichend weibliche Arbeitnehmerinnen arbeiten, die als Arbeitnehmervertreter für den Aufsichtsrat zur Verfügung stehen.[1118] Dies mag bei Unternehmen mit einer männlichen Belegschaft von über 90% zutreffen. Auch im Bereich des Teilgremiums der Arbeitnehmervertreter ist daher von Belang, eine Härtefallklausel für das Unternehmen in den Fällen zu installieren, in denen trotz hinreichender Bemühungen keine qualifizierten Arbeitnehmerinnen für den Posten zur Verfügung stehen. Eine ausnahmslos zu beachtende Quote würde in diesen Branchen etwas von vornherein Unmögliches von den Unternehmen verlangen. Dementsprechend wird auch in dem Gesetzesantrag des Landes Nordrhein-Westfalen eine Härtefallklausel installiert.[1119] Das Unternehmen trifft eine Dokumentationspflicht hinsichtlich seiner erfolglosen Bemühungen, um sich zu entlasten und ohne Rechtsfolgen von der Quote abweichen zu können. Hier kann auf die Ausführungen im Bereich der Anteilseigner verwiesen werden.[1120]

Auch in der sonstigen Ausgestaltung müssen sich die beiden Teilquoten im Aktienrecht und bei den Mitbestimmungsregelungen gleichen. Insofern ist aufgrund der aufgezeigten Vorteile[1121] die Ausgestaltung als Ergebnisquote einer Entscheidungsquote, vorzuziehen. Erstere ist in der Umsetzung wesentlich flexibler, da sie lediglich die Erreichung eines Gesamtziels vorgibt, ohne auf den jeweiligen Entscheidungsprozess abzustellen.

Ferner müssen die von dem Unternehmen statuierten Mindestqualifikationsanforderungen an die Mandatsträger auch hier Geltung beanspruchen. Diese rein

---

1118 So der Einwand von *Redenius-Hövermann*, ZIP 2010, 660, 665; *Schladebach/Stefanopoulou*, BB 2010, 1042, 1046; *Francois-Poncet/Deilmann/Otte*, NZG 2011, 450, 454; *Peltzer*, NZG 2011, 281, 283; *Hirte*, Stellungnahme als Sachverständiger im Rahmen der Anhörung des Gesetzesentwurfs *Bündnis 90/Die Grünen* v. 11.5.2011, S.20; abrufbar unter: http://www.bundestag.de/bundestag/ausschuesse17/a06/anhoerungen/archiv/09_Aufsichtsraete/04_Stellungnahmen/Stellungnahme_Hirte.pdf (zuletzt abgerufen am 19.9.2011) sowie die aktuelle Stellungnahme des *Bundesverbands der Deutschen Industrie e.V.* zusammen mit dem *Deutsche Industrie- und Handelskammertag e.V.* v. 24.3.2011, Stellungnahme zum Gesetzesantrag des Landes Nordrhein- Westfalen (BR-Drucks. 87/11), S.8; abrufbar unter: http://www.bdi.eu/download_content/RechtUndOeffentlichesAuftragswesen/Gemeinsame_StN_zur_Frauenquote.pdf (zuletzt abgerufen am 19.9.2011).

1119 Gesetzesantrag des Landes Nordrhein-Westfalen v. 11.2.2011, BR-Drucks. 87/11, S.24.

1120 Siehe hierzu die Ausführungen unter 3.TeilB.II.2.b)dd)(3)(b)(ee).

1121 3.TeilB.II.2.b)dd)(3)(b)(aa).

objektiv auszugestaltenden Kriterien sorgen dafür, dass jedenfalls keine Bevorzugung von wesentlich schlechter qualifizierten Bewerberinnen stattfinden kann. Die Privilegierung fände innerhalb eines klar abgrenzbaren Personenkreises statt. Das Aufstellen von Mindestqualifikationen dient sowohl dem Unternehmen als auch den männlichen Gegenkandidaten.[1122] Insoweit ist der Gesetzesantrag aus Nordrhein-Westfalen zu bemängeln, der die Bestellung der Mandatsträger völlig unabhängig von jedweder Qualifikation allein in das Ermessen des Wahlorgans stellt.[1123] Zwar kann unterstellt werden, dass auch die Wahlorgane der Arbeitnehmer aus eigenem Interesse keine unqualifizierten Bewerber benennen. Messbare Mindestqualifikationen, die ihrerseits gerade nicht diskriminieren – wie bestimmte Schul- oder Hochschulabschlüsse, Sprachkenntnisse, Schulungen *et cetera* –, sollten dennoch etabliert werden.

Auch im Bereich des Teilgremiums Arbeitnehmervertreter muss sich aufgrund der angestellten Verhältnismäßigkeitserwägungen an einer abstrakten Quotenhöhe von 30-40% orientiert werden,[1124] wobei der Gesetzgeber entgegen dem Umsetzungsvorschlag aus Nordrhein-Westfalen[1125] aufgrund der aufgezeigten Rundungsschwierigkeiten eine konkrete Personenbesetzung vorgeben sollte.[1126] Nach dem Vorschlag im Gesetzesanliegen der Fraktion *BÜNDNIS 90/DIE GRÜNEN* für den Bereich der Arbeitnehmer[1127] wäre auch eine Koppelung der Quote an das *Repräsentationsprinzip* denkbar.[1128] Allerdings sprechen gewichtige Gründe gegen eine solche Verknüpfung. Zunächst sollte die Quotierung in beiden Bereichen nach dem Grundsatz der Systemgerechtigkeit möglichst gleichläufig erfolgen. Dies erscheint sachgerecht, da es sich bei der Aufspaltung in die beiden Teilgremien um ein „künstliches Modell" handelt. Darüber hinaus spricht die Aufgabenstellung des Gremiums Aufsichtsrat im Vergleich zum Gremium Betriebsrat, bei welchem das *Repräsentationsmodell* eingeführt zugrunde liegt, gegen eine solche Verteilungsregelung.[1129] Denn dem Aufsichtsrat obliegt im Gegensatz zum Betriebsrat nicht die Vertretung der Interessen der Be-

1122 So bereits *Spindler/Brandt*, NZG 2011, 401 ff. sowie *Brandt/Thiele*, AG 2011, 580, 586.

1123 Gesetzesantrag des Landes Nordrhein-Westfalen v. 11.2.2011, BR-Drucks. 87/11, S. 25.

1124 Siehe hierzu die Ausführungen unter 3.TeilB.II.2.b)dd)(3)(b)(bb).

1125 Gesetzesantrag des Landes Nordrhein-Westfalen v. 11.2.2011, BR-Drucks. 87/11.

1126 3.TeilB.II.2.b)dd)(3)(b)(cc).

1127 Siehe den entsprechenden Gesetzesentwurf v. 13.10.2010, BT-Drucks. 17/3296, S.7; auch die Stellungnahme des Vereins *Frauen in die Aufsichtsräte* (*FidAR*) in der Rechtsausschusssitzung vom 11.5.2011 befürwortet zwei verschiedene Quotenregelungen, Stellungnahme *Jutta Freifrau von Falkenhausen* für *FidAR* v. 15.11.2011; abrufbar unter: http://www.bundestag.de/bundestag/ausschuesse17/a06/anhoerungen/archiv/09_Aufsichtsraete/05_Wortprotokoll.pdf (zuletzt abgerufen am 19.9.2011).

1128 Ebenso der Vorschlag von *Bachmann*, ZIP 2011, 1131, 1137.

1129 Hierzu *Ubber/Weller*, NZA 2004, 893 ff.; *Brors*, NZA 2004, 472 ff.

legschaft, sondern die Kontrolle der Geschäftsführung, § 111 AktG. Zwar hat er im Sinne der Gesellschafter die Zweckhaftigkeit und Wirtschaftlichkeit der Unternehmensführung zu überwachen, dennoch agiert er als objektiver Kontrolleur und nicht als Interessenvertreter. Schließlich ist das *Repräsentationsmodell* aufgrund der vorgesehenen Installation einer Härtefallklausel nicht notwendig. Daher ist eine gleichläufige Quotierung beider Teilgremien zu befürworten.

Bis zum Greifen der Quote müsste auch im Bereich der Arbeitnehmervertretung eine Übergangsfrist installiert werden. Auch hier ist eine Übergangsfrist von 5 Jahren bis zum Greifen der Quote von 30-40% als verhältnismäßig anzusehen.[1130] Damit haben die Unternehmen ausreichend Zeit, ihre Personalpolitik entsprechend zu verändern, Netzwerke zu schaffen und nach hinreichend qualifizierten Mandatsträgerinnen Ausschau zu halten. Dieser Zeitrahmen muss auch gewährleistet sein, da die Aufsichtsratsmitglieder der Arbeitnehmer für die gleiche Amtszeit gewählt werden wie die Aufsichtsratsmitglieder der Anteilseigner, sodass die Amtsperiode daher gemäß § 102 Absatz 1 AktG in Verbindung mit dem jeweiligen Mitbestimmungsstatut damit nach höchstens fünf Jahren endet.[1131]

2. Umsetzung im jeweiligen Statut

a) Aufsichtsrat nach dem Mitbestimmungsgesetz

Ohne auf die komplizierte Wahlordnung einzugehen, könnte eine Gleichstellungsquote im Aufsichtsrat nach dem Mitbestimmungsgesetz in § 7 MitbestG festgelegt werden. Nordrhein-Westfalen favorisiert die Einführung eines neuen Paragrafen, § 7a MitbestG-E.[1132] Die in Frage stehende Quote würde sich im Bereich der Arbeitnehmervertreter nach einer Übergangszeit von 5 Jahren an einer 30-40%igen Beteiligung des unterrepräsentierten Geschlechts orientieren. Somit wäre im Falle des nach § 7 Absatz 1 Satz 1 Nr. 1 MitbestG 12-köpfig besetzten Aufsichtsrats dieser von der Arbeitnehmerseite mit mindestens 2 Kandidaten (33,3%) des unterrepräsentierten Geschlechts zu besetzen, bei dem nach § 7 Absatz 1 Satz 1 Nr. 2 16-köpfigen Aufsichtsrat dieser mit mindestens 3 Kandidaten (37,5%) des unterrepräsentierten Geschlechts und im Falle des 20-köpfigen Aufsichtsrats mit 4 Kandidaten des unterrepräsentierten Geschlechts (40%) zu besetzen. Die Gewerkschaftsvertreter werden in die Quote eingerechnet und dazu angehalten, möglichst paritätisch vorzuschlagen. Ebenso haben die Aktionäre bei-

1130 Siehe hierzu bereits die Ausführungen unter 3.TeilB.II.2.b)dd)(3)(b)(dd).

1131 *Raiser/Veil*, Mitbestimmungsgesetz und Drittelbeteiligungsgesetz, § 15 MitbestG Rn.31.

1132 Gesetzesentwurf des Landes Nordrhein-Westfalen v. 11.2.2011, BR-Drucks. 87/11, S.42, 43.

spielsweise im 12-köpfigen Aufsichtsrat mindestens 2 Kandidaten des unterrepräsentierten Geschlechts (33,3%) zu bestellen *et cetera*. Somit wären in einem mitbestimmten Aufsichtsrat nach § 7 Absatz 1 Satz 1 Nr. 1 MitbestG mindestens 4 von den 12 Mitgliedern solche des unterrepräsentierten Geschlechts (30%), bei dem mitbestimmten Aufsichtsrat nach § 7 Absatz 1 Satz 1 Nr. 2 MitbestG 6 von 16 Mitgliedern solche des unterrepräsentierten Geschlechts (37,5%) sowie schließlich beim Aufsichtsrat nach § 7 Absatz 1 Satz 1 Nr. 3 MitbestG 8 von 20 Mitgliedern solche des unterrepräsentierten Geschlechts (40%). Es bleibt dem Gesetzgeber unbenommen, innerhalb der 30-40% jeweils nach oben oder unten von den Prozentzahlen abzuweichen. Damit ergäben sich folgende, in der Tabelle verdeutlichte quotierungsbedingte Konstellationen:

Gesamtaufsichtsrat	**Anteilseignervertr.**		**Arbeitnehmervertr.**		**Gesamtquote**
	MÄNNER	FRAUEN	MÄNNER	FRAUEN	
12 (6/6)	4	2 (33,33..%)	4	2 (33,33..%)	**33,33..%**
16 (8/8)	5	3 (37,5%)	5	3 (37,5%)	**37, 5%**
	6	2 (25%)	6	2 (25%)	**25%**
20 (10/10)	6	4 (40%)	6	4 (40%)	**40%**
	7	3 (30%)	7	3 (30%)	**30%**

b) Aufsichtsrat nach dem Drittelbeteiligungsgesetz

Auch im Drittelbeteiligungsgesetz wäre eine Gleichstellungsquote ab einer Gremiengröße von 9 Personen denkbar. In kleineren Gremien könnte allein eine Quotenhöhe von über 50% implementiert werden. Eine solche Quotenhöhe wäre jedoch im Hinblick auf das Unternehmen, das Wahlorgan sowie die Rechte der männlichen Gegenkandidaten unverhältnismäßig. Insofern kann auf die Ausführungen zur Verhältnismäßigkeit der Quotenhöhe verwiesen werden.[1133] Zudem steht zu vermuten, dass durch die Quotierungsverpflichtung auch kleinerer Gremien die Härtefallklausel zur Regel werden würde und sich damit der Gefahr aussetzt, durch häufige Ingebrauchnahme banalisiert zu werden. Konsequenterweise bezieht sich die hier vorgestellte Ausgestaltung erst auf Gremien ab einer

1133 3.TeilB.II.2.b)dd)(3)(b)(bb).

Größe von 9 Personen und mehr. Der Gesetzesentwurf aus Nordrhein-Westfalen knüpft eine Quotierung von mindestens 40% an den Fall, dass der Aufsichtsrat nach dem Drittelbeteiligungsgesetz aus mehr als 3 Arbeitnehmervertretern besteht.[1134] Dies ist in der Umsetzung einer 40% Quote konsequent, illustriert aber erneut das Defizit einer prozentualen Vorgabe. Bei dem 9-köpfigen Gremium kann der Gesetzesentwurf, der sich allein an 40% orientiert, lediglich die geschlechterausgeglichene Besetzung empfehlen, obwohl die nachfolgenden Ausführungen zeigen, dass bereits ab einer Arbeitnehmerentsendung von 3 Vertretern die Quote mit 33,3% greifen könnte. Dieses Ergebnis spricht erneut dafür, dass der Gesetzgeber eine Zusammensetzung nach Köpfen für das jeweilige Gremium vorgeben sollte.

Demzufolge wäre im nach § 4 Absatz 1 DrittelbG in Verbindung mit § 95 AktG 9-köpfig zu besetzenden Aufsichtsrat dieser von der Arbeitnehmerseite mit zumindest 1 (33,3%) von 3 Kandidaten des unterrepräsentierten Geschlechts zu besetzen. Bei dem nach § 4 Absatz 1 DrittelbG in Verbindung mit § 95 AktG 12-köpfig zu besetzenden Aufsichtsrat wäre dieser von der Arbeitnehmerseite mit zumindest 1 (25%) von 4 Kandidaten des unterrepräsentierten Geschlechts zu besetzen. Bei dem nach § 4 Absatz 1 DrittelbG in Verbindung mit § 95 AktG 15-köpfig zu besetzenden Aufsichtsrat wäre dieser von der Arbeitnehmerseite mit zumindest 2 (40%) von 5 Kandidaten des unterrepräsentierten Geschlechts zu besetzen. Bei dem nach § 4 Absatz 1 DrittelbG in Verbindung mit § 95 AktG 18-köpfig zu besetzenden Aufsichtsrat wäre dieser von der Arbeitnehmerseite mit zumindest 2 (33,3%) von 6 Kandidaten des unterrepräsentierten Geschlechts zu besetzen und schließlich bei dem nach § 4 DrittelbG in Verbindung mit § 95 AktG 21-köpfig zu besetzenden Aufsichtsrat wäre dieser von der Arbeitnehmerseite mit zumindest 3 (42,9%) der 7 Kandidaten des unterrepräsentierten Geschlechts zu besetzen.

Auch hier bleibt es dem Gesetzgeber unbenommen in der Besetzung im Rahmen von 30-40% jeweils nach unten oder oben abzuweichen. Damit ergäben sich für den Aufsichtsrat nach dem Drittelbeteiligungsgesetz die nachfolgend möglichen Zusammensetzungen:

1134 Gesetzesentwurf des Landes Nordrhein-Westfalen v. 11.2.2011, BR-Drucks. 87/11, S.11.

<table>
<tr><th>Gesamtaufsichtsrat</th><th colspan="2">Anteilseignervertr.</th><th colspan="2">Arbeitnehmervertr.</th><th>Gesamtquote</th></tr>
<tr><td>3 (2/1)</td><td colspan="2">2 (keine Quote)</td><td colspan="2">1 (keine Quote)</td><td>Keine Quote</td></tr>
<tr><td rowspan="2">6 (4/2)</td><td>MÄNNER</td><td>FRAUEN</td><td rowspan="2" colspan="2">2 (keine Quote)</td><td rowspan="2">16,66..%</td></tr>
<tr><td>3</td><td>1 (25%)</td></tr>
<tr><td rowspan="2">9 (6/3)</td><td rowspan="2">4</td><td rowspan="2">2 (33,33..%)</td><td>MÄNNER</td><td>FRAUEN</td><td rowspan="2">33,33..%</td></tr>
<tr><td>2</td><td>1 (33,33..%)</td></tr>
<tr><td rowspan="2">12 (8/4)</td><td>5</td><td>3 (37,5%)</td><td rowspan="2">3</td><td rowspan="2">1 (25%)</td><td>33,33..%</td></tr>
<tr><td>6</td><td>2 (25%)</td><td>25%</td></tr>
<tr><td rowspan="2">15 (10/5)</td><td>6</td><td>4 (40%)</td><td>3</td><td>2 (40%)</td><td>40%</td></tr>
<tr><td>7</td><td>3 (30%)</td><td>4</td><td>1 (20%)</td><td>26,66..%</td></tr>
<tr><td rowspan="2">18 (12/6)</td><td>7</td><td>5 (41,66..%)</td><td rowspan="2">4</td><td rowspan="2">2 (33,33..%)</td><td>38,88..%</td></tr>
<tr><td>8</td><td>4 (33,33..%)</td><td>33,33..%</td></tr>
<tr><td rowspan="2">21 (14/7)</td><td>9</td><td>5 (35,714%)</td><td>4</td><td>3 (42,857%)</td><td>38,095%</td></tr>
<tr><td>10</td><td>4 (28,571%)</td><td>5</td><td>2 (28,571%)</td><td>28.571%</td></tr>
</table>

c) Aufsichtsrat nach dem Montanmitbestimmungsgesetz

Innerhalb des Montanmitbestimmungsgesetzes bietet sich eine Gleichstellungsquote in § 4 Absatz 1 MontanMitbestG in Verbindung mit § 9 Absatz 1 und Absatz 2 MontanMitbestG an. Für den Aufsichtsrat nach dem Montanmitbestimmungsgesetz ergäbe sich trotz der Modalität der Letztabstimmung durch die Hauptversammlung keine andere Beurteilung für die Ausgestaltung. Der Aufsichtsrat nach dem Montanmitbestimmungsgesetz kann nach §§ 4 Absatz 1, 9 Absatz 1, 2 MontanMitbestG je nach Nennkapital satzungsbedingt aus 11, 15 oder 21 Mitgliedern bestehen. Somit wäre im Falle des nach § 4 Absatz 1 MontanMitbestG 11-köpfig zu besetzenden Aufsichtsrats dieser von der Arbeitnehmerseite mit zumindest 2 (40%) von 5 Kandidaten des unterrepräsentierten Geschlechts zu besetzen. Bei dem nach § 4 Absatz 1 MontanMitbestG in Verbindung mit § 9 Absatz 1 MontanMitbestG 15-köpfig zu besetzenden Aufsichtsrat wäre dieser von der Arbeitnehmerseite mit zumindest 3 (42,9%) von 7 Kandidaten des unterrepräsentierten Geschlechts zu besetzen. Bei dem nach § 4 Absatz 1 MontanMitbestG in Verbindung mit § 9 Absatz 2 MontanMitbestG 21-köpfig zu besetzenden Aufsichtsrat wäre dieser von der Arbeitnehmerseite mit zumindest 4 (40%) von 10 Kandidaten des unterrepräsentierten Geschlechts zu besetzen. Das von dem sogenannten „Rumpfaufsichtsrat" im Anschluss zu benennende „neutrale" Mitglied wird aufgrund seiner Sonderstellung nicht in den Anwendungsbereich der Quote mit einbezogen, wohl aber die sogenannten weiteren Mitglieder. Die nachfolgende Tabelle gibt Aufschluss über die möglichen Konstellationen.

Gesamtaufsichtsrat	**Anteilseignervertr.**		**Arbeitnehmervertr.**		**Gesamtquote**
	MÄNNER	FRAUEN	MÄNNER	FRAUEN	
11 (5/5 + 1)	3	2 (40%)	3	2 (40%)	**36,36..%**
	4	1 (20%)	4	1 (20%)	**18,18..%**
15 (7/7 + 1)	4	3 (42,857%)	4	3 (42,857%)	**40%**
	5	2 (28,571%)	5	2 (28,571%)	**26,66..%**
21 (10/10 +1)	6	4 (40%)	6	4 (40%)	**38,095%**
	7	3 (30%)	7	3 (30%)	**28,571%**

d) Aufsichtsrat nach dem Montanmitbestimmungsergänzungsgesetz

Der Aufsichtsrat nach dem Montanmitbestimmungsergänzungsgesetz besteht aus 15 Mitgliedern, die sich jeweils aus 7 Anteilseignervertretern sowie 7 Arbeitnehmervertretern und einem weiteren neutralen Mitglied zusammensetzen, § 5 Absatz 1 Satz 1 MontanMitbestErgG. Die Satzung kann auch hier bei Gesellschaften mit einem Grundkapital von mehr als 25 Millionen Euro einen Aufsichtsrat bestehend aus 21 Mitgliedern vorsehen, wobei sich die Anzahl der Mitglieder in dem jeweiligen Teilgremium auf jeweils 10 erhöht, § 5 Absatz 1 Satz 2, 3 MontanMitbestErgG. Das neutrale Mitglied wird aufgrund seiner Sonderstellung von der Quotierung ausgeschlossen. Bei dem nach § 5 Absatz 1 MontanMitbestErgG 15-köpfig zu besetzenden Aufsichtsrat verlangt eine solche Quote, dass dieser von der Arbeitnehmerseite mit mindestens 3 (42,9%) von 7 Kandidaten des unterrepräsentierten Geschlechts zu besetzen ist. Bei dem nach § 5 Absatz 1 Satz 2 MontanMitbestErgG 21-köpfig zu besetzenden Aufsichtsrat verlangt eine Gleichstellungsquote, dass dieser von der Arbeitnehmerseite mit mindestens 4 (40%) von 10 Kandidaten des unterrepräsentierten Geschlechts zu besetzen ist.

Danach ergäben sich die nachfolgend möglichen Konstellationen:

Gesamtaufsichtsrat	Anteilseignervertr.		Arbeitnehmervertr.		Gesamtquote
	MÄNNER	FRAUEN	MÄNNER	FRAUEN	
15 (7/7 + 1)	4	3 (42,857%)	4	3 (42,857%)	**40%**
	5	2 (28,571%)	5	2 (28,571%)	**26,66..%**
21 (10/10 +1)	6	4 (40%)	6	4 (40%)	**38,095%**
	7	3 (30%)	7	3 (30%)	**28,571%**

VI. Gesamtwürdigung der Gleichstellungsquote in der mitbestimmten Aktiengesellschaft

Je nach Unternehmensgröße setzt sich der Aufsichtsrat der Aktiengesellschaft zur Hälfte oder zu einem Drittel aus Vertretern der Arbeitnehmer zusammen. Dementsprechend war der Frage nachzugehen, ob und wenn ja in welcher Ausgestaltungsform eine Gleichstellungsquote auch im Teilgremium der Arbeitnehmervertreter implementiert werden kann. Die von der Quote betroffenen Grundrechte beschränken sich in diesem Zusammenhang vor allem auf das Diskriminierungsverbot der männlichen Gegenkandidaten nach Art. 3 Absatz 3 GG sowie auf die Beeinträchtigung des aktiven und passiven Wahlrechts der Wahlberechtigten und der Kandidaten, Art. 3 Absatz 1 GG in Verbindung mit Art. 38 Absatz 1 GG. Die verfassungsrechtliche Prüfung ergab, dass die Einschränkungen der kollidierenden Rechte mit dem Verfassungsbelang aus Art. 3 Absatz 2 Satz 2 GG gerechtfertigt werden können, wobei vielfach auf die gleichläufige Abwägung im Bereich der Anteilseigner verwiesen werden konnte. Bestätigt wurde dieses Ergebnis auch durch das Urteil des Bundesarbeitsgerichts zur Zulässigkeit der Repräsentationsregelung aus § 15 Absatz 2 BetrVG.[1135] Das Bundesarbeitsgericht rechtfertigte entgegen den Stimmen in der Fachliteratur[1136] den Eingriff in die Wahlrechtsgleichheit der Kandidaten und Wahlberechtigten mit der übergeordneten Bedeutung des verfassungsrechtlichen Gleichstellungsauftrages und der Einschätzungsprärogative des Gesetzgebers bei der Umsetzung seiner Verpflichtung.[1137]

Damit ist die Implementierung einer Quote auch im Bereich des Teilgremiums der Arbeitnehmervertreter verfassungsrechtlich zu rechtfertigen, sofern sie die aufgestellten Zulässigkeitsanforderungen berücksichtigt.

Eine Quotierung des „gesamten Gremiums" erscheint vordergründig als die einfachere und elegantere Lösung. Diese ließe sich im Hinblick auf die unterschiedlichen Wahlorgane und unabhängigen Bestellungsvorgänge der Anteilseignervertreter und Arbeitnehmervertreter nach bisheriger Rechtslage allerdings nicht verwirklichen. Das Gesamtgremium ist in zwei Teilgremien aufzuspalten, die beide einer gleichläufigen Quotierung von 30-40% zu unterziehen sind. Der Implementierung einer repräsentativen Quote im Bereich der Arbeitnehmervertreter ist aus mehreren Gründen eine Absage zu erteilen. Zunächst sollte das Ziel der Durchsetzung einer geschlechterausgeglichenen Besetzung in beiden Gremien gleichermaßen effektiv verfolgt werden. Dies ist mit einer Ergebnisquote besser zu gewährleisten. Darüber hinaus ist eine unterschiedliche Behandlung der Arbeitnehmervertreter und der Anteilseignervertreter auch nicht mit dem Argument geboten, dass in manchen Branchen bis zu 90% Männer arbeiten und Frauen daher nicht akquiriert werden könnten.[1138] In diesen Fällen ermöglicht das Greifen der zu installierenden Härtefallklausel ein Abweichen von der Quote.

Auch hinsichtlich der weiteren Zulässigkeitsanforderungen muss sich die Ausgestaltung der Quote im Teilgremium der Arbeitnehmervertreter nach der

1135 BAG Beschl. v. 16.3.2005 - 7 ABR 40/04, NZA 2005, 1252 ff.

1136 *Ubber/Weller*, NZA 2004, 893 ff.; *Podewin*, BB 2005, 2521 ff. mwN.; kritisch nach wie vor *Thüsing* in Richardi, BetrVG Kommentar, § 15 BetrVG Rn.4.

1137 BAG Beschl. v. 16.3.2005 - 7 ABR 40/04, NZA 2005, 1252, 1255, 1257.

1138 So unter anderem der Einwand von *Redenius-Hövermann*, ZIP 2010, 660, 665; *Schladebach/Stefanopoulou*, BB 2010, 1042, 1046; *Francois-Poncet/Deilmann/Otte*, NZG 2011, 450, 454; *Peltzer*, NZG 2011, 281, 283; *Hirte*, Stellungnahme als Sachverständiger im Rahmen der Anhörung des Gesetzesentwurfs *Bündnis 90/Die Grünen* v. 11.5.2011, S.20; abrufbar unter: http://www.bundestag.de/bundestag/ausschuesse17/a06/anhoerungen/archiv/09_Aufsichtsraete/04_Stellungnahmen/Stellungnahme_Hirte.pdf (zuletzt abgerufen am 19.9.2011) sowie auch die aktuelle Stellungnahme des *Bundesverbands der Deutschen Industrie e.V.* zusammen mit dem *Deutsche Industrie- und Handelskammertag e.V.* v. 24.3.2011, Stellungnahme zum Gesetzesantrag des Landes Nordrhein-Westfalen (BR-Drucks. 87/11), S.8; abrufbar unter: http://www.bdi.eu/download_content/RechtUndOeffentlichesAuftragswesen/Gemeinsame_StN_zur_Frauenquote.pdf (zuletzt abgerufen am 19.9.2011).

Ausgestaltung der Quote im Teilgremium der Anteilseignervertreter richten. Auch hier ist die Quote als Ergebnisquote und nicht als Entscheidungsquote auszugestalten. Ab einer bestimmten Gremiengröße erfolgt eine Orientierung an 30-40% der Beteiligung des Minderheitengeschlechts, wobei die Benennung von konkreten Personenanzahlen im Vergleich zu einer Prozentvorgabe aufgrund der Rundungsschwierigkeiten befürwortet wird. Sie ist mit einer Härtefallklausel zu versehen, die entweder bei von vornherein nicht hinreichendem Vorhandensein weiblicher Potentiale oder aber auch bei Nichtnachkommen der aufgestellten Mindestqualifikationsanforderungen durch die in Rede stehenden Kandidatinnen greift. Insofern müssen auch hier Mindestqualifikationsanforderungen durch die Aktiengesellschaft determiniert werden. Eine Übergangsfrist von 5 Jahren ermöglicht die rechtzeitige Einstellung der Verantwortlichen auf die Besetzungsmodalitäten und gewährleistet, dass die neu zu besetzenden Mandate frei sind.

E. Unionsrechtliche Zulässigkeit einer Gleichstellungsquote

Die Einhaltung gemeinschaftsrechtlicher Vorgaben im Rahmen innerstaatlicher Rechtssetzung ist eine unabdingbare Voraussetzung, da das unmittelbar wirkende Unionsrecht Anwendungsvorrang vor den nationalen Regelungen genießt.[1139] Daraus ergibt sich, dass nationale Behörden und staatliche Gerichte nationale Normen, die potentiell gegen Gemeinschaftsrecht verstoßen, nicht anwenden dürfen.[1140] Im Konfliktfall verliert die angegriffene Norm zwar nicht ihre Geltung, wird aber außer Kraft gesetzt.[1141] Damit soll die Einheit und Wirksamkeit des Unionsrechts für alle Mitgliedsstaaten sichergestellt werden.[1142] Ausgangspunkt für den innerstaatlichen Rechtsanwendungsbefehl bilden dabei die Zustimmungsgesetze zu den Unionsverträgen,[1143] mit deren Ratifizierung der deutsche Gesetzgeber dem Unionsrecht als eigene Rechtsordnung unmittelbaren Vorrang vor dem innerstaatlichen Recht gewährt.[1144]

1139 *Ruffert* in Callies/Ruffert, EUV AEUV Kommentar, Art. 1 AEUV Rn.16.

1140 Vergleiche EuGH Urt.v. 29.4.1999- C-224/97, Slg. 1999, I-2517 Tz.30.

1141 Klassisch so bereits *Grabitz*, Gemeinschaftsrecht bricht nationales Recht, S.113; nunmehr ganz hM vergleiche *Ruffert* in Callies/Ruffert, EUV AEUV Kommentar, Art. 1 AEUV Rn.16 mwN.

1142 *Thiele*, Europarecht, S.129.

1143 BVerfGE Beschl. v. 29.5.1974 - 2 BvL 52/71; BVerfGE 37, 271, 279 ff.; BVerfG Beschl. v. 22.10.1986 - 2 BvR 197/83, BVerfGE 73, 339, 374 f.; BVerfGE Beschl. v. 8.4.1987 - 2 BvR 687/85, BVerfGE 75, 223, 242; BVerfG Urt. v. 12.10.1993 - 2 BvR 2134/92, BVerfGE 89, 155, 190; BVerfG Urt. v. 30.6.2009 - 2 BvE 2/08, BVerfGE 123, 267, 396 ff.

1144 *Thiele*, Europarecht, S.125.

Insofern ist die Zulässigkeit einer Gleichstellungsquote im Aufsichtsrat der Aktiengesellschaft auch an gemeinschaftsrechtlichen Vorgaben zu messen. Als maßgebliche Rechtsquellen kommen die Grundrechte der Grundrechtecharta, die Europäischen Grundfreiheiten in Form der Niederlassungs- sowie der Kapitalverkehrsfreiheit sowie das sekundäre Unionsrecht in Form der Gleichbehandlungsrichtlinie in Betracht. Abschließend soll kurz auf die einschlägigen Entscheidungen des Europäischen Gerichtshofs eingegangen werden.

I. Die Europäische Grundrechtecharta (GRC)

Nationale legislatorische Maßnahmen der Mitgliedsstaaten der Union sind primär an den Grundrechten der mitgliedsstaatlichen Verfassungen zu messen.[1145] Daneben kommt seit Inkrafttreten des Vertrags von Lissabon am 1. Dezember 2009 der Grundrechtecharta (GRC) unmittelbare Rechtsverbindlichkeit zu, Art. 51 Absatz 1 GRC. Entsprechend statuiert Art. 6 Absatz 1 des Vertrages über die Europäische Union (EU): *„Die Union erkennt die Rechte, Freiheiten und Grundsätze an, die in der Charta der Grundrechte der Europäischen Union (...) niedergelegt sind.*“ Damit avanciert der Katalog zur maßgeblichen Grundrechtsquelle der Union und wird gleichrangig neben die Verträge gestellt.[1146] Unionsbürger können sich auf die Charta und die dort enthaltenen Grundrechte berufen und diese notfalls auch einklagen.

Eine Gleichstellungsquote im Aufsichtsrat der börsennotierten Aktiengesellschaft ist angelehnt an die nationale Grundrechtsprüfung insbesondere an Art. 15 GRC (Berufs- und Arbeitsfreiheit) in Verbindung mit Art. 16 GRC (Unternehmerische Freiheit), Art. 17 GRC (Eigentumsfreiheit) und auch Art. 23 GRC (Geschlechtergleichheit) zu prüfen.

1. Vereinbarkeit mit Art. 15 GRC in Verbindung mit Art. 16 GRC

Das Grundrecht der Berufsfreiheit mit seiner spezifischen Erweiterung um die Unternehmerfreiheit in Art. 16 GRC ist das zentrale wirtschaftliche Grundrecht der Grundrechtecharta.[1147] Art. 15 GRC schützt dabei die unselbständige und Art. 16 GRC die selbständige berufliche Tätigkeit sowie die freie ökonomische Betätigung der privaten juristischen Person, sodass eine umfassende Gewährleis-

---

1145 *Kingreen* in Callies/Ruffert, EUV AEUV Kommentar, Art. 51 GRC Rn.7.

1146 *Müller-Terpitz* in Spickhoff, Medizinrecht Kommentar, Art. 35 GRC Rn.30; *Tettinger*, NJW 2001, 1010 ff.

1147 *Jarass*, Charta der Grundrechte der Europäischen Union, Art. 15 GRC Rn.2; *Ruffert* in Callies/Ruffert, EUV AEUV Kommentar, Art. 15 GRC Rn.1.

tung der wirtschaftlichen Betätigungsfreiheit durch das Zusammenspiel der beiden Artikel garantiert wird.[1148] Sie sind deshalb mit Art. 12 Absatz 1 Satz 1 GG vergleichbar. Auch die Prüfung der Rechte aus der Grundrechtecharta lehnt sich mit der Unterteilung in Schutzbereich, Eingriff und Rechtfertigung an die nationale Rechtsprüfung an.[1149] Der Schutzbereich steckt das zu schützende Rechtsgut ab, während die Beeinträchtigung einen Eingriff in den Schutzbereich statuiert. Im Rahmen der Prüfung der Rechtfertigung des Eingriffs werden sodann Grundrechte und entgegenstehende Rechtsgüter miteinander abgewogen.[1150]

a) Schutzbereich und Beeinträchtigung der geschützten Position

Die Aktiengesellschaft als juristische Person unterliegt nach Art. 16 GRC dem persönlichen Schutzbereich der unternehmerischen Freiheit. Der sachliche Schutzbereich ergibt sich aus dem Zusammenspiel von Art. 15 und Art. 16 GRC. Dies ist darauf zurückzuführen, dass vor Einführung der Grundrechtecharta die Berufs- und die unternehmerische Freiheit nicht getrennt wurden.[1151] Damit schützt die unternehmerische Freiheit aus Art. 16 GRC ebenso wie Art. 12 Absatz 1 GG die Erwerbszwecken dienende freie unternehmerische Tätigkeit und wird im Sinne einer freien Gründung, Organisation, Planung, Entwicklung und Führung des Unternehmens verstanden.[1152] Die juristische Person soll selbst entscheiden können, wie und in welchem Rahmen sie ihre Geschäfte leitet und sich organisiert. Eine gesetzliche Regelung zur Besetzung des Aufsichtsratsgremiums würde die unternehmerische Entscheidungsfreiheit der juristischen Person beeinträchtigen, da die Festlegung einer Geschlechterquote im Aufsichtsratsgremium die Besetzung partiell determiniert. Folglich würde eine Gleichstellungsquote in die durch Art. 15, 16 GRC garantierte Gestaltungshoheit der Aktiengesellschaft eingreifen.

Der Europäische Gerichtshof hat die im deutschen Verfassungsrecht entwikkelte *Drei-Stufen-Theorie* nicht übernommen,[1153] sondern unregelmäßig eine Unterscheidung von Berufswahl und Berufsausübung angedeutet.[1154] Der deut-

1148 *Ruffert* in Callies/Ruffert, EUV AEUV Kommentar, Art. 15 GRC Rn.8, Art. 16 GRC Rn.3.

1149 Angedeutet bei EuGH Urt. v. 26.6.1997 – C - 368/95, Slg. 1997, 3689 Tz.25 f. sowie EuGH Urt. v. 20.5.2003- C - 465/00, Slg. 2003, I-4989 Tz.72 ff.; ebenso deutsches Schrifttum, vergleiche unter anderem *Jarass*, EU-Grundrechte, § 6 Rn.1 f.; *Kingreen* in Callies/Ruffert, EUV AEUV Kommentar, Art. 52 GRC Rn.45, 46; *Pauly*, EuR 1998, 242, 253 ff.

1150 *Kingreen* in Callies/Ruffert, EUV AEUV Kommentar, Art. 52 GRC Rn.45.

1151 Vergleiche hierzu *Jarass*, EU-Grundrechte, § 21 Rn.1 ff.

1152 EuGH Urt. v. 18.9.1986 – C - 116/82, Slg. 1986, 2519 Tz.27.

1153 *Ruffert* in Callies/Ruffer, EUV AEUV Kommentar, Art. 15 GRC Rn.10.

1154 EuGH Urt. v. 13.12.1979 – C - 44/79, Slg. 1979, 3727 Tz.32; EuGH Urt. v. 18.9.1986 – C - 116/82, Slg. 1986, 2519 Tz.27; EuGH Urt. v. 8.10.1986 – C - 234/85, Slg. 1986, 2897 Tz.9;

schen Grundrechtsdogmatik und der Differenzierung zwischen verschieden starken Eingriffen kann jedoch durch eine differenzierte Verhältnismäßigkeitsprüfung Rechnung getragen werden.[1155]

b) Rechtfertigung

Ebenso wie die nationalen Grundrechte sind auch die Grundrechte aus der Grundrechtecharta nicht unbedingt und absolut gesetzt. Vielmehr trifft Art. 52 Absatz 1 GRC die Maßgabe, dass *„unter Wahrung des Grundsatzes der Verhältnismäßigkeit Einschränkungen vorgenommen werden dürfen, wenn sie notwendig sind und den von der Union anerkannten dem Gemeinwohl dienenden Zielsetzungen oder den Erfordernissen des Schutzes der Rechte und Freiheiten anderer tatsächlich entsprechen.*" Darüber hinaus darf die Berufsfreiheit nur aufgrund einer gesetzlichen Grundlage eingeschränkt und nicht in ihrem Wesensgehalt tangiert werden, Art. 52 Absatz 1 GRC.

Die Gleichstellungsquote im Aufsichtsrat der Aktiengesellschaft würde aufgrund einer Gesetzesänderung erfolgen. Ferner wäre die Quote in Übertragung der zu Art. 12 Absatz 1 GG angestellten Überlegungen als Berufsausübungsregelung zu qualifizieren und damit kein derart tiefgreifender Eingriff, als dass die juristische Person ihren Erwerbszwecken in freier Tätigkeit nicht mehr nachgehen könnte.[1156] Der absolut geschützte Bereich des Grundrechts und damit sein Wesensgehalt wären damit nicht betroffen, denn es ist den Unternehmen nach wie vor möglich, ihren Erwerbsinteressen nachzugehen.

Gemäß Art. 52 Absatz 1 GRC müsste die Quote ferner Zielsetzungen der Europäischen Union verfolgen. Eine Gleichstellungsquote im Aufsichtsrat verfolgt das Ziel, weiblichem Potential in diesem Bereich verstärkt zur Geltung zu verhelfen und den Anteil von Frauen in dem Kontrollorgan zu erhöhen. Dieser Zweck müsste im Einklang mit der Gleichstellungspolitik der Europäischen Union stehen.

Bereits Art. 2 des Vertrages über die Europäische Union (EU) normiert, dass die Gleichheit von Frauen und Männern einen grundlegenden Wert der Union darstellt. Die Union ist ferner nach Art. 3 Absatz 2 EU dazu verpflichtet, die Gleichstellung von Frauen und Männern zu fördern. Nach den allgemeinen Grundsätzen des Vertrages zur Arbeitsweise der Europäischen Union (AEUV) und hier nach Art. 8 AEUV wirkt die Union darüber hinaus auf die Förderung

EuGH Urt. v. 13.12.1994 – C-306/93, Slg. 1994, I -5555 Tz.24; zu weit daher *Penski/Elsner*, DÖV 2001, 265, 271.

1155 *Ruffert* in Callies/Ruffert, EUV AEUV Kommentar, Art.15 GRC Rn.10.

1156 Vergleiche hierzu bereits die Ausführungen unter 3.TeilB.II.1 sowie 3.TeilB.II.2.b)dd)(3)(a).

der Gleichstellung von Mann und Frau sowie die Beseitigung von Ungleichheiten hin. Die Norm statuiert damit die Verpflichtung der Union, bei allen ihren Tätigkeiten bestehende Ungleichheiten zu beseitigen.[1157] Dabei lässt sich aus dem Wortlaut eindeutig eine Verpflichtung der Union zur Beseitigung vorgefundener Benachteiligungen ableiten.[1158] Die Gleichstellung von Männern und Frauen muss insoweit als Ziel bei allen Tätigkeiten der Europäischen Union berücksichtigt werden.[1159] Art. 19 Absatz 2 AEUV eröffnet darüber hinaus, dass das Europäische Parlament und der Rat Fördermaßnahmen zur Unterstützung des Abbaus von Diskriminierungen beschließen können, um zur Verwirklichung des Gleichstellungsziels beizutragen. Gleichlautende gemeinschaftsrechtliche Ziele finden sich in Art. 23 Absatz 2 GRC sowie Art. 157 Absatz 4 AEUV.

Art. 23 Absatz 2 GRC manifestiert im Rahmen der Gleichheit von Männern und Frauen, dass die Einführung spezifischer Vergünstigungen für das unterrepräsentierte Geschlecht dem Grundsatz der Gleichheit von Männern und Frauen nicht entgegensteht. Absatz 2 legitimiert damit in Einzelfällen die umgekehrte Diskriminierung.[1160] Art. 157 AEUV betrifft die Gleichstellung von Mann und Frau im Erwerbsleben und ermöglicht es den Mitgliedstaaten in Absatz 4, im Hinblick auf die effektive Gewährleistung der vollen Gleichstellung im Arbeitsleben spezifische Vergünstigungen für Benachteiligungen beizubehalten oder zu beschließen.

Nach allem würde eine Gleichstellungsquote im Bereich des Aufsichtsrats der Aktiengesellschaft das in einer Vielzahl von Vorschriften manifestierte Ziel der Europäischen Union verfolgen, die Gleichstellung von Männern und Frauen in allen Bereichen sicherzustellen.

Letztlich müsste die Gleichstellungsquote im Hinblick auf Art. 15, 16 GRC auch verhältnismäßig sein. Auch hier ist das dreigliedrige Schema von Geeignetheit, Erforderlichkeit und Angemessenheit anzuwenden.[1161] Bezüglich der Geeignetheit und Notwendigkeit einer gesetzlichen Regelung kann auf die Prüfung von Art. 12 Absatz 1 GG verwiesen werden.[1162] Auch im Rahmen der Angemessenheit ergeben sich aus der Prüfung des nationalen Grundrechts die entscheidenden Weichenstellungen, die hier übertragen werden können. In diesem Sinne manifestiert Art. 52 Absatz 4 GRC, dass sich die Auslegung der Grundrechte der Europäischen Charta aus den gemeinsamen Verfassungsüberlieferungen der Mitgliedstaaten ergibt und im Einklang mit diesen auszulegen ist.

1157 *Rossi* in Callies/Ruffert, EUV AEUV Kommentar, Art.8 AEUV Rn.1.

1158 *Rossi* in Callies/Ruffert, EUV AEUV Kommentar, Art.8 AEUV Rn.4.

1159 *Rossi* in Callies/Ruffert, EUV AEUV Kommentar, Art.8 AEUV Rn.5.

1160 *Krebber* in Callies/Ruffert, EUV AEUV Kommentar, Art. 23 GRC Rn.4.

1161 *Ruffert* in Callies/Ruffert, EUV AEUV Kommentar, Art.15 GRC Rn.16.

1162 Siehe hierzu die Ausführungen unter 3.TeilB.II.2.b)cc).

Sowohl Art. 23 Absatz 2 GRC als auch die Festlegungen in Art. 157 Absatz 4 EAUV indizieren dabei, dass Quotenregelungen, die auf den Abbau bestehender Ungleichgewichte in der Leitung von Unternehmen abzielen, grundsätzlich zulässig sein können. Allerdings impliziert die grundsätzliche Zulässigkeit nicht die Zulässigkeit einer solchen Bevorzugung in jeder Gestalt, vielmehr sind allein verhältnismäßige Quotenregelungen rechtmäßig. In Übertragung der Ausführungen zu Art. 12 Absatz 1 GG wäre eine gesetzliche Gleichstellungsquote im Aufsichtsrat nur dann als ein verhältnismäßiger Eingriff in die unternehmerische Freiheit der Aktiengesellschaft aus Art. 15, 16 GRC zu werten, wenn die herausgearbeiteten Voraussetzungen – wie die Ausgestaltung als Ergebnisquote von 30-40%, die Gewährleistung einer Mindestqualifikation aller Bewerber, die Installation einer Härtefallklausel, entsprechende Öffnungsklauseln für Sonderkonstellationen, bestimmte Begleitmaßnahmen, hinreichende Übergangsfristen – vorgesehen werden würden.[1163]

Während im deutschen Verfassungsrecht als Gegengewicht Art. 3 Absatz 2 Satz 2 GG steht, streitet auf europäischer Ebene Art. 23 Absatz 2 GRC, der Bevorzugungen des unterrepräsentierten Geschlechts zur umfänglichen Gewährleistung der Gleichstellung vorsieht, für die Implementierung einer Quotenregelung. Eine Abwägung der beiden Positionen muss aufgrund der Gleichläufigkeit beider Grundrechte konsequenterweise dazu führen, dass die Gewährleistung der Gleichstellung von Männern und Frauen in allen Bereichen den Eingriff in die unternehmerische Freiheit überwiegt. Das Prüfungsergebnis hinsichtlich der Angemessenheit im engeren Sinne von Art. 12 Absatz 1 GG[1164] kann auf die streitenden Artikel der Grundrechtecharta übertragen werden.

Eingedenk der Abwägung im nationalen Kontext, Art. 52 Absatz 4 GRC, sowie der streitenden Gegenposition aus Art. 23 Absatz 2 GRC und den Leitlinien aus Art. 157 Absatz 4 GRC sowie Art. 8 EAUV wäre eine Gleichstellungsquote im Aufsichtsrat der Aktiengesellschaft nach der hier vorgeschlagenen Ausgestaltung im Hinblick auf die unternehmerische Freiheit der Gesellschaft aus Art. 15, 16 GRC als verhältnismäßiger Eingriff und mithin zulässige Maßnahme zu bewerten.

2. Art. 17 GRC (Eigentumsrecht)

Da eine Gleichstellungsquote im Aufsichtsrat das Aktieneigentum der Anteilseigner aus Art. 14 Absatz 1 Satz 1 GG modifiziert,[1165] ist zu prüfen, ob eine sol-

1163 3.TeilB.II.2.b)dd)(3)(b).

1164 3.TeilB.II.2.b)dd)(4).

1165 3.TeilB.IV.2.b)aa).

che Regelung auch das in Art. 17 GRC garantierte Eigentumsrecht berührt. Dabei muss im Zusammenspiel zwischen Art. 345 AEUV und der Eigentumsgarantie des Art. 17 GRC auf europäischer Ebene grundsätzlich zwischen Eigentumsrecht und Eigentumsordnung unterschieden werden.[1166] Während die Bestimmung der Eigentumsordnung, Art. 345 AEUV, Sache der Mitgliedsstaaten ist, wird das Eigentumsrecht als Unionsgrundrecht in der Grundrechtecharta gewährleistet, Art. 17 GRC.[1167]

a) Schutzbereich und Beeinträchtigung der geschützten Position

Das Eigentumsgrundrecht auf Gemeinschaftsebene zeichnet sich wie im deutschen Verfassungsrecht durch einen sogenannten normgeprägten Schutzbereich aus, sodass der Gesetzgeber das, was die Eigentumsgarantie umfassen soll, festlegen muss.[1168] Eigentum ist damit „*Schöpfung der Rechtsordnung*".[1169] Ganz in diesem Sinne verweist Art. 345 AEUV hinsichtlich des Schutzumfanges des in Art. 17 GRC garantierten Eigentumsrechts auf die mitgliedschaftlichen Rechtsordnungen.[1170] Demzufolge setzt sich das Schutzgut des Eigentums nach Art. 17 Absatz 1 Satz 3 GRC aus den Normen des nationalen und europäischen Rechts zusammen.[1171]

In personeller Hinsicht sind die Aktionäre als natürliche Personen von dem Schutzbereich des Art. 17 GRC umfasst.[1172] Auch in sachlicher Hinsicht unterfällt das Anteilseigentum der Aktionäre als vermögensrechtliche Position dem Eigentumsschutz; eine Entscheidung des Europäischen Gerichtshofs steht hierzu noch aus.[1173]

1166 *Callies* in Callies/Ruffert, EUV AEUV Kommentar, Art.17 GRC Rn.3; *Jarass*, Charta der Grundrechte der Europäischen Union, Art. 17 GRC Rn.5.

1167 *Callies* in Callies/Ruffert, EUV AEUV Kommentar, Art.17 GRC Rn.3.

1168 *Callies* in Callies/Ruffert, EUV AEUV Kommentar, Art.17 GRC Rn.3; *Jarass*, Charta der Grundrechte der Europäischen Union, Art. 17 GRC Rn.15.

1169 *Callies* in Callies/Ruffert, EUV AEUV Kommentar, Art.17 GRC Rn.3.

1170 *Callies* in Callies/Ruffert, EUV AEUV Kommentar, Art.17 GRC Rn.3.

1171 *Callies* in Callies/Ruffert, EUV AEUV Kommentar, Art.17 GRC Rn.3.

1172 *Jarass*, EU-Grundrechte, § 22 Rn.16.

1173 *Schmidt-Preuß*, EuR 2006, 463, 468; allerdings bejahte der Europäische Gerichtshof für Menschenrechte (EGMR) einen Schutz der Mitgliedschaftsrechte der Aktionäre durch die Grundrechtecharta ohne nähere Ausführung bereits im Jahre 1986, vergleiche EGMR Urt. v. 8.7.1986 - 2/1984/74/112-118, EuGRZ 1988, 350 Tz.107; zustimmend auch *Heinze*, Mitbestimmung in einer monistischen Europäischen Aktiengesellschaft, S.206; *Jarass*, EU-Grundrechte, § 22 Rn.14.

In das Eigentumsgrundrecht kann durch Ausübungsbeschränkungen oder durch Eigentumsentzug eingegriffen werden.[1174] Letzteres impliziert, dass der Eigentümer durch die Regelung von jedweder Nutzung oder Verfügungsbefugnis ausgeschlossen wird (voller und dauerhafter Verlust der Eigentümerstellung). Der Europäische Gerichtshof stellt dabei auf die Zielsetzung der Maßnahme ab.[1175] Sie muss gerade auf den vollumfänglichen Ausschluss des Eigentümers gerichtet sein.

Wie bei Art. 14 Absatz 1 Satz 1 GG der Aktionäre bereits herausgestellt, ist ein Eigentumsentzug durch die Gleichstellungsquote auszuschließen.[1176] Lediglich die Auswahlmöglichkeit der Aktionäre wird modifiziert, ohne dass ihnen das Recht genommen werden würde, auf die Zusammensetzung des Aufsichtsrats durch ihre Stimme Einfluss zu nehmen. Dem Anteilseigner ist nach wie vor unbenommen, über sein Mitgliedschaftsrecht zu verfügen.[1177] Damit handelt es sich bei der Gleichstellungsquote um eine Ausübungsbeschränkung des in Art. 17 GRC für die Aktionäre garantierten Eigentumsrechts.

b) Rechtfertigung

Wie die nationalen Grundrechte so sind auch die Europäischen Grundrechte keinesfalls schrankenlos gewährleistet.[1178] Vielmehr sind Beeinträchtigungen des Eigentums in Form der Ausübungsbeschränkung nach ständiger Rechtsprechung des Europäischen Gerichtshofs bereits rechtmäßig, sofern sie den Gemeinwohl dienenden Zielen der Gemeinschaft entsprechen und nicht einen im Hinblick auf die verfolgten Ziele unverhältnismäßigen, nicht tragbaren Eingriff darstellen.[1179] Insofern sind die in Art. 52 GRC enthaltenen Bestimmungen mitzulesen.[1180] So müsste die Beschränkung ein gemeinnütziges Ziel verfolgen und dürfte keinen zu intensiven Eingriff in das Eigentumsrecht darstellen.[1181] Hinsichtlich der legitimen Zweckverfolgung der Maßnahme sowie der Annahme einer im Einklang mit den gemeinschaftsrechtlichen Zielen befindlichen Gemeinnützigkeit der Gleichstellungsquote kann auf die Ausführungen zu Art. 15, 16 GRC im Rahmen

1174 *Jarass*, Charta der Grundrechte der Europäischen Union, Art. 17 GRC Rn.18 ff.

1175 EuGH Urt. v. 13.12.1979 – C - 44/79, Slg. 1979, 3737Tz.19.

1176 3.TeilB.IV.2.b)aa).

1177 EuGH Urt. v. 13.12.1979 – C - 44/79, Slg. 1979, 3737Tz.19.

1178 *Jarass*, EU-Grundrechte, § 6 Rn.24.

1179 EuGH Urt. v. 28.4.1998 – C - 200/96, Slg. 1998, I- 1953 Tz.21; EuGH Urt. v. 3.12.1998 – C - 368/96, Slg. 1998, I-7967 Tz.79.

1180 *Callies* in Callies/Ruffert, EUV AEUV Kommentar, Art. 17 GRC Rn.21.

1181 *Callies* in Callies/Ruffert, EUV AEUV Kommentar, Art. 17 GRC Rn.22, 23.

der Rechtfertigung verwiesen werden.[1182] Damit streiten für die Umsetzung der Gleichstellungsquote auf europäischer Ebene insbesondere Art. 23 Absatz 2 GRC sowie Art. 157 Absatz 4 EAUV und auch die Leitlinie des Art. 8 EAUV. In diesen Bestimmungen kommt das Ziel der Europäischen Union zum Ausdruck, die Gleichstellung der Geschlechter zu verwirklichen und bestehende Nachteile auszugleichen.

Auch nach Auffassung des Europäischen Gerichtshofs steigt die Gestaltungsfreiheit des Gesetzgebers je nach sozialem Bezug des Eigentums.[1183] Die Parallele zu den Ausführungen im *Mitbestimmungsurteil* des Bundesverfassungsgerichts ist augenscheinlich.[1184]

Der Wesensgehalt, an dem der Europäische Gerichtshof die weitere Verhältnismäßigkeit und somit Intensität des Eingriffs bemisst, bleibt unangetastet, sofern die Maßnahme nur Modalitäten der Ausübung betrifft, ohne den Bestand selbst zu gefährden.[1185] Dass eine Gleichstellungsquote allein die Wahlmodalitäten der Hauptversammlung und damit die Mitgliedschaftsrechte modifiziert, wurde im Rahmen von Art. 14 Absatz 1 Satz 1 der Aktionäre dargestellt. Dass sich eine Übertragung der im nationalen Grundrechtsbereich gewonnenen Ergebnisse auf die europäischen Grundrechte gebietet, statuiert Art. 52 Absatz 4 GRC, der die Auslegung der europäischen Grundrechte im Einklang mit den Verfassungsüberlieferungen der Mitgliedsstaaten verlangt.

Damit wäre eine, die in der nationalen Verfassungsprüfung herausgestellten Zulässigkeitskriterien berücksichtigende Gleichstellungsquote als verhältnismäßige Einschränkung der Eigentumsfreiheit der Aktionäre aus Art. 17 GRC zu qualifizieren.

3. Art. 23 Absatz 1 GRC (Gleichheit von Frauen und Männern)

Nach Art. 23 Absatz 1 GRC ist die Gleichheit von Frauen und Männern in allen Bereichen einschließlich der Beschäftigung, der Arbeit und des Arbeitsentgelts sicherzustellen. Damit ist die Gleichheit von Frauen und Männern in umfassender Weise auch durch die Europäischen Grundrechte geschützt. Umfasst ist dabei nicht nur der öffentlich-rechtliche, sondern auch der privatrechtliche Bereich.[1186]

1182 3.TeilE.I.1.b).

1183 EuGH Urt. v. 13.12.1979 – C - 44/79, Slg. 1979, 3737Tz.23; EuGH Urt. v. 11.7.1989 – C - 265/87, Slg. 1989,2237 Tz.15; EuGH Urt. v. 5.10.1994 – C - 280/93, Slg. 1994, I-4973 Tz.78; EuGH Urt. v. 15.4.1997 - C-22/94, Slg. 1997, I-1809 Tz.27.

1184 BVerfG Urt. v. 1.3.1979 - 1 BvR 532/77, BVerfGE 50, 290, 342 f.

1185 EuGH Urt. v. 13.12.1994 - C-306/93, Slg. 1994, I-5555 Tz.24.

1186 *Krebber* in Callies/Ruffert, EUV AEUV Kommentar, Art. 23 GRC Rn.3.

Art. 23 Absatz 1 GRC manifestiert einen allgemeinen Sicherstellungsauftrag, ohne das Mittel zur Erreichung der Gleichstellung zu determinieren.[1187]

a) Ungleichbehandlung

Dadurch, dass eine Gleichstellungsquote trotz neutraler Formulierung aufgrund der tatsächlichen Gegebenheiten[1188] am überrepräsentierten männlichen Geschlecht anknüpfen würde und damit allein das Geschlechtsmerkmal dazu führen kann, dass männliche Aufsichtsratskandidaten nicht in das Gremium gewählt werden, stellt die Regelung eine Diskriminierung der männlichen Bewerber und damit eine Ungleichbehandlung im Sinne von Art. 23 Absatz 1 GRC dar. Männliche Aufsichtsratsmitglieder, denen aufgrund der Quote ein Aufsichtsratsmandat verwehrt bliebe, könnten sich daher neben dem nationalen Art. 3 Absatz 3 GG auch auf Art. 23 Absatz 1 GRC berufen und Abhilfe verlangen.

b) Rechtfertigung

Dass eine Ungleichbehandlung aufgrund von sachgerechten Erwägungen gerechtfertigt werden kann, zeigt bereits der zweite Absatz des Art. 23 GRC.[1189] Hiernach steht der Gleichheitsgrundsatz aus Art. 23 Absatz 1 GRC der Einführung spezifischer Vergünstigungen für das unterrepräsentierte Geschlecht nicht entgegen. Allerdings schweigt sich der Artikel hinsichtlich der Zulässigkeitsanforderungen an eine solche umgekehrte Diskriminierung aus.[1190] Allerdings könnte die Übertragung der Anforderungen aus dem ehemaligen Art. 141 EGV nunmehr Art. 157 AEUV in Erwägung gezogen werden.

Art. 157 AEUV garantiert im Rahmen der gemeinschaftlichen Sozialpolitik die Gleichstellung von Männern und Frauen in der Arbeitswelt. In diesem Sinne beinhaltet er den Grundsatz der Entgeltgleichheit und das arbeitsrechtliche Gleichbehandlungsgebot.[1191]

Art. 157 AEUV gilt damit ausschließlich im arbeitsrechtlichen Bereich.[1192] Absatz 4 der Vorschrift enthält eine Öffnungsklausel, die den Mitgliedsstaaten im Hinblick auf die effektive Gewährleistung der vollen Gleichstellung von Männern und Frauen im Arbeitsleben erlaubt, spezifische Vergünstigungen zur Erleichterung der Berufstätigkeit des unterrepräsentierten Geschlechts oder zur

1187 *Krebber* in Callies/Ruffert, EUV AEUV Kommentar, Art. 23 GRC Rn.3.

1188 2.TeilA.I.

1189 *Wieland*, NJW 2010, 2408, 2410.

1190 *Krebber* in Callies/Ruffert, EUV AEUV Kommentar, Art. 23 GRC Rn.3.

1191 *Rebhahn* in Schwarze, EU Kommentar, Art. 141 EGV Rn.1 ff.

1192 *Rebhahn* in Schwarze, EU Kommentar, Art. 141 EGV Rn.9.

Verhinderung beziehungsweise zum Ausgleich von Benachteiligungen beizubehalten oder zu beschließen. Aus Art. 157 Absatz 3 AEUV folgt, dass die Öffnungsklausel nicht lediglich Ausnahmen zum Entgeltgleichheitsgebot gestattet, sondern allgemein für den Bereich der Sozialpolitik gilt.[1193] Die Öffnungsklausel kommt danach als Rechtfertigungsgrund zum Tragen, sofern die von den Mitgliedsstaaten getroffene Maßnahme grundsätzlich geeignet erscheint, die Gleichbehandlung zu gewährleisten, solange sie insgesamt verhältnismäßig ist.[1194]

Die Gleichstellungsquote im Aufsichtsrat wäre jedenfalls geeignet, den Frauenanteil im Kontrollgremium zu erhöhen.[1195] Ferner ergab die Abwägung im Rahmen des Art. 3 Absatz 3 GG der männlichen Gegenkandidaten, dass der verfassungsrechtliche Gleichstellungsauftrag aus Art. 3 Absatz 2 Satz 1 GG das Antidiskriminierungsgebot überwiegt.[1196] Hinsichtlich der Verhältnismäßigkeit einer Gleichstellungsquote im Hinblick auf die Gegenrechte der männlichen Kandidaten kann insofern erneut auf die Untersuchung auf nationaler Ebene verwiesen werden, Art. 52 Absatz 4 GRC.

Damit lässt sich aus Art. 23 Absatz 2 GRC als streitende Gegenposition zu Art. 23 Absatz 1 GRC zwar keine generelle Zulässigkeit von Begünstigungsregelungen und damit einer Gleichstellungquote bejahen. Werden indes die aufgestellten Anforderungen durch den Gesetzgeber eingehalten,[1197] insbesondere eine gewisse Qualifikationsanforderung mit Härtefallklausel installiert und damit kein Vorrang „um jeden Preis" verlangt, wäre eine Gleichstellungsquote bei Besetzung des Aufsichtsrats im Hinblick auf Art. 23 Absatz 1 GRC der männlichen Gegenkandidaten als zulässig zu bewerten.

4. Zwischenergebnis

Sofern der Gesetzgeber bei Einführung der Gleichstellungsquote im Aufsichtsrat der Aktiengesellschaft die im Rahmen der nationalen Grundrechtsprüfung aufgestellten Zulässigkeitsvoraussetzungen berücksichtigt, stehen auf unionsrechtlicher Ebene im Bereich der Europäischen Grundrechtecharta die unternehmerische Freiheit der Aktiengesellschaft, Art. 15 und 16 GRC, das Eigentumsrecht der Aktionäre, Art. 17 GRC sowie das Gleichheitsrecht der männlichen Gegenkandidaten aus Art. 23 Absatz 1 GRC einer Umsetzung nicht entgegen. Dies gilt

---

1193 *Langenfeld* in Grabitz/Hilf/Nettesheim, Das Recht der Europäischen Union, Art. 157 AEUV Rn.83.

1194 *Langenfeld* in Grabitz/Hilf/Nettesheim, Das Recht der Europäischen Union, Art. 157 AEUVRn..84.

1195 Vergleiche hierzu die Ausführungen unter 3.TeilB.2.b)bb).

1196 3.TeilB.V.3.c) und 3.TeilB.V.4.

1197 3.TeilB.II.2.b)dd)(3)(b).

insbesondere, da die Europäischen Grundrechte nach Maßgabe der nationalen Verfassungsüberlieferungen ausgelegt werden sollen, Art. 52 Absatz 4 GRC.

II. Die Europäischen Grundfreiheiten

Die Europäische Union ist zwar nicht nur, jedoch auch und gerade Wirtschafts- und Währungsunion.[1198] Das Prinzip eines gemeinsamen Marktes bildete daher bereits in der Gründungsphase der Europäischen Union als Wirtschaftsgemeinschaft den wichtigsten Grundpfeiler der wirtschaftlichen Integration.[1199] Auch Art. 26 Absatz 2 AEUV verdeutlicht, dass das Binnenmarktziel der Europäischen Union konzeptionell in erster Linie von den Grundfreiheiten getragen wird. Diese verpflichten die Mitgliedstaaten, das Funktionieren des freien Marktes und die davon umfassten Freiheiten des Warenverkehrs, Personenverkehrs, Dienstleistungsverkehrs sowie Zahlungsverkehrs zu gewährleisten.[1200] Damit sind die Adressaten der Grundfreiheiten die Mitgliedstaaten der Europäischen Union. Sie haben dafür Sorge zu tragen, dass sich die individuelle wirtschaftliche Betätigung der Unionsbürger grenzüberschreitend erstrecken kann. Die Unionsbürger können sich unmittelbar auf die Grundfreiheiten berufen, sodass die nationalen Behörden oder Gerichte etwaige entgegenstehende Normen nicht anwenden dürfen.[1201] Aus der Wertung der Grundfreiheiten und dem Vorrang des Unionsrechts ergibt sich, dass der deutsche Gesetzgeber keine Maßnahme ergreifen darf, die dazu geeignet ist, die Gewährleistung des gemeinsamen Marktes zu gefährden.

Fraglich ist, ob die Gleichstellungsquote im Aufsichtsrat der Aktiengesellschaften mit den Grundfreiheiten der Europäischen Union vereinbar wäre. In Betracht kommen in diesem Zusammenhang die Niederlassungsfreiheit aus Art. 49 ff. AEUV sowie die Kapitalverkehrsfreiheit aus Art. 63 ff. AEUV.

1. Niederlassungsfreiheit, Art. 49 ff. AEUV

Da der gemeinsame Markt das zentrale Integrationskonzept der Union darstellt, gehört die Niederlassungsfreiheit zu einem fundamentalen Gründungsprinzip. Sie garantiert das individuelle Recht der Unionsbürger, ihren wirtschaftlichen

1198 *Ehlers* in Ehlers, Europäische Grundrechte und Grundfreiheiten, 3.Teil § 7 Rn.1.

1199 *Kingreen*, Die Struktur der Grundfreiheiten des Europäischen Gemeinschaftsrechts, S.13.

1200 *Terhechte* in Grabitz/Hilf/Nettesheim, Das Recht der Europäuschen Union, Art.3 EUV Rn.40.

1201 So bereits EuGH Urt. v. 5.2.1963 – C - 26/62, NJW 1963, 974: *„Art. 12 des Vertrages zur Gründung der Europäischen Wirtschaftsgemeinschaft erzeugt unmittelbare Wirkungen und begründet individuelle Rechte des Einzelnen, welche die staatlichen Gerichte zu beachten haben.*".

Standort autonom nach ökonomischer Zielsetzung wählen zu können. Damit verbietet die Grundfreiheit ebenso Beschränkungen im Hinblick auf die Gründung einer Gesellschaft oder Tochtergesellschaft durch einen Unionsbürger eines anderen Mitgliedstaates wie die Auslagerung oder Etablierung von einzelnen Betriebsteilen in andere Mitgliedstaaten.[1202] Art. 54 Absatz 1 AEUV stellt klar, dass sich auch juristische Personen auf die Niederlassungsfreiheit berufen können. Damit muss Gesellschaften die Möglichkeit gegeben werden, an dem Wirtschaftsleben der anderen Mitgliedstaaten teilnehmen zu können.

Fraglich ist inwieweit das in Art. 49 Absatz 2 AEUV garantierte Recht der Niederlassungsfreiheit durch die Einführung einer Gleichstellungsquote für den Aufsichtsrat der Aktiengesellschaft beschränkt würde.

Eine Gleichstellungsquote erstreckt sich in ihrem Anwendungsbereich auf die nach dem deutschen Gesellschaftsrecht möglichen Rechtsformen. Damit ist allen ausländischen Gesellschaften aus anderen Europäischen Staaten unbenommen, weiterhin ungehindert am deutschen Markt zu agieren, so wie es beispielsweise einer deutschen Aktiengesellschaft weiterhin unbenommen ist, sich ohne Einhaltung der französischen „Frauenquote“ in Frankreich am Markt zu betätigen;[1203] denn Gesellschaften aus Europäischen Ländern „leben“ in Deutschland im Grundsatz nach ihrem Heimatrecht.[1204] Allein wenn die Gründung einer deutschen Rechtsform durch Unionsbürger beschlossen wird, wären die nationalen Regelungen und damit gegebenenfalls die Gleichstellungsquote einzuhalten. Es ist europarechtlich indes unbedenklich, die eigenen nationalen Regelungen schärfer als in anderen Mitgliedstaaten zu fassen.[1205] Die sogenannte „Inländerdiskriminierung“ wird von den Diskriminierungsverboten der Grundfreiheiten nicht umfasst[1206], sondern ist vielmehr nach dem jeweiligen Verfassungsrecht der Mitgliedstaaten zu beurteilen. Die Funktion der Grundfreiheiten besteht gerade nicht darin, eine „Gleichheit der Marktordnungen“ herbeizuführen.[1207] Das in Art. 49 Absatz 2 AEUV garantierte Recht der Niederlassungsfreiheit würde daher durch die Einführung einer Gleichstellungsquote für den Aufsichtsrat der Aktiengesellschaft nicht verletzt.[1208]

1202 *Roth* in Dauses, HdB des EU-Wirtschaftsrecht, E.I. Grundregeln, Rn.53, 54.

1203 *Raasch*, ZfRV 2009, 216, 219.

1204 EuGH Urt. v. 9.3.1999 - C - 212/79, ZIP 1999, 438; EuGH Urt. v. 5.11.2002 - C-208/00, ZIP 2002, 2037; EuGH Urt. v. 30.9.2003 - C-167/01, ZIP 2003, 1885; dazu auch *Kindler*, NJW 2003, 1073 ff.; *Wertenbruch*, NZG 2003, 618 ff.

1205 Siehe nur EuGH Urt. v. 16.2.1995 - C.29/94, Slg. 1995, I-301 Tz.9.

1206 Hierzu *Bösch*, Jura 2009, 91 ff.; *Thiele*, Europarecht, S.204.

1207 *Frenz*, HdB Europarecht Bd. I, Rn.153.

1208 Ebenso *Raasch*, ZfRV 2009, 216, 219; Gesetzesantrag des Landes Nordrhein-Westfalen v. 11.2.2011, BR-Drucks. 87/11, S.29 sowie auch *Papier/Heidebach*, ZGR 2011, 305, 329, 330; aA indes *Schladebach/Stefanopoulou*, BB 2010, 1042, 1045 die allerdings wohl von einer Er-

2. Kapitalverkehrsfreiheit, Art. 63 ff. AEUV

Die Freiheit des Kapital- und Zahlungsverkehrs ist in Art. 63-66 AEUV geregelt und in einem Bestreben der Herstellung eines einheitlichen europäischen Finanzraums zu sehen, der sämtliche europäische Märkte umspannt und einen grenzüberschreitenden Geld- und Kapitalverkehr ohne diskriminierende Regulierungen der nationalen Finanzmärkte gewährleistet.[1209] Art. 63 Absatz 1 AEUV verbietet damit alle Beschränkungen des grenzüberschreitenden Kapitalverkehrs zwischen den Mitgliedstaaten.[1210] Allerdings gilt auch hier, dass jeder Mitgliedstaat die Rechtsform und Ausgestaltung für sein Anlage-Eigentum frei bestimmen kann, soweit andere ausländische Rechtsformen daneben im Wirtschaftsverkehr akzeptiert werden und alle Anleger der Gemeinschaft den gleichen Zugang zu allen Rechtsformen haben.[1211] Allerdings könnte hier im Gegensatz zur Niederlassungsfreiheit dadurch, dass eine Gleichstellungsquote im Aufsichtsrat der Aktiengesellschaft das Anteilseigentum der Aktionäre aus Art. 14 Absatz 1 GG einschränkt, auch die Kapitalverkehrsfreiheit ausländischer potentieller Investoren tangiert sein. Diese würden möglicherweise von Beteiligungen in Deutschland abgehalten.[1212]

In diesem Kontext befand der Europäische Gerichtshof das *Volkswagengesetz* für europarechtswidrig,[1213] da dieses eine Sonderreglung für das Land Niedersachsen als Anteilseigner vorsah, was dem Land ein faktisches Vetorecht bei Aufsichtsratsentscheidungen einräumte. Diese auch als *Golden Share* bezeichnete Vereinbarung sah der Europäische Gerichtshof als Abschreckung ausländischer Unternehmen vor Anteilsbeteiligungen an *Volkswagen* an, da selbst ein Großaktionär keine gleichrangige Rechtsstellung erreichen könne. Die Vereinbarung wurde daher als Eingriff in den freien Kapitalverkehr gewertet.[1214]

Eine Gleichstellungsquote würde lediglich die personelle Zusammensetzung des Aufsichtsrats, nicht aber die Gewichtung des Stimmrechts der Aktionäre tangieren. Die Quote bewirkt keine Beschneidung der Stimmrechtsausübung der

---

streckung der Quotierung auf alle in Deutschland tätigen Unternehmen unabhängig von ihrem Unternehmenssitz ausgehen.

1209 *Follak* in Dauses, HdB des EU-Wirtschaftsrecht, F.II. Rn.1.

1210 *Follak* in Dauses, HdB des EU Wirtschafsrecht, F.II. Rn.5.

1211 *Raasch*, ZfRV 2009, 216, 219; Gesetzesantrag des Landes Nordrhein-Westfalen v. 11.2. 2011, BR-Drucks. 87/11, S.30.

1212 So die Argumentation von *Schladebach/Stefanopoulou*, BB 2010, 1042, 1045.

1213 EuGH Urt. v. 23.10.2007 – C - 112/05, NJW 2007, 3481 ff.; vergleiche hierzu *Kilian*, NJW 2007, 3469 ff.; *Teichmann/Heise*, BB 2007, 2577 ff.; *Hammen*, Der Konzern 2009, 391 ff.; *Hopt*, EuZW 2007, 257 ff.; *Wellige*, EuZW 2003, 427 ff.

1214 EuGH Urt. v. 23.10.2007 – C - 112/05, NJW 2007, 3481.

Anteilseigner.[1215] Sie steuert über die personelle Zusammensetzung hinaus keine inhaltlichen Entscheidungen des Aufsichtsratsgremiums.[1216] Die *Golden-Share* Rechtsprechung des Europäischen Gerichtshofs[1217] ist hier nicht übertragbar. Mangels Auswirkung auf die Gewichtung des Stimmrechts als solches ist nicht davon auszugehen, dass ausländische Investoren vor einem Anteilserwerb in Deutschland aufgrund der Gleichstellungsquote zurückschrecken würden. Insbesondere verfügen die Kandidatinnen nach diesem Konzept über hinreichende Qualifikationen. Demnach würde eine Gleichstellungsquote dem grenzüberschreitenden freien Kapitalverkehr nicht entgegenstehen.[1218]

III. Sekundärrecht / Rechtsprechung des Europäischen Gerichtshofs

1. Richtlinie 2006/54/EG (Gleichbehandlungsrichtlinie)

Von den Organen geschaffene Rechtsakte, Verordnungen nach Art. 288 Absatz 2 AEUV, Richtlinien gemäß Art. 288 Absatz 3 AEUV, Beschlüsse, Art. 288 Absatz 4 AEUV, sowie Empfehlungen und Stellungnahmen, Art. 288 Absatz 5 AEUV, werden als sekundäres Unionsrecht bezeichnet, da es sich hierbei um umzusetzende Rechtsakte und nicht um primäre Werte aus den Verträgen oder der Charta selbst handelt. Gleichwohl muss sich die innerstaatliche Gesetzgebung und damit die Gleichstellungsquote auch an sekundärem Unionsrecht messen lassen. Insoweit ist die Richtlinie 2006/54/EG zur Verwirklichung des Grundsatzes der Chancengleichheit und Gleichbehandlung von Männern und Frauen in Arbeits- und Beschäftigungsfragen zu beachten.[1219] Diese trat mit Wirkung vom 15. August 2006 an die Stelle der Richtlinie 76/207/EWG zur Verwirklichung des Grundsatzes der Gleichbehandlung von Männern und Frauen hinsichtlich des Zugangs zur Beschäftigung, zur Berufsbildung und zum berufli-

---

1215 Ebenso *Raasch*, ZfRV 2009, 216, 219; *Bachmann*, ZIP 2011, 1131, 1135.

1216 *Raasch*, ZfRV 2009 ,216, 219.

1217 Vergleiche unter anderen EuGH Urt. v. 4.6.2002 – C - 367/89, Slg. 2002, I-04731 ff.; EuGH Urt. v. 28.9.2006 – C - 282/04, NZG 2006, 942 ff.; EuGH Urt. v. 8.7.2010 – C - 171/08, NZG 2010, 983 ff.

1218 Ebenso im Ergebnis Gesetzesantrag des Landes Nordrhein-Westfalen v. 11.2.2011, BR-Drucks. 87/11, S.30 sowie *Raasch*, ZfRV 2009, 216, 219 und *Bachmann*, ZIP 2011, 1131, 1135.

1219 Richtlinie 2006/54/EG des Europäischen Parlaments und des Rates zur Verwirklichung des Grundsatzes der Chancengleichheit und Gleichbehandlung von Männern und Frauen in Arbeits- und Beschäftigungsfragen v. 5.7.2006, Abl. Nr. L 204, S.23ff.

chen Aufstieg sowie in Bezug auf die Arbeitsbedingungen.[1220] Sofern die Gleichstellungsquote dem Anwendungsbereich der Richtlinie unterfällt, hat sie die Voraussetzungen, die die Richtlinie für ein Abweichen von der Gleichbehandlung von Männern und Frauen verlangt, zu berücksichtigen.

Dabei bestimmt Art. 1 der Richtlinie den Anwendungsbereich, sodass von den Vorgaben der Richtlinie nach lit. a) der Zugang zur Beschäftigung einschließlich des Aufstiegs und der Berufsbildung, lit. b) Arbeitsbedingungen einschließlich des Entgelts sowie lit. c) betriebliche Systeme der sozialen Sicherheit umfasst sind. Art. 14 der Gleichbehandlungsrichtlinie enthält das Diskriminierungsverbot im öffentlichen und privaten Sektor und bezieht sich in lit. a) auf die Bedingungen – einschließlich Auswahlkriterien und Einstellungsbedingungen – für den Zugang zur Beschäftigung oder zur abhängigen oder selbständigen Erwerbstätigkeit.

Die Vorstandspositionen als bezahltes Hauptamt dürften unter die Richtlinie fallen.[1221] Bei Aufsichtsratspositionen könnte sich indes eine andere Wertung ergeben. Für diese ist gesetzlich keine Vergütungspflicht vorgesehen. Eine Vergütung kann, muss aber nicht vereinbart werden.[1222] Konsequenterweise fällt das Aufsichtsratsmandat nicht unter den Schutz von Art. 12 Absatz 1 GG.[1223] Sollten Auslagepauschalen vereinbart werden, so sind diese mit wenigen Ausnahmen nicht dazu geeignet, den Lebensunterhalt des Mandatsträgers vollends abzudekken. Hierfür spricht auch, dass Aufsichtsratsmitglieder oftmals mehrere Mandate bekleiden.

Die Richtlinie stellt im Zusammenhang mit dem Diskriminierungsverbot auf den Zugang zur Erwerbstätigkeit ab. Diese ist eingedenk der Ausführungen zu Art. 12 Absatz 1 GG der männlichen Gegenkandidaten[1224] durch eine auf Dauer ausgerichtete entgeltliche Tätigkeit gekennzeichnet, die der Bestreitung des Lebensunterhalts dient. Konsequenterweise fallen die Aufsichtsratsmandate und damit einhergehend die Gleichstellungsquote nicht in den Anwendungsbereich der Richtlinie.[1225] Für dieses Ergebnis spricht auch die von der Richtlinie herangezogene Rechtsgrundlage, ehemalig Art. 141 Absatz 3 EGV nunmehr Art. 157

1220 Richtlinie 76/207/EWG des Rates zur Verwirklichung des Grundsatzes der Gleichbehandlung von Männern und Frauen hinsichtlich des Zugangs zur Beschäftigung, zur Berufsbildung und zum beruflichen Aufstieg sowie in Bezug auf die Arbeitsbedingungen v. 9.2.1976, Abl. Nr. L. 39, S.40 ff.

1221 *Schlachter* in Erfurter Kommentar zum Arbeitsrecht, § 6 AGG Rn.5; *Thüsing* in MünchKomm BGB Bd.1/2, § 6 AGG Rn.11.

1222 *Müller*, NZG 2002, 797, 798; *Lutter*, ZHR 1995, 287; die jüngst in Ziffer 5.4.6. DCGK vorgeschlagene erfolgsorientierte Aufsichtsratsvergütung kritisierend *Reimsbach*, BB 2011, 940.

1223 3.TeilB.VI.3.

1224 3.TeilB.VI.3.

1225 So auch *Schladebach/Stefanopoulo*, BB 2010,1044, 1045.

Absatz 3 AEUV.[1226] Dieser Artikel bezieht sich lediglich auf die Gleichstellung von Mann und Frau im Erwerbsleben und damit allein auf den entgeltlichen Tätigkeitsbereich.

Sollte der Anwendungsbereich für die Gleichstellungsquote im Aufsichtsrat entgegen dieser Auffassung bejaht werden,[1227] so könnte eine nach Art. 14 Absatz 1 a) in Verbindung mit Art. 2 a) der Gleichstellungsrichtlinie verbotene Benachteiligung anknüpfend an das Geschlecht im Rahmen des Art. 3 der Richtlinie gerechtfertigt werden. Dieser lässt in Zusammenhang mit Art. 157 Absatz 4 AEUV (ex Art. 141 Absatz 4 EGV) positive Maßnahmen der Mitgliedstaaten im Hinblick auf die Gewährleistung der vollen Gleichstellung von Männern und Frauen im Arbeitsleben zu.

2. Die Rechtsprechung des Europäischen Gerichtshofs

Entscheidungen des Europäischen Gerichtshofs inwieweit Gleichstellungsquoten im Aufsichtsratsgremium im Einklang mit den unionsrechtlichen Vorgaben liegen, existieren bis dato nicht. Dennoch hat der Europäische Gerichtshof im Gegensatz zum Bundesverfassungsgericht maßgeblich an den Zulässigkeitskriterien für Quotenregelungen im Bereich desöffentlich-rechtlichen Einstellungsverhältnisses mitgewirkt. Insofern kann auf die Ausführungen zu Art. 3 Absatz 3 GG der männlichen Gegenkandidaten verwiesen werden.[1228] Die Bevorzugung eines Geschlechts durch die Quote kommt danach allein bei absoluter Gleichqualifizierung und zudem bei Installation einer Härtefallklausel, die die besondere Situation des Gegenkandidaten berücksichtigt, in Betracht.[1229]Allerdings sind die Wertungen des Europäischen Gerichtshofs nicht eins-zu-eins auf das Aufsichtsratsmandat zu übertragen.[1230] Es zeichnet sich ein deutlich unterschiedlicher Sachverhalt bei der Frage nach der Zulässigkeit von Quoten im Bereich von öffentlich-rechtlichen Anstellungsverhältnissen und der Frage nach der Zulässigkeit von Gleichstellungsquoten im Bereich von Aufsichtsratspositionen ab. Demzufolge gehen das aktuelle Gutachten des *Bundesverbands der Deutschen Industrie*

1226 Siehe die der Richtlinie2006/54/EG des Europäischen Parlaments und des Rates zur Verwirklichung des Grundsatzes der Chancengleichheit und Gleichbehandlung von Männern und Frauen in Arbeits- und Beschäftigungsfragen v. 5.7.2006, Abl. Nr. L 204, S.23 vorangestellten Erwägungen unter (4).

1227 So *Raasch*, ZfRV 2009, 216, 219 allerdings ohne nähere Begründung.

1228 3.TeilB.V.3.b)aa).

1229 Entscheidungsgründe des Gerichtshofs EuGH Urt. v. 17.10.1995 – C - 450/93, NJW 1995, 3109; EuGH Urt. v. 11.11.1997 - C- 409/95, NJW 1997, 3429; EuGH Urt. v. 28.3.2000 – C - 158/97, NJW 2000, 1549.

1230 *Brandt/Thiele*, AG 2011, 580, 586; ebenso *Bachmann*, ZIP 2011, 1131, 1135.

e.V. gemeinsam mit der Stellungnahme des *Deutschen Industrie und Handelskammertages e.V.* ebenso wie vereinzelte Stimmen in der Literatur fehlerhaft davon aus, dass die Rechtsprechung des Europäischen Gerichtshofs in allen Ausprägungen auf die Gleichstellungsquote zu übertragen sei.[1231]

IV. Zusammenfassende Bewertung

Einer Gleichstellungsquote im Aufsichtsrat, die die nach nationalem Verfassungsrecht ausgearbeiteten Vorgaben berücksichtigt, stehen sowohl das Europäische Unionsrecht als auch die Judikatur des Europäischen Gerichtshofs nicht entgegen. In die Rechte der Europäischen Grundrechtecharta, Art. 15, 16 GRC (Berufsfreiheit) sowie Art. 17 GRC (Eigentumsrecht) als auch Art 23 Absatz 1 GRC (Gleichheit von Frauen und Männern) wird jeweils verhältnismäßig eingegriffen. Im Rahmen der Abwägung sind insbesondere die aus der nationalen Prüfung gewonnenen Ergebnisse zu berücksichtigen, Art. 52 Absatz 4 GRC.

Die Gleichstellungsquote steht auch nicht der unionsrechtlich garantierten Niederlassungs- sowie Kapitalverkehrsfreiheit entgegen, Art. 49 ff. AEUV, Art. 63 ff. AEUV; denn die Quote erschwert durch das Abstellen auf die Gründungen von Gesellschaften nach dem deutschen Aktienrecht weder die Gründung und das „Tätigsein" ausländischer Gesellschaften anderer Rechtsformen in Deutschland, noch vermag sie sich negativ auf den Anteilserwerb an solchen Gesellschaften auszuwirken. Im Gegensatz zu den *Golden Shares* werden die Einflussrechte der Aktionäre und damit das aus ihren Aktien resultierende Stimmvolumen nicht verändert. Die auf sekundärrechtlicher Ebene angesiedelte Gleichbehandlungsrichtlinie 2006/54/EG findet auf Aufsichtsratsmitglieder keine Anwendung. Bei gegenteiliger Annahme ließe sich eine Abweichung vom Diskriminierungsverbot anhand von Art. 157 Absatz 4 AEUV, der positive Maßnahmen der Mitgliedstaaten im Hinblick auf die Gewährleistung der vollen Gleichstellung von Männern und Frauen im Arbeitsleben zulässt, rechtfertigen. Auch die bisher ergangenen Entscheidungen des Europäischen Gerichtshofs stehen der Einführung einer Gleichstellungsquote nicht entgegen.

1231 *Francois-Poncet/Deilmann/Otte*, NZG 2011, 450, 454; Gemeinsame Stellungnahme des *BDI* und des *DIHK* zum Gesetzesantrag des Landes Nordrhein-Westfalen (BR-Drucks.87/11), Entwurf eines Gesetzes zur Förderung der Gleichberechtigung von Frauen und Männern im Aufsichtsrat börsennotierter Unternehmen, Gutachten S.9 f.; abrufbar unter: http://www.bdi.eu/download_content/RechtUndOeffentlichesAuftragswesen/Gemeinsame_StN_zur_Frauen quote.pdf (zuletzt abgerufen am 19.9.2011).

F. Möglicher Anwendungsbereich einer Quotenregelung

I. Anknüpfung an Börsennotierung

In den bisherigen Gesetzesanträgen[1232] wurde der Anwendungsbereich einer Gleichstellungsquote im Aufsichtsrat in erster Linie an die börsennotierte Aktiengesellschaft geknüpft.[1233] Diese Festlegung ist plausibel, da der Aktiengesellschaft die Bildung eines Aufsichtsrats gesetzlich vorgeschrieben ist.[1234]

Die Gesetzesinitiative der Fraktion *BÜNDNIS 90/DIE GRÜNEN* setzt darüber hinaus auch bei mitbestimmten Unternehmen an.[1235] Dies wird sowohl mit der Verpflichtung zur Gründung eines Aufsichtsrats nach den Mitbestimmungsregelungen als auch mit der hohen Personalstärke der Unternehmen begründet.[1236] Dieser Ansatz erscheint auf den ersten Blick regelungstechnisch elegant und naheliegend: So sollen möglichst viele große nichtbörsennotierte Gesellschaften mit umfasst sein. Bei näherer Untersuchung ist das Anwendungskriterium der Mitbestimmung jedoch zweifelhaft.[1237] Hinsichtlich der verfassungsrechtlichen Rechtfertigung stellt sich die Frage, ob Beschäftigtenzahlen mit den von der Quote betroffenen Rechtspositionen wie der unternehmerischen Freiheit aus Art. 12 Absatz 1 GG sowie dem Anteilseigentum der Aktionäre Art. 14 Absatz 1 GG korrelieren. Darüber hinaus hängt die Belegschaftsgröße im automatisierten Zeitalter gerade nicht notwendiger Weise mit der wirtschaftlichen Bedeutung des Unternehmens zusammen.[1238] Will man sich tatsächlich an der Größe des Unternehmens und seiner wirtschaftlichen Aussagekraft orientieren, sollte eher auf entsprechend hoch angesetzte bilanzielle Zahlen im Sinne der Größenklassen des § 267 HGB abgestellt werden.[1239]

Soweit die Beschränkung der Quote auf börsennotierte Unternehmen mit der Begründung der Anonymisierung der Aktionärsstruktur und der Folge, dass sich Aktionäre in dieser Unternehmensform nicht als Mitunternehmer begreifen, gerechtfertigt wird, so geht dies fehl.[1240] Die Ausführungen zu Art. 14 Absatz 1 GG

1232 Vergleiche hierzu die Darstellung der Gesetzesinitiativen unter 2.TeilA.III.1.a) und 2.TeilA. III.1.b).

1233 Gesetzesentwurf *Bündnis 90/Die Grüne* v. 13.10.2010, BT-Drucks. 17/3296, S.6; Gesetzesantrag des Landes Nordrhein-Westfalen v. 1.2.2011, BR-Drucks. 87/11, S.26 f.

1234 So auch Gesetzesentwurf *Bündnis 90/Die Grüne* v. 13.10.2010, BT-Drucks. 17/3296, S.6.

1235 Gesetzesentwurf *Bündnis 90/Die Grüne* v. 13.10.2010, BT-Drucks. 17/3296, S.6, 7.

1236 Gesetzesentwurf *Bündnis 90/Die Gründe* v. 13.10.2010, BT-Drucks. 17/3296, S.6, 7.

1237 *Bachmann*, ZIP 2011, 1131, 1136.

1238 *Bachmann*, ZIP 2011, 1131, 1136.

1239 *Bachmann*, ZIP 2011, 1131, 1136.

1240 Gesetzesantrag des Landes Nordrhein-Westfalen v. 1.2.2011, BR-Drucks. 87/11, S.26.

haben bereits aufgezeigt, dass die Anlagestrategie der Aktionäre keinesfalls homogen beziehungsweise abhängig von der Beteiligungshöhe ist. So existiert ebenso der motivierte Kleinanleger, der durch Einwirkungen auf andere Anteilseigner in der Hauptversammlung versucht, seine Zielsetzungen umzusetzen, wie auch der Großinvestor, der allein Renditeabsichten verfolgt und an seinen durch die Aktie vermittelten Mitwirkungsrechten von vornherein nicht interessiert ist. Gleichwohl gebietet sich die Anknüpfung einer Gleichstellungsquote im Aufsichtsrat an die Börsennotierung. Börsennotierte Aktiengesellschaften nehmen als in der Regel große und bedeutende Unternehmen eine Vorreiterrolle und Vorbildfunktion ein.[1241] Von ihnen kann als am öffentlichen Markt gehandelten Unternehmen die Beachtung von Regelungen verlangt werden.[1242] Sie unterliegen *a priori* einem strikteren *Governance Regime* und wissen mit *Diversity* Anforderungen aufgrund eines internationalen Anlegerkreises umzugehen.[1243] Im Übrigen ist dem Aktienrecht die Fokussierung auf börsennotierte Unternehmen nicht fremd. So gilt die Pflicht zur Abgabe einer Entsprechenserklärung zu den Empfehlungen des *Deutschen Corporate Governance Kodex* allein hier, § 161 AktG.[1244] Auch erscheint die Geschlechterquote bei börsennotierten Unternehmen insbesondere sachgerecht, da gerade in diesen Unternehmen eine hohe Professionalität der Aufsichtsratsarbeit verlangt wird.[1245] Gremien, die geschlechterausgeglichen strukturiert sind, gewährleisten ökonomischen Studien zu Folge eine höhere Effizienz und entsprechend gesteigerte Führungsqualität[1246], da Männer und Frauen erwiesenermaßen Erfolgsfaktoren wie Risikobereitschaft, Teamfähigkeit, Sicherheit, fachliche Kompetenz und Flexibilität unterschiedlich bewerten.[1247]

Für das Anknüpfen an die Börsennotierung spricht schließlich die klare Abgrenzbarkeit des Merkmals. Dies ist auch aus Rechtssicherheitsgesichtspunkten vorzugswürdig. Die „Flucht" in andere Rechtsformen ist durch das Anknüpfen

---

1241 Gesetzesantrag des Landes Nordrhein-Westfalen v. 1.2.2011, BR-Drucks. 87/11, S.26.

1242 Gesetzesentwurf *Bündnis 90/Die Grünen* v. 13.10.2010, BT-Drucks. 17/3296, S.6.

1243 *Bachmann*, ZIP 2011, 1131, 1136.

1244 Gesetzesantrag des Landes Nordrhein-Westfalen v. 1.2.2011, BR-Drucks. 87/11, S.26.

1245 Vergleiche in diesem Zusammenhang die Ausführungen von *Lutter*, NJW 1995, 1133 ff.; *Bihr/Blättchen*, BB 2007, 1285 ff.; *Peltzer*, NZG 2009, 1041 ff.

1246 So auch die Begründung des Gesetzesantrages des Landes Nordrhein-Westfalen v. 1.2.2011, BR-Drucks. 87/11, S.26.

1247 *Rudolph*, Frauen in Aufsichtsräten- Befund Ursachen und Konsequenzen des unterproportionalen Anteils der Frauen in deutschen Aufsichtsräten und mögliche Veränderungsoptionen, *Frankfurt School of Finance&Management* 2009, S.15,16; abrufbar unter: http://www.frankfurt-school.de/content/de/frauen_in_aufsichtsraeten/dmsFS/0/file1/Frauen-in-Aufsichtsraeten.pdf (zuletzt abgerufen am 19.9.2011).

an die Börsennotierung nicht zu befürchten. Die wirtschaftlichen Vorteile des Agierens am öffentlichen Markt dürfen insoweit nicht unterschätzt werden.[1248]

II. In Frage stehende Rechtsformen und Gesellschaftstypen

1. Die Aktiengesellschaft

Die Aktiengesellschaft hat nach § 95 AktG einen Aufsichtsrat mit mindestens 3 und höchstens 21 Mitgliedern zu bilden. Die Höchstzahl richtet sich nach dem Grundkapital. Diese gilt unabhängig davon, ob die Aktiengesellschaft eine börsennotierte im Sinne des § 3 Absatz 2 AktG ist, nichtbörsennotiert oder aber ihre Gesellschaftsanteile auf dem sogenannten freien Markt nach § 2 Absatz 3 Satz 1 Nr. 8 Wertpapierhandelsgesetz (WpHG) gehandelt werden. Auch inwiefern die Aktiengesellschaft mitbestimmt ist, spielt für die gesetzlich verpflichtende Bildung des Kontrollorgans keine Rolle. Allerdings sollte die Aktiengesellschaft aus den oben genannten Gründen allein in der börsennotierten Modalität in den Anwendungsbereich der Gleichstellungsquote fallen.[1249]

2. Die Kommanditgesellschaft auf Aktien (KGaA)

Zum 1. Januar 2010 waren in Deutschland insgesamt 236 Kommanditgesellschaften auf Aktien registriert.[1250] Diese Gesellschaftsform verbindet Elemente der Aktien- und Kommanditgesellschaft, wobei sie grundsätzlich eine Kapitalgesellschaft in Form der Aktiengesellschaft darstellt mit dem Unterschied, dass bei der Kommanditgesellschaft auf Aktien zumindest ein Gesellschafter den Gesellschaftsgläubigern persönlich haftet, § 278 Absatz 1 AktG. Der persönlich haftende Gesellschafter ist oftmals selbst eine Gesellschaft mit beschränkter Haftung, GmBH & Co. KGaA. Das Rechtsverhältnis der persönlich haftenden Gesellschafter untereinander sowie zur Gesellschaft ergibt sich aus den Vorschriften des Handelsgesetzbuches, § 278 Absatz 2 AktG. Daneben gelten die Vorschriften für die Aktiengesellschaft sinngemäß, § 278 Absatz 3 AktG. Daher ist

---

1248 In diese Richtung wohl auch *Bachmann*, ZIP 2011, 1131, 1137, der darauf verweist, dass die Umgehungsprobleme bei Beschränkung der Quote auf börsennotierte Unternehmen minimiert werden.

1249 Ebenso Gesetzesantrag des Landes Nordrhein-Westfalen v. 1.2.2011, BR-Drucks. 87/11, S.26; anders hingegen Gesetzesentwurf *Bündnis 90/Die Grünen* v. 13.10.2010, BT-Drucks. 17/3296, S.6, 7, der auch die mitbestimmte nicht börsennotierte Aktiengesellschaft und mitbestimmte Gesellschaft mit beschränkter Haftung erfassen will.

1250 *Bayer/Hoffmann*, AG-Report 2010, R. 283, 284.

auch für diese Gesellschaftsform zwingend die Bildung eines Aufsichtsrats vorgesehen, § 278 Absatz 3 AktG in Verbindung mit § 95 AktG. Damit ist auch die börsennotierte Kommanditgesellschaft auf Aktien unabhängig von der Frage, ob sie der Mitbestimmung unterliegt, in den Anwendungsbereich der Gleichstellungsquote aufzunehmen.[1251]

3. Die Europäische Aktiengesellschaft

Die *Societas Europaea* (SE) stellt eine Handelsgesellschaft mit eigener Rechtspersönlichkeit dar, deren Kapital in Aktien zerlegt ist, Art. 1 Absatz 2 Satz 1, Absatz 3 der Verordnung 2157/2001/EG des Rates vom 8. Oktober 2001 über das Statut der Europäischen Gesellschaft (SE-VO).[1252]

Wirtschaftliche Motive für die Errichtung der supranationalen Kapitalgesellschaft sind unter anderem die Vereinheitlichung der Gesellschaftsstrukturen europaweit tätiger Unternehmen durch Bildung eines Konzerns mit einer Europäischen Aktiengesellschaft als Konzernmutter, die Ermöglichung grenzüberschreitender Verschmelzung oder die Schaffung schlanker Führungsstrukturen durch die Wahl einer internationalen Kapitalgesellschaft mit monistischer Struktur.[1253]

Allerdings existiert nicht die immer gleiche Europäische Aktiengesellschaft an sich; vielmehr existieren so viele *Societas Europaea*, wie Mitgliedsstaaten vorhanden sind, da die die Rechtsform kodifizierende Verordnung[1254] umfänglich auf das Recht des jeweiligen Sitzstaates verweist. So wird von der englischen, der deutschen *et cetera Societas Europaea* gesprochen.[1255] Damit unterliegt die Kapitalgesellschaft jeweils dem Recht des Staates, in dem sie gegründet worden ist. Nach den wegweisenden Entscheidungen des Europäischen Gerichtshofs *Centros*[1256], *Überseering*[1257] und *Inspire Art*[1258] gilt nunmehr auch nach der Auffassung des Bundesgerichtshofs,[1259] dass in anderen Staaten gegründete Gesellschaftsformen unabhängig von dem Ort des tatsächlichen Verwaltungssitzes in

1251 So auch ohne nähere Begründung Gesetzesentwurf *Bündnis 90/Die Grünen* v. 13.10.2010, BT-Drucks. 17/3296, S.7 sowie konsequenterweise auch Gesetzesantrag des Landes Nordrhein-Westfalen v. 1.2.2011, BR-Drucks. 87/11, S.26, 27.

1252 *Hirte*, DStR 2005, 653, 654.

1253 *Spitzbart*, RNotZ 2006, 369, 370.

1254 Verordnung 2157/2001/EG des Rates vom 8.10.2001 über das Statut der Europäischen Gesellschaft (SE).

1255 *Spitzbart*, RNotZ 2006, 369, 370; *Lutter*, BB 2002, 1, 3; *Schwarz*, ZIP 2001, 1847, 1860 f.

1256 EuGH Urt. v. 9.3.1999 – C - 212/97, NJW 1999, 2027 ff.

1257 EuGH Urt. v. 5.11.2002 - C-208/00, NJW 2002, 3614 ff.

1258 EuGH Urt. v. 30.9.2003 - C-167/01, BB 2003, 2195 ff.

1259 BGH Urt. v. 13.3.2003 - VII ZR 370/98, BB 2003, 915 (LS); BGH Urt. v. 14.3.2005 - II ZR 5/03, NJW 2005, 1648 (LS); BGH Urt. v. 19.9.2005 - II ZR 372/03, BB 2005, 2373 (LS).

der Rechtsform anzuerkennen sind, in der sie gegründet worden sind.[1260] Rechtsgrundlagen für die Errichtung und die rechtliche Handhabung der *Societas Europaea* sind die Verordnung 2157/2001/EG des Rates vom 8. Oktober 2001 über das Statut der Europäischen Gesellschaft (SE-VO), umgesetzt durch das Gesetz zur Ausführung der Verordnung 2157/2001/EG des Rates vom 8. Oktober 2001 über das Statut der Europäischen Gesellschaft (Societas Europaea Ausführungsgesetz SEAG) sowie die Richtlinie 2001/86/EG des Rates vom 8. Oktober 2001 zur Ergänzung des Status der Europäischen Gesellschaft hinsichtlich der Beteiligung der Arbeitnehmer (Societas Europaea-RL), umgesetzt durch das Gesetz über die Beteiligung der Arbeitnehmern in einer Europäischen Gesellschaft (Societas Europaea-Beteiligungsgesetz SEBG). Ergänzend dazu gilt nach Art. 9 Absatz 1 c) ii) der Societas Europaea-VO das jeweilige nationale Recht.[1261] Damit kommt das nationale Recht des gewählten Sitzstaates nur dann zum Tragen, wenn die gemeinschaftsrechtlichen Grundlagen nicht abschließende Auslegungen bereit halten, § 1 SEAG.

Die Leitungsstruktur der *Societas Europaea* kann dualistisch oder monistisch festgelegt werden, §§ 15 ff. SEAG, §§ 20 ff. SEAG. Wird das dualistische System gewählt, so besteht die *Societas Europaea* aus einem Aufsichtsorgan (Terminologie des Aktiengesetzes: Aufsichtsrat) und einem Leitungsorgan (Terminologie des Aktiengesetzes: Vorstand).[1262] Wird das dualistische System gewählt, so entspricht dies weitgehend der Leitungsstruktur einer Aktiengesellschaft des deutschen Rechts.[1263] Das Aufsichtsorgan überwacht die Geschäftsführung der Gesellschaft, ohne selbst zur Geschäftsführung berechtigt zu sein, Art. 40 Absatz 1 Societas Europaea-VO. Es kann Informationsansprüche gegenüber der Leitung geltend machen, Art. 41 Absatz 3 Satz 1 Societas Europaea-VO. Schließlich können bestimmte Arten von Geschäften von der Zustimmung des Aufsichtsorgans abhängig gemacht werden, Art. 48 Absatz 1 Societas Europaea-VO. Organisatorisch besteht der Aufsichtsrat gemäß § 17 Absatz 1 Satz 1 SEAG aus mindestens 3 Mitgliedern, wobei eine jeweils höhere Zahl festgesetzt werden kann, die durch drei teilbar sein muss, § 17 Absatz 1 Satz 1 SEAG. Die Höchstgrenze der Mitglieder ist auf 21 beschränkt, § 17 Absatz 1 Satz 4 SEAG. Die Mitglieder des Aufsichtsorgans werden von der Hauptversammlung, Art. 40 Absatz 2 Satz 1, 2 Societas Europaea-VO, auf eine Dauer, die 6 Jahre nicht überschreiten darf, Art. 46 Absatz 1 Societas Europaea-VO, bestellt, soweit keine mitbestimmungsrechtlichen Regeln greifen. Bei mitbestimmten Gesellschaf-

1260 *Spitzbart*, RNotZ 2006, 369, 371.
1261 *Spitzbart*, RNotZ 2006, 369, 372.
1262 *Spitzbart*, RNotZ 2006, 369, 376.
1263 *Spitzbart*, RNotZ 2006, 369, 376.

ten richtet sich die Bestellung der Arbeitnehmervertreter nach der mit den Arbeitnehmern getroffenen freiwilligen Vereinbarung oder der gesetzlichen Auffangregelung, § 36 SEGB.[1264] Das persönliche Anforderungsprofil an die Mitglieder einer deutschen *Societas Europaea* richtet sich gemäß Art. 47 Absatz 2 a) Societas Europaea-VO nach § 100 AktG und damit nach den Anforderungen des Rechts des Sitzstaates.

Fraglich ist, ob eine Gleichstellungsquote auch auf die Europäische Aktiengesellschaft Anwendung finden sollte. Jedenfalls für das dualistische System der börsennotierten *Societas Europaea*, das verpflichtend die Gründung eines Aufsichtsorgans vorsieht, müssen diese Überlegungen angestrengt werden. Demzufolge käme für die deutsche *Societas Europaea* mit dualistischem System die Anwendung der Gleichstellungsquote und damit eine Ergänzung des § 17 SEAG um einen entsprechenden Gleichstellungspassus in Frage.

Allerdings ist zunächst zu prüfen, ob der deutsche Gesetzgeber überhaupt zu einer solchen Regelung befugt wäre. Nach Art. 9 Absatz 1 c) i) ii) Societas Europaea-VO können nicht oder nicht vollständig von der Verordnung geregelte Aspekte durch nationale, die *Societas Europaea* betreffende Gesetze und damit durch das nationale Aktienrecht geregelt werden. Das deutsche Aktiengesetz kann also nur für solche Fragen Anwendung finden, bei denen die Verordnung eine Regelungslücke enthält und auch die nationalen für die *Societas Europaea* geschaffenen Vorgaben nichts Gegenteiliges statuieren. Hinsichtlich der Zusammensetzung des Aufsichtsorgans sind im Rahmen der Verordnung die Einzelverweisungen in Art. 39 sowie 40 Societas Europaea-VO zu beachten. Art. 39 Societas Europaea-VO betrifft die Funktion und Arbeitsweise des Aufsichtsorgans als ein das Leitungsorgan in eigener Verantwortung überwachendes Organ, Art. 39 Absatz 1 Societas Europaea-VO. Weiter bestimmt der Artikel, dass die Mitglieder des Leitungsorgans vom Aufsichtsorgan bestellt werden. Art. 39 Societas Europaea-VO enthält zudem die Möglichkeit, Sonderregelungen betreffend die Größe und Bestellung durch den Mitgliedstaat zu erlassen, § 39 Absatz 5 Societas Europaea-VO. Darüber hinaus wird bestimmt, dass die Mitglieder des Aufsichtsorgans von der Hauptversammlung gewählt werden, Art. 40 Absatz 2 Satz 1 Societas Europaea-VO und die Größe des Organs in erster Linie von den Festlegungen in der jeweiligen Satzung abhängig ist, Art. 40 Absatz 3 Societas Europaea-VO. Keine der Normen enthält bindende Bestimmungen hinsichtlich der geschlechtergerechten Zusammensetzung des Aufsichtsorgans. Insofern dürfte die Frage durch das nationale Recht geregelt werden. Eine bewusste Nichtregelung, die eine abweichende nationale Regelung ausschließt,

1264 *Spitzbart*, RNotZ 2006, 369, 377.

kann aus dem bewusst fragmentarischen Charakter[1265] der Verordnung nicht geschlossen werden. Auch in dem deutschen Umsetzungsgesetz findet sich hinsichtlich der Geschlechterverteilung im Aufsichtsrat keine Regelung.

Damit wäre der deutsche Gesetzgeber befugt, eine entsprechende Ergänzung beispielsweise in § 17 SEAG vorzunehmen, ohne gegen Bestimmungen aus der Verordnung zu verstoßen.[1266] Hierfür spricht auch, dass Frankreich und Spanien bereits Gleichstellungsquoten erlassen haben, die dann auch für die spanische und französische *Societas Europaea* gelten dürften.[1267]

Aus der Gleichläufigkeit der Organisationsstruktur der deutschen dualistischen *Societas Europaea* und der nationalen Aktiengesellschaft resultiert, dass eine Gleichstellungsquote auch im Hinblick auf die Rechte der Anteilseigner an der *Societas Europaea* einen verhältnismäßigen Eingriff darstellen würde. Allerdings müssen die aufgestellten Zulässigkeitskriterien an die Quote auch hier Beachtung finden.

Die Gleichstellungsquote käme allein für die deutsche börsennotierte dualistische und nicht für die monistisch strukturierte *Societas Europaea* zum Tragen. Dies kann jedoch im Hinblick auf das Argument der Systemgerechtigkeit aus Art. 3 Absatz 1 GG[1268] damit gerechtfertigt werden, dass dem Verwaltungsrat einer monistischen Gesellschaft nach § 22 SEAG die Geschäftsführung der Gesellschaft obliegt und er damit eine „Vorstands-Stellung" einnimmt. Die beschränkte Anwendung auf das dualistische System der deutschen *Societas Europaea* kann aufgrund der Unterschiedlichkeit der Gremien in ihrer Ausgestaltung und Funktion sachlich gerechtfertigt werden.[1269]

Handelt es sich bei der Europäischen Aktiengesellschaft um eine in Deutschland gegründete und somit deutsche börsennotierte *Societas Europaea* mit dua-

1265 *Schäfer* in MünchKomm AktG Band 9/2, Art. 9 SE-VO Rn.2.

1266 Zu diesem Ergebnis kommt auch der Abschlussbericht der Länderarbeitsgruppe 2011, Teilhabe von Frauen in Führungs- und Kontrollgremien der Wirtschaft, S.163; abrufbar unter: http://www.justiz.bayern.de/imperia/md/content/stmj_internet/ministerium/ministerium/gesetzgebung/teilhabe_frauen_fuehrungs_und_kontrollgremien_1_.pdf (zuletzt abgerufen am 19.9. 2011).

1267 2.TeilA.III.2.a)bb) sowie 2.TeilA.III.2.a)cc).

1268 Hierzu BVerfG Urt. v. 23.1.1990 - 1 BvL 44/86, BVerfGE 81, 156, 207; BVerfG Beschl. v. 10.10.2001 - 1 BvL 17/00, BVerfGE 104, 74, 87; BVerfG Beschl. v. 13.2.2007 - 1 BvR 910/05, BVerfGE 118, 1, 28.

1269 Siehe hierzu auch die Ausführungen unter 3.TeilG zu der Frage der Zulässigkeit einer Gleichstellungsquote im Bereich des Managements.

listischer Struktur im Sinne der §§ 15 ff. SEAG, gebietet sich eine Anwendung der Gleichstellungsquote auf diese Rechtsform.[1270]

In welchem Umfang die *Societas Europaea* darüber hinaus der freiwilligen oder gesetzlichen Mitbestimmung unterliegt, spielt hier nur insofern eine Rolle, als sich der Aufsichtsrat je nach vereinbartem Statut auch aus Arbeitnehmervertretern zusammensetzt. Dabei können die Gesellschaften grundsätzlich die Mitbestimmung autonom gestalten, §§ 4 Absatz 1, 21 SEGB und damit die Zahl der Arbeitnehmer, denen Mitbestimmungsrechte zustehen sollen, selbst bestimmen. Danach bietet sich im Bereich der freiwilligen Mitbestimmung eine Soll-Vorschrift zur möglichst paritätischen Besetzung der Stellen an. Dies setzt voraus, dass die Parteien nicht auf die nationalen Mitbestimmungsstatute wie Drittelbeteiligungsgesetz oder Mitbestimmungsgesetz verweisen. Dann nämlich greift die Gleichstellungsquote im Bereich der Arbeitnehmervertretung in der dualistischen *Societas Europaea* ebenso wie im Bereich der Mitbestimmung bei rein nationalen Rechtsformen. Kommt eine freiwillige Vereinbarung zur Mitbestimmung nicht zu Stande, gilt Arbeitnehmermitbestimmung kraft Gesetz, §§ 22 ff. SEGB. Die Anzahl der zu beteiligenden Arbeitnehmervertreter im Aufsichtsorgan bemisst sich dann nach dem höchsten vorhandenen Anteil an Arbeitnehmervertretern, der in den Organen der beteiligten Gesellschaften vor der Eintragung der *Societas Europaea* bestanden hat, § 35 Absatz 2 Satz SEGB. Damit kommen im Rahmen der deutschen *Societas Europaea* jeweils entweder die Beteiligungszahlen des Drittelbeteiligungsgesetzes, des Mitbestimmungsgesetzes, des Montanmitbestimmungsgesetzes oder des Montanmitbestimmungsergänzungsgesetzes in Betracht. Insofern sind die Ausführungen zu der Gleichstellungsquote im Bereich der Arbeitnehmervertretung auf die mitbestimmte dualistische deutsche *Societas Europaea* zu übertragen. Besteht durch eine ausländische beteiligte Gesellschaft ein höheres Mitspracherecht, so gilt dieses unabhängig davon, ob die *Societas Europaea* in Deutschland gegründet worden ist.[1271] Hierauf könnte die vom deutschen Gesetzgeber initiierte Gleichstellungsquote naturgemäß keinen Einfluss haben. Allerdings behält das deutsche Mitbestimmungsrecht die umfangreichste Arbeitnehmervertretung bereit, sodass bei Beteiligung einer deutschen Gesellschaft zumeist das deutsche Mitbestimmungsrecht zum Tragen kommt.[1272]

Sofern die nationalen Mitbestimmungsstatute gewählt und hierauf verwiesen wurde oder die deutsche Mitbestimmung per Gesetz zur Anwendung gelangt,

---

1270 So im Ergebnis indes ohne nähere Begründung Gesetzesentwurf *Bündnis 90/Die Grünen* v. 13.10.2010, BT-Drucks. 17/3296, S.7 sowie konsequenterweise auch der Gesetzesantrag des Landes Nordrhein-Westfalen v. 1.2.2011, BR-Drucks. 87/11, S.7, 8, 26, 27.

1271 *Thoma/Leuering*, NJW 2002, 1149, 1454.

1272 *Thoma/Leuering*, NJW 2002, 1449, 1454: Deutschland als „hässliches Entlein" der EU.

kommt die gesetzliche Gleichstellungsquote auch bei der deutschen dualistischen börsennotierten mitbestimmten Europäischen Aktiengesellschaft zum Tragen.

4. Sonderkonstellation Familiengesellschaft?

In einer aktuellen Studie des Zentrums für europäische Wirtschaftsforschung (ZEW) wurde die volkswirtschaftliche Bedeutung von Familienunternehmen untersucht.[1273] Die Ergebnisse zeigen, dass allein die 500 größten deutschen Familienunternehmen gemeinsam im Jahr 2008 4,3 Millionen Personen beschäftigt und einen Umsatz von über 910 Milliarden Euro erwirtschaftet haben.[1274] Die Zahlen belegen die gesamtwirtschaftliche Bedeutung des Typus des familiengeführten Unternehmens. Wirtschaftlich herausragende Namen in Form der börsennotierten Kapitalgesellschaft sind beispielsweise *Sixt, Bauer oder GFT Technologies*.[1275]

Obwohl Familienunternehmen in den letzten Jahren vermehrt Gegenstand juristischer Abhandlungen[1276] waren, fehlt es an einer anerkannten Definition der Gesellschaftsform.[1277] Dies ist nicht zuletzt darauf zurückzuführen, dass das Etikett des Familienunternehmens Gesellschaften mit höchst unterschiedlichen Rechtsformen angehängt wird.[1278] Auch hinsichtlich der Unternehmensgröße herrscht wenig Einigkeit. So werden Familienunternehmen pauschal mit dem Mittelstand gleichgesetzt, obwohl längst nicht alle mittelständischen Unternehmen zugleich Familienunternehmen sind und auch große Unternehmen im Einzelfall den Charakter eines Familienunternehmens besitzen können.[1279] Richtigerweise muss sich eine Definition an den beiden prägenden Elementen der Unternehmensform orientieren: Der Familie und ihrem Verhältnis zum Unterneh-

---

1273 *Scherer*, BB 2010, 323 mwN.; siehe auch die Zahlen bei *Ulmer*, ZIP 2010, 549.

1274 *Scherer*, BB 2010, 323.

1275 Abschlussbericht der Länderarbeitsgruppe 2011, Teilhabe von Frauen in Führungs- und Kontrollgremien der Wirtschaft, S.166; abrufbar unter: http://www.justiz.bayern.de/imperia/md/content/stmj_internet/ministerium/ministerium/gesetzgebung/teilhabe_frauen_fuehrungs_und_kontrollgremien_1_.pdf (zuletzt abgerufen am 19.9.2011).

1276 Siehe nur *Hennerkes*, Die Familie und ihr Unternehmen; *Sudhoff*, Familienunternehmen; *Sigle*, FS Rowedder 1994, S.459 ff.; *Lange*, BB 2005, 2585; *Ulmer*, ZIP 2010, 549; *Scherer*, BB 2010, 323.

1277 *Lange*, BB 2005, 2585.

1278 *Lange*, BB 2005, 2585; umfänglich hierzu *Wälzholz* in Sudhoff, Familienunternehmen, § 2 Rn.1 ff.

1279 *Frank*, Die kleine AG als Organisationsform für die Nachfolge in Familienunternehmen, S.33; *Lange*, BB 2005, 2585.

men.[1280] Mitunter stellen die in der Literatur versuchten Definitionsansätze darauf ab, dass ein Familienunternehmen mehrere Gesellschafter hat, die untereinander in familiärer Beziehung stehen.[1281] Für das Familienunternehmen prägend ist daher weniger die Unternehmensgröße als vielmehr der Umstand, dass in ihm eine Familie maßgeblichen unternehmerischen Einfluss ausübt.[1282] Unterschiedliche Auffassungen lassen sich zudem bei der Frage ausmachen, wie stark der familiäre Einfluss das Unternehmen dominieren muss. Während es einige Autoren ausreichen lassen, wenn die Familie die Kapital- oder Stimmenmehrheit in der Gesellschaft hält, ohne dass sie direkt am operativen Geschäft beteiligt sein muss, fordern andere, dass die Familie auch in der Unternehmensleitung vertreten sein muss. Gerade die Vereinigung von Eigentum und Unternehmensleitung in der Hand einer Familie mache den Charakter als Familienunternehmen aus.[1283] Damit steht bei der Besetzung der Leitungs- und Kontrollorgane der familiäre Bezug im Vordergrund. Die Auswahlfreiheit, verwandtschaftliche Mandatsträger zu akquirieren, ist von vornherein wesentlich enger, als wenn eine verwandtschaftliche Beziehung keine Rolle spielt. Neben den Qualifikationsvoraussetzungen ergibt sich hier ein weiterer Bezugspunkt ausgerichtet an der Familienzugehörigkeit.

Fraglich ist, ob die Familiengesellschaften von einer Gleichstellungsquote im Aufsichtsrat so gravierend betroffen wären, dass sich als unzumutbar darstellen würde. Sodann müsste über die Herausnahme der Familiengesellschaft aus der gesetzlichen Regelung nachgedacht werden, beispielsweise in Form einer Öffnungsklausel für die Familiengesellschaft *per definitionem* im engeren Sinne.

Hierfür spricht, dass sich das „Markenzeichen" für diesen Gesellschaftstyp – nämlich die Beschränkung des Gesellschafterkreises oder zumindest der Stimmrechtsmehrheit und die Leitung des Unternehmens auf die Mitglieder einer oder weniger untereinander verbundener Familien – mit der gesetzlichen Gleichstellungsquote im Aufsichtsrat je nach familiärer Struktur unter Umständen nicht verwirklichen lässt.

Gewichtigere Gründe sprechen indes gegen eine Herausnahme der als Familiengesellschaft deklarierten börsennotierten Kapitalgesellschaft. Bei der Familiengesellschaft handelt es sich nicht um eine Gesellschaft *sui generis*, sondern um ein besonders geprägtes Unternehmen. Daher unterliegt die Familiengesellschaft in der jeweiligen Rechtsform den hierfür vorgesehenen Gesetzen. Ist die Familiengesellschaft als börsennotierte Aktiengesellschaft strukturiert, hat sie

1280 *Lange*, BB 2005, 2585.

1281 *Langenfeld* in Langenfeld/Gail, HdB der Familienunternehmen, Einl. Rn.3.

1282 *Lange*, BB 2005, 2585, 2586.

1283 *Lange*, BB 2005, 2585, 2586 mwN.

sich in ihrer Organisations- und Funktionsweise an das Aktiengesetz zu halten (*numerus clausus* der Rechtsformen). Da die Gleichstellungsquote allein bei börsennotierten Unternehmen implementiert werden soll, resultiert ein möglicher Verlust der Anbindung des Unternehmens an die Familie nicht durch die geschlechterausgeglichene Aufsichtsratsbesetzung, sondern bereits durch die Wahl der Rechtsform. Die Gesellschafter einer börsennotierten Aktiengesellschaft haben weitaus weniger Einfluss auf das *Management* als beispielsweise bei einer Gesellschaft mit beschränkter Haftung. Entscheidet sich die Unternehmerfamilie für den Eintritt in den öffentlichen Markt, so hat sie sich auch an die Regeln und einhergehenden Konsequenzen zu halten. Darüber hinaus ist der Familie auch weiterhin unbenommen, ihren Einfluss geltend zu machen. Die Quote orientiert sich an 30-40% sodass noch über die Hälfte der Posten mit männlichen Vertretern der Familie ausgefüllt werden können. Eine Einwirkungsmöglichkeit kann durch Entsendungsberechtigung oder weitere in der Satzung manifestierte Sonderrechte gesichert werden.

Für diese Annahme spricht auch das *Mitbestimmungsurteil* des Bundesverfassungsgerichts.[1284] Es hielt bei Familiengesellschaften keine Ausnahme von der Arbeitnehmermitbestimmung im Aufsichtsrat für geboten.[1285]

5. Sonderkonstellation Öffentliche Unternehmen?

Die öffentliche Hand kann ihre Unternehmen nicht allein in der Rechtsform des öffentlichen Rechts, sondern wahlweise auch in einer privatrechtlichen Organisationsform errichten und betreiben. Bund, Länder und Gemeinden sind Eigentümer einer Vielzahl von Wirtschaftsunternehmen. Ebenso besitzen sie umfangreiche Unternehmensbeteiligungen an privaten Unternehmen. Öffentliche Unternehmen sind danach – im Gegensatz zu privaten Unternehmen – alle Unternehmen, auf die die öffentliche Hand aufgrund von Eigentum, finanzieller Beteiligung, Satzung oder sonstiger Bestimmungen, die die Tätigkeit des Unternehmens regeln, unmittelbar oder mittelbar einen beherrschenden Einfluss ausüben

1284 BVerfG Urt. v. 1.3.1979 - 1 BvR 532/77, BVerfGE 50, 290 ff.

1285 BVerfG Urt. v. 1.3.1979 - 1 BvR 532/77, BVerfGE 50, 357,358; zu diesem Ergebnis gelangt letztendlich auch der Gesetzesentwurf *Bündnis 90/Die Grünen* v. 13.10.2010, BT-Drucks. 17/3296 sowie der Gesetzesantrag des Landes Nordrhein-Westfalen v. 1.2.2011, BR-Drucks. 87/11, die beide keine Ausnahme für Familiengesellschaften vorsehen; so auch der Abschlussbericht der Länderarbeitsgruppe 2011, Teilhabe von Frauen in Führungs- und Kontrollgremien der Wirtschaft, S.167; abrufbar unter: http://www.justiz.bayern.de/imperia/md/content/stmj_internet/ministerium/ministerium/gesetzgebung/teilhabe_frauen_fuehrungs_und_kontrollgremien_1_.pdf (zuletzt abgerufen am 19.9.2011).

kann.[1286] Letztlich kommt es darauf an, ob und inwieweit die öffentliche Hand das jeweilige Unternehmen lenken kann. Nach diesem funktionalen Ansatz hat der Europäische Gerichtshof beispielsweise einen beherrschenden Einfluss des Landes Niedersachsen auf das Unternehmen *Volkswagen* bei nur 20% der Beteiligung gesehen, da Niedersachsen über umfangreiche Sonderrechte aufgrund des *Volkswagengesetzes* verfügte.[1287]

Fraglich ist, inwieweit eine Gleichstellungsquote auch im sogenannten Öffentlichen Unternehmen zur Anwendung gelangen sollte. Die öffentliche Hand hat sich wenn sie sich privatrechtlicher Organisationsformen bedient, konsequenterweise auch nach dieser Rechtsform und ihren gesetzlichen Vorgaben zu richten.[1288] Diese sind einheitlich und richten sich nicht danach, wer hinter dem Unternehmen steht. Anderenfalls ergäbe sich das absurde Ergebnis, dass jedes Land eine Aktiengesellschaft *sui generis* im Einklang mit der jeweiligen Gemeindeordnung etablieren könnte.[1289]

Deshalb muss die Gleichstellungsquote im Aufsichtsrat auch für Öffentliche Unternehmen in der Rechtsform der börsennotierten Gesellschaften gelten. Darüber hinaus kommt gerade dem Staat aus Art. 3 Absatz 2 Satz 2 GG eine besondere Vorbildfunktion im Bereich der Geschlechtergleichstellung zu, sodass Öffentliche Unternehmen auch in Privatrechtsform bereits vor Einführung der gesetzlichen Quote zumindest bei Eigengesellschaften eine paritätische Besetzung aller Führungspositionen anstreben sollten.

III. Ergebnis

Die Implementierung einer Gleichstellungsquote kommt für alle börsennotierten Unternehmen in Betracht. Das Abstellen auf die Börsennotierung ist aus mehreren Gründen ein sachgerechtes Abgrenzungskriterium. Somit fielen die börsennotierte Aktiengesellschaft, die börsennotierte Kommanditgesellschaft auf Aktien und die börsennotierte deutsche dualistische *Societas Europaea* in den An-

---

1286 Art. 2 Absatz 1 b) der Richtlinie 80/723/EWG der Kommission vom 25.6.1980 betreffend die finanziellen Beziehungen zwischen den Mitgliedsstaaten und den öffentlichen Unternehmen, Abl. Nr. L 195, S.35 ff.; allgemein zu öffentlichen Unternehmen *Püttner*, DÖV 1983, 697 ff.; zu wirtschaftlichen Unternehmen der Gemeinden *Häuselmann*, JuS 1984, 940 ff.

1287 EuGH Urt. v. 23.10.2007 - C-112/05, NJW 2007, 3481, 3484 Tz.59 ff., dass § 4 Absatz 1 VolkswagenwerkG, wonach das Land Niedersachen berechtigt war zwei Aufsichtsratsmitglieder zu entsenden, als europarechtswidrig deklariert, was nach der bisherigen „*Golden-Shares*“ Rechtsprechung des Gerichtshof auch zu erwarten war.

1288 *Leisner*, GewArch 2009, 337, 338 ff.; ausführliche Widerlegung der Lehre von Verwaltungsgesellschaftsrecht bei *Mann*, Die öffentlich-rechtliche Gesellschaft, S.279 ff.

1289 Zu diesem Problem *Altmeppen*, NJW 2003, 2561 ff.

wendungsbereich der Gleichstellungsquote. Eine Öffnungsklausel für den besonderen *Typus* der Familiengesellschaft sowie dem des Öffentlichen Unternehmens wäre nicht sachgerecht und ist daher entbehrlich.

G. Gleichstellungsquote auch im Bereich des *Managements*?

Öffentliche und politische Forderungen[1290] nehmen zunehmend auch eine Quote für Vorstände ins Visier. Die Untersuchung der Rechtmäßigkeit einer Managerquote würde den Rahmen dieser Arbeit sprengen. Aus diesem Grund sollen nur grundsätzliche Überlegungen geführt werden, die für die sich hier ergebenden rechtlichen Probleme sensibilisieren, ohne ein konkretes Ergebnis vorzuschlagen.

I. Betroffene Grundrechte

Wie auch die Gleichstellungsquote im Aufsichtsrat beträfe die gesetzliche Quotierung des *Managements* einer Aktiengesellschaft schwerpunktmäßig die unternehmerische Freiheit der Gesellschaft aus Art. 12 Absatz 1 GG und mittelbar das Anteilseigentum der Aktionäre aus Art. 14 Absatz 1 GG. Auch wäre das Diskriminierungsverbot der männlichen Gegenkandidaten aus Art. 3 Absatz 3 GG betroffen. Ferner wäre das Recht des Aufsichtsratsorgans zur Bestellung des Vorstands aus § 84 AktG in die Prüfung miteinzubeziehen. Insoweit wäre lediglich die Auswahl der Kandidaten modifiziert und nicht dem Organ Aufsichtsrat sein Recht zur Vorstandsbestellung genommen.

II. Legitimer Zweck, Geeignetheit und Erforderlichkeit

Nach der verfassungsrechtlichen Prüfungsreihenfolge, müsste eine gesetzliche Geschlechterquote im Bereich des *Managements* zunächst einen objektiven legitimen Zweck verfolgen. Auch hier kann das Ziel der staatlichen Maßnahme mit der Umsetzung des verfassungsrechtlichen Gleichstellungsauftrages aus Art. 3 Absatz 2 Satz 2 GG begründet werden. Allerdings müsste – insbesondere auf-

---

1290 Antrag der *SPD*Bundestagsfraktion v. 9.2.2011, BT-Drucks. 17/4683, S.3; Meldung in Spiegel Online v. 29.1.2011, „Von der Leyen will Frauenquote für Vorstände rasch durchdrücken"; abrufbar unter: http://www.spiegel.de/politik/deutschland/0,1518,742403,00.html (zuletzt abgerufen am 19.9.2011).

grund der hohen Bedeutung des Vorstands für den unternehmerischen Erfolg der Gesellschaft § 76 Absatz 1 AktG – verschärft die Absicherung einer Mindestqualifikation gefordert werden. Es kann nicht Ziel des Gesetzgebers sein, Unternehmen in ihre Handlungsunfähigkeit bishin zum wirtschaftlichen Ruin zu treiben. Die Legitimität des Vorgehens wäre erneut unabdingbar an die Absicherung eines Mindeststandards geknüpft. Die Festlegung dieses Anforderungsprofils könnte einmal im *Deutschen Corporate Governance Kodex* konkretisiert werden. Zusätzlich sollten die Unternehmen die für sie individuell notwendigen Einstellungskriterien für jedermann nachvollziehbar in der Satzung festlegen.

Eine Quotierung des Vorstands wäre grundsätzlich geeignet, das gesetzgeberische Ziel der Erhöhung des Frauenanteils umzusetzen. Allerdings kann hier der geführte Einwand[1291] der nicht hinreichend zur Verfügung stehenden Frauen für diese Position aufgrund der noch höheren Anforderungen, verstärkt geführt werden. Zweifelsohne handelt es sich bei einer Managerposition um eine Tätigkeit, die in zeitlicher Hinsicht vollumfängliche Inanspruchnahme verlangt. Gleichwohl kann den Kritikern entgegengehalten werden, dass keine gesicherten Datensätze existieren, die belegen, dass nicht hinreichend qualifizierte Frauen zur Verfügung stünden. Im Hinblick auf die verfassungsrechtliche Zulässigkeit des Gesetzes kann von der Zwecktauglichkeit dieser Maßnahme ausgegangen werden, da die abstrakte Möglichkeit beziehungsweise ein „*Schritt in die richtige Richtung*" bereits ausreicht, um die Geeignetheit einer gesetzlichen Regelung zu begründen.[1292] Der in der öffentlichen Diskussion gern geführte Verweis auf Norwegen und darauf, dass es dort überhaupt keine Probleme mit der Akquise qualifizierter Frauen gegeben habe,[1293] greift zu kurz. Die Aktiengesellschaften in Norwegen verfügen über eine monistische Struktur, sodass ein Verwaltungsrat sowohl aus Vorstands- als auch Aufsichtsratsmitgliedern besteht. Aus den in Deutschland zur Verfügung stehenden Statistiken beziehungsweise der Literatur geht nicht hervor, inwiefern die einzuhaltende 40% Quote im Board eher von den Frauen auf Aufsichtsratsebene oder solchen auf Managementebene erfüllt wird.

Bei der Frage nach der Erforderlichkeit einer gesetzlichen Maßnahme auf *Managementebene* muss nach einem milderen Mittel gleicher Effektivität Aus-

1291 So der Einwand von *Redenius-Hövermann*, ZIP 2010, 660, 665; *Schladebach/Stefanopoulou*, BB 2010, 1042, 1046; *Francois-Poncet/Deilmann/Otte*, NZG 2011, 450, 454; *Peltzer*, NZG 2011, 281, 283; *Hirte*, Stellungnahme als Sachverständiger im Rahmen der Anhörung des Gesetzesentwurfs *Bündnis 90/Die Grünen* v. 11.5.2011, S.20; abrufbar unter: http://www.bundestag.de/bundestag/ausschuesse17/a06/anhoerungen/archiv/09_Aufsichtsraete/04_Stellungnahmen/Stellungnahme_Hirte.pdf (zuletzt abgerufen am 19.9.2011).

1292 Vergleiche hierzu die ähnlich gelagerte Diskussion unter 3.TeilB.II.2.b)bb).

1293 So mitunter der Verweis von *Raasch*, ZfRV 2009, 216, 221, 222.

schau gehalten werden. Hier liegt die Einführung einer Soll-Vorschrift beziehungsweise der von Ministerin *Schröder* favorisierten *Flexiquote* nahe.[1294] Diese Umsetzungsmöglichkeit erscheint gerade für die Vorstandsgremien attraktiv, da sie eine flexible, auf das jeweilige Unternehmen zugeschnittene Umsetzung ermöglicht. Da dem Gesetzgeber jedoch eine nicht unerhebliche Einschätzungsprärogative obliegt,[1295] könnte eine Geschlechterquote im *Management* als effektivstes Instrumentarium gerechtfertigt werden.

III. Angemessenheit

Im Bereich der unternehmerischen Freiheit der Gesellschaft, geschützt durch Art. 12 Absatz 1 GG, wäre auch die Quotierung der Vorstände als Berufsausübungsregelung zu begreifen und folglich mit vernünftigen Erwägungen des Allgemeinwohls, hier dem verfassungsrechtlichen Gleichstellungsauftrag, zu rechtfertigen. Es kann nicht angenommen werden, dass die Besetzung des *Managements* durch Frauen zu einem Abbruch der unternehmerischen Tätigkeit der Gesellschaft führt und sich damit als Berufswahlregelung darstellt. Allerdings ist die besondere Bedeutung des Vorstands für die Wirtschaftsführung eines Unternehmens zu berücksichtigen. Der Vorstand leitet die Gesellschaft unter eigener Verantwortung § 76 Absatz 1 AktG. Ihm allein obliegt die strategische Führung des Unternehmens. Anders als die Kontroll- und Überwachungsfunktion des Aufsichtsrats, die eine objektive Wahrnehmung erfordert, sind die Entscheidungen des Vorstands viel mehr von persönlichen Vorstellungen über die Unternehmensziele geprägt. Das wirtschaftliche Interesse des Unternehmens, einen Vorstand zu benennen, der durch sein Profil im Einklang mit der Unternehmensphilosophie überzeugen kann, ist hoch. Die Besetzung des Vorstands hat in ungleich höherem Maße Einfluss auf den wirtschaftlichen Erfolg des Unternehmens.[1296]

1294 Siehe hierzu die Ausführungen unter 3.TeilB.II.2.b)cc)(3).

1295 BVerfG Urt. v. 9.3.1971 - 2 BvR 326/69, BVerfGE 30, 250, 263: *„Das Rechtsstaatsprinzip verbietet belastende Gesetze, die zur Erreichung der Gesetzeszwecke schlechthin untauglich sind. Dem Gesetzgeber steht aber ein weiter Spielraum für die Beurteilung der Zwecktauglichkeit des Gesetzes zu. Eine gesetzliche Maßnahme ist nicht schon deshalb verfassungswidrig, weil sie auf einer Fehlprognose des Gesetzgebers beruht."*

1296 In diese Richtung gehen auch die Ausführungen von *Hohmann-Dennhardt*, Aktionärinnen fordern Gleichberechtigung, S.248; abrufbar unter: http://www.bmfsfj.de/Redaktion BMFSFJ/Broschuerenstelle/Pdf-Anlagen/Aktion_C3_A4rinnen-fordern-Gleichberechtigung, property=pdf,bereich=bmfsfj,sprache=de,rwb=true.pdf (zuletzt abgerufen am 19.9.2011) sowie die Ausführungen im Abschlussbericht der Länderarbeitsgruppe 2011, Teilhabe von Frauen in Führungs- und Kontrollgremien der Wirtschaft, S.106; abrufbar unter: http://www. justiz.bayern.de/imperia/md/content/stmj_internet/ministerium/ministerium/gesetzgebung/teil habe_frauen_

Die Intensität, die ein Eingriff durch die Quotierung des *Managements* in die unternehmerische Freiheit der Gesellschaft bedeuten würde, ist daher deutlich höher zu bewerten als eine Gleichstellungsquote im Bereich des Aufsichtsrats.

Die Gremien des Vorstandes sind regelmäßig deutlich kleiner als die des Aufsichtsrats. Dies ergibt sich bereits aus der Arbeitnehmermitbestimmung im Aufsichtsrat. Aus diesem Grund dürfte eine Quote erst ab einer bestimmten Gremiengröße greifen, denn je kleiner das Gremium, desto intensiver wirkt sich Quote aus, schränkt also die unternehmerische Freiheit der Gesellschaft spiegelbildlich ein.

Darüber hinaus wäre die Installation einer Härtefallklausel, die in Fällen des Nichtvorhandenseins von geeigneten Bewerberinnen greift, unerlässlich. Andernfalls wäre eine Quotierung unverhältnismäßig. Auch darf nicht vergessen werden, dass aufgrund des hohen Anforderungsprofils ein extrem kleiner Auswahlkreis existiert, der die objektiv determinierten Anforderungen zu erfüllen im Stande ist. Es besteht daher die Gefahr, dass die notwendigerweise zu installierende Härtefallklausel, die bei Nichtvorhandensein qualifizierten weiblichen Potentials greift, nicht die Ausnahme, sondern die Regel darstellt.

Weiterhin ist die Verhältnismäßigkeit der Vorstandsquotierung im Hinblick auf das in Art. 14 Absatz 1 GG gesicherte Anteilseigentum der Aktionäre zu betrachten. Von der Betroffenheit der durch das Grundrecht besonders geschützten vermögensrechtlichen Komponente des Aktieneigentums ist bei einer möglichst paritätischen Besetzung des Vorstands nicht auszugehen. Die unerlässliche Einhaltung der Mindestanforderungen stützt diese Einschätzung. Vielmehr beträfe eine Quotierung des Vorstands – wie auch die Gleichstellungsquote im Aufsichtsrat – mittelbar die mitgliedschaftlichen Rechte der Aktionäre, da sie durch gezielte Positionierung „ihrer" Vertreter in den Aufsichtsrat auch die Besetzung des Vorstandes beeinflussen können. So wenn sich ein Großaktionär mit Entsendungsberechtigung selbst als Vertreter in den Aufsichtsrat beruft, um an der Vorstandsbestellung mitzuwirken. Damit würde eine Quotierung des Vorstands mittelbar auch die Mitgliedschaftsrechte der Anteilseigner betreffen. Um einen Eingriff in die vermögensrechtliche Komponente der Aktie zu vermeiden, verlangt auch der Schutz des Anteilseigentums der Aktionäre eine Härtefallklausel und damit ein Abweichen von der Quote, wenn nicht hinreichend qualifizierte Bewerberinnen zur Verfügung stehen.

Verfassungsrechtliche Bedenken ergeben sich im Hinblick auf das Diskriminierungsverbot aus Art. 3 Absatz 3 GG der männlichen Gegenkandidaten. Zwar müssen der Gleichstellungsauftrag aus Art. 3 Absatz 2 Satz 2 GG und Art. 3 Ab-

---

fuehrungs_und_kontrollgremien_1_.pdf (zuletzt abgerufen am 19.9.2011); daher eine Geschlechterquote für den Vorstand ablehnend *Bachmann*, ZIP 2011, 1131,1139.

satz 3 GG erneut in Abwägung treten. Allerdings müssten hier aufgrund der Bedeutung einer Vorstandsposition strengere Maßstäbe bei den Differenzierungsmöglichkeiten angelegt werden. Hier ist die Rechtsprechung des Europäischen Gerichtshofs im Hinblick darauf, dass ein Vorrang des unterrepräsentierten Geschlechts nur bei absolut gleicher Qualifikation erfolgen darf und zudem auch keine Umstände in der Person des Gegenkandidaten ein anderes Ergebnis gebieten dürfen,[1297] unbedingt zu beachten. Eine Vorstandsposition stellt im Gegensatz zu einer Aufsichtsratsposition ein Beschäftigungsverhältnis und keine Gremienposition dar. Aus diesem Grund käme es beim Vorstand viel eher zu einer „eins-zu-eins" Auswahlsituation, bei der ein Bewerber trotz besserer Qualifikation allein aufgrund seines Geschlechts zurücktreten müsste. Ob eine Vorstandsquotierung mit Mindestvorgaben den Zulässigkeitsvoraussetzungen des Europäischen Gerichtshofs standhalten könnte, erscheint zweifelhaft. In Anwendung der aufgestellten Grundsätze dürfte eine Quote allein in Form einer Entscheidungsquote[1298] mit Härtefallklausel und jeweils unter Berücksichtigung der besonderen Einzelumstände des Gegenkandidaten installiert werden. Eine Ergebnisquote – wie für die Gleichstellungsquote im Aufsichtsrat vorgeschlagen – wäre mit den vom Europäischen Gerichtshof aufgestellten Zulässigkeitskriterien für Geschlechterquoten wohl nicht vereinbar.

IV. Ergebnis

Bei der Einführung einer *Managerquote* erscheint Zurückhaltung geboten. Es sollte abgewartet werden, ob eine Gleichstellungsquote im Aufsichtsrat positive Wirkung für die Zusammensetzung des Vorstands hätte. Die Managerquote begegnet vor allem im Hinblick auf Art. 3 Absatz 3 GG der männlichen Gegenkandidaten eingedenk der Rechtsprechung des Europäischen Gerichtshofs Bedenken und wäre allenfalls in Form einer qualifikationsabhängigen Entscheidungsquote mit Härtefallklausel denkbar. Aufgrund des kleinen Auswahlkreises geeigneter Kandidaten wird es häufig zu einer „eins-zu-eins" Auswahlsituation kommen, die bei der Gleichstellungsquote im Bereich des Aufsichtsrats und seiner Wahl durch die Hauptversammlung gerade nicht vorliegt.

Darüber hinaus erscheint sie auch im Hinblick auf ihre Geeignetheit und Erforderlichkeit verfassungsrechtlich nicht unbedenklich, da sich der Einwand, dass keine ausreichend qualifizierten Bewerberinnen für das Amt zur Verfügung stehen, auf Managementebene potenziert. Deshalb sollte hier das Ziel mit „wei-

---

1297 3.TeilB.V.3.b)aa).

1298 Zu den Quotierungskonzeptionierungen siehe 2.TeilB.II.

cheren“ Maßnahmen verfolgt werden. In diesem Zusammenhang sollte vor allem Transparenz in den Bestellungsvorgang gebracht werden.[1299] Bis dato werden die Kriterien, die einer personellen Entscheidung zu Grunde liegen, nicht offengelegt. Erwägenswert wäre daher eine gesetzliche Verpflichtung, dass der Bericht des Aufsichtsrats, den er der Hauptversammlung nach Bestellung des Vorstands vorzulegen hat, Angaben darüber machen muss, warum keine geschlechterausgeglichene Bestellung des Vorstands möglich war. Diese Berichterstattung erhöht den Druck, sich *a priori* nach weiblichen Potentialen umzuschauen. Auch könnte über die Einführung der von Ministerin *Schröder* favorisierten *Flexiquote* nachgedacht werden. Sie würde den Unternehmen flexible und individuelle Umsetzungsvorgaben ermöglichen.[1300]

Einer unterschiedlichen Wertung von Aufsichtsrats- und Vorstandsquotierung steht Art. 3 Absatz 1 GG und der darin angelegten Systemgerechtigkeit nicht entgegen.[1301] Nach Art. 3 Absatz 1 GG liegt eine nicht zu rechtfertigende Ungleichbehandlung zweier vergleichbarer Gruppen immer dann vor, wenn keine sachgerechte Begründung eine Abweichung zu rechtfertigen vermag. Es wurde aufgezeigt, dass die Quotierung des Vorstands und die damit einhergehenden Folgen eine andere Bewertung erfordert. Das Vorliegen sachlicher Gründe würde daher die alleinige Quotierung des Aufsichtsratsgremiums rechtfertigen.

1299 Vermeidung des Phänomens *„Old Boys Network“*, hierzu die Ausführungen unter 2.TeilA. II.2; so auch die Kritik von *Schmidt*, Aktionärinnen fordern Gleichberechtigung, S.60; abrufbar unter: http://www.bmfsfj.de/RedaktionBMFSFJ/Broschuerenstelle/Pdf-Anlagen/Aktion_C3_A4rinnen-fordern-Gleichberechtigung,property=pdf,bereich=bmfsfj,sprache=de,rwb=true.pdf (zuletzt abgerufen am 19.9.2011).

1300 3.TeilB.II.2.b)cc)(3).

1301 BVerfG Urt. v. 23.1.1990 - 1 BvL 44/86, BVerfGE 81, 156, 207; BVerfG Beschl. v. 10.10.2001 - 1 BvL 17/00, BVerfGE 104, 74, 87; BVerfG Beschl. v. 13.2.2007 - 1 BvR 910/05, BVerfGE 118, 1, 28.

4. Teil: Ergebnisse der Untersuchung

Die faktische Gleichstellung von Frauen in Führungspositionen der Privatwirtschaft ist nach wie vor defizitär. Die Arbeit hat es sich zur Aufgabe gemacht, die in der Öffentlichkeit und Politik diskutierte Forderung einer Gleichstellungsquote im Aufsichtsrat auf ihre Rechtmäßigkeit und eine mögliche Ausgestaltung zu untersuchen. Dabei gelangt die Abhandlung zu den nachfolgenden Ergebnissen.

(1) Geschlechtergleichberechtigung in Führungspositionen der Privatwirtschaft stellt sich den Statistiken zur Folge als ein rein verfassungsrechtliches Ideal dar. Zahlreiche Studien belegen dabei die Tatsache einer weiblichen Unterrepräsentanz im Bereich des oberen *Managements*, obwohl nachgewiesen worden ist, dass sich der Erfolg eines Unternehmens mit der Höhe des Anteils weiblicher Führungskräfte erhöht.

(2) Die Gründe für den Mangel weiblicher Führungskräfte sind vielseitig und nicht immer transparent. Aus der Vielzahl der auch in der Literatur diskutierten Erklärungsversuche lassen sich im Wesentlichen zwei verschiedene Ansätze herauskristallisieren, wobei der Fokus einerseits auf Verhaltens- und Persönlichkeitsunterschieden sowie andererseits auf strukturellen und ideologischen Barrieren liegt. Frauen genießen daher einen schmalen Grad an respektiertem Führungsstil. Darüber hinaus verhindert die überwiegende Zuordnung der Familiensorge nach wie vor, dass Frauen ihren beruflichen Lebensweg nicht unter den gleichen Bedingungen wie ihre männlichen Kollegen gestalten können.

(3) Eine Gleichstellungsquote im Aufsichtsrat würde diesem Zustand mit gesetzlichem Zwang begegnen und dem legitimen staatlichen Ziel der Umsetzung des verfassungsrechtlichen Gleichstellungsauftrags aus Art. 3 Absatz 2 Satz 2 GG dienen. Dieser Bestimmung wohnt das Moment der Durchsetzung der Geschlechtergerechtigkeit auch in der Rechtswirklichkeit inne. Allerdings ließe sich diese Zielvorgabe nur mit den geforderten Allgemeinwohlgründen vereinbaren, wenn objektiv transparente Mindestqualifikationen an die Mandatsstellung beispielsweise mittels des *Deutschen Corporate Governance Kodex* und oder durch das betroffene Unternehmen selbst manifestiert würden. Insofern sind die vorge-

stellten Gesetzesanträge der *Grünenfraktion* sowie des Landes Nordrhein-Westfalen rückständig.

(4) Eine Gleichstellungsquote im Aufsichtsrat wäre geeignet und erforderlich, den Frauenanteil im Gremium zu erhöhen. Denn bei der Frage nach der Geeignetheit genügt bereits die abstrakte Möglichkeit der Zweckerreichung, weshalb das gewählte Mittel keinesfalls volltauglich sein muss. Aus diesem Grund geht der Einwand, eine gesetzliche Regelung wäre mangels hinreichend qualifizierter weiblicher Kandidaten bereits ungeeignet, ins Leere. Weiterhin steht kein milderes, gleichermaßen effektives Mittel *de lege lata* zur Verfügung.

(5) Von einer Quote betroffen wären insbesondere die unternehmerische Freiheit der Gesellschaft aus Art. 12 Absatz 1 GG, das in Art. 14 Absatz 1 GG geschützte Mitgliedschaftsrecht der Aktionäre sowie das Diskriminierungsverbot aus Art. 3 Absatz 3 GG der männlichen Gegenkandidaten. Die Prüfung ergab, dass die Beschränkungen der kollidierenden Verfassungsbelange zu rechtfertigen sind, wenn die gesetzliche Regelung bestimmten Umsetzungsvorgaben folgt:

Eine Gleichstellungsquote sollte als Ergebnisquote manifestiert werden, deren Quotenhöhe sich an einer Beteiligung von 30-40% orientiert. Dabei sollte aufgrund von Rundungsschwierigkeiten keine Prozentvorgabe, sondern eine Vorgabe nach Köpfen gewählt werden. Eine zu gewährende Übergangsfrist von 5 Jahren stellt eine zumutbare Umsetzbarkeit für die betroffenen Unternehmen sicher. Um der Angemessenheit im engeren Sinne gerecht zu werden, muss die gesetzliche Regelung eine Härtefallklausel dergestalt vorsehen, dass die Hauptversammlung in den Fällen, in denen *a priori* nicht hinreichend weibliches Potential zur Verfügung steht oder die in Frage stehenden Kandidatinnen den Anforderungsprofilen nicht gerecht werden, von der Einhaltung der Quote ohne weitere Rechtsfolge abweichen kann. Weiterhin müssen Begleitmaßnahmen wie die Einrichtung professioneller Online-Datenbanken mit weiblichen Führungspotentialen etabliert werden, die den tatsächlichen Erfolg einer gesetzlichen Regelung unterstützen.

(6) Werden diese Vorgaben, wie teilweise in dem Gesetzesantrag des Landes Nordrhein-Westfalen geschehen, eingehalten wäre die Implementierung eine Gleichstellungsquote aus verfassungsrechtlicher Perspektive zulässig. In der Abwägung mit der unternehmerischen Freiheit der Gesellschaft sowie dem Anteilseigentum der Aktionäre ist entscheidend, dass eine Quote lediglich die Bestellungsmodalität modifizieren würde, ohne indes die Wahlberechtigung als solche zu entziehen und gesellschaftsfremden Organen zu überantworten. Darüber hinaus sichern die aufzustellenden Mindestqualifikationen, dass dem Kontroll-

gremium weiterhin kompetente Mandatsträger beiwohnen. Letztlich kann die Aktiengesellschaft und mithin die Hauptversammlung bei Vorliegen der materiellen Voraussetzungen der Härtefallklausel von der Quotenvorgabe abweichen, ohne mit Sanktionen rechnen zu müssen. Im Hinblick auf die Rechtsposition der männlichen Gegenkandidaten, die bei Implementierung der Quote allein aufgrund ihres Geschlechts zurückstehen, überwiegt die Umsetzung des verfassungsrechtlichen Gleichstellungsauftrages das Diskriminierungsverbot. Diese Auffassung wird vor allem dadurch gestützt, dass eine vollständige Übertragbarkeit der vom Europäischen Gerichtshof statuierten Quotenvoraussetzungen im Bereich der öffentlich-rechtlichen Anstellungsverhältnisse beim Aufsichtsratsmandat nicht geboten ist. Vielmehr sind hier weniger scharfe Zulässigkeitsanforderungen sachgerecht.

(7) Eine Gleichstellungsquote kann auch bei mitbestimmten Gesellschaften zur Anwendung gelangen. Aktiengesellschaften, die den Mitbestimmungsstatuten unterliegen, haben ihren Aufsichtsrat anteilig mit Arbeitnehmervertretern zu besetzen. Insofern sollte sich eine Gleichstellungsquote bei diesen Gesellschaften zum einen auf das Teilgremium der Anteilseignervertreter und zum anderen auf das Teilgremium der Arbeitnehmervertreter erstrecken. Diese „künstliche" Aufspaltung ist notwendig, da die Bestellungsvorgänge unabhängig voneinander ablaufen und durch unterschiedliche Wahlberechtigte stattfinden. Daneben hat sich die im Teilgremium Arbeitnehmervertreter zu errichtende Quote an den Ausgestaltungskriterien der Anteilseignerquote zu orientieren. Insbesondere ist das Anknüpfen an das zahlenmäßige Verhältnis von Frauen und Männern im Betrieb nicht erforderlich.

(8) Im Hinblick auf das Unionsrecht kommt die Untersuchung zu dem Ergebnis der europarechtlichen Zulässigkeit einer wie hier vorgeschlagenen gesetzlichen Regelung. Abwägungsentscheidungen der widerstreitenden Grundrechte aus der europäischen Grundrechtecharta haben sich an der national erfolgten verfassungsrechtlichen Prüfung zu orientieren. Grundfreiheiten, wie die Niederlassungs- sowie die Kapitalverkehrsfreiheit sind von vornherein nicht betroffen, da die Gleichstellungsquote allein auf nationale Rechtsformen Anwendung findet und die sogenannte „Inländerdiskriminierung" nicht vom Schutzbereich der Niederlassungsfreiheit umfasst ist. Ausländische Gesellschaften können sich nach wie vor ohne quotale Obligation wirtschaftlich in Deutschland bewegen, ebenso wie deutsche Unternehmen in Frankreich oder Spanien nicht der dort bereits implementierten Quote verpflichtet sind. Daneben ist auch nicht davon auszugehen, dass die geschlechterkonforme Aufsichtsratsbesetzungsverpflichtung internationale Investoren vor einem Anteilskauf der betroffenen Gesellschaft abschreckt.

Aufgrund der Herausnahme von Aufsichtsratsmandaten aus dem Schutzbereich der nationalen Berufsfreiheit kann konsequenterweise auch die Gleichbehandlungsrichtlinie Richtlinie 2006/54/EG, die Männer und Frauen in ihrer Erwerbstätigkeit betrifft, nicht zur Anwendung gelangen. Dementsprechend gebietet sich auch keine vollständige Übertragbarkeit der durch den Europäischen Gerichtshof aufgestellten Leitlinien zu Geschlechterquoten in öffentlich-rechtlichen Anstellungsverhältnissen.

(9) Die Anwendung einer Gleichstellungsquote sollte auf börsennotierte Unternehmen, die verpflichtend einen Aufsichtsrat zu bilden haben, beschränkt werden. Hierfür spricht, dass diese Unternehmen als in der Regel große und bedeutende Unternehmen eine Vorreiterrolle und Vorbildfunktion einnehmen. Ferner kann von ihnen als ein am öffentlichen Markt gehandeltes Unternehmen die Beachtung von Regelungen verlangt werden. Daneben auf das Kriterium der Mitbestimmung abzustellen, ist allerdings zweifelhaft. So korreliert die Belegschaftsgröße im mechanisierten Zeitalter gerade nicht notwendiger Weise mit der wirtschaftlichen Bedeutung des Unternehmens. In diesem Fall würden auch kleinere dem Drittelbeteiligungsgesetz unterfallende Gesellschaften mit beschränkter Haftung in den Anwendungsbereich der Quote einbezogen. Sachgerechter ist jedoch die Gleichstellungsquote auf die Aktiengesellschaft, die Kommanditgesellschaft auf Aktien sowie die deutsche dualistische *Societas Europaea* anzuwenden, sofern diese an der Börse notiert sind. Für besondere Gesellschaftsformen wie die Familiengesellschaft oder auch das Öffentliche Unternehmen bedarf es keiner Öffnungsklausel.

(10) Schlussendlich wurden Überlegungen zur Quotierung des *Managements* angestrengt. Hier gebietet sich im Hinblick auf Art. 3 Absatz 3 GG der männlichen Gegenkandidaten aufgrund der Bedeutung einer Vorstandsposition für die wirtschaftliche Lebensführung des Einzelnen eine vollumfängliche Übertragbarkeit der vom Europäischen Gerichtshof aufgestellten Leitlinien. Eingedenk dieser Rechtsprechung wäre eine Gleichstellungsquote daher allenfalls in Form einer strikt qualifikationsabhängigen Entscheidungsquote mit Härtefallklausel denkbar. Darüber hinaus erscheint eine *Managerquote* auch im Hinblick auf ihre Geeignetheit verfassungsrechtlich nicht unbedenklich. Der Einwand, dass keine ausreichend qualifizierten Bewerberinnen für das Amt in Frage stehen, potenziert sich aufgrund der gesteigerten Anforderungen und des Zeitfaktors auf der *Managementebene.*

Entgegen einer Vielzahl anderslautender Stimmen lässt die wissenschaftliche Betrachtung die Einführung einer Gleichstellungsquote im Aufsichtsrat börsennotierter Gesellschaften zu. Ob eine solche Regelung tatsächlich Einzug in das deutsche Aktiengesetz hält, bleibt den politischen Entscheidungsträgern vorbehalten. Nach derzeitigem politischem Meinungsbild kommt ein solches Gesetz allenfalls nach einem Regierungswechsel zustande. Dennoch sollten sich sowohl der deutsche Gesetzgeber als auch die deutschen Unternehmen dem Zeitgeist der Frauenförderung nicht verschließen. Anderenfalls ist damit zu rechnen, dass die Europäische Union dem supranationalen Auftrag der Geschlechtergleichstellung auch in Führungsetagen deutscher Unternehmen Geltung verschaffen wird.

Literaturverzeichnis

Abram, Nils — Ansprüche von Anlegern wegen Verstoßes gegen § 161 AktG oder den Deutschen Corporate Governance Kodex?, NZG 2003, S. 307 ff.

Abschlussbericht der Länderarbeitsgruppe 2011 zum Thema Frauenquote im Aktiengesetz — Teilhabe von Frauen in Führungs- und Kontrollgremien der Wirtschaft, 2011.

Altmeppen, Holger — Die Auswirkungen des KonTraG auf die GmbH, ZGR 1999, S. 291 ff.

Die Einflussrechte der Gemeindeorgane in einer kommunalen GmbH, NJW 2003, S. 2561 ff.

Zum Anwendungsbereich der Holzmüller-Doktrin, ZIP 2004, S. 999 ff.

Grenzen der Zustimmungsvorbehalte des Aufsichtsrats und die Folgen ihrer Verletzung durch den Vorstand, in: Bitter, Georg/ Lutter, Marcus/ Priester, Hans-Joachim/ Schön, Wolfgang/ Ulmer, Peter (Hrsg.), Festschrift für Karsten Schmidt zum 70. Geburtstag, Köln 2009, S. 23 ff.

Aretz, Wera/ Mierke, Anja — Aktuelle Themen der Wirtschaftspsychologie: Beiträge und Studien Bd.1, Köln 2008.

Arlt, Marie-Agnes — Französische Aktiengesellschaft: Monistisches und dualistisches System im Spannungsfeld der Corporate Governance, Wien 2006 (zugl. Univ. Diss. Wien 2006).

Babcock, Linda/ Laschever, Sara — Women don't ask: Negotiation and Gender Divide, Princeton New Jersey 2003.

Bachmann, Gregor — Zur Umsetzung einer Frauenquote im Aufsichtsrat, ZIP 2011, S. 1131 ff.

Bamberger, Christian — Verfassungswerte als Schranken vorbehaltloser Freiheitsgrundrechte: Vom Verfassungs- zum Gegenseitigkeitsvorbehalt, Frankfurt 1999 (zugl. Univ. Diss. Passau 1999).

Baumbach, Adolf/ Hopt, Klaus — Beck'scher Kurzkommentar zum Handelsgesetzbuch mit GmbH&Co. Handelsklauseln, Bank-Börsenrecht, Transportrecht (ohne Seerecht), 33. Auflage, München 2008.

Baumbach, Adolf / Hueck, Alfred — GmbHG: Gesetz betreffend die Gesellschaften mit beschränkter Haftung, 19. Auflage, München 2010.

Bausch, Stephan — Schuldrechtliche Vereinbarungen über die Entsendung von Mitgliedern in den Aufsichtsrat im Lichte des § 101 II AktG, NZG 2007, S. 574 ff.

Bayer, Walter/ Hoffmann, Thomas — Statistiken zur AG – eine kritische Bestandsaufnahme, AG Report 2010, R. 283 ff.

Bea, Franz Xaver/ Scheurer, Steffen — Die Kontrollfunktionen des Aufsichtsrats, DB 1994, S. 2145 ff.

Beljin, Sasa — Die Zusammenhänge zwischen dem Vorrang, den Instituten der innerstaatlichen Beachtlichkeit und der Durchführung des Gemeinschaftsrechts, EuR 2002, S. 351 ff.

Benda, Ernst — Die Notwendigkeit und Möglichkeit positiver Aktionen zugunsten von Frauen im öffentlichen Dienst, Rechtsgutachten im Auftrag der Senatskanzlei der Freien und Hansestadt Hamburg, Hamburg 1987.

Benda, Ernst/ Maihofer, Werner/ Vogel, Hans-Jochen — Handbuch des Verfassungsrechts der Bundesrepublik Deutschland, 2. Auflage, München 1995.

Bender, Karl — Fortbildung des Aktienrechts – Verbesserung der Funktionsfähigkeit der Gesellschaftsorgane notwendig, DB 1994, S. 1965 ff.

Berger, Joseph/ Ridgeway, Cecilia/ Zelditch, Morris — Construction of status and referential structures, Sociological Theory 2002, S. 157 ff.

Berger-Delhey, Ulf — „Männer und Frauen sind gleichberechtigt" (Art. 3 Abs. 2 Satz 1 GG), Quotenregelungen als Problem, ZTR 1996, S. 258 ff.

Bernhardt, Wolfgang — Aufsichtsrat – Die schönste Nebensache der Welt? Defizite für eine effiziente Aufsichtsratstätigkeit, ZHR 1995, S. 310 ff.

Berninger, Axel — Die Unternehmergesellschaft (haftungsbeschränkt), Sachkapitalerhöhungsverbot und Umwandlungsrecht, GmbHR 2010, S. 63 ff.

Berrar, Carsten — Zur Reform des AR nach den Vorschlägen der Regierungskommission „Corporate Governance", NZG 2001, S. 1113 ff.

Die zustimmungspflichtigen Geschäfte nach § 111 Abs. 4 AktG im Lichte der Corporate Governance Diskussion, DB 2001, S. 2181 ff.

Bethge, Herbert — Grundrechtsträgerschaft juristischer Personen, AöR 1979, S. 54 ff.

Bihr, Dietrich/ Blättchen, Wolfgang — Aufsichtsräte in der Kritik: Ziele und Grenzen einer ordnungsgemäßen Aufsichtsratstätigkeit – Ein Plädoyer für den Profi-Aufsichtsrat, BB 2007, S. 1285 ff.

Bommert, Rainer Probleme bei der Gestaltung der Rechtsstellung von Ersatzmitgliedern der Aktionärsvertreter im Aufsichtsrat, AG 1986, S. 315 ff.

Borges, Georg Anmerkung zu LG Dortmund, Urt. v. 1.8.2001 – 20 O 143/93 (Pflicht des Aufsichtsrats zum Einschreiten gegen Vorstandshandeln), EWiR 2002, S. 463 ff.

Bösch, Rainer Inländerdiskriminierung, Jura 2009, S. 91 ff.

Böttcher, Conrad/ Beinert, Jörg/ Hernnekes, Brun-Hagen Möglichkeiten zur Aufrechterhaltung des Familiencharakters einer Aktiengesellschaft, DB 1971, S. 1998

Brandt, Kathrin/ Thiele, Alexander Zulässigkeit einer Gleichstellungsquote im Aufsichtsrat unter Berücksichtigung der Rechtsprechung des EuGH, AG 2011, S. 580 ff.

Brandt, Willy Frauen heute – Jahrhunderthema Gleichberechtigung, Köln, Frankfurt am Main 1978.

Brömmelmeyer, Christoph Neue Regeln für die Binnenhaftung des Vorstands – ein Beitrag zur Konkretisierung der Business Judment Rule, WM 2005, S. 2065 ff.

Brors, Christiane Ist § 15 II BetrVG verfassungswidrig?, NZA 2004, S. 472 ff.

Büdenbender, Ulrich Mitbestimmungsrechtlicher Besitzstand im Gesellschaftsrecht, ZIP 2000, S. 385 ff.

Bühner, Arnd/ Oberndörfer, Mathias Risikomanagement am Beispiel von US-Cross-Border-Leasing-Transaktionen, DB 2004, S. 941 ff.

Bundesministerium für Familie, Senioren, Frauen und Jugend Aktionärinnen fordern Gleichberechtigung. Erhöhung des Frauenanteils in Führungspositionen insbesondere Aufsichtsratspositionen deutscher Unternehmen, Berlin 2010.

Bundesverband der Deutschen Industrie e.V. / Deutscher Industrie und Handelskammertag e.V.	Stellungnahme zum Gesetzesantrag des Landes Nordrhein-Westfalen (BR-Drs. 87/11), Entwurf eines Gesetzes zur Förderung der Gleichberechtigung von Frauen und Männern in Aufsichtsräten börsennotierter Unternehmen (FöGAbUG).
Bungert, Hartwin	Festschreibung der ungeschriebenen Holzmüller Hauptversammlungszuständigkeiten bei der Aktiengesellschaft, BB 2004, S. 1345 ff.
Bürgers, Tobias/ Körber, Torsten	Heidelberger Kommentar zum Aktiengesetz, Heidelberg/München/Landsberg/ Berlin 2008.
Burgi, Martin	Das Grundrecht der freien Persönlichkeitsentfaltung durch einfaches Gesetz, ZG 1994, S. 341 ff.
Callies, Christian/ Ruffert, Matthias	EUV/AEUV Das Verfassungsrecht der Europäischen Union mit Europäischer Grundrechtecharta, 4. Auflage, München 2011.
Clausen, Carsten/ Semler, Johannes	Abgestufte Überwachungspflicht des Aufsichtsrats?, AG 1984, S. 20 ff.
Colneric, Ninon	Frauenquoten auf dem Prüfstand des EG-Rechts, BB 1996, S. 265 ff.
Compensis, Ulrike	Marschall- (k)eine Überraschung unserer Zeit? (zugleich Besprechung von EuGH 11.11.1997 – Rs. C-409/95, Hellmut Marschall), BB 1998, S. 2470 ff.
Conreder, Christian	Verfassungsrechtlicher Schutz von Aktionärsrechten, Frankfurt am Main/Berlin/Bern/Bruxelles/New York/Oxford/Wien 2011 (zugl. Univ. Diss. Göttingen 2010).
Cremer, Wolfram	Freiheitsgrundrechte: Funktionen und Strukturen, Tübingen 2002 (zugl. Univ. Habil. Rostock 1998).

Cronauge, Ulrich/ Westermann, Georg — Kommunale Unternehmen: Eigenbetriebe-Kapitalgesellschaften-Zweckverbände, 5. Auflage, Berlin 2006.

Danner, Wolfgang/ Theobald, Christian — Energierecht Kommentar, München 2009.

Dauner-Lieb, Babara — Harte oder weiche Quote? – Wege zum Ziel, DB 2010 (Standpunkte), S. 45 ff.

Dauses, Manfred — Handbuch des EU-Wirtschaftsrechts, Band 1 und 2, München 2011.

Degenhart, Christoph — Die Neuordnung der Gesetzgebungskompetenz nach der Förderalismusreform, NVwZ 2006, S. 1209 ff.

Deutscher Anwaltsverein (DAV) — Stellungnahme des Deutschen Anwaltsvereins zum Referentenentwurf eines Transparenz- und Publizitätsgesetzes, NZG 2002, S. 115 ff.

Diekmann, Hans/ Nolting, Andreas — Aktienrechtsnovelle 2011, NZG 2011, S. 6 ff.

Dietrich, Christian — Der neue § 111 Abs. 4 Satz 2 AktG, DStR 2003, S. 1577 ff.

Dieterich, Thomas/ Hanau, Peter/ Schaub, Günter — Erfurter Kommentar zum Arbeitsrecht, 11. Auflage, München 2011.

Dix, Alexander — Gleichberechtigung durch Gesetz: Die britische Gesetzgebung gegen die Diskriminierung der Frau im Arbeitsleben; ein Modell für die Bundesrepublik Deutschland?, Baden-Baden 1984 (zugl. Univ. Diss. Hamburg 1983).

Döring, Matthias — Frauenquoten und Verfassungsrecht. Die Rechtmäßigkeit „umgekehrter Diskriminierung" nach US-amerikanischem Verfassungsrecht und ihre Bedeutung für die Verfassungsmäßigkeit gesetzlicher Frauenquoten auf dem Arbeitsmarkt der deutschen Privatwirtschaft, Berlin 1996 (zugl. Univ. Diss. Freiburg 1994).

Dreher, Meinrad | Nochmals – Das unternehmerische Ermessen des Aufsichtsrates, Anwort auf Marcus Lutter ZIP 1995, 441, ZIP 1995, S. 628 ff.

Die Qualifikation der Aufsichtsratsmitglieder: Rechtliche Anforderungen und Folgerungen unter besonderer Berücksichtigung der Aufsichtsratsausschüsse bei der Aktiengesellschaft, in: Ebenroth, Carsten Thomas/ Hillmann, Reinhard (Hrsg.), Verantwortung und Gestaltung: Festschrift für Karlheinz Boujong zum 65. Geburtstag, München 1996, S. 71 ff.

Die selbstbeteiligungslose D&O Versicherung in der Aktiengesellschaft, AG 2008, S. 429 ff.

Dreier, Horst | Grundgesetz Kommentar,
Band I: Art. 1 – 19 GG, 2. Auflage Tübingen 2004.

Drinhausen, Florian/ Keinath, Astrid | Referentenentwurf einer „kleinen Aktienrechtsnovelle“, BB 2011, S. 11 ff.

Düwell, Josef | Betriebsverfassungsgesetz, 3. Auflage, Baden-Baden 2010.

Ebsen, Ingwer | Leistungsbezogene Quotierung für den öffentlichen Dienst – Ein Beispielsfall kompensatorischer Ungleichbehandlung von Männern und Frauen, Jura 1990, S. 515 ff.

Eckertz-Höfer, Marion | Frauen kommen... Art. 3 Abs. 2 GG in Verbindung mit dem Sozialstaatsgebot, in: Brandt, Willy/ Gollwitzer, Helmut/ Henschel, Johann Friedrich (Hrsg.), Ein Richter, ein Bürger, ein Christ, Festschrift für Helmut Simon 1987, Baden-Baden 1987, S. 447 ff.

Eder, Cajetan | Die rechtsgeschäftliche Übertragung von Aktien, NZG 2004, S. 104 ff.

Ehlers, Dirk Europäische Grundrechte und Grundfreiheiten, 3. Auflage, Berlin 2009.

Einmahl, Jürgen Alternativvorschläge des Aufsichtsrats bei der Wahl seiner Mitglieder, DB 1968, S. 1936 ff.

Engellandt, Frank Die Einflußnahme der Kommunen auf ihre Kapitalgesellschaften über das Anteilseignerorgan: Rechtliche, organisatorische und kompetenzielle Probleme ihrer Einwirkungspflicht, Heidelberg 1995 (zugl. Univ. Diss. Kiel 1994).

Engels, Nicole Chancengleichheit und Bundesstaatsprinzip, Berlin 2001 (zugl. Univ. Diss. Bochum 2000).

Engisch, Karl Logische Studien zur Gesetzesanwendung, 3. Auflage, Heidelberg 1963.

Epping, Volker Grundrechte, 4. Auflage, Heidelberg, Dordrecht, London, New York 2009.

Epping, Volker/ Hillgruber, Christian Grundgesetz Kommentar, München 2009.

Ettinger, Jochen/ Grützediek, Elke Haftungsrisiken im Zusammenhang mit der Abgabe der Corporate Goverance Entsprechenserklärung gemäß § 161 AktG, AG 2003, S. 337 ff.

Feddersen, Dieter Nochmals – Die Pflichten des Vorstands zur Unternehmensplanung, ZGR 1993, S. 114 ff.

Fischer, Gabriele/ Dahms, Vera/ Bechmann, Sebastian/ Frei, Marek/ Leber, Ute Gleich und doch nicht gleich: Frauenbeschäftigung in deutschen Betrieben; Auswertungen des IAB-Betriebspanels 2008, Nürnberg 2009.

Fischer, Klaus Vertretung der Aktiengesellschaft durch den Aufsichtsrat, ZNotP 2002, S. 297 ff.

Fischer, Michael Der Entscheidungsspielraum des Aufsichtsrats bei der Geltendmachung von Regreßansprüchen gegen Vorstandsmitglieder, BB 1996, S. 225 ff.

Fleck, Hans-Joachim Zur Beweislast für pflichtwidriges Organhandeln, GmbHR 1997, S. 237 ff.

Fleischer, Holger Die „Business Judgment Rule" im Spiegel von Rechtsvergleichung und Rechtsökonomie, in: Wank, Rolf/ Hirte, Heribert/, Frey, Kasper/ Fleischer, Holger/ Thüsing Gregor (Hrsg.), Festschrift für Herbert Wiedemann zum 70. Geburtstag, München 2002, S. 827 ff.

Vorstandsverantwortlichkeit und Fehlverhalten von Unternehmensangehörigen – von der Einzelüberwachung zur Errichtung einer Compliance-Organisation, AG 2003, S. 291 ff.

Zur organschaftlichen Treuepflicht der Geschäftsleiter im Aktien- und GmbH-Recht, WM 2003, S. 1045 ff.

Ungeschriebene Hauptversammlungszuständigkeiten im Aktienrecht, NJW 2004, S. 2335 ff.

Die „Business Judgment Rule" – vom Richterrecht zur Kodifizierung, ZIP 2004, S. 685 ff.

Handbuch des Vorstandsrechts, München 2006.

Vertrauen von Geschäftsleitern und Aufsichtsratsmitgliedern auf Informationen Dritter, ZIP 2009, S. 1397 ff.

Fleischer, Holger/ Thüsing, Gregor Zur Dogmatik des Gleichbehandlungsgebots und zur Verfassungsmäßigkeit der Montanmitbestimmung, NZG 1999, S. 537 ff.

Flume, Werner Allgemeiner Teil des Bürgerlichen Rechts Bd. I, Teil II, Berlin 1983.

Fortun, Steffen/ Knies, Harald — Rechtsfolgen fehlerhafter Besetzung des Aufsichtsrats einer Aktiengesellschaft, DB 2007, S. 1451 ff.

François-Poncet, Raphaële/ Deilmann, Babara/ Otte, Sabine — Frauenquote in französischen Aufsichts- und Verwaltungsräten – ist eine Quote in Deutschland zulässig?, NZG 2011, S. 450 ff.

Frank, Michael Adam — Die „kleine“ AG als Organisationsform für die Nachfolge in Familienunternehmen, Baden-Baden 2002 (zugl. Univ. Diss. Konstanz 2002).

Franke, Bernhard/ Merx, Andreas — Positive Maßnahmen – Handlungsmöglichkeiten nach § 5 AGG, AuR 2007, S. 235 ff.

Franke, Dietmar — Betriebsratswahlen 2002 – Wahlanfechtungen sind vorprogrammiert, NJW 2002, S. 656 ff.

Franzius, Claudio — Die wirtschaftliche Betätigung der Kommunen, Jura 2009, S. 677 ff.

Freiherr v. Falkenhausen, Joachim/ Kocher, Dirk — Die Begründungspflicht für Abweichungen vom Deutschen Coporate Goverance Kodex nach BilMoG, ZIP 2009, S. 1149 ff.

Frenz, Walter — Handbuch Europarecht
Band 1: Europäische Grundfreiheiten, Berlin 2004.

Friauf, Karl Heinrich — Grundrechtsprobleme bei der Durchführung von Maßnahmen zur Gleichberechtigung, Rechtsgutachten im Auftrag des Bundesministers des Innern, Stuttgart/ Berlin/Köln/Mainz 1981.

Frost, Ina Anne/ Linnainmaa, Leena — Corporate Governance: Frauen im Aufsichtsrat – können wir von unseren skandinavischen Nachbarn lernen?, AG 2007, S. 601 ff.

Fuchsloch, Christine — Erforderliche Beseitigung des Gleichberechtigungsdefizits oder verfassungswidrige Männerdiskriminierung, NVwZ 1991, S. 442 ff.

Fuhrmann, Lambertus „Gelantine" und die Holzmüller-Doktrin – Ende einer juristischen Irrfahrt?, AG 2004, S. 339 ff.

Funke, Andreas Der Anwendungsvorrang des Gemeinschaftsrechts, DÖV 2007, S. 733 ff.

Gach, Bernt Eignungsvoraussetzungen für Arbeitnehmervertreter im Aufsichtsrat in: Baeck, Ulrich/ Preis, Ulrich/ Röder, Gerhard/ Hauck, Friedrich/ Rieble, Volker/ Schunder, Achim (Hrsg.), Festschrift für Jobst-Hubertus Bauer zum 65. Geburtstag, München 2010, S. 327 ff.

Gasteyer, Thomas Die Unternehmergesellschaft (haftungsbeschränkt) – Praktische Umsetzung des § 5a GmbHG aus anwaltlicher Sicht, NZG 2009, S. 1364 ff.

Gentz, Manfred Zur Verhältnismäßigkeit von Grundrechtseingriffen, NJW 1968, S. 1600 ff.

Gitter, Wolfgang Gleichberechtigung der Frau: Aufgaben und Schwierigkeiten. Eine Erörterung von Überlegungen über ein „Antidiskriminierungsgesetz", NJW 1982, S. 1567 ff.

Goette, Wulf Leitung, Aufsicht, Haftung – zur Rolle der Rechtsprechung bei Sicherung einer modernen Unternehmensführung, in: Geiß, Karlmann/ Nehm, Kay/ Brandner, Hans Erich/ Hagen, Horst (Hrsg.), Festschrift aus Anlaß des fünfzigjährigen Bestehens von Bundesgerichtshof, Bundesanwaltschaft und Rechtsanwaltschaft beim BGH, Köln 2000, S. 123 ff.

Ungeschriebene Mitwirkungsbefugnisse stehen der Hauptversammlung einer AG nur im Ausnahmefall zu, DStR 2004, S. 927 ff.

Goslar, Sebastian/ v.der Linden, Klaus Anfechtbarkeit von Hauptversammlungsbeschlüssen auf Grund fehlerhafter Entsprechenserklärungen zum Deutschen Corporate Governance Kodex, DB 2009, S. 1691 ff.

Götz, Heinrich	Zustimmungsvorbehalte des Aufsichtsrats der Aktiengesellschaft, ZGR 1990, S. 633 ff.
	Die Pflicht des Aufsichtsrats zur Haftbarmachung von Vorstandsmitgliedern, NJW 1997, S. 3275 ff.
	Rechte und Pflichten des Aufsichtsrats nach dem Transparenz- und Publizitätsgesetz, NZG 2002, S. 599 ff.
Grabitz, Eberhard	Gemeinschaftsrecht bricht nationales Recht, Hamburg 1966 (zugl. Univ. Diss. Hamburg 1966).
Grabitz, Eberhard/ Hilf, Meinhard/ Nettesheim, Martin	Das Recht der Europäischen Union, München 2011.
Graf v. Kielmansegg, Sebastian	Grundfälle zu den allgemeinen Grundrechtslehren, JuS 2009, S. 118 ff.
Grooterhorst, Johannes	Die ARAG/Garmenbeck-Prozesse – eine Gesamtschau im Rückblick, ZIP 1999, S. 1117 ff.
Grumann Marc-Olaf/ Gillmann, Michael	Abberufung und Kündigung von Vorstandsmitgliedern einer Aktiengesellschaft, DB 2003, S. 770 ff.
Grunewald, Babara	Gesellschaftsrecht, 8. Auflage Tübingen 2011.
Haas, Ulrich	Reform des gesellschaftsrechtlichen Gläubigerschutzes, Gutachten E für den 66. Deutschen Juristentag, München 2006.
Habersack, Mathias	Mitwirkungsrechte der Aktionäre nach Macroton und Gelatine, AG 2005, S. 137 ff.

Die Teilhabe des Aufsichtsrats an der Leitungsaufgabe des Vorstands gemäß § 111 Abs. 4 S. 2 AktG, dargestellt am Beispiel der Unternehmensplanung, in: Kindler, Peter/ Koch, Jens/ Ulmer, Peter/ Winter, Martin (Hrsg.), Festschrift für Uwe Hüffer zum 70. Geburtstag, München 2010, S. 259 ff.

Hammen, Horst — Das VW-Gesetz in dem Vertragsverletzungsverfahren nach Art. 228 Abs. 2 EGV, Der Konzern 2009, S. 391 ff.

Hans Böckler Stiftung — Frauen in Führungspositionen: Je höher, desto seltener, Böckler Impuls 7/2009, S. 4 ff.

Hansen, Herbert — Die GmbH baut ihren Vorsprung als umsatzstärkste Rechtsform aus, GmbHR 1991, S. 192 ff.

Hartmann, Michael/ Kopp, Johannes — Elitenselektion durch Bildung oder Herkunft? Promotion, soziale Herkunft und der Zugang zu Führungspositionen in der deutschen Wirtschaft, KZfSS 2001, S. 436 ff.

Haupt, Klaus-Jürgen — Wirtschaftliche Betätigung von Kommunen im Gewande der privatrechtlichen Gesellschaft: Probleme des kommunalen Organisationsrechts in Nordrhein-Westfalen, Bochum 1988 (zugl. Univ. Diss. Bochum 1988).

Häuselmann, Holger — Die wirtschaftlichen Unternehmen der Gemeinde, JuS 1984, S. 940 ff.

Heermann, Peter — Wie weit reicht die Pflicht des Aufsichtsrats zur Geltendmachung von Schadensersatzansprüchen gegen Mitglieder des Vorstands?, AG 1998, S. 201 ff.

Heidel, Thomas — Aktienrecht und Kapitalmarktrecht, 2. Auflage, Baden-Baden 2007.

Heinze, Wolfgang Mitbestimmung in einer monistischen Europäischen Aktiengesellschaft: Eine rechtsvergleichende Betrachtung zwischen einer mitbestimmten monistisch strukturierten Societas Europaea in Deutschland und einer mitbestimmten monistisch strukturierten Société Anonyme in Luxemburg, Münster 2009 (zugl. Univ. Diss. Heidelberg 2008).

Helm, Thorsten/ Manthey, Nikolaus Vincent Missbräuchliche Anfechtungsklagen im Aktienrecht – Rechtsvergleich und Lösungsansätze, NZG 2010, S. 415 ff.

Hennerkes, Brun-Hagen Die Familie und ihr Unternehmen, Strategie, Liquidität, Kontrolle, Frankfurt a.M. 2004.

Henze, Hartwig Prüfungs- und Kontrollaufgaben des Aufsichtsrats in der Aktiengesellschaft, NJW 1998, S. 3309 ff.

Leitungsverantwortung des Vorstands – Überwachungspflicht des Aufsichtsrats, BB 2000, S. 209 ff.

Hermanns, Marc Bestimmtheitsgrundsatz und Kernbereichslehre – Mehrheit und Minderheit in der Personengesellschaft, ZGR 1996, S. 103 ff.

Hesse, Konrad Der Gleichheitsgrundsatz im Staatsrecht, AöR 1951/1952, S. 167 ff.

Der allgemeine Gleichheitssatz in der neueren Rechtsprechung des Bundesverfassungsgerichts zur Rechtsetzungsgleichheit, in: Badura, Peter/ Scholz, Rupert (Hrsg), Wege und Verfahren des Verfassungslebens: Festschrift für Peter Lerche zum 65. Geburtstag, Müchen 1993, S. 121 ff.

Higgs, Derek Review of the Role and Effectiveness of Non-executive Directors, Department of Trade & Industry, London 2003.

Hirte, Heribert Die Europäische Aktiengesellschaft – ein Überblick nach In-Kraft-Treten der deutschen Ausführungsgesetzgebung (Teil I), DStR 2005, S. 653 ff.

Stellungnahme zur Frage einer Geschlechterquote im Aufsichtsrat, insbesondere zu dem Antrag der SPD-Fraktion (BT-Drucks. 17/4683), zum Gesetzentwurf der Fraktion BÜNDNIS 90/DIE GRÜNEN eines Gesetzes zur geschlechtergerechten Besetzung von Aufsichtsräten (BT-Drucks. 17/3296) und zum Antrag der Fraktion DIE LINKE (BT-Drucks.17/4842: „Geschlechtergerechte Besetzung von Führungspositionen der Wirtschaft") für den Deutschen Bundestag Sitzung des Rechtsausschusses und des Ausschusses für Familie, Senioren, Frauen und Jugend, 2011.

Hoffmann, Dietrich/ Preu, Peter Der Aufsichtsrat: Ein Leitfaden für Aufsichtsräte, 5. Auflage, München 2003.

Hoffmann-Becking, Michael Der Aufsichtsrat im Konzern, ZHR 1995, S. 325 ff.

Rechtliche Möglichkeiten und Grenzen einer Verbesserung der Arbeit des Aufsichtsrats, in: Lanfermann, Josef (Hrsg.), Internationale Wirtschaftsprüfung, Festschrift zum 65. Geburtstag von Prof. Dr. Dr. h.c. Hans Havermann, Düsseldorf 1995, S. 229 ff.

Hohenstatt, Klaus-Stefan Das Gesetz zur Angemessenheit der Vorstandsvergütung, ZIP 2009, S. 1349 ff.

Höhn, Reinhard Die Geschäftsleitung der GmbH: Organisation, Führung und Verantwortung, Köln 1987.

Holle, Philipp Maximilian Der „Fall VW" – ein gemeinschaftsrechtlicher Dauerbrenner, AG 2010, S. 14 ff.

Holst, Elke/ Busch, Anne — Deutsches Wirtschaftsinstitut Berlin (DIW) Führungskräfte Monitor 2010, S. 1 ff.

Holst, Elke/ Wiemer, Anita — Frauen in Spitzengremien großer Unternehmen weitherin massiv unterrepräsentiert, DIW 2010, S. 3 ff.

Zur Unterrepräsentanz von Frauen in Spitzengremien der Wirtschaft Ursachen und Handlungsansätze, DIW 2010, S. 1 ff.

Holzborn, Timo — BGH verschärft Delisting-Voraussetzungen, WM 2003, S. 1105 ff.

Holzner, Thomas — Die Verfassungswidrigkeit des Bundeswahlrechts, ZG 2010, S. 167 ff.

Hommelhoff, Peter — Unternehmensführung in der mitbestimmten GmbH, ZGR 1978, S. 119 ff.

Risikomanagement im GmbH Recht, in: Berger, Peter/ Ebke, Werner/ Elsing, Siegfried/ Großfeld, Bernhard/ Kühne, Gunther (Hrsg.), Festschrift für Otto Sandrock zum 70. Geburtstag, Heidelberg 2000, S. 373 ff.

Hommelhoff, Peter/ Mattheus, Daniela — Corporate Governance nach dem KonTraG, AG 1998, S. 249 ff.

Hoppe, Bernd — Die „allgmeinen Gesetze“ als Schranke der Meinungsfreiheit, JuS 1991, S. 734 ff.

Hoppe, Werner/ Uechtritz, Michael — Handbuch kommunale Unternehmen, 2. Auflage, Köln 2007.

Hopt, Klaus — Aktionärskreis und Vorstandsneutralität, ZGR 1993, S. 534 ff.

Feindliche Übernahmen, Protektionismus, One share one vote?, EuZW 2007, S. 257 ff.

Hopt, Klaus/ Wiedemann, Herbert Aktiengesetz: Großkommentar
6. Teillieferung: §§ 241-255 AktG, 4. Auflage, Berlin, New York 1996.

11. Teillieferung: §§ 92-94 AktG, 4. Auflage, Berlin, New York 1999.

19. Teillieferung: §§ 76-83 AktG, 4. Auflage, Berlin, New York 2003.

24. Teillieferung: §§ 95-117 AktG, 4. Auflage, Berlin, New York 2005.

30. Teillieferung: §§ 133-137 AktG, 4. Auflage, Berlin, New York, 2008.

Hufen, Friedhelm Staatsrecht II: Grundrechte, 2. Auflage, München 2009.

Hüffer, Uwe Die Publikumspersonengesellschaft und das Problem des Anlegerschutzes, JuS 1979, S. 57 ff.

Aktienbezugsrechte als Bestandteil der Vergütung von Vorstandsmitgliedern – gesellschaftsrechtliche Analyse, ZHR 1997, S. 214 ff.

Die Ausgleichsklausel des § 243 Abs. 2 S. 2 AktG – mißlungene Privilegierung der Mehrheitsherrschaft oder Grundlage für bloßen Vermögensschutz des Kapitalanlegers? in: Forster, Karl-Heinz/Grunewald, Babara/ Lutter, Marcus/ Semler, Johannes (Hrsg.), Aktien- und Bilanzrecht: Festschrift für Bruno Kropff, Düsseldorf 1997, S. 127 ff.

Die Unabhängigkeit von Aufsichtsratsmitgliedern nach Ziffer 5-4-2 DCGK, ZIP 2006, S. 637 ff.

Aktiengesetz, 9. Auflage, München 2010.

Hüffer, Uwe/ Schmidt-Aßmann, Eberhard/ Weber, Martin — Anteilseigentum, Unternehmenswert und Börsenkurs, München 2005.

Huster, Stefan — Frauenförderung zwischen individueller Gerechtigkeit und Gruppenparität. Zu einigen Grundfragen der Rechtfertigung von Quotenregelungen, AöR 1993, S. 109 ff.

Ihrig, Hans-Christoph — Reformbedarf beim Haftungstatbestand des § 93 AktG, WM 2004, S. 1098 ff.

Immenga, Ulrich — Aktiengesellschaft, Aktionärsinteressen und institutionelle Anleger, Tübingen 1971.

Immenga, Ulrich/ Mestmäcker, Ernst-Joachim — Wettbewerbsrecht Band 2. GWB, 4. Auflage, München 2007.

Ipsen, Jörn — Staatsrecht I: Staatsorganisationsrecht, 22. Auflage, München 2010.

Staatsrecht II: Grundrechte, 13. Auflage, München 2010.

Die Kompetenzverteilung zwischen Bund und Ländern nach der Förderalismusnovelle, NJW 2006, S. 2801 ff.

Ipsen, Jörn/ Koch, Thorsten — Öffentliches und privates Recht – Abgrenzungsprobleme bei der Benutzung öffentlicher Einrichtungen, JuS 1992, S. 809 ff.

Isensee, Josef/ Kirchhof, Paul — Handbuch des Staatsrechts der Bundesrepublik Deutschland
Bd. IV: Aufgaben des Staates, 3. Auflage, Heidelberg 2010.

Bd. V: Allgemeine Grundrechtslehren, 2. Auflage, Heidelberg 2000.

Jaeger, Carsten/ Trölitzsch, Thomas — Unternehmerisches Ermessen des Aufsichtsrats bei der Geltendmachung von Schadensersatzansprüchen gegenüber Vorstandsmitgliedern, ZIP 1995, S. 1157 ff.

Jäger, Axel — Grundsätze zur Ermessensausübung für den Aufsichtsrat der Aktiengesellschaft und die Gesellschafterversammlung der GmbH am Beispiel der „ARAG"-Entscheidungen, WiB 1997, S. 10 ff.

Jarass, Hans — Bausteine einer umfassenden Grundrechtsdogmatik, AöR 1995, S. 345 ff.

EU-Grundrechte, München 2005.

Charta der Grundrechte der Europäischen Union, München 2010.

Jarass, Hans/ Pieroth, Bodo — Grundgesetz für die Bundesrepuplik Deutschland: Kommentar, 11. Auflage, München 2011.

Jellinek, Georg — Gesetz, Gesetzesanwendung und Zweckmässigkeitserwägung: Eine staats- und verwaltungsrechtliche Studie, Altenburg 1912 (zugl. Univ. Habil. Leipzig 1912).

System der subjektiven öffentlichen Rechte, 2. Aufl. Tübingen 1919.

Jung, Peter — Individualschutz durch Wirtschaftsgrundrechte im Gesellschaftsrecht, JZ 2001, S. 1004 ff.

Just, Clemens — Zur ungeschriebenen Hauptversammlungszuständigkeit, EWiR 2004, S. 573 ff.

Kann, Jürgen van — Vorstand der AG Führungsaufgaben, Rechtspflichten und Corporate Governance, Berlin 2005.

Karlsruher Institut für Technologie	Frauen in Führungspositionen – Status Quo in der deutschen Wirtschaft – Analyse organisatorischer Erfolgsfaktoren und individueller Potentiale, Kurzfassung Projektbericht 2010.
Kiethe, Kurt	Gesellschaftsrechtliche Spannungslagen bei Public Private Partnerships, NZG 2006, S. 45 ff.
Kilian, Wolfgang	Vereinbarkeit des VW-Gesetzes mit Europarecht, NJW 2007, S. 3469 ff.
Kindler, Peter	Unternehmerisches Ermessen und Pflichtenbindung – Voraussetzungen und Geltendmachung der Vorstandshaftung in der Aktiengesellschaft, ZHR 1998, S. 101 ff.
	Auf dem Weg zur Europäischen Briefkastengesellschaft? – Die „Überseering"-Entscheidung des EuGH und das internationale Privatrecht, NJW 2003, S. 1073 ff.
Kingreen, Thorsten	Die Struktur der Grundfreiheiten des Europäischen Gemeinschaftsrechts, Berlin 1999.
Klöhn, Lars	Das System der aktien- und umwandlungsrechtlichen Abfindungsansprüche, Tübingen 2009 (zugl. Univ. Habil. Göttingen 2007).
Koch, Raphael/ Wackerbeck, Matthias	Der Schutz vor räuberischen Aktionären durch die Neuregelungen des ARUG, ZIP 2009, S. 1603 ff.
Kocher, Dirk/ Lönner, Andreas	Erhöhte Diversity Anfoderungen des Coporate-Governance Kodex 2010, S. 183 ff.
Kohaut, Susanne/ Möller, Iris	Frauen kommen auf den Chefetagen nicht voran, Institut für Arbeitsmarkt- und Berufsforschung (IAB-Kurzbericht 2010), S. 1 ff.

Kölner Kommentar zum Aktiengesetz Band 1, 2. Teillieferung: §§ 1-147 AktG, 1. Auflage, Köln 1970.

Band 1, 2. Teillieferung: §§ 1-53 AktG, 3. Auflage, Köln 2011.

Band 2: §§ 76-117 AktG, 2. Auflage, Köln 1996.

Band 2/1: §§ 76-94 AktG, 3. Auflage, Köln 2010.

Band 5/1: §§ 179-240 AktG, 2. Auflage, Köln 1994.

Konrad, Allison/ Kramer, Vicki/ Erkut, Sumru The impact of three or more women on corporate boards, Organizational Dynamics 2008 (Vol. 37), S. 145 ff.

Krämer, Lutz Robert/ Theiß, Simone Delisting nach Macrotron-Entscheidung des BGH, AG 2003, S. 225 ff.

Krell, Gertraude Chancengleichheit durch Personalpolitik: Gleichstellung von Frauen und Männern in Unternehmen und Verwaltungen Rechtliche Regelungen – Problemanalysen – Lösungen, 5. Auflage, Wiesbaden 2008.

Krieger, Gerd Personalentscheidungen des Aufsichtsrats, Köln 1981 (zugl. Univ. Diss. Bonn 1980).

Der Wechsel vom Vorstand in den Aufsichtsrat, in: Kindler, Peter/ Koch, Jens/ Ulmer, Peter/ Winter, Martin (Hrsg.), Festschrift für Uwe Hüffer zum 70. Geburtstag, München 2010, S. 521 ff.

Kropff, Bruno Aktiengesetz 1965, Textausgabe mit Begründung des Regierungsentwurfs und Bericht des Rechtsausschusses, Düsseldorf 1965.

Die Unternehmensplanung im Aufsichtsrat, NZG 1998, S. 613 ff.

Kruse, Anne Verfassungsmäßigkeit von Frauenquoten im öffentlichen Dienst, DÖV 1991, S. 1002 ff.

Kübler, Friedrich Aufsichtsratsmandate in konkurrierenden Unternehmen, in: Martens, Klaus-Peter/ Westermann, Harm Peter/ Zöllner, Wolfgang (Hrsg.), Festschrift für Carsten Peter Claussen zum 70. Geburtstag, Köln/Berlin/ Bonn/München 1997, S. 239 ff.

Kühne, Rainer/ Czarnecki, Ralph Informationsansprüche gegenüber kommunalen Unternehmen, LKV 2005, S. 481 ff.

Kuhner, Christoph Zur Zukunft der Kapitalerhaltung durch bilanzielle Ausschüttungssperren im Gesellschaftsrecht der Staaten Europas, ZGR 2005, S. 753 ff.

Lange, Knut Werner Corporate Governance in Familienunternehmen, BB 2005, S. 2585 ff.

Lange, Knut/ Wall, Friederike Risikomanagment nach dem KonTraG, München 2001.

Lange, Oliver Zustimmungsvorbehaltspflicht und Kataloghaftung des Aufsichtsrats nach neuem Recht, DStR 2003, S. 376 ff.

Der Wechsel aus dem Vorstand in den Aufsichtsrat, NZG 2004, S. 265 ff.

Langen, Eugen/ Bunte, Hermann-Josef Kommentar zum deutschen und europäischen Kartellrecht Band 1: Deutsches Kartellrecht, 11. Auflage, München 2010.

Langenbucher, Katja Aktien- und Kapitalmarktrecht, München 2008.

Langenfeld, Gerrit/ Gail, Winfried Handbuch der Familienunternehmen: Gesellschafts-, Steuer-, Güter- und Erbrecht der Einzelunternehmen und Familiengesellschaften mit Mustersammlung, Loseblatt Sammlung, Köln (Stand: Dezember 2004).

Lehmann, Jürgen Zur Wahl von Ersatzmitgliedern zum Aufsichtsrat, DB 1983, S. 485 ff.

Leibinger-Kammüller, Nicola Führung von Familienunternehmen – Streit- und Konfliktmanagment, in: Frohnmayer, Thomas/ Kirchdörfer, Rainer/ Kögel, Rainer/ Lorz, Rainer/ Wiedemann, Andreas (Hrsg.), Familienunternehmen in Recht, Wirtschaft, Politik und Gesellschaft: Festschrift für Brun-Hagen Hernnekes zum 70. Geburtstag, München 2009, S. 37 ff.

Leisner, Georg Weisungsrechte der öffentlichen Hand gegenüber ihren Vetretern in gemischt-wirtschaftlichen Unternehmen, GewArch 2009, S. 337 ff.

Lenz, Alexander/ Krag, Joachim Strategische Kontrolle durch den Aufsichtsrat und haftungsrechtliche Sorgfaltspflichten, ZCG 2008, S. 161 ff.

Lenz, Sebastian Vorbehaltlose Freiheitsrechte, DÖV 2007, S. 667 ff.

Lerche, Peter Übermaß und Verfassungsrecht: Zur Bindung des Gesetzgebers an die Grundsätze der Verhältnismäßigkeit und der Erforderlichkeit, Köln 1961 (zugl. Univ.Habil. München 1958).

Leuering, Dieter Die Vertretung der Aktiengesellschaft durch den Aufsichtsrat und Hauptversammlung, in: Bork, Reinhard/ Hoeren, Thomas/ Pohlmann, Petra (Hrsg.), Recht und Risiko: Festschrift für Helmut Kollhosser zum 70. Geburtstag Band II Zivilrecht, Karlsruhe 2004, S. 361 ff.

Leuering, Dieter/ Thoma, Georg Die Europäische Aktiengesellschaft – Societas Europaea, NJW 2002, S. 1449 ff.

Lieder, Jan Zustimmungsvorbehalte des Aufsichtsrats nach neuer Rechtslage, DB 2004, S. 2251 ff.

Das unabhängige Aufsichtsratsmitglied, NZG 2005, S. 569 ff.

Lindner, Josef Franz Theorie der Grundrechtsdogmatik, Tübingen 2005 (zugl. Univ. Habil. München 2003/2004).

Link, Robert/ Vogt, Kristin Professionalisierung von Aufsichtsräten: Auch ein Thema für die GmbH?, BB 2011, S. 1899 ff.

Löwe, Henning/ Thoß, Stefan Der Ausgleich für den Entzug von Mehrstimmrechten, ZIP 2002, S. 2075 ff.

Löwisch, Manfred Welche rechtlichen Maßnahmen sind vordringlich, um die tatsächliche Gleichstellung der Frauen mit Männern im Arbeitsleben zu gewährleisten?, Gutachten zum 50. Deutschen Juristentag, München 1974.

Lücke, Jörg Die „Allgemeinen" Gesetze (Art. 5 Abs. 2 GG): Versuch einer Neuinterpretation, Heidelberg 1998.

Die spezifischen Schranken des allgemeinen Persönlichkeitsrechts und ihre Geltung für vorbehaltlose Grundrechte, DÖV 2002, S. 93 ff.

Lutter, Marcus Bankenvertreter im Aufsichtsrat, ZHR 1981, S. 224 ff.

Die Unwirksamkeit von Mehrfachmandaten in den Aufsichtsräten von Konkurrenzunternehmen, in: Beisse, Heinrich/ Lutter, Marcus/ Närger, Heribald (Hrsg.), Festschrift für Karl Beusch zum 68. Geburtstag am 31.10.1993, Berlin/New York 1993, S. 509 ff.

Zum unternehmerischen Ermessen des Aufsichtsrats, ZIP 1995, S. 441 ff.

Defizite für eine effiziente Aufsichtsratstätigkeit und gesetzliche Möglichkeiten der Verbesserung, ZHR 1995, S. 287 ff.

Professionalisierung der Aufsichtsräte, NJW 1995, S. 1133 ff.

Holding-Handbuch: Recht-Management-Steuern, 3. Auflage, Köln 1998.

Europäische Aktiengesellschaft – Rechtsfigur mit Zukunft?, BB 2002, S. 1 ff.

Information und Vertraulichkeit im Aufsichtsrat, 3. Auflage, Köln 2006.

Der Aufsichtsrat im Konzern, AG 2006, S. 517 ff.

Der Bericht des Aufsichtsrats an die Hauptversammlung, AG 2008, S. 1 ff.

Bankenkrise und Organhaftung, ZIP 2009, S. 197 ff.

Zur Rechtmäßigkeit von internationalen Risikogeschäften durch Banken der öffentlichen Hand, BB 2009, S. 786 ff.

Professionalisierung des Aufsichtsrats, DB 2009, S. 775 ff.

Lutter, Marcus/ Drygala, Tim — Die besondere sachverständige Beratung des Aufsichtsrats durch seine Mitglieder, in: Habersack, Mathias/, Hommelhoff, Peter/ Hüffer, Uwe/ Schmidt, Karsten (Hrsg.), Festschrift für Peter Ulmer zum 70. Geburtstag am 2. Januar 2003, Berlin 2003, S. 381 ff.

Lutter, Marcus/ Grunewald, Babara — Zur Umgehung von Vinkulierungsklauseln in Satzungen von Aktiengesellschaften und Gesellschaften mbH, AG 1989, S. 109 ff.

Lutter, Marcus/ Hommelhoff, Peter — GmbH-Gesetz (Die Reform-Auflage), 17. Auflage, Köln 2009.

Lutter, Marcus/ Krieger, Gerd Rechte und Pflichten des Aufsichtsrats, 4. Auflage, Köln 2004.

Lux, Johannes Einführung in das Vergaberecht, JuS 2006, S. 969 ff.

Majer, Diemut Quotenregelung statt Debatten über Qualifikation und Gleichberechtigung – Im europäischen Vergleich steht das Rollenbild der Frau im Mittelfeld, ZRP 2010, S. 133 ff.

Mangoldt, Hermann v./ Klein, Friedrich/ Starck, Christian GG Kommentar Bd. 1: Präambel, Artikel 1 bis 19 GG, 6. Auflage, München 2010.

Mann, Thomas Die öffentlich-rechtliche Gesellschaft, Tübingen 2002 (zugl. Univ. Habil. Köln 2001).

Steuernde Einflüsse der Kommunen in ihren Gesellschaften, VBlBW 2010, S. 7 ff.

Manssen, Gerrit Staatsrecht II Grundrechte, 7. Auflage, München 2010.

Marsch-Barner, Reinhard/ Schäfer, Frank Handbuch börsennotierte AG Aktien- und Kapitalmarktrecht, 2. Auflage, Köln 2009.

Maunz, Theodor/ Dürig, Günter Grundgesetz Kommentar, 53. Auflage, München 2009.

Mc Kinsey& Company, Inc. Women Matter: Gender diversity, a corporate performance driver 2007.

Meiski, Georg Die Nichtöffentlichkeit der Aufsichtsratssitzungen einer kommunalen GmbH und das Öffentlichkeitsprinzip der kommunalen Selbstverwaltung, NVwZ 2007, S. 1355 ff.

Mennicke, Petra Zum Weisungsrecht der Gesellschafter und der Folgepflicht des GF in der mitbestimmungsfreien GmbH, NZG 2000, S. 622 ff.

Mense, Christian/ Rosenhänger, Erik — Mehr Vielfalt wagen: Zu den jüngsten Änderungen des Deutschen Corporate Governance Kodex, GWR 2010, S. 311 ff.

Merten, Detlef/ Papier, Hans-Jürgen — Handbuch der Grundrechte in Deutschland und Europa Bd. III, Grundrechte in Deutschland: Allgemeine Lehren II, Heidelberg/München/Landsberg/Frechen/Hamburg, 2009.

Meyer, Georg/ Anschütz, Gerhard — Lehrbuch des deutschen Staatsrechts, 7. Auflage, Berlin 1919.

Meyer, Justus — Die Insolvenzanfälligkeit der GmbH als rechtspolitisches Problem, GmbHR 2004, S. 1417 ff.

Michael, Lothar/ Morlok, Martin — Grundrechte, 2. Auflage, Baden-Baden 2010.

Mielke, Birgit — Defizite in der Unternehmenskontrolle durch den Aufsichtsrat und Ansätze ihrer Bewältigung, Baden-Baden 2005 (zugl. Univ. Diss. Hamburg 2005).

Frauen in Aufsichtsräten, Mitbestimmung 2005, S. 33 ff.

Möller, Berenice — Die rechtliche Stellung und Funktion des Aufsichtsrats in öffentlichen Unternehmen der Kommunen, Berlin 1999 (zugl. Univ. Diss. Berlin 1998).

Möllers, Thomas — Professionalisierung des Aufsichtsrats, ZIP 1995, S. 1725 ff.

Möllers, Thomas/ Christ, Dominique — Selbstprüfungsverbot und die zweijährige Cooling-off-Periode beim Wechsel eines Vorstandsmitglieds in den Aufsichtsrat nach dem VorstAG, ZIP 2009, S. 2278 ff.

Mülbert, Peter | Aktiengesellschaft, Unternehmensgruppe und Kapitalmarkt – Die Aktionärsrechte bei Bildung und Umbildung einer Unternehmensgruppe zwischen Verbands- und Anlegerschutz, 2. Auflage, München 1996.

Shareholder Value aus rechtlicher Sicht, ZGR 1997, S. 129 ff.

Müller, Christoph | Die Berufsfreiheit des Arbeitgebers: Einwirkungen des Art. 12 Abs. 1 GG auf das Individual- und Kollektivarbeitsrecht, Köln 1996 (zugl. Univ. Diss. Köln 1996).

Müller, Hans-Friedrich | Aufsichtsratsmandat und anwaltliche Tätigkeit, NZG 2002, S. 797 ff.

Müller, Ursula | Zwischen Licht und Grauzone: Frauen in Führungspositionen, ARBEIT 1999, S. 137 ff.

Münch, Ingo v./ Kunig, Philip | Grundgesetz Kommentar
Band 1: Präambel bis Art. 19 GG, 6. Auflage, München 2011.

Münchener Handbuch des Gesellschaftsrechts | Band 3: Die Gesellschaft mit beschränkter Haftung, 3. Auflage, München 2009.

Band 2: Kommanditgesellschaft, GmbH& Co. KG, Publikums-KG, Stille Gesellschaft, 2. Auflage, München 2004.

Band 4: Die Aktiengesellschaft, 3. Auflage, München 2007.

Münchener Kommentar zum Aktiengesetz | Band 1: §§ 1-75, 3. Auflage, München 2008.

Band 2: §§ 76-117, MitbestG, DrittelbG, 3. Auflage, München 2008.

Band 4: §§ 118-147, 2. Auflage, München 2004.

Band 9/2: §§ 329-410, SE-VO, SEGB, Europäische Niederlassungsfreiheit, Die Richtlinien zum Gesellschaftsrecht, 2. Auflage, München 2006.

Münchener Handbuch zum Arbeitsrecht Band 1: Individualarbeitsrecht, 3. Auflage München 2009.

Band 2: Kollektivarbeitsrecht/ Sonderformen, 3. Auflage, München 2009.

Münchener Kommentar zum Bürgerlichen Gesetzbuch Band 1/2: AGG, 5. Auflage, München 2007.

Münchener Kommentar zum Gesetz betreffend die Gesellschaften mit beschränkter Haftung Band 2: §§ 35-52 GmbHG, München 2010.

Münchener Kommentar zum Handelsgesetzbuch Band 4: §§ 238-342e HGB, 2. Auflage, München 2008.

Mutter, Stefan Überlegungen zur Justiziabilität von Entsprechenserklärungen nach § 161 AktG, ZGR 2009, S. 788 ff.

Nägele, Stefan/ Böhm, Annett Praxisrelevante Probleme der Vertretung nach § 112 AktG, BB 2005, S. 2197 ff.

Nikolay, Judith Die neuen Vorschriften zur Vorstandsvergütung – Detaillierte Regelungen offene Fragen, NJW 2009, S. 2640 ff.

Nikoleyczik, Tobias Aktienrechtsnovelle 2011 – Neues zum Beschlussmängelrecht und zur Namensaktie, GWR 2010, S. 594 ff.

Notthoff, Martin Rechtliche Fragestellungen im Zusammenhang mit dem Abschluss einer Director's &Officer's – Versicherung, NJW 2003, S. 1350 ff.

Nowak, S. Frauenquoten im öffentlichen Dienst – eine rechtliche und personalwirtschaftliche Analyse aus nationaler und europäischer Sicht, Duisburg 1997.

Oechsler, Jürgen Erlaubte Gestaltung im Anwendungsbereich des Art. 56 I EG – zugleich zur Entscheidung EuGH, NZG 2006, 942 – Golden Shares VI, NZG 2007, S. 161 ff.

Oekley, Judith Gender-based Barriers to Senior Management Positions: Understanding the Scarity of Female CEOs, Journal of Business Ethics 2000, S. 321 ff.

Oestreich, Heide Das norwegische Experiment – eine Frauenquote für die Aufsichtsräte, Studie im Auftrag der Friedrich Ebert Stiftung, Berlin 2010.

Oetker, Hartmut Das Recht der Unternehmensmitbestimmung im Spiegel der neueren Rechtsprechung, ZGR 2000, S. 19 ff.

Organisation for Economic Coperation and Development (OECD 2008) Gender and sustainable Development: Maximising the economic, social and environmental role of women, 2008.

Paefgen, Walter Unternehmerische Entscheidungen und Rechtsbindung der Organe in der AG, Köln 2002 (zugl. Univ. Habil. Tübingen 2001).

Pammler, Sebastian Die gesellschaftsfinanzierte D&O-Versicherung im Spannungsfeld des Aktienrechts: Eine Arbeit über den Einfluss der D&O-Versicherung auf die Organisationsverfassung der Aktiengesellschaft und die daraus zu ziehenden rechtlichen Konsequenzen, Berlin 2006 (zugl. Univ. Diss. Saarbrücken 2005).

Panetta, Oliver Der fehlerhafte Aufsichtsratsbeschluss und seine Folgen, NJOZ 2008, S. 4294 ff.

Papier, Hans-Jürgen Das Mitbestimmungsurteil des Bundesverfassungsgerichts – Eine kritische Würdigung aus verfassungsrechtlicher Sicht, ZGR 1979, S. 444 ff.

Papier, Hans-Jürgen/ Heidebach, Martin — Die Einführung einer gesetzlichen Frauenquote für die Aufsichtsräte deutscher Unternehmen unter verfassungsrechtlichen Aspekten, ZGR 2011, S.305 ff.

Parlamentarischer Rat — Verhandlungen des Hauptausschusses, Bonn 1948/49.

Stenographische Sitzungsberichte, Bonn 1948/49.

Pauly, Walter — Strukturfragen des unionsrechtlichen Grundrechtsschutzes, EuR 1998, S. 242 ff.

Peltzer, Martin — Aktionärsrechte im Niemandsland zwischen ihrer Stärkung und der Bekämpfung ihres Missbrauchs, NZG 2009, S. 1336 ff.

Der Bericht der Corporate Goverance Kommission an die Bundesregierung, NZG 2011, S. 281 ff.

Penski, Ulrich/ Elsner, Bernd Roland — Eigentumsgewährleistung und Berufsfreiheit als Gemeinschaftsgrundrechte in der Rechtsprechung des Europäischen Gerichtshofs, DÖV 2001, S. 265 ff.

Pfarr, Heide M. — Quoten und Grundgesetz – Notwendigkeit und Verfassungsmäßigkeit von Frauenförderung, Baden-Baden 1988.

Die Frauenquote, NZA 1995, S. 809 ff.

Ein Gesetz zur Gleichstellung der Geschlechter in der Privatwirtschaft, Düsseldorf 2001.

Pfarr, Heide M./ Fuchsloch, Christine — Verfassungsrechtliche Beurteilung von Frauenquoten, NJW 1988, S. 2201 ff.

Phelps, Edmund — The statistical theory of racism and sexism, The American Economic review 1972, S. 659 ff.

Podewin, Anke — Ist die Geschlechterquote bei Betriebsratswahlen verfassungskonform?, BB 2005, S. 2521 ff.

Poelzig, Dörte — Der Referentenentwurf eines Gesetzes zur Umsetzung der Aktionärsrechterichtlinie im Kampf gegen räuberische Aktionäre, DStR 2008, S. 1538 ff.

Pöschl, Magdalena — Gleichheit vor dem Gesetz, Heidelberg/Wien/New York 2008 (zugl. Univ. Habil. Innsbruck 2004).

Potthoff, Erich/ Trescher, Karl — Das Aufsichtsratsmitglied: Ein Handbuch der Aufgaben, Rechte und Pflichten, 6. Auflage, Stuttgart 2003.

Preussner, Joachim/ Pananis, Panos — Risikomanagement und strafrechtliche Verantwortung – Corporate Governance am Beispiel der Kreditwirtschaft, BKR 2004, S. 347 ff.

Price, Joseph — Gender Differences in the Response to Competition, Industrial and Labor Relations Review 2008 (Vol. 61), S. 320 ff.

Püttner, Günter — Öffentliche Unternehmen als Instrument staatlicher Politik, DÖV 1983, S. 697 ff.

Die öffentlichen Unternehmen: Ein Handbuch zu Verfassungs- und Rechtsfragen der öffentlichen Unternehmen der Kommunen, 2. Auflage, Stuttgart 1985.

Raasch, Sibylle — Frauenquoten und Männerrechte, Baden-Baden 1991 (zugl. Univ. Diss. Hamburg 1990).

Erhöhung der Frauenrepräsentanz in Aufsichtsräten: Norwegen – ein Modell?, ZfRV 2009, S. 216 ff.

Rademacher, Sonja Diskriminierungsverbot und „Gleichstellungsauftrag", Zur Auslegung des Art. 3 Abs. 2 Satz 2 GG, Frankfurt am Main 2004 (zugl. Univ. Diss. Passau 2003).

Raiser, Thomas Die Zukunft des Unternehmensrechts, in: Lutter, Marcus/ Stimpel, Walter/ Wiedemann Herbert (Hrsg.), Festschrift für Robert Fischer, Berlin 1979, S. 561 ff.

Pflicht und Ermessen von Aufsichtsratsmitgliedern, Zum Urteil des OLG Düsseldorf im Fall ARAG/Garmenbeck, NJW 1996, S. 552 ff.

Empfehlen sich gesetzliche Regelungen zur Einschänkung des Einflusses der Kreditinstitute auf Aktiengesellschaften?, NJW 1996, S. 2257 ff.

Zur Verfassungsmäßigkeit der Montanmitbestimmung in Konzernobergesellschaften (Mannesmann Urteil), RdA 1999, S. 389 ff.

Raiser, Thomas/ Veil, Rüdiger Mitbestimmungsgesetz und Drittelbeteiligungsgesetz, 5. Auflage, Berlin, New York 2009.

Recht der Kapitalgesellschaften: Ein Handbuch für Praxis und Wissenschaft, 5. Auflage, München 2010.

Ramm, Joachim Der Gesellschaftsvertrag der Unternehmergesellschaft (haftungsbeschränkt), Jura 2009, S. 895 ff.

Redenius-Hövermann, Julia Zur Frauenquote im Aufsichtsrat, ZIP 2010, S. 660 ff.

Reichert, Jochem/ Schlitt, Michael Konkurrenzverbot für Aufsichtsratsmitglieder, AG 1995, S. 241 ff.

Reimsbach, Daniel Fehlanreize der erfolgsabhängigen Aufsichtsratsvergütung nach DCGK 5.4.6, BB 2011, S. 940 ff.

Rellermeyer, Klaus Ersatzmitglieder des Aufsichtsrats – Besprechung der Entscheidung BHGZ 99, 211ff., ZGR 1987, S. 563 ff.

Richardi, Reinhard Veränderungen in der Organisation der Betriebsverfassung nach dem Regierungsentwurf zur Reform des BetrVG, NZA 2001, S. 346 ff.

Betriebsverfassungsgesetz mit Wahlordnung, 12. Auflage, München 2010.

Ringleb, Henrik-Michael/ Kremer, Thomas/ Lutter, Marcus/ Werder, Axel v. Kommentar zum Deutschen Corporate Governance Kodex, 4. Auflage, München 2010.

Robarts, Sadie/ Coote, Anna/ Ball, Elizabeth Positive action for women: The next step in education, training and employment, Nottingham 1981.

Robbers, Gerhard „Der Gleichheitssatz", DÖV 1988, S. 749 ff.

Rode, Oliver Der Wechsel eines Vorstandsmitglieds in den Aufsichtsrat – eine gute Corporate Governance?, BB 2006, S. 341 ff.

Rolfs, Christian/ Schmid, Achim/ Witschen, Stefan Gleichberechtigte Vertretung der Geschlechter in Aufsichtsräten – Gemeinschaftsrechtliche Rahmenbedingungen – Rechtsgutachten im Auftrag der Sinus Sociovision GmbH Heidelberg, Köln 2009.

Roth, Günter/ Altmeppen, Holger Gesetz betreffend die Gesellschaften mit beschränkter Haftung (GmbHG-Kommentar), 6. Auflage, München 2009.

Roth, Markus Das unternehmerische Ermessen des Vorstands, BB 2004, S. 1066 ff.

Rudolph, Dirk Frauen in Aufsichtsräten – Befund, Ursachen und Konsequenzen des unterproportionalen Anteils der Frauen in deutschen Aufsichtsräten und mögliche Veränderungsoptionen, Franfurt School of Finance&Management 2009.

Rüfner, Wolfgang Paritätsvorstellungen und tatsächliche Durchstezung der Gleichberechtigung von Frauen und Männern, in: Burmeister, Joachim (Hrsg.), Verfassungsstaatlichkeit: Festschrift für Klaus Stern zum 65. Geburtstag, München 1997, S. 1011 ff.

Rupietta, Dirk Die Vertretung der Aktiengesellschaft gegenüber dem Vorstand, NZG 2007, S. 801 ff.

Rupp, Hans Heinrich Grundgesetz und Wirtschaftsverfassung, Tübingen 1974.

Ruthig, Josef/ Storr, Stefan Öffentliches Wirtschaftsrecht, 2. Auflage, Heidelberg 2008.

Sachs, Michael Gleichberechtigung und Frauenquoten, NJW 1989, S. 553 ff.

Die Quotenregelung und der Rentenaltersbeschluss des BVerfG, NVwZ 1991, S. 437 ff.

Die Maßstäbe des allgemeinen Gleichheitssatzes-Willkürverbot und sogenannte neue Formel, JuS 1997, S. 124 ff.

Grundgesetz Kommentar, 5. Auflage, München 2009.

Säcker, Franz Jürgen Aktuelle Probleme der Verschwiegenheitspflicht der Aufsichtsratsmitglieder, NJW 1986, S. 803 ff.

Säcker, Franz Jürgen/ Rehm, Christian Grenzen der Mitwirkung des Aufsichtsrats an unternehmerischen Entscheidungen in der Aktiengesellschaft, DB 2008, S. 2814 ff.

Sacksofsky, Ute	Das Grundrecht auf Gleichberechtigung, 2. Auflage, Baden-Baden 1996.
Sannwald, Rüdiger	Die Reform des Grundgesetzes, NJW 1994, S. 3313 ff.
Schäfer, Hans/ Missling, Patrick	Haftung des Vorstand und Aufsichtsrat, NZG 1998, S. 441 ff.
Schäffer, Fritz	Die Aktienrechtsreform und ihre Probleme, BB 1958, S.1253 ff.
Scherer, Stephan	Familienunternehmen: Zivil- und steuerrechtliche Besonderheiten bei der Gestaltung des Gesellschaftsvertrags, BB 2010, S. 323 ff.
Schiessl, Maximilian	Deutsche Corporate Governance post Enron, AG 2002, S. 593 ff.
Schladebach, Marcus/ Stefanopoulou, Georgia	Frauenquoten in Aufsichtsräten, Überlegungen zur Änderung des Aktiengesetzes, BB 2010, S. 1042 ff.
Schliesky, Utz	Öffentliches Wirtschaftsrecht, 3. Auflage, Heidelberg 2008.
Schlimm, Katrin	Das Geschäftsleiterermessen des Vorstands einer Aktiengesellschaft: Die Kodifikation einer "Business Judgment Rule" deutscher Prägung in § 93 Abs. 1 S. 2 AktG, Baden-Baden 2009 (zugl. Univ. Diss. Münster 2008).
Schlippe, Arist v.	Psychologie der familieninternen Nachfolge in Familienunternehmen, in: Frohnmayer, Thomas/ Kirchdörfer, Rainer/ Kögel, Rainer/ Lorz, Rainer/ Wiedemann, Andreas (Hrsg.), Familienunternehmen in Recht, Wirtschaft, Politik und Gesellschaft: Festschrift für Brun-Hagen Hernnekes zum 70. Geburtstag, München 2009, S. 39 ff.

Schmidt, Karsten Gesellschaftsrecht, 4. Auflage, Köln, Berlin, Bonn, München 2002.

Schmidt, Karsten/ Lutter, Marcus Aktiengesetz Kommentar Band 1: §§ 1-149 AktG, 2. Auflage, Köln 2010.

Schmidt-Bleibtreu, Bruno/ Hofmann, Hans/ Hopfauf, Axel Kommentar zum Grundgesetz, 12. Auflage, Köln 2011.

Schmidt-Preuß, Matthias Entwicklung und „Führungsrolle" der Europäischen Energiepolitik, EuR 2006, S. 463 ff.

Schmithals, Walter Freiheit und Gleichheit. Reflexionen eines evangelischen Theologen zur politischen Kultur des Westens, in: Hempfer, Klaus/ Schwan, Alexander (Hrsg.), Grundlagen der politischen Kultur des Westens, 1987, S. 265 ff.

Schmitt, Carl Verfassungslehre, Berlin 1928.

Schmitt Glaeser, Walter Die Sorge des Staates um die Gleichberechtigung der Frau, DÖV 1982, S. 381 ff.

Rechtsgutachten für das Bundesministerium des Inneren mit dem Thema: Abbau des tatsächlichen Gleichberechtigungsdefizits der Frauen durch gesetzliche Quotenregelungen: Wären gesetzliche Quotenregelungen für den privaten und öffentlichen Bereich ein verfassungsrechtlich zulässiges Instrument zum Abbau des tatsächlichen Gleichberechtigungsdefizits der Frauen?, Stuttgart 1982.

Schnaudigel, Christoph Der Betrieb nichtwirtschaftlicher kommunaler Unternehmen in Rechtsformen des Privatrechts, Stuttgart/Berlin 1995 (zugl. Univ. Diss. Konstanz 1995).

Schneider, Uwe H. Wettbewerbsverbot für Aufsichtsratsmitglieder einer Aktiengesellschaft?, BB 1995, S. 365 ff.

Der Aufsichtsrat des abhängigen Unternehmens im Konzern – Ein Beitrag zum Konzernverfassungsrecht, in: Damm, Reinhard/ Heermann, Peter/ Veil, Rüdiger (Hrsg.), Festschrift für Thomas Raiser zum 70. Geburtstag am 20. Februar 2005, Berlin/NewYork, 2005, S. 341 ff.

Schockenhoff, Martin Die nachgeschobene Nichtigkeitsklage gegen den Hauptversammlungsbeschluss einer AG, ZIP 2008, S. 1945 ff.

Scholz, Franz Kommentar zum GmbH-Gesetz
Band II: § 35-52 GmbHG, 10. Auflage, Köln 2007.

Schön, Oliver Die Haftung kommunaler Aufsichtsratsmitglieder in Aktiengesellschaften und Gesellschaften mit beschränkter Haftung, Berlin 2004 (zugl. Univ. Diss. Augsburg 2003/2004).

Schön, Wolfgang Der Aktionär im Verfassungsrecht, in: Habersack, Mathias/ Hommelhoff, Peter/ Hüffer, Uwe/ Schmidt, Karsten (Hrsg.), Festschrift für Peter Ulmer zum 70. Geburtstag am 2. Januar 2003, S. 1360 ff.

Schoppe, Bastian Aktieneigentum – Verfassungsrechtliche Strukturen und gesellschaftsrechtliche Ausprägung der Aktie als Gegenstand des Art. 14 GG, Köln 2011 (zugl. Univ. Diss. Bonn 2010).

Schubert, Claudia/ Jacobsen, Gönke Personelle Vielfalt als Element guter Unternehmensführung – die Empfehlungen des Corporate Governance Kodex und die Rechtsfolgen ihrer unzureichenden Berücksichtigung, WM 2011, S. 726 ff.

Schulz, Stephan Die Zielbennennung der Zusammensetzung des Aufsichtsrats nach dem DCGK 2010, BB 2010, S. 2390 ff.

Schwab, Martin Die Vertretung der Aktiengesellschaft gegenüber ausgeschiedenen Vorstandsmitgliedern im Liquidationsstadium, ZIP 2006, S. 1478 ff.

Schwarz, Günter Christian Zum Statut der Europäischen Aktiengesellschaft, ZIP 2001, S. 1847 ff.

Schwarze, Jürgen EU-Kommentar, 2. Auflage, Baden-Baden 2009.

Schweizer, Kerstin Der Gleichberechtigungssatz – neue Form, alter Inhalt? Untersuchung zu Gehalt und Bedeutung des neugefaßten Art. 3 Abs. 2 GG unter Einbeziehung des Europäischen Gemeinschaftsrechts, Berlin 1998 (zugl. Univ. Diss. München 1997).

Seibert, Ulrich Die Entstehung des § 91 Abs. 2 AktG im KonTraG – „Risikomanagement“ oder „Frühwarnsystem“?, in: Westermann, Harm Peter/ Mock, Klaus (Hrsg.), Festschrift für Gerold Bezzenberger zum 70. Geburtstag am 13. März 2000, Berlin/New York 2000, S. 427 ff.

Semler, Johannes Die Unternehmensplanung in der Aktiengesellschaft, ZGR 1983, S. 1 ff.
Aufgaben und Funktionen des aktienrechtlichen Aufsichtsrats in der Unternehmenskrise, AG 1983, S. 141 ff.

Leitung und Überwachung der Aktiengesellschaft: Die Leitungsaufgaben des Vorstandes und die Überwachungsaufgabe des Aufsichtsrats, 2. Auflage, Köln 1996.

Anforderungen an die Befähigung eines Aufsichtsratsmitglieds, in: Bitter, Georg/ Lutter, Marcus/ Priester, Hans-Joachim/ Schön, Wolfgang/ Ulmer, Peter (Hrsg.), Festschrift für Karsten Schmidt zum 70. Geburtstag, Köln 2009, S. 1489 ff.

Seuffert, Gabriel — Der Schutz des Aktieneigentums nach Art. 14 GG und seine Auswirkungen im Zusammenhang mit dem Ausschluss von Minderheitsaktionären gemäß §§ 327a ff. AktG, Würzburg 2006 (zugl. Univ. Diss. Chemnitz 2005).

Sieg, Rainer/ Siebels, Dirk — Arbeitnehmervertreter im Aufsichtsrat – Vereinfachung des Wahlverfahrens, NZA 2002, S. 697 ff.

Siems, Mathias — Convergence in Shareholder Law, Cambridge 2008.

Sigle, Walter — Zur Psychologie der Familiengesellschaften, in: Pfeiffer, Gerd/ Wiese, Günther/ Zimmermann, Klaus (Hrsg.), Festschrift für Heinz Rowedder zum 75. Geburtstag, München 1994, S. 459 ff.

Slupik, Vera — Die Entscheidung des Grundgesetzes für Parität im Geschlechterverhältnis: Zur Bedeutung von Art. 3 Abs. 2 GG in Recht und Realität, Berlin 1988 (zugl. Univ. Diss. Frankfurt a.M. 1987).

Spencer, Stuart — Der Spencer Stuart Bord Index Deutschland 2004.

Spickhoff, Andreas — Medizinrecht, München 2011.

Spindler, Gerald — Haftung und Aktionärsklagen nach dem neuen UMAG, NZG 2005, S. 865 ff.

Vorstandsgehälter auf dem Prüfstand – das Gesetz zur Angemessenheit der Vorstandsvergütung (VorstAG) –, NJOZ 2009, S. 3282 ff.

Anmerkung zum BGH Urt. v. 16.2.2009- II ZR 185/07, LMK 2009, S. 283053

Kommunale Mandatsträger in Aufsichtsräten – Verschwiegenheitspflicht und Weisungsgebundenheit, ZIP 2011, S. 689 ff.

Spindler, Gerald/ Brandt, Kathrin — Verfassungsrechtliche Zulässigkeit einer Gleichstellungsquote im Aufsichtsrat der börsennotierten AG, NZG 2011, S. 401 ff.

Spindler, Gerald/ Stilz, Eberhard — Kommentar zum Aktiengesetz
Band 1: §§1-149 AktG, 2. Auflage, München 2010.

Band 2: §§ 150-410, SpruchG, SEVO, 2. Auflage, München 2010.

Spitzbart, Britta — Die Europäische Aktiengesellschaft (Societas Europaea-SE) – Aufbau der SE und Gründung, RNotZ 2006, S. 369 ff.

Steiner, Udo — Besonderes Verwaltungsrecht, 8. Auflage, Heidelberg/München/Landsberg/Berlin 2006.

Stephenson, Carol — Leveraging diversity to maximum advantage: The business case for appointing more women to boards, Ivey Business Journal (September/October) 2004, S. 1 ff.

Stern, Klaus — Das Staatsrecht der Bundesrepublik Deutschland BandIII/1: Allgemeine Lehren der Grundrechte, München 1988.

Die Grundrechte und ihre Schranken, in: Badura, Peter/ Dreier, Horst (Hrsg.), Festschrift 50 Jahre Bundesverfassungsgericht Bd.2, Tübingen 2001, S. 1 ff.

Stöber, Michael — Goldene Aktien und Kapitalverkehrsfreiheit in Europa, NZG 2010, S. 977 ff.

Stober, Rolf — Frauenquoten im öffentlichen Dienst?, ZBR 1989, S. 289 ff.

Streit, Georg — Zu den Voraussetzungen für das vollständige Delisting, ZIP 2003, S. 392 ff.

Strüwing, Sandra — Damenwahl – Rufe nach mehr Frauen in Aufsichtsräten häufen sich, AG Report 2008, S. R214 ff.

Stumpf, Christoph — Grundrechtsschutz im Aktienrecht, NJW 2003, S. 9 ff.

Sudhoff, Heinrich — Familienunternehmen, 2. Auflage, München 2005.

Sünner, Eckart — Diversity bei den Organen einer Aktiengesellschaft, CCZ 2009, S. 185 ff.

Sydow, Gernot/ Gebhardt, Georg — Auskunftsansprüche gegenüber kommunalen Unternehmen, NVwZ 2006, S. 987 ff.

Teichmann, Christoph — Reform des Gläubigerschuztes im Kapitalgesellschaftsrecht, NJW 2006, S. 2444 ff.

Teichmann, Christoph/ Heise, Elisabeth — Das VW-Urteil des EuGH und seine Folgen, BB 2007, S. 2577 ff.

Tettinger, Peter — Die Charta der Grundrechte der Europäischen Union, NJW 2011, S. 1010 ff.

Thannheiser, Achim — Aufsichtsrat-Risiken und Chancen, AiB 2003, S. 735 ff.

Thiele, Alexander — Europarecht, 8. Auflage, Altenberge 2011.

Thümmel, Roderich — Zu den Pflichten des Aufsichtsrats bei der Verfolgung von Haftungsansprüchen gegenüber dem Vorstand der AG, DB 1997, S. 1117 ff.

Aufsichtsräte in der Pflicht? – Die Aufsichtsratshaftung gewinnt an Konturen, DB 1999, S. 885 ff.

Organhaftung nach dem Referentenentwurf des Gesetzes zur Unternehmensintegrität und Modernisierung des Anfechtungsrechts (UMAG) – Neue Risiken für Manager?, DB 2004, S. 471 ff.

Timm, Wolfram	Grundfragen des „qualifizierten" faktische Konzerns im Aktienrecht – Bemerkungen zur „Banning" – Entscheidung des OLG Hamm vom 3.11.1986, NJW 1987, S. 977 ff.
Ubber, Thomas/ Weller, Bernd	Ist der Schutz des Minderheitsgeschlechts nach dem Betriebsverfassungsgesetz und der Wahlordnung 2001 verfassungswidrig?, NZA 2004, S. 893 ff.
Ulmer, Peter	Die Anpassung der Satzungen mitbestimmter Aktiengesellschaften an das MitbestG 1976, Heidelberg 1980.
	Aufsichtsratsmandat und Interessenskollision, NJW 1980, S. 1603 ff.
	Die große, generationsübergreifende Familien-KG als besonderer Gesellschaftstyp, ZIP 2010, S. 549 ff.
United Nations Department of Economic and Social Affairs	World Survey on the role of women in development; Women's control over economic resources and acess to financial resources, including Microfinance, New York 2009.
Ureba, Alberto Alonso/ Domínguez, María de la Concepción	Das spanische Verwaltungsratssystem der börsennotierten Aktiengesellschaft, in: Bitter, Georg/ Lutter, Marcus/ Priester, Hans-Joachim/ Schön, Wolfgang/ Ulmer, Peter (Hrsg), Festschrift für Karsten Schmidt zum 70. Geburtstag, Köln 2009, S. 1 ff.
Verse, Dirk	Aktienrechtliche Entsendungsrechte am Maßstab des Gleichbehandlungsgrundsatzes und der Kapitalverkehrsfreiheit, ZIP 2008, S. 1754 ff.

Vetter, Eberhard Abberufung eines gerichtlich bestellten Aufsichtsratsmitglieds ohne wichtigen Grund?, DB 2005, S. 875 ff.

Der Tiger zeigt Zähne – Anmerkungen zum Urteil des BGH im Fall Leo Kirch/Deutsche Bank, NZG 2009, S. 561 ff.

Volkmann, Uwe Veränderungen der Grundrechtsdogmatik, JZ 2005, S. 261 ff.

Waldenberger, Arthur/ Sieber, Dorothee Die Unternehmergesellschaft (haftungsbeschränkt) jenseits der Existenzgründer, GmbHR 2009, S. 114 ff.

Wälzholz, Eckhard Besonderheiten der Satzungsgestaltung bei der Familien-AG (Teil II), DStR 2004, S. 819 ff.

Wardenbach, Frank Aktiengesellschaften im Zielfeld räuberischer Aktionäre, BB 1991, S. 485 ff.

Weber, Jörg-Andreas Die Unternehmergesellschaft (haftungsbeschränkt), BB 2009, S. 842 ff.

Weckes, Marion Geschlechterverteilung in Vorständen und Aufsichtsräten in den 160 börsennotierten Unternehmen (Dax- 30, M-Dax, S-Dax, Tec- Dax), Studie im Auftrag der Hans-Böckler-Stiftung 2011.

Wedell, Harald Minderheitenschutz im Aktienrecht?: Aktionärsinteressen und Rechtswirklichkeit, Frankfurt am Main 1971.

Weller, Bernd Ist der „Listensprung“ nach § 15 V Nr. 2 WO BetrVG wirklich verfassungsgemäß?, NZA 2005, S. 1228 ff.

Wellige, Kristian Weg mit dem VW-Gesetz!, EuZW 2003, S. 427 ff.

Wertenbruch, Johannes Der Abschluss des „Überseering"-Verfahrens durch den BGH – Folgerungen –, NZG 2003, S. 618 ff.

Wiedemann, Herbert Die Zukunft des Gesellschaftsrechts, in: Lutter, Marcus/ Stimpel, Walter/ Wiedemann Herbert (Hrsg.), Festschrift für Robert Fischer, Berlin 1979, S. 883 ff.

Gesellschaftsrecht – Ein Lehrbuch des Unternehmens- und Verbandsrechts, Band I: Grundlagen, München 1980.

Organverantwortung in der Aktiengesellschaft – Doppel- und Mehrfachorgane, ZIP 1997, S. 1565 ff.

Ist der Kleinaktionär kein Aktionär?, in: Bitter, Georg/ Lutter, Marcus/ Priester, Hans-Joachim/ Schön, Wolfgang/ Ulmer, Peter (Hrsg.), Festschrift für Karsten Schmidt zum 70. Geburtstag, Köln 2009, S. 1731 ff.

Wieland, Joachim Ist eine Quotenregelung zur Erhöhung des Anteils der Frauen in Aufsichtsräten mit dem Grundgesetz und Europarecht vereinbar?, NJW 2010, S. 2408 ff.

Wilhelm, Jan Öffentlichkeit und Haftung bei Aufsichtsräten in einer kommunalen GmbH, DB 2009, S. 944 ff.

Wilsing, Hans-Ulrich/ Kruse, Tobias Börsenrechtliche Delisting nach Macrotron, WM 2003, S. 1110 ff.

Winkler, Markus Kollisionen verfassungsrechtlicher Schutznormen: Zur Dogmatik der „verfassungsimmanenten" Grundrechtsschranken, Berlin 2000 (zugl. Univ. Diss. Mainz 1999).

Wirth, Gerhard Anforderungsprofil und Inkompatibilitäten für Aufsichtsratsmitglieder, ZGR 2005, S. 327 ff.

Wolff, Alexander Wahl der Arbeitnehmervertreter in den Aufsichtsrat, DB 2002, S. 790 ff.

Würdinger, Hans Aktienrecht und das Recht der verbundenen Unternehmen, 4. Auflage, Heidelberg/Karlsruhe 1981.

Zieglmeier, Christian Kommunale Aufsichtsratsmitglieder, LKV 2005, S. 338 ff.

Zöllner, Wolfgang Zu Schranken und Wirkung von Stimmbindungsverträgen, insbesondere bei der GmbH, ZHR 1991, S. 168 ff.

Unternehmensinnenrecht – Gibt es das?, AG 2003, S. 2 ff.

Zöllner, Wolfgang/ Noack, Ulrich Zulässigkeitsgrenzen des gesetzgeberischen Eingriffs in Gesellschafterrechte – Verfassungsrechtliche Fragen der Beseitigung bestehender Höchst- und Mehrstimmrechte, AG 1991, S. 157 ff.

Zuleeg, Manfred Das Recht der Europäischen Gemeinschaften im innerstaatlichen Bereich, Köln 1969 (zugl. Univ. Habil. Köln 1968).

Göttinger Schriften zum Wirtschaftsrecht

Herausgegeben von Olaf Deinert, Torsten Körber, Rüdiger Krause, Gerald Spindler und Andreas Wiebe

Die Schriftenreihe *Göttinger Schriften zum Wirtschaftsrecht* bietet ein Forum für herausragende Dissertationen, Monographien und Sammelbände. Inhaltlich deckt die Reihe das zivile deutsche und internationale Wirtschaftsrecht in seiner ganzen Bandbreite ab. Neben dem klassischen Handels- und Gesellschaftsrecht ist Raum für Versicherungs- und Kapitalmarktrecht sowie - den Schwerpunkten der Göttinger Fakultät entsprechend - insbesondere für medien-, wettbewerbs- und arbeitsrechtliche Thematiken.

Die Reihe richtet sich an Wissenschaftler und Praktiker in Anwaltschaft, Behörden, Verbänden und Unternehmen.

Band 1 Andreas Reißmann. Äußerungsrechtliche Schutzpflichten. Der Schutz vor herabsetzenden, unwahren und indiskreten Äußerungen im Vertragsrecht durch § 241 Abs. 2 BGB. 2012.

Band 2 Kathrin Brandt: Gleichstellungsquote im Aufsichtsrat der Aktiengesellschaft. 2012.

www.peterlang.de